# 博弈兵法

李椒良　编著

作家出版社

# 前言

中华民族上下五千年悠久的历史，孕育了千百万古圣先贤、仁人志士。他们以其独有的风格、独到的视角，铸就了中华民族灿烂辉煌的传统文化，为人类积淀了博大精深的文化遗产，留下了浩如烟海的宝贵典籍，其中蕴涵了大量讲述军事方面的兵书战策。

历史上这些兵法、谋略，源自个体和群体军事对抗的实践，是失败教训与成功经验的升华，是用鲜血凝成的理论。这些用生命换来的兵法、谋略，平时是指导军队建设的思想武器，战时是克敌制胜的法宝。《孙子兵法·谋攻》云："上兵伐谋，其次伐交，其次伐兵，其下攻城。"在孙子看来，使用谋略是解决战争的最好措施。军事家毛泽东更是这方面的千古高手。他在1948年10月，以一篇文章的现代"空城计"，击退了图谋进攻西柏坡的10万重兵；1969年9月底以"兵不厌诈"、"秘而不宣"连续两次核试验，镇住了苏联先发制人的核打击……如此谋略，古今有几？国内外的军事高手谁不折服？所谓用剑，敌一人；用兵法，敌万人。若要战胜敌人，兵法不可或缺。

兵法、谋略虽然针对的是军事，其实它揭示的是人们认识客观事物、改造客观世界的方法与智慧。兵法不但在军事对抗中，可以成为克敌制胜的法宝，而且在生产实践、科学实验中，也能成为改造客观世界的利器。现代经营之道、生存之道与古代用兵之道虽有差别，但二者之间并没有不可逾越的鸿沟，彼此可以互相借鉴，互相融通。特别是当今正处于和平是主旋律的环境中，军事谋略则更多地应用于商战、资本市场博弈。每一个在商海里摸爬滚打的经营者与资本市场博弈的投资人，学习古代兵法，掌握谋略的精髓实质，可增加胜算的概率。可想而知，一个足智多谋的经营者或资本市场投资的股民，与一个不懂谋略、凭想当然蛮干的对手博弈，谁胜一筹不言自明。一切期望在商海、股市中博弈获得收益的投资人，很有必要了解一些兵法应用的秘籍。

本书根据作战时序、斗争形式、战场态势，试将谋略归类为经略、依势、并战、柔克、佯敌、进攻、应变、防御等不同门类。编写时，通过对兵法谋略出处的探源，结合古今中外战例的引证，又以新的视角对商战以及资本市场股票买卖博弈的案例进行分析、探讨，由浅及深，由表及里，由远及近，由军转民，由战场转向商海再及股市。通过深入浅出、雅俗共赏的方法，逐步加深对谋略的领悟，从中得到有益的启迪，增加博弈的智慧。本书力求融知识性、趣味性、实用性于一体对兵法进行介绍解读，愿能得到广大读者的喜爱，并给读者带来好运，在博弈实践中增加胜算的概率。

本书在编写出版过程中，得到了原部队老领导的关注、鼓励与支持。全国政协常委、中国书法家协会副主席苏士澍先生为本书题写了书名，令人感激不尽！在此一并表示谢意！编者才疏学浅，本书有不当之处，恳请读者批评指正。

编著者

2010年10月

# 目 录

## 七、应变



## 八、防御

# 一、经略

## 1.1 知己知彼

“知己知彼，百战不殆”出自《孙子·谋攻篇》：“知己知彼，百战不殆；不知彼而知己，一胜一负；不知彼，不知己，每战必殆。”意为在军事纷争中，既了解敌人动态，又了解自己的军情，百战都不会失败；不了解敌人而只了解自己，胜败的可能性各半；既不了解敌人，又不了解自己，每战必定会失败。

军事家孙武，在所著的《孙子兵法》中，曾多次提及“知彼知己”作战要诀。其在《虚实第六》中又谈到“故形人而我无形”，其意为，既要了解敌人情况，又要隐蔽我军形迹。又说，“故知战之地，知战之日，则可千里而会战。”其意为，所以，如果能预先知道作战的地点，计算作战的时间，就可以进军千里和敌人交战。在《地形第十》中，又说“料敌制胜”，“知彼知己，胜乃不殆；知天知地，胜乃可全。”说的也是了解敌情，了解自己，胜利才不会失去；懂得天时，识得地利，胜利才能确保。其实在孙子之前，兵谋始祖姜太公就已经明示“知己知彼，百战不殆”的思想。姜太公与周文王、周武王谈论军事理论辑成的《六韬》一书中的军势第二十六曰：“圣人征于天地之动，孰知其纪，循阴阳之道而从其候，当天地盈缩因以为常，物有生死，因天地之形。故曰：未见形而战，虽众必败。”该段文字意为：圣人观察天地的变化，反复探索其中的原因，根据日月的运行，遵从季节的变化，比照昼夜长短等自然现象，掌握了普遍规律，就知道万物的生死枯荣是随着天地的变化而变化的必然性。所以说，没有摸清敌人的情况就去作战，虽然军队众多，也必定失败。姜太公在这里，将是否摸清敌人的情况去作战，看做是成败的必然因素。历代的军事家都将“知己知彼，百战不殆”视为军事行动的圣条。当代的无产阶级军事家毛泽东在《中国革命战争的战略问题》中同样谈到，“有一种人，明于知己，暗于知彼，又有一种人，明于知彼，暗于知己，他们都是不能解决战争规律的学习和使用的问题的。中国古代大军事学家孙武子书上‘知彼知己，百战不殆’这句话，是包括学习和使用两个阶段而说的，包括从认识客观实际中的发展规律，并按照这些规律去决定自己行动克服当前敌人而说的，我们不要看轻这句话。”可见，摸清作战对象的基本情况，是古今中外军事家克敌制胜的法则。敌情不清，情况不明，很难逃脱失败的命运，历史上不乏其例。

明朝朱棣皇帝在位时，明政权经受元朝残余势力——鞑靼的骚扰。朱棣开始采用通好的政策。在1406年任命本雅失里为鞑靼可汗，又送去大量锦帛以示和好，但本雅失里根本不领情，明朝越示好，越被认为明朝朝廷软弱可欺，甚至明目张胆地杀死了明朝派往的特使郭骥，变本加厉地对明朝边境袭扰掳掠。朱棣忍无可忍，遂于1409年7月下令立福统领十万骑兵讨伐鞑靼。出兵前，朱棣心知立福生性勇猛犯躁，特地叮嘱：“用兵之事须慎重。”大军出发后，朱棣皇帝仍不放心，又连发几道敕书追送立福，让其慎战。但立福率兵出塞后，所向披靡，基本未遇到鞑靼部队有组织的抵抗。在其抓获一名鞑靼侦探的口中得知，“本雅失里闻之明军前来讨伐，已经仓皇北逃，距此处30里。”立福大将大喜过望，头脑发热，在没有搞清鞑靼军情之前，轻信所俘虏的鞑靼侦探口供，而置诸将慎战建议而不顾，武断地认为鞑靼没有实力与明军抗衡，就草率命令部队穷追鞑靼部队。鞑靼部队故作败退，明右参将李远发觉鞑靼部队平常以骁勇著称，而今一触即溃，心生疑虑，提醒立福说：“鞑靼部队败退可能有诈。”但立福求功心切，无视部将劝告提醒，一意孤行，并下令：有不从追击者斩。诸将无奈，只得遵令前行。不出所料，鞑靼部队果然是佯败引诱明军入瓮挨打。当明军进入鞑靼伏击圈，鞑靼部队眼看时机已到，顷刻万箭齐发，明军虽然左冲右突，奋力拼杀，仍然未能突出重围，主将立福战死，前锋王聪被歼，先头部队丧失殆尽。后续部队闻讯，撤退归营。此役明军讨伐鞑靼的失利，就是因为明军主将立福求功心切，不能“知己知彼”，吃了敌情不明的亏。

中国入缅抗日的远征军，曾经因为敌情不清，战略判断失误，造成震撼世界的大悲剧——兵败野人山。在1942年1月初，气焰嚣张的10万日军兵分三路入侵缅甸。为了援助缅甸人民的反法西斯战争，中国从1942年2月16日起，派遣了以杜聿明为军长的第五军、廖耀湘为军长的第六军以及张轸为军长的六十六军共10万人的远征军，在盟军飞机掩护下入缅参战。3月19日东瓜战役打响，远征军第五军200师师长戴安澜将军采用“深筑高坑、串通坑道、广设埋伏、近距杀伤、利用夜间、短促突击”的战法与日军激战12天，消灭敌人5000多人，俘敌400多人，取得了有名的东瓜大捷。4月16日，六十六军新38师孙立人奉命率军救援被困仁安羌的英军第1师，激战3天，救出友军7000多人，击毙了日军1200多人，击溃了日军主力，取得了远征军入缅作战后第二次大捷。远征军一度遏制了日军的猖狂进攻，对扭转东南亚抗日的战局起到积极的作用。然而，由于盟军指挥失策，协作不力，特别是对日军兵力部署情报掌握不准，不能做到“知己知彼”，将东线沿着滇缅公路东进偷袭腊戍的日军，误认为是孤军深入、不能持久、临时编成的、只有2000—3000人的日军快速骚扰部队。实际上，突破东线侧翼向远征军后方突进的日军，是得到航空、坦克、重炮部队加强的第56师团，人数在15000—20000人，恰恰就是这个漏掉的日军第56师团，出其不意地突破远征军侧翼布防，并席卷了远征军整个后方，导致整个远征军全线崩溃。中国远征军第90师、96师、200师、新28师、新29师残余部队被迫撤退回国；而其他几个师，因退路被日军截断，只好通过胡康河谷的原始森林向印度方向撤退，途中饥饿交迫、弹尽粮绝，与野兽、热带传染病进行殊死争斗，其中6万多人在溃败中被炸死、饿死，或被传染病夺去生命，10万多远征军仅残剩4万多人，上演了震惊世界的兵败野人山的大悲剧，并导致缅甸全境沦陷在日本侵略者的魔爪下。第一次中国入缅远征军以失败而告终，吃的就是没有“知己知彼”的亏。

兴办企业同样离不开“知己知彼”。上海的永安百货公司之所以能成为旧中国最大的百货公司，就是因为当时在澳洲悉尼苦心经营有一定积蓄的广东中山的郭乐、郭顺两兄弟，能够审时度势，看准了第二次鸦片战争后，国内民族主义热情高涨，社会上兴起抵制洋货、提倡国货的浪潮，认定回国创办百货公司正逢其时。后来经过察访，发现第二次鸦片战争后，中国对外贸易中心从广州转向上海，上海已成为洋货进口与国内土特产品出口的集散地；并且发现上海当时大多是一些小规模的京广杂货店，缺乏综合型的大商场、大百货公司。遂决定将创办百货公司的落脚点定在上海市。为了在上海滩找一块合适的地方创办大型的百货商店，郭氏两兄弟不厌其烦地进行周密的市场调查，每天早上派两个人站在最繁华的南京路街道两边观察过往行人，每走过一个人，往自己的口袋里放一粒豆子，以统计南京路两边的客流量。经过多天不同路段的调查统计，最后得出南京路的南边客流量多于北边的客流量；南京路与浙江路交叉处又是人流量最多的地方。于是，郭氏两兄弟将永安百货公司建在南京路与浙江路交叉的南京路南边。郭氏两兄弟坚持经商“知己知彼”的策略，对世界、国内以至具体经商区位均调查研究得透彻，真正看准时势，尽得地利，因而生意红火，发展成为当时中国最大的百货公司也就成了必然。

股市多空双方博弈，犹如敌我双方的战斗，其基本原则与策略是相通的。在股市，因为对股票基本概念及操作基本方法缺乏了解，就贸然入市买卖股票，造成巨额损失的例子也时有所闻。在2007年牛市行情中，颇有点全民皆股的味道。有股民耳闻别人炒股赚了大钱，也开了账户加入股民行列。报载，北京有位李女士，只知道证券交易显示牌显示的各种代码对应的股票、权证都是可交易的，并且她听人家说：买股票最好挑选价位比较低，而成长性比较好的股票作为投资对象，这样收益比较大。因此，她也顾不了什么是股票，什么是权证的概念与区别，更不知道权证的行权比例、停牌交易的时间、行权的时间、溢价率等相关问题。只是记住人家传授的要买价位低的股票。她在4月16日下午2时，看到首创权证价位只有5.33元，价位比较合算，又觉得该公司是首都从事公共事业的大公司比较可靠，贸然花了30万元一次性买入5.7万份首创权证，准备放作长期投资，期望几年后获取几倍的收益。正当她充满喜悦展望大好前景时，却迎来了第二天即4月17日首创权证停牌交易，她也未去问清权证停牌原因。其实，4月17日至4月23日的五个交易日是首创权证行权日，她一直蒙在鼓里，全然不知，还将权证行权期停牌当成其他原因停牌。4月23日后，首创权证行权期结束，首创权证在证券交易显示屏上消失。李女士发现后才去找证券公司询问，得知首创权证已于23日行权结束，所持权证全部作废。这一下将李女士搞懵了，辛苦积攒的30万元资本全部打了水漂，顷刻之间说没就没有了，李女士开始想不通，曾向开户的证券公司交涉，但由于首创股份对权证行权有关事项在证监会指定的媒体已经作了公告，如实向全体权证持有人履行了告知义务，权证发行人以及从事交易的证券公司无须承担权证持有人未能按时行权导致资金损失的民事责任。李女士只能独自承担这笔投资的损失。痛定思痛，吃一堑长一智，任何欲在资本市场投资博弈的投资人，均要牢记：知己知彼，方能百战不殆。

世界著名投资大师——沃伦·巴菲特的资本积累过程，也离不开他个人投资知识以及对投资对象的了解。巴菲特从小就极具投资意识，11岁就购买了平生第一只股票，大学时又攻读财务商业管理，后又拜读于世界著名投资理论家杰明·格雷厄姆门下，使得巴菲特如虎添翼、如鱼得水。他自知具有资本市场经营的才干，1956年回乡创办“巴菲特有限公司”，一路高奏凯歌。他从1000美元起家，至1964年个人财富已达400万美元，而掌管的公司的资金已高达2200万美元。1994年已拥有230亿美元的庞大金融投资集团。他的股票在30年间上涨了2000倍。他在股市中创造了永不破灭的神话，成为世界投资人仰慕的财富之神。巴菲特举行的每年一度慈善午餐拍卖，在2009年被中国私募教父赵丹阳以211万美元的高价拍得。餐叙后，赵丹阳曾用“无价之宝”来形容这次高价餐叙的收获。赵丹阳认为，巴菲特来自成熟市场，经历过多个经济起伏周期的人，对问题的洞察力是一般人所无法比拟的。此足见巴菲特在投资人心目中的地位。巴菲特投资成就的取得，除了自身的资本市场投资运作的杰出素质以外，靠的是他对资本市场的深刻透彻的了解。他每天早上8点半到办公室，要读《华尔街日报》、《纽约日报》、《金融时报》、《华盛顿邮报》、《奥马哈太阳报》，读了5份报纸后，接下来研究有关公司的年报、季报和股东报告，还读一些他拥有的公司行业的专业杂志。他通过报刊报表捕捉世界经济宏观动向以及所关注的企业相关经营状况、内在价值及未来前景，然后作出是否投资的决策。例如，巴菲特1990年对吉列公司进行分析评估，发现吉列公司1990年末，股东权益是2.75亿美元，近三年股东权益的增长率是16%，而1991年，美国政府发行的30年期债券到期收益率为8.65%，从而得出："吉列公司和可口可乐公司是世界上最好的两个公司。它们的收入将会以更强劲的速度增长。"因而，果断地对该公司增加投资，获得巨大收益。巴菲特对任何公司投资，都是进行充分了解分析后才作出相应决策。正像其在投资经验中谈到，要想获得股票投资的成功，不了解股票市场，就像打一场无把握的战争一样，最终的结果只会一败涂地。巴菲特的股经与"知己知彼、见形而战"的军事思想不谋而合。因此，对于要投身股市的股民来说，要想在股市有所作为，在经济上有所斩获，就要先了解投资对象相关情况。俗话说："磨刀不误砍柴工"，花费点时间分析研究股票基本情况，无疑对涉足股海的股民会大有裨益。

## 1.2 因势定谋

周朝的姜太公在《六韬·兵道》中说："凡用兵之道莫过乎一，一者能独往独来。黄帝曰：'一者阶于道，几于神。'用之于机，显之于势，成之于君。"其意为，用兵的规律，没有比统一意志更为重要的了，军队能统一意志，就能行动自如（所向无敌）了。黄帝说：军队意志统一符合战争的规律，就几乎能用兵如神。运用这种（统一意志）在于抓住时机，发挥这种力量在于因势利导，能否拥有这种力量，则在于君主的所作所为。又说："兵胜之术，密察敌人之机而速乘其利，复疾击其不意。"其意为，作战取胜的方法，在于周密地察明敌情，抓住有利的时机，而出其不意地攻击。姜太公在回答周武王我想建功立业，但有三点疑虑时说："因之，慎谋，用财。"其意思是：（有三点办法），一是因势利导，二是慎用计谋，三是使用钱财。三国时诸葛亮对因势定谋也十分重视，他在《将苑》中说："善将者，因天之时，就地之势，依人之利，则所向者无敌，所击者万全矣。"其意为，善于统兵带将的将帅，能够顺应有利的天候条件，借助有利的地理形势，依靠军队的良好状况，攻敌时就会所向无敌，战无不胜。诸葛亮又说："夫为将之道，必顺天，因时，依人，以立胜也。"其意为，将帅统军用兵的原则，必须顺应天道，凭借时机，顺乎民心，才能夺取胜利。古代军事家所指的"势"，泛指时代、时间、格局、时势、局势、时机、环境、机运等。在一切有作为的军事家看来，善于因势利导处置敌我对抗的态势，直接决定了作战双方的胜负。因此，历代军事家都将"因势定谋"作为普遍军事原则。

在至正十七年（1357年），朱元璋反元活动取得初步胜利后，面对如何扩大战果，夺取最后胜利的关键时刻，他亲自到石门山拜访老儒朱升，听取朱升对时势的分析和夺取天下的计策。在纵论天下形势时，他们清醒地看到，一方面，这些年来战争绵延，破坏了社会生产力，损害了本军后勤保障能力，又容易引发民怨；另一方面，随着军力一天比一天强大，容易树大招风，原先的盟友，为了争夺利益，也可能变成对头。周围的陈友谅、张士诚、方国珍、陈友定的部队都成了朱元璋灭元建国大业的绊脚石。因此，朱元璋对形势不敢盲目乐观，虚心听取朱升赠言"高筑墙，广积粮，缓称王"。朱元璋面对时有群臣上表、慰劝他升殿称帝时，却自谦说："自己功德浅薄，自惶弗如，还不足以此造福万民的皇帝重位"，又说："一统之势未成，四方之途尚便"，一再推辞不就。朱元璋从骨子里都想做皇帝，之所以推辞，只是认为时机尚未成熟。为了实现他的皇帝梦，他苦心经营，坚持"因势定谋"，礼贤下士，广揽人才，将刘基、叶琛、宋濂、章溢四大名士招聘至应天，特筑礼贤馆供他们居住；又既于"兴国之本，在于强兵足食"，他抓紧整肃军纪、训练部队；又设置营田司，兴修水利，恢复农业生产；还让部队战事之余开荒屯田，改变军队历来吃粮靠平民百姓的传统。这些政策深得民心，深受平民百姓的欢迎。朱元璋经过如此数年开拓疆土，积蓄力量，在外人不经意的情况下，造就了一支足以扫平群雄、推翻元朝的力量。

朱元璋在名士的出谋划策下，南征北战，所向披靡，元朝将帅纷纷归附。至正二十七年（1367年）八月，徐达率兵攻进大都，元顺帝眼看援军无望，孤城难守，带领后妃、太子仓皇北逃，统治中国近百年的元朝政权宣告灭亡，朱元璋成就了皇帝的美梦。朱元璋能够成就大业，就是因为他能够根据时势，“因势定谋”，正确实施“高筑墙、广积粮、缓称王”的战略决策，退居后方，发展生产，巩固根基，壮大实力，赢得民心，最后成就了大业。

当代，由于正确把握时势，由弱变强，由被动变为主动，最后获取胜利，要数军事家毛泽东最为突出。毛泽东历来重视分析时局并以此为根据提出战争、战役的具体目标与谋略。早在1926年，毛泽东就发表了《中国社会各阶级分析》一文，科学地分析了当时社会各阶级的状况，并得出了正确的结论。在1927年组织秋收起义并不顺利的情况下，决定放弃攻打大城市，把队伍带到井冈山这一敌人力量薄弱的地区，开展土地革命，积聚革命力量，走农村包围城市的道路。实践证明，毛泽东依据中国时势，所作战略决策是完全正确的。在抗日战争时，毛泽东于1937年11月正确分析了中国抗战的形势是“处在片面抗战到全面抗战的过渡中”，提出在全国反对民族投降主义，在党内反对阶级投降主义，变片面抗战为全面抗战。1938年5月，分析了日本、中国双方的形势后认为，“日本的军力、经济力和经济组织力是强的，但其战争是退步的、野蛮的，人力、物力又不充足，国际形势又处于不利。中国反是，军力、经济力和政治组织力是比较弱的，然而正处于进步时代，其战争是进步的和正义的，又有大国这个条件足以支持持久战，世界的多数国家是会要援助中国的，——这些，就是中日战争互相矛盾着的基本特点。这些特点，规定了和规定着双方一切政治上的政策和军事上的战略战术，规定了和规定着战争的持久性和最后胜利属于中国而不属于日本”。由此，毛泽东向全党、全国人民提出，对日本作战要采取持久战的战略，以时间换空间。历史又一次证明，毛泽东“因势定谋”无比正确。

经商办企业，也离不开“因势定谋”。任何一个有作为的企业家，总是十分注重市场信息的调查，及时根据市场需求，选择经营项目，调整经营方向，以获取高额利润。中国古代早就有人提出“乐观时变”的经商要诀。着眼利用我国地域宽广，雨水不均，丰歉有别，及时组织农副产品的调配，获取差额利润。民间经商者总结的“出门看天气，买卖看行情”的生意经，就是“因势定谋”在商场的通俗诠释。

美国的福特汽车公司也非常重视“因势定谋”的经营策略。在20世纪60年代通过市场调查，了解到竞争对手通用汽车公司的卡维亚牌私人跑车销量激增，果断地从1964年起，倾力发展野马型跑车。至1966年，该型号的轿车的年销量就高达100多万辆，推动了福特汽车公司的快速发展。美国有一家规模很小的香烟生产商称为李梅公司，在1980年觉察到国内经济不景气、通货膨胀、失业率增加，判断联邦政府会提高高档香烟税率。李梅公司针对这种消费市场环境的变迁，推出低价的普通香烟来满足市场的需求，结果该策略大获成功。至1983年时，该公司年销售额已占美国5.9亿美元市场份额的96%。由于“因势定谋”的成功，使一个岌岌可危、濒临倒闭的企业起死回生。商界的大量实例均可证明“因势定谋”是成功的先决条件。

获取战争胜利需要“因势定谋”，获得商战利润需要“因势定谋”，在股市中博弈亦需要“因势定谋”。股市中“因势定谋”的“势”，即是时间与空间概念。具体到股票投资，可以理解为入市的时机以及买入股票的对象。在股票投资中，买入股票的时机十分重要。拼搏股市多年的股民都有一个切身体会，“入市时机恰当，赢利有了保障”。入市时机必须因势利导，顺势而为，任何人都不能背离大势来操作股票。研判大势可从以下各方面进行把握：1.国际政治格局，与周边国家睦邻友好，与主要国家没有冲突，可以提供国内发展的和平环境，对股市正面影响。2.国内政治安定团结，对股市正面影响，反之社会不安定会影响股市带来利空。3.国民经济运行情况，在经济高增长时，会推动股市上涨。4.国家财政政策、货币政策、产业政策、股市政策导向，对股市会产生直接影响，特别在我国股市机制不十分成熟的情况下，政策市特征明显，尤要对政策面倍加关注。5.消费者CPI指数若过高，预示着通货膨胀，就有可能带来紧缩的财政政策，进而引起股市的波动。6.股市整体市盈率、市净率的情况，若整体市盈率、市净率水平与国际正向差距过大，其隐藏着在我国股市投资风险较大。7.股市资金供给情况，直接影响股市的升跌，股市资金供应充沛，预示着股市具有上涨动力；股市资金失血，预示着股市上行困难，有可能下探而寻求资金与股价的平衡。8.股市循环周期，股市运行有其一定内在规律，没有永远的上涨，也没有永远的下跌，跌久必涨，涨久必跌。股价总是波浪起伏向前运行。即使各方面条件都促使股票上涨了，但涨多了，必有获利回吐，上涨的通道中也存在调整的时候，因此要熟悉研究股票的循环周期规律。

另外，还要考虑对投资股票的“势”进行分析研判，也就是要选好个股。长线选股要从价值投资的思路，旨在挑选具有相对估值优势、抗跌性较好、成长性比较确定、安全边际较大的个股。这种方法选出的个股，虽然涨跌幅不会很大，但波段操作风险系数较小，可以获取相对较高的效益。而中短线操作选股，通过对上市公司季报、半年报、年报的研判，借助核心研究机构具有公信力的评析，通过供应商、买家、亲朋好友了解一些上市公司的情况，集中掌握本人相对熟悉的行业与公司，建立自己的“股票池”，然后顺应市场热点和节奏的变换，从股票池中挑选所处行业景气度较高，与同类股票相比尚处于低位、蓄势待涨的股票。为了更好地判断股市大势，还可综合借助平滑移动平均线指标（MACD）、乖离率指标（BIAS）、转向点指标（SAR）、动向指标（DMI）、相对强弱指数指标（RSI）、随机指标（KDJ）、威廉指标（W&R）等等。作为基本面分析的补充，然后作出股市大势和投资个股的准确判断，选准股票入市或退市的时机，顺势而为，“因势定谋”。

综观世界上有名的国际投资大师，无不是“因势定谋”、在复杂多变环境中捕捉机遇的投资高手。被世界称为“金融天才”，现任LCC索罗斯基金董事会主席、量子基金会顾问的乔治·索罗斯，自1953年春天从伦敦经济学院毕业后，开始在北英格兰的滨海胜地销售手提袋谋生。后来，受聘担任辛哥尔和弗雷德兰投资公司实习生，从此跨进金融市场的大门。凭着他对金融事业的爱好与追求，逐渐不满足于普通交易员的现状，他断然带着仅有的5000美元积蓄来到纽约华尔街闯荡。他通过熟人引见，进了F·M梅什投资公司，从事欧洲证券分析师及套利交易员。5年后，索罗斯又不满足现状，转而投身Wertheim & C·O公司，专业从事纽约和伦敦之间套利交易业务。他任职期间经过深入分析研究后发现，德国安联保险公司购置的房地产价格不断上涨，其股票售价与资产价值相比存在巨大折扣，股票存在着很大的上涨空间，于是他极力向有关接受委托咨询的公司建议适时买入安联公司的股票。摩根担保公司和德累福斯基金根据索罗斯的建议果断购买了大量安联公司的股票。不出索罗斯所料，安联公司的股价连续上涨，股票价格逐渐向内在价值靠拢，这两家听从索罗斯建议买了安联公司股票净赚了3倍。索罗斯在金融市场博弈的才干，锋芒初现。他在华尔街也因此而名声大振。1973年，索罗斯不愿总是为他人做嫁衣裳，渴望能成为独立的基金经理，他与耶鲁大学毕业的吉姆·罗杰斯不谋而合，两人联手创建了索罗斯基金管理公司。索罗斯订了30种商业性刊物，收集了1500多家美国和外国公司的金融财务记录，每天研究国内外政治、经济形势，每天都要仔细分析30家公司的年度财务报告。1973年10月6日，埃及和叙利亚大举进犯以色列。以色列在战争初期遭到重创，付出了惨重的血的代价。索罗斯对这场战争态势进行分析，发现以色列有的武器装备已不能适应高科技时代的战争需要。他联想到美国的武器装备也会存在这些不适应的瑕疵，由此判断，美国的国防部官员定会从以色列受到重创的教训中得到启发，有可能会花费巨额国防预算来购置新式武器以装备部队，由此可能给诺斯罗普公司、联合飞机公司、格拉罗公司、洛克希德公司等军工企业带来大量订单与利润。他依据国防需求的判断，在国防部订单尚未正式下达时，就开始使用索罗斯基金以较低价位买入军工企业的大量股票。没过多久，正如索罗斯预测，美国国会真的通过增加国防预算，更新军队的武器状备，美国这些军工企业接获大量订货，企业的业绩大幅增长，其股票在金融市场也大幅飙升。索罗斯由于在股票未涨时，事先设伏，获利丰厚。索罗斯总是能够准确地把握金融市场发展趋势，“以势定谋”，作出正确决策，不论买入股票还是卖空股票，总是赚钱。他从成立“量子基金”至今，创下平均每年35%令人难以置信的综合成长率，令华尔街同行望尘莫及，自认不如。

## 1.3 先谋后事

“先谋后事”的谋略思想最早可追溯至周朝。据《周易·讼》“君子作事谋始”。其意为，君子办任何事情，都要先进行谋划。又据《古代图书集成·兵略部》说：武王时，他下令孟津观兵，八百诸侯如约而至，早已想推翻商国的姜太公认为现在就去讨伐条件不成熟。后来，纣王的统治越来越黑暗，到了众叛亲离的地步。武王问太公：“仁者贤者亡矣，商可伐乎？”太公说：“先谋而后事者昌，先事后谋者亡。”其意是，事先制定谋略，再出兵讨伐可以胜利；而匆忙去讨伐再制定谋略，必定失败。以后的军事家孙子在《孙子兵法·计篇》中说：“夫未战而庙算胜者，得算多也，未战而庙算不胜者，得算少也。多算胜，少算不胜，而况乎无算乎？”其意是说，战前预计可以打胜仗的，是因为胜利的条件充分；战前预计不能打胜仗的，是因为胜利的条件不充分。谋划周密、胜利条件充分能取胜，谋划疏漏、胜利条件不充分的，不能取胜，更何况不作谋划、毫无胜利条件的。大凡历史上的著名军事家，均强调“先谋后事”。《三国·蜀》中诸葛亮说得非常明确：“夫用兵之道，先定其谋，然后乃施其事。”《淮南子·兵略训》中强调：“防敌之萌，皆在谋略。”《虎铃经》中同样强调：“用兵之法，先谋为本。”明朝著名军事家揭暄所作的《兵经百字》中《预》篇中说：“凡事以未意而及者，则心必骇，心骇则仓卒不能谋，败徵也。兵法千门，死伤万数，必敌袭如何应，敌冲如何挡，两截何以分，四来何以战。凡属艰险危难之事，必须筹而分布之，务有一定之法，并计不定之法，而后心安气定，敌值不惊，累中无虞。古人行师，经险出难，安行无虑，非必有奇异之智，预而已。”其意为，不论干什么事，预先没有思想准备而在突发事件发生后，就会心慌意乱。心慌意乱地仓促应战缺乏周密计划，这是失败的先兆。作战的方法很多，战场上死亡的将士无数，敌人突袭如何应付？敌人重兵冲了上来怎样抵挡？处在两面受敌的情况下如何使用兵力？四面的敌人同时向我攻来用什么方法应战？诸如此类一切艰难危险的情况，都必须预先筹划，分别部署，有一定的对策，并且要预先制定意外情况的应变办法，然后才能安定沉着，突遇敌人而不惊慌，遇到困难也不致发生差错。古人指挥作战，历经千险，仍平安无事，不一定都有超群出奇的智谋，不过能有备无患罢了！揭暄对“先谋后事”，预有准备的必要性、重要性，分析得入木三分。

在历史上，因为定谋正确，以弱胜强、由弱变强的案例不少。特别是为人熟知的刘邦与项羽楚汉之争，就是典型的兵贵定谋的战争实例。史载公元前206年，秦朝被各地农民起义军推翻后，项羽已率兵40万，实力最强，遂自立为西楚霸王。而刘邦也是胸怀大志的人，不甘心命运由项羽摆布。当他耳闻韩信是一位雄才大略的将军，遂派萧何将韩信请入军中并重用韩信。刘邦不耻下问，曾就战局请教韩信。韩信向刘邦详尽分析了楚汉双方力量对比，以及项羽的优劣。他说：项羽统辖的楚兵力量强于汉军，但我在楚军中任过职，对项羽比较了解。第一，他个人作战骁勇，却不善于驾驭良将，是匹夫之勇。第二，项羽只知道行小仁小义，虽对部下比较关心，说话和气，照顾病人，但对有功的将领却不能赏赐。第三，项羽自称楚霸王，又大封亲信，违背了楚怀王约定“先入关中王”之誓言，也引起内部的矛盾。第四，项羽为人残暴，所过之处，烧杀抢掠，民心背离。韩信分析了项羽的优劣后又对刘邦说，你要反其道行之，重用天下勇士，占领地方后分封给功臣，部属就会听从指挥，消灭敌人。并且我军将士有思乡的情结，而关中项羽所辖三个王，都是秦的降将，曾杀过反秦的百姓，部下投降后又多被项羽活埋，他们出卖部下而自己却被封王，关中父老对他们恨之入骨。相比之下，汉军进入关中，军纪严明，废除秦朝苛法，此乃深得百姓拥护。韩信进一步向刘邦献计说，只要我们马上举兵东征，采用明修栈道，暗度陈仓，就可以毫不费力地占据关中，然后就可进一步与项羽争夺天下。由于刘邦与韩信对楚军与汉军各自的优劣作了透彻的分析，因势利导，扬长避短，具体制定了由弱变强的战略，“伐敌制胜，贵先有谋。谋定事举，敌无不克。”从此，楚汉争雄的局面，由谋略在先的刘邦掌握了主动权，最终实现了刘家一统天下，建立了汉朝。

近代军事家毛泽东勤于读书，在中国浩瀚的历代战史书籍中，留下了他用马克思主义立场、观点、方法对历史事件所作大量言之有据、论之有理的批注分析，继承与发展了中国历代兵家料敌察机、兵贵定谋、谋定事举的兵法，提出了“由于战争所特有的不确实性，实现计划于战争，较之实现计划于别的事业，是要困难得多的。然而，‘凡事预则立，不预则废’，没有事先的计划和准备，就不能获得战争的胜利”。他进一步提出：“指挥员的正确的部署来源于正确的决心，正确的决心来源于正确的判断，正确的判断来源于周到的和必要的侦察，和对于各种侦察材料的连贯起来的思索。指挥员使用一切可能的和必要的侦察手段，将侦察得来的敌方情况的各种材料加以去粗取精、去伪存真、由此及彼、由表及里的思索，然后将自己的情况加上去，研究双方的对比和相互关系，因而构成判断，定下决心，作出计划，——这是军事家在作出每一个战略、战役和战斗的计划之前的一个整个的认识情况的过程。”毛泽东按照马克思主义认识论的基本方法，强调了定谋的重要性，并阐明了定谋应该遵循的基本规律。毛泽东在1938年5月发表了《论持久战》。在中华民族历史存亡的紧急关头，依据中日两国政治、经济客观情况以及敌我力量对比的基本因素，综合比较剖析，深刻地揭示了这场对日战争的性质及其发展规律，为中华民族和中国人民制定了战胜日本侵略者的谋略全书，运筹帷幄，决胜千里，为抗日战争的胜利奠定了战略基础。

在军事上需要“先谋后事”，而企业经营上，同样离不开谋事在先。有的实业家因为深谋远虑，保住了百世昌盛。新加坡有一个华人企业家名叫李光前，他是新加坡最大橡胶公司南益集团的创始人。他看到前人只谋一时而不谋万世，只谋一域而不谋全局，致使创造的业绩毁于一旦，富不过三代，甚为惋惜。他一直谋划着如何使南益集团永远控制在李氏家族手中。他于1951年7月30日，召开特别股东大会，别出心裁地通过发行4万股1元面额的管理股，并规定选举董事时，每拥有1股管理股股权，相当于普通股4股的股权；又停止了仿效西方对员工实行股权激权的方法，使李氏家族拥有南益集团99%股权，外人在该公司的股权尚不足1%。并且在99%股份中，李光前1人占48%，其余则分配给夫人、

3个儿子、3个女儿。为了使李氏家族永远拥有南益集团的控制权，1964年李光前又把名下48%的南益集团股份悉数捐给李氏基金会。由于李氏基金会是一个法人性质的信托基金会，不可以变卖所拥有的资产。这样，李光前就确保了南益集团不会因儿孙分家析产而瓦解。前述的一些做法并不一定全部恰当，但通过设立法人性质的信托基金会，却能保证李光前创造的基业能够百世其昌。

还有国际上的索尼公司，因为其创始人盛田昭夫的谋略正确，才使索尼公司在音视频领域独树一帜，迅速壮大，成为世界知名品牌。在1958年初，索尼公司研究成功小巧玲珑的晶体管收音机，盛日昭夫带着这玩意儿在纽约的展览会亮相时，顷刻轰动了世界。各地经销商纷纷要求代理其产品销售，其中美国一家最大的经销商表示一次订货10万台，但考虑索尼公司在美国名不经传，要求采用OEM的形式，改用美国经销商的品牌在美国市场销售。盛田昭夫听后既为10万台的巨大经济利益吸引，更考虑索尼发展长久之计，拒绝了改用美国商家品牌的10万台订货，坚持用索尼商标开拓市场。他为此向不理解的人解释说："10万台订货眼前利益十分诱人，但如此下去，索尼公司的'SONY'品牌怎能风行全世界呢?"实践证明，盛日昭夫从长计议而不贪恋眼前得失的战略，使索尼赢得了美国的市场，走向了世界！后来索尼的音视频产品在美国站稳了脚跟，对美国音视频产品市场造成了冲击，让美国业界惊叹不已，贸易摩擦不断。盛日昭夫又审时度势，果断决定在美国圣地亚哥建立海外第一家彩电制造厂，从此使索尼的彩电在美国销售畅通无阻，得到空前发展。海外建厂的战略又使索尼在音视频领域全面走向世界成为该领域一霸。不难看出，正确的谋略是企业发展的关键。

投身股市博弈，同样需要事前进行策划。每个股民首先要实事求是评估自己的资金实力，考虑拥有的资金使用计划，然后决策用多少资金投人股市，对资金进行妥善使用分配。对新股民投资股市，其基本策略要以稳为主，千方百计保存有生力量——资金。"宁走十步远，不走一步险。"资金安全永远是第一位的。社会上的理财专家一般建议采用"三分法"投资策略。其具体操作为：将全部资产的1/3存人银行，1/3用来购置房产等不动产，1/3用来购买债券、股票等有价证券。这种三分法的投资组合，其存入银行的资产具有较高的安全性和变现力，但收益性较低；购置房产等不动产的资产具有较好的保值性，但变现力差；而购置债券、股票的资产具有较好的收益性，但风险较高。如投资者全部资产合理地分配在三方面投资，可以相互弥补，相得益彰。

投身股市博弈，入市前还要树立风险意识。充满竞争的股市犹如战场，存在着许多不确定的因素。战场上没有百战百胜的常胜将军，只有相对会打仗的优秀将军。股市中也没有只赚不赔的投资者。股市中流行的取胜理论也不是万能的，只有相对成败概率大小之分。投资人既要争取赢，又要经得起输。千万不能一受挫折，就输掉信心，输掉勇气，陷入委靡不振，无所作为，任凭股市不断下跌坐以待毙。要善于在选股错误造成损失的形势下，果断止损，更换手中股票，有反败为胜的操作准备。从严格意义上来说，善于反败为胜的将军比只会乘胜追击的将军更有能耐。

加入股市博弈的新股民，开始可以采取投石问路的策略。先以少量的资金试探性购买选定的股票，以此获取熟悉股市投资的技巧。避免贸然入市的盲目性和失误，进而减少买入股票被套牢的风险。在投石问路、取得经验后，再加快投入力度。加入股市的新股民，要有持久战长线投资的思想准备。一般来说，股市指数受各种因素的作用总会起伏，只要是闲钱投资，经得起时间考验，只要选上质地优秀的股票，完全可以做到输掉的是时间，赚来的是金钱。股民在准备长线投资时，选择质地优秀的股票，要考虑该股票：其一，是成长型股票。即该股票的成长性比较好，其主营业务收入和净利润的增长态势通常处于高速扩张之中，往往以多送红股少分现金的分配方式，以保证运行资金比较充沛的同时，进一步增加股本规模，做大做强企业。其二，代表社会需求发展方向的股票。随着社会的进步，人民生活水平的提高，新的消费类产品不断涌现。从事朝阳产业的企业股票肯定比从事夕阳产业的企业发展空间优越。其三，选择受到政策背景支持的股票。一个国家的政策导向对产业结构调整具有决定性作用。受到国家政策支持的行业，容易得到市场认同，股价相对坚挺。例如，那些国家垄断行业、受特殊政策保护的行业以及节能减排、清洁能源利用等等行业。其四，选择获利能力强的股票。特别是选择在同业竞争中属于龙头企业的股票，这些股票资金实力雄厚、单位收益率高、经营体系完善、抗风险能力强，有可能在企业兼并浪潮中快速扩张，进而进一步扩大市场份额，进入新一轮快速成长。只要选对股票，即使大盘趋势不好，而这样的股票也能避风遮雨，即使随大盘难免一跌，但只要大盘企稳，就可解套，并可先于大盘获利。总之，投资股市只要“先谋后事”，预有准备，投资成功的把握即可大增。

## 1.4 留有余地

“留有余地”的处事原则，源自老子的《道德经》。《道德经》第五十九章其文：“治人，事天，莫若啬。夫为啬，是谓早服。早服谓之重积德。重积德则无不克。无不克则莫知其极，可以有国。有国之母，可以长久。是谓深根、固柢、长生、久视之道也。”其意为，管理百姓和研究天道变化，没有比“留有余地”更为重要的了。“留有余地”，就是要早作准备。而早作准备就是要重视不断积累对客观规律变化的掌握。而重视客观规律变化的掌握，则没有什么困难克服不了。而没有什么困难不能克服，那么他的能量就无边了。能量无边就有管理国家的能力。按客观规律管理国家，国家就可以长治久安，这就是根深蒂固、长生久远的规律。老子本章提出凡事留有余地的理念，从其无为思想为出发点，认为“留有余地”是对一切都作肯定或否定的态度，把余地留作研究可能发生的变化，以便从更深层次了解事物发展的客观规律，可以谨慎处理各种问题，解决各种矛盾，化解各种不利因素，变被动为主动，以实现圆满的结果。韩非子对于“留有余地”，在《说林·下篇》也有精彩生动通俗的阐述，该文有这样一段话：“桓赫曰：‘刻削之道，鼻莫如大，目莫如小。鼻大可小，小不可大也；目小可大，大不可小也。’举事亦然，为其不可复也，则事寡败也。”其意为，工艺木雕的要领在于鼻子要大，眼睛要小。鼻子刻大了，可以改小，若把鼻子刻小了，就没有办法补救了；同样道理，眼睛初刻要小，小了还可以加大，如果初刻把眼睛刻大了，后面就无法缩小了。为人做事，也是一个道理，凡是要“留有余地”，留有后路。只有这样，才能立于不败之地。

兵家对作战用兵也总是十分重视“留有余地”，将作战部队梯次部署，留有战略预备队。在周·姜太公的《六韬》的大韬中，太公曰：“有材技兼人，能负重致远者，聚为一卒，名曰‘待命之士’。”意为，有才技过人，能担任重责完成远大任务的，把他们编为一队，叫做“待命之士”。在此，姜太公在用兵之时，已经总结“留有余地”的兵法，自觉使用预备队的战略战术。近代名将蔡锷曾辑录《曾胡治兵语录》说及湘军首领胡林翼用兵之道时谈及，“军人分起行走，相隔二日，每起两千人。若前队遇敌先战，非必胜之道也，应于近敌之处，饬前第、后劲、中权、会齐并力，乃可大胜。”说白一点就是，军队可以分批行走，每批两千人，行军日期间隔两天，如果前面的军队遇敌，我方不一定取胜，但我军可以在靠近敌人之处，命前军、中军、后军前往援助，共同攻敌，便可获得胜利。在这里，胡林翼强调的也是用兵要梯次投人，留有战略预备队，达到进可攻，退可守，不至于进攻时缺乏后劲，败兵时，没有后援，一败涂地。

在历史上历次军事斗争实例中，将部队分梯次运用，要数“荀罃分军制楚国”比较典型。该战例发生在公元前559年，晋焯公曾经问计于谋臣荀罃：怎样才能使屡服屡叛的郑国彻底臣服？荀罃告诉晋焯公：郑国之所以经常变卦，就是因为有楚国为它撑腰；只要削弱楚国的国力，郑国自然就会归顺。要削弱楚国的国力可以使分军制楚国的谋略。荀罃进一步向晋焯公解释：军队不可连续多次征战，多战就会疲劳；诸侯国不可多次使役，多役会招致怨恨。若将自己国家搞成“内疲外怨”，反而不可战胜楚国。若我们使用分梯次用兵的谋略，将军队分成上、下、新三军，每次只运用一军人马袭扰楚国军队，使楚军进，我军退；楚军退，我军进；让楚军求战不得，求宁不成，周而复始，疲于奔命。而晋军三军轮战，可以得到充分轮换休整。晋军使用此计果然将楚军整得疲惫不堪，无力抗衡晋军的进攻，绳阳一战，楚军大败而归，最后归降于晋国了。这是古代在战略上使用预备队轮番上阵取胜的典型战例。

在现代战争中，更是强调使用兵力“留有余地”，即经常保持和正确使用战略预备队，不打没有预备队的仗，实行常备预备队制度。现代的军事科学认为，没有常备预备队就不能保持现有阵地，也不能扩张战果。现代的战争是预备队战争，谁的战略预备队多，谁善于正确使用和及时恢复战略预备队，谁就能胜利。在1942年上半年，第二次世界大战苏德战场的哈尔科夫战役中，本来苏军在1942年1月13日歼灭了德军阵营的匈牙利第二方面军和意大利亚尔平军，士气旺盛，乘胜向德国哈尔科夫集团军发起进攻。初期，苏军兵力充足，进展顺利，德军节节败退。当苏军攻占德军许多据点后，战线被越拉越长，苏军统帅部手中因缺乏战略预备队，给德军获得喘息机会，为德军集结兵力赢得了时间。时至2月29日，德军集结的兵力反而比苏军多10.4倍，飞机多2倍多，对苏军发起了反击，致使苏军遭到了重创。苏军损失高达100694人，伤139336人，损失坦克和自行火炮1345辆，大炮5291门，飞机417架。德军通过此战役阻滞了苏军进攻的步伐。这一战役，由于苏军没有强大的战略预备队，让德军反败为胜。不过，德军也因将兵力全部投入一线战场，缺乏强大的战略预备队而未能在反击中全歼苏军。也为下一场规模宏大的库尔斯克战役苏军的反击埋下了伏笔。可见，作战留有余地，掌握战略预备队是对战争胜负起着重大影响的决策，此乃关系能否挽救危局、能否扩大战果的关键一环。

“留有余地”也成了各行各业工作、学习、生活，以及待人接物的共识。日本的松下幸之助以其善于管理企业，被全球商界奉为神，其待人接物善于给别人留有余地，也为他所经营的企业的快速发展留下了机遇。后腾清一原是三洋公司的副董事长，慕名投奔松下公司，担任厂长。他本想在松下幸之助手下所有作为。不料，由于他的失误，一场大火烧掉了他领导的工厂，给公司带来了很大损失。后腾清一知道松下一向不会姑息部下过错的，心想这下自己彻底完了，不但职位保不住了，可能还要被追究刑事责任。但意想不到的是，松下对火灾事故的报告只签了“好好干吧”四个字，根本不提如何惩罚的事，这使后腾清一心怀内疚，对松下感激不尽，对松下更加忠心，工作更加卖力，后来他为公司创造的价值也远远大于被火烧的工厂。这可谓松下待人“留有余地”的最成功之笔。

在经济工作中，大至国家，小至一个企业，在制订计划时“留有余地”，也是基本要求。因为计划是根据现有的条件作出对未来的预测，进行资源再配置的活动，难免未来客观情况发生变化，出现不可预见的因素，有考虑不周的地方。故编制计划时，也需要实事求是、量力而行、“留有余地”。被誉为“商界奇才”的牟其中，就是因为经营中没有做到量力而行、“留有余地”，遭受灭顶之灾的。牟其中在1980年2月13日靠向亲戚借的300元人民币以及一张小饭桌，在四川省万县市注册成立了“万县市江北贸易信托服务部”，成了中国改革开放以来最早成立的私营企业之一，这也为他进行商海实战提供了试验田。牟其中凭着他的聪明才智以及对商业模式的透彻了解，利用当时银行结算、汇兑等不同金融产品的时间差，解决了企业流动资金，做成了一笔冰箱的买卖，掘得了第一桶金。这笔生意的成功，为南德集团贸易国际化积累了丰富经验，也为南德集团的进一步发展提供了启动资金。在1989年，牟其中瞄准苏联戈尔巴乔夫访问中国，中苏关系得到进一步改善的机遇，又以他对国内、苏联、东欧商业系统的调查研究发现：此时苏联正处于人民群众日常生活所需的食品、轻工业品极度缺乏，而中国却因经济过热，存在着大量轻工业品过剩积压。他还潜心研究发现：中苏两国由于经济发展水平差距，苏联同西方打交道比同中国打交道要困难得多，共同的意识形态追求也使苏联更愿意同中国合作，并且两国都缺少硬通货，中苏双方对于以货易货的交易方式比任何国家都有积极性。于是，他以其特有的商业敏感，抓住了这一特定历史阶段才有的机遇，于1989年10月，南德集团与苏联达成以货易货贸易协议，双方商定：南德集团以国内企业积压的罐头食品换取苏联图−154客机4架。南德集团又将换来的4架客机转卖给西南航空公司。经过牟其中巧妙运作，苏联得到了急需的食品，又处置了存放的图−154飞机；中国的轻工企业却解决了过剩积压的食品，西南航空公司得到了急需的客机。南德集团“飞机易货”的一举成功，使牟其中名利双收，也令其增添了做事的勇气与信心。不幸的是，牟其中此时头脑开始发热，“没有做不到的，只有想不到”成了他挂在嘴边的口头禅。他认为自己必须不断创造新的奇迹，才能无愧于这个时代。他曾经设想把喜马拉雅山炸开口子让暖湿空气吹入青藏高原造福中华民族。他于1993年12月28日又把卫星搞上天付诸行动，由其与俄罗斯合作，成功地发射了“航向1号”电视直播卫星。1994年开始，南德集团开始将主要精力集中于经营航向系列卫星。后来，“航向3号”卫星完工并准备发射，企业急需向国外发射机构支付巨额发射费用。而恰在这时，国家实行整顿金融秩序、紧缩银根的经济政策。这对经营中片面强调勇气、信心，而全然不计后顾之忧、不“留有余地”的南德集团来说成了灭顶之灾。1996年8月，南德集团为了解决资金困难，被卷入“骗取信用证套汇”漩涡，牟其中第三次走进了熟悉又陌生的高墙之内。南德集团的成败警示人们，在企业经营中凡事“留有余地”，多一份理智，多一份清醒，才能顺利发展，长盛不衰，而满打满算，一旦遇到变故，后果莫测。

股票投资，更要注意“留有余地”。考虑投资时，要对资金合理安排，应该充分考虑自己的心理承受能力和资金周转能力，作出理智投资、量力而行的投资计划，切不可以心血来潮，草率行事，资金倾仓投入，一次性全部买光股票。如此鲁莽投资，万一失算，根本无回旋余地。而“留有余地”的投资策略，即使投错了股，尚有补救措施，若是建仓价位高了，可以用余资在适当的时候进行补仓；若是发现买错了股票，又怕更换股票时错过上涨的机会，也可以用余资在新发掘的投资对象上增加投资。世界著名股神——沃伦·巴菲特就告诫投资的关键在于懂得怎样自救，从开始投资之时就要谨慎考虑周全，不要一下子把全部资金投入进去，要使自己的手头经常留有较大的后备资金。巴菲特不但是这样说的，也是这样做的。他曾经和他的合伙人准备就石油股买入3亿美元股份。一开始，他采取投石问路的办法，先试探性地买了5000万美元，占其全部投资额1/6，经过一段时间观察了解，看清了该股票的走势，然后才逐步增加投入，直到全部买入3亿美元。世界上金融大鳄对股票投资尚且十分谨慎、“留有余地”，对我们资金不雄厚的投资者来说，更需“留有余地”为上策。

在股市中，随着股指期货衍生品种的诞生，为风险偏好型的投资者创造了交易赚钱的机会，但其中也隐藏着较大的投资风险。投资者参加股指期货交易是以10%资金参与全额交易。以涨跌幅10%为例，就意味着投资者赢利翻倍或者全部赔光。这种以小搏大，放大了投资赚钱机会，也同时放大了投资赔钱的风险。投资者万一做错了方向，完全有可能被强制平仓，血本无归。为此，投资者不能以交易所保证金比例计算持仓资金，对自己的持仓不能像持有股票一样高枕无忧，更需要防范风险的意识，更要对资金“留有余地”，切忌满仓操作，一锤定输赢。否则，一旦失误，毫无回旋余地，被爆仓出局后连翻身的机会都丧失殆尽。只有“留有余地”，胜可增加资本，败可以再搏。

## 1.5 慎重初战

慎战的军事思想，在我国早已有之。军事家孙子在《计篇》以及《火攻篇》中明确提出：“兵者，国之大事，死生之地，存亡之道，不可不察也。兵者非利不动，非得不用，非危不战。主不可怒而举师，将不可愠而致战。合于利而动，不合利而止。”其意是，战争是国家的大事，它关系百姓的生死，国家的存亡，不可不慎重地调查研究。后面一句说的是：不是有利不行动，不是能胜不用兵，不是危迫不开战。国君切不可因一时恼怒而兴师，将帅也切不可因一时恼恨而交战。要坚持符合我方利益才行动，不符合我方利益就停止。《孙子兵法·形篇》中又指出：“胜兵先胜而后求战”，即是说，要先创造胜利的条件然后开战。其他兵家还有“谋定后动”、“慎以行师”等用兵要诀。但明确提出“慎重初战”的军事思想，并且给予“慎重初战”丰富内涵概念的，非近代军事家毛泽东莫属。毛泽东发展了慎战的军事思想，更突出了“慎重初战”的精髓。他在土地革命战争时期总结红军反“围剿”经验时明确指出：要十分重视“反攻开始问题，即所谓‘初战’或‘序战’问题”，并指出，“许多资产阶级军事家都主张‘慎重初战’，不论战略防御或者战略进攻皆然。而以防御为尤甚。”军事家毛泽东在分析“慎重初战”的重要性时认为，“第一次至第五次反围剿时期我军作战的经验，证明处在防御地位的红军，欲打破强大的‘进剿’军，反攻的第一个战斗，关系非常之大。第一个战斗的胜败给予极大的影响于全局，乃至一直影响到最后的一个战斗。”通俗地来说，初战胜利意义在于能打乱敌人部署，破坏敌人作战企图，创造有利战场，鼓舞我方士气，沮丧敌方士气。同时毛泽东又提出了“慎重初战”必须遵守的原则，即“必须打胜；必须照顾全战役计划；必须照顾下一战略阶段；这是反攻开始，即打第一仗时，不可忘记的三个原则。”革命战争历史证明，毛泽东关于“慎重初战”的军事思想深刻地揭示了战争内在的发展规律。只有准确掌握、正确运用“慎重初战”的思想，才能取得战争的主动权。

在历史上，慎战取胜的战例比比皆是。比较典型的要数公元前1057年周武王与商纣王的牧野之战。本来商汤所建立的商王朝是权倾一方的大国，周朝只是商的西方的属国。但周朝文王在吕尚的辅佐下，为完成剪商大业，不惜忍辱负重，韬光养晦，修德行善，广罗人才，发展生产，裕民富国，国势逐渐由弱转盛。相继征服了犬戎、密须、阮、共等国，进而又剪灭黎、邗、崇等商朝重要属国，打开了商都——朝歌的通道。周朝已处于三分天下有其二的有利态势。文王正在国运亨通之时，不幸去世。武王继位秉承先父遗志，伺机对商纣王兴师。恰在此时，商朝东夷族叛逆，纣王平叛造成西线兵力空虚，朝廷内又饰过拒谏，残杀重臣比干，囚禁箕子，逼走微子，商朝处于内外交困的形势下。周武王在吕尚的建议下，认定这是天赐良机，对商纣王讨伐条件成熟。遂亲率兵车300乘，虎贲3000人，甲士45000人，浩浩荡荡东进伐商。同月下旬，周军进抵孟津，利用商地人心归周的有利形势，收编反商的庸、卢、彭、濮、蜀、羌、微、髳等国部落的部队，从汜地渡过黄河，兼程北上至百泉，折而东行，于二月初四日抵牧野。周军攻商消息传至朝歌，商上下一片惊恐。商军主力远在东南平叛，纣王只得临时武装大批奴隶连同禁卫军17万人，仓促开赴牧野应战。周武王对部属进行“牧誓”，痛揭纣王听信宠臣谗言，暴虐残害百姓的罪行，激发了从征将士同仇敌忾的斗志。发起总攻后，一面猛烈攻击敌阵，一面对商军发起政治攻势，商军纷纷起义，掉转戈矛，帮助周军作战。商军顷刻土崩瓦解。纣王见大势已去，于当天晚上逃回朝歌，登上鹿台自焚而死。周军乘胜追击，肃清商朝残余势力，征伐商朝各地诸侯。周灭商，实现了改朝换代。周朝之所以能够一举获胜，虽然有其他多方面原因，但离不开周朝文王、武王在吕尚辅佐下进行了长期充分的准备，不战则已，开战必胜，也就是慎战也。

土地革命战争时期的中央苏区第一次反“围剿”，敌人集中了10万兵力进攻中央苏区。当时红军初创，只有4万多人，武器比敌方也差很多。在敌强我弱的情况下，在毛泽东、朱德领导下，十分重视“慎重初战”。不打无准备之仗，不打无把握之仗，适时集中兵力，在龙岗首战告捷，将张辉赞第18师全歼。敌军闻风丧胆，纷纷后撤。红军乘胜追击，又在东韶追歼部分逃敌，从而很快打破了敌人第一次围剿。第二次反“围剿”的战斗，敌人投入了20多万兵力，我军开进到东固，拒绝一切性急快打的建议，等待敌王金钰部队脱离富田坚固阵地，一直等了25天之久，终于等来了机会，将脱离阵地的王金钰部队在运动中一举歼灭。接着红军又乘胜向东横扫700里，连打4个胜仗，歼敌3万多人，痛快淋漓地粉碎了敌人第二次反“围剿”。

抗日战争胜利，不能不提及平型关首战胜利。1937年9月，日本军部向侵华部队发出夺取华北战略要地山西的命令。日侵华坂垣四郎的第5师团共14万人，携坦克150辆，重炮350门，飞机300架分东、北两路直取太原而来。面对日军的强大攻势，中国的国民党部队也摆出了决战的架势，但“国军”在日军的强大攻势下还是一触即溃。当时在国共合作的旗帜下，由红军改编的八路军115师，在师长林彪、政委聂荣臻带领下，于1939年9月23日，冒着寒气袭人的北风，进驻平型关。林、聂十分看重这次战斗，为了了解战场情况，务求战则必胜，亲自实地察看了平型关周围地形，并详细研究了作战方案。9月24日深夜八路军115师按作战预案进入平型关狭谷两侧有利地形。9月25日早上7时骄横的日本侵略军，随着隆隆的马达声，上百辆满载军用物资的战车，200多辆骡马牵引的炮车，以及一大队骑兵断后队伍，蜿蜒在狭长的平型关公路上。面对猎物乖乖地进入八路军预先设伏的布袋里，素来难得一笑的林彪也对聂荣臻笑着说：“老聂呀！幸亏我们实地勘察了战场，搞清了这山沟有18里长，而非地图标示的8里长，否则，真装不下这么多日本鬼子呢！”聂荣臻也高兴地回答说：“这18里长的大棺材也足够几千日本鬼子用的了！”谈笑间，日本鬼子已全部进入伏击圈，我军沟口关门的部队也已经部署到位。随着发起进攻红色信号弹升起，我军的步枪、机枪、迫击炮、手榴弹齐向沟底的日军排山倒海地倾泻，不可一世的日本鬼子被打得晕头转向。然而挨打的毕竟是日军精锐部队坂垣师团，其战术、技术素质高超是不容置疑的。他们在中国大地上，从未受到如此的挫折，又岂能受此奇耻大辱。仅仅几分钟后，日军迅速回过神来，组织力量进行负隅顽抗，与山梁上冲下的八路军展开了拼刺刀的肉搏战。一时间，山谷里杀声震天，血肉横飞。闻讯赶来增援的日本飞机，面对搅作一团的两军正在近战肉搏，也难以施展制空权优势，只能是悻悻地返身离去。在二战区国民党友邻部队配合下，115师全歼日军2000多人，缴获大批军用物资。115师首战平型关大捷，是抗日战争以来中国军队在战场上第一次完全主动、彻底与侵略军作战的胜仗，打破了日本军队不可战胜的神话，极大地挫伤了敌人的锐气，鼓舞了我军的士气和全国人民抗战的决心和信心。这对夺取抗日战争的全面胜利具有不可估量的意义。

在经商办企业过程中，首战的胜利，往往对事业的成败起着决定性作用。如地处东海之滨的温岭长屿硐天，千百年来人民群众采石留下了28个硐群1300多个废硐穴。怎样变废为宝，将废硐穴建成旅游区，成了当地广大人民群众日夜追求的梦想。当地党委、政府顺应民意，于1993年初组织当地人才着手旅游区的开发。这件事说起来简单，但真的要将一处处光秃秃的荒山、破石硐变成旅游区又谈何容易！一开始涉及筹集资金时，当地政府部门又是贴布告、又是广播宣传，但响应投资者却寥寥无几。大家都怕旅游区投资会成为肉包子打狗有去无回。面对这种困境，开发者制定了“慎重初战，先易后难，逐个建设，滚动发展”的建设方针，放眼长远，直面当前，本着有什么武器打什么仗，有多少资金搞多少建设的务实态度，反复研究旅游区开发的切入点，做到首个开发项目不做则已，一做惊人，确保首个项目能够将全市、全地区、全省乃至更大范围的游客眼球吸引过来，为全面开发旅游景区奠定坚实的基础。因此，首个景观项目建设主要立足于老少咸宜，提高人气，提高影响力考虑。他们请了国内搞人文景观最强的团队，围绕人类五千年文明史，把群众喜闻乐见的传说在硐内以雕塑形式，并辅以声、光、电进行全景式展示，使本来光秃秃的石硐有了生机。这种自然景观与人文景观、历史人文与现代人文结合的景点一经推出，游客如潮。开业后没有几天适逢1994年春节，游客一天就达到5万多人。该项目仅两年多就收回全部投资。首个旅游项目的成功，激发了广大人民群众投资旅游事业的热情，当地旅游景区建设如火如荼地开展起来。不到10年时间，长屿硐天就成了国家级风景名胜区、世界地质公园，还被评为国家4A风景区。可以想象，若没有首战成功，以后的建设热情绝不会有如此高涨，旅游建设的投入也不会有这么多。

股民欲投身股市中，所买股票第一单，与打仗首个战役即"序战"、"初战"一样，其影响也不可小视。它有可能会影响你一个阶段炒股的心理，甚至影响你一辈子炒股的心理。当你第一笔股票买卖有赢利时，你会产生欣慰，继而振奋精神亲近股票，研究股票，乐于在股市拼搏，为日后股市获取大量利润奠定思想基础；反之，可能让你对股票萌生厌恶，望股生畏，令以后股市投资胆小慎微，甚至从此与股市绝缘，失去从股市中获取财富增值的机会。有鉴于此，对于办好手续的新股民，应不急于下海，可以首先熟悉一下当前股市景气度。一般来说，股票市场的价格水平受到国民经济活动趋势影响。如果经济保持实际增长，那么，股票价格就会上升；若国民生产总值增长，而同时又伴随着通货膨胀，那么，股票价格会下跌。工业生产指数与股价呈正相关性；而消费品价格指数、失业率与股价呈负相关性。市场利率与股价关系密切，当市场利率上升时，会造成股价下跌；反之，市场利率下降时，股价就会上涨。进入资金量越多，资金充足率越高，会推动股票价格向上，而股票市场扩容增长越多，资金充足率降低，股票价格会下滑。与股票相关的经济资料研究越透彻，掌握牛市中股价会向上、熊市股价会下跌的市场趋势，准确掌握入市时机，就可减少买卖股票的风险。再者，还要研究一下当前股市行业板块的动向。一般来说，预测行业业绩需考虑的因素为：历史业绩、产品需求的状况、竞争压力、劳工因素、政策因素等方面。股市中往往有板块轮动现象，有必要考证一下最近板块轮动规律。对个股的基础资料，也是必须要有熟悉了解的基本功。由于股票太多，全面予以研究不大可能，可以从各种渠道报道的有示范意义的股票中罗列出来加以重点分析研究。了解个股股本、利润、净资产、公积金、市盈率、市净率、资产利润率、主营业绩、股东持股集中度、有否涉诉事项、有否逾期担保等等基本面。对于净资产高、公积金高、市净率低、市盈率低，具有真正实力、有扩张能力的股票，而相比之下价位较低的，又有政策面支持，有题材的，属于首先投资的股票。再询问一下已在股海中博弈多年的老股民的炒股心得与经验也会大有裨益。然后进行模拟炒股，即按照自己的体会，虚拟买入一只股票，静观其动向，看一看过了几天虚拟赢利情况。当判断自己能够驾驭股海的技能后，找一个牛市阶段，趁着该股上升通道的时候，再实施真实买卖股票。在第一次买入股票时，要注意控制买入的量，要有风险防范意识，千万不要满仓买入。万一首战失利也有补仓回旋余地，变不利因素为有利因素，力求做到不做则已，买后必胜，力争首战告捷。在首战取得一定成果后，以不要恋战为宜。最好第一仗多少赚点钱，找个好兆头，为自己以后在股海中博弈打下一个好的心态，创造好的基础。

## 1.6 循序渐进

“循序渐进”语出《易经·渐·象》卦，该卦《象》辞：“渐之进也，女归吉也，进得位，往有功也。”《易经增注·下经·渐》的解释：“天下事动而躁则邪，静而顺则正。渐则进而得乎贵位，故行有功。”意思是，“天下的事情，凡是行动盲目而急躁，就会走入邪途；凡是冷静而顺乎客观规律，就会登上正道。一步一步循序渐进达到显要地位，便会行而有功。”后来的《论语·宪问》朱熹注，则言明，“此但自言其反已自修，循序渐进尔。”这里的“循”意为依也，顺也。原意是自己看到自己的不足，应当顺着次序，一步一步地自修学习提高。在兵法、计谋上，《孙子·九地篇》曰：“乘隙插足，扼其主机，渐之进也。”三十六计中的第三十计的反客为主之计，其内容的原文也是引用《孙子·九地篇》。其意为，乘着对方的空隙，插足其中，以致（最后）掌握其首脑机关，这是循序渐进的结果。兵法上也泛指在确定了全局或战略的目标后，必须一步一步依次夺取胜利，各个击破，积少胜为大胜，由弱变强，最后实现战略性的胜利，避免欲速则不达。

由“循序渐进”获取全局胜利的，要数战国时秦朝比较典型。战国时的秦朝自秦孝公以来，对内通过商鞅变法，使秦国成为七国中最强大的国家。对外连连攻伐山东诸侯，取得了节节胜利，在东方设立了三川郡、陇西郡、北地郡。从秦孝王至秦王嬴政的120余年中，秦消灭东方六国的150万军队，占据了天下1/3的土地、据有6/10的财富，具备了统一中国的条件。秦王嬴政采纳李斯的建议：外交上采取远交近攻的策略，军事上则集中兵力，各个击破，攻占消灭弱国，然后“循序渐进”，从消灭韩国开始，再及两侧国家。最后在公元前221年，王贲率秦军从燕南下伐齐，顺利攻克齐都临淄，齐投降，秦循序渐进，步步为营，从此完成了统一中国大业。

中国共产党领导的人民解放战争，也是“循序渐进”，夺取全国政权，取得新民主主义革命的胜利的。从1945年8月14日日本宣布接受《波茨坦公告》无条件投降开始，毛泽东就及时提出了《抗日战争胜利后的时局和我们的方针》，明确指出：“从整个形势来看，抗日战争的阶段过去了，新的情况和任务是国内斗争。”“全国性的内战不论哪一天爆发，我们都要准备好。”“依靠自己组织的力量，打败一切中外反动派。”当内战不依人们意志为转移爆发后，毛泽东又指挥人民军队集中兵力，各个歼灭敌人，一个战役一个战役地组织，一个战斗一个战斗地打，先后组织了辽沈战役、淮海战役、平津战役三大决定性大战役。1948年9月12日，首先发起辽沈战役。于10月15日攻克锦州，歼敌10余万人，俘敌东北“剿匪”总司令部副总司令范汉杰，截断了北宁城，封闭了东北与华北的陆上通道。紧接着对长春守敌围而不打，逼迫长春守敌精神崩溃，意志动摇，一部起义，一部投降，10月18日长春被和平解放。紧接着，东北野战军又于10月20日至10月28日进行辽西会战，全歼夺路南逃的廖耀湘兵团10万余人。10月29日至11月2日，东北野战军解放了沈阳和营口，实现了东北全境的解放。经过辽沈战役，人民解放军与国民党军队的力量对比，不仅在质上占有优势，而且在数量上也开始占有优势。人民解放军已经上升为300万人，而国民党军队则下降为290万人。全国战场形势出现了历史大转折。1948年11月6日，毛泽东不适时机地指挥中国人民解放军发起淮海战役。至11月22日，华东野战军主力在徐州以东碾庄地区，围歼敌黄伯韬兵团，击毙敌兵团司令黄伯韬。11月23日至12月15日中原野战军在华东野战军共同配合下，歼灭由豫南前来增援，却孤军深入的敌第十二兵团，生俘兵团司令黄维。在此期间，华东野战军主力将国民党徐州“剿总”副总司令杜聿明率领的邱清泉、李弥、孙克良三个兵团合围在陈官庄一带，先歼灭孙元良兵团。12月16日至1949年1月10日，人民解放军发起总攻，再全歼邱清泉、李弥两个兵团，击毙兵团司令邱清泉，生俘“剿总”副司令杜聿明，歼敌55.5万人。至此，淮海战役胜利结束。人民解放军解放了长江中下游以北的广大地区，国民党统治的心脏地带京、沪一带已完全暴露于人民解放军的攻击之下。在淮海战役进行的时候，平津战役也于1948年11月29日至1949年1月31日之间如火如荼地进行着。1948年11月29日至12月21日，中国人民解放军完成了对北平、天津、张家口的敌军的战略包围和战役分割的任务，使敌失去南逃或西窜的机会，为解放军从容歼敌提供了可能。1948年12月21日至1949年1月15日，人民解放军贯彻先打两头、后取中间的作战方针，先歼新保安之敌两个师以及从张家口突围的敌七个师，并于1月14日总攻天津，全歼守敌13万人，生俘敌警备司令陈长捷。1月16日至1月31日期间，在中共地下党组织和民主爱国人士的共同促进下，傅作义率部25万人，接受和平改编，北平和平解放，华北也基本上获得解放，从而使华北、东北两大解放区完全连成一片。随着三大战役的胜利，中国共产党领导的人民解放军与国民党指挥的军队完成了战略决战，国民党赖以维持其反动统治的主要军事力量已被消灭殆尽。国民党部队只有招架之势，已无还击之力，解放区的面积逐渐扩大，国统区的范围在逐步缩小，最后蒋介石只能逃离大陆，退到台湾岛去了！共产党领导的部队在800万国民党部队面前开始是处于劣势，但依靠人心向背，战略战术的正确，终究由弱变强，积小胜为大胜，最后夺取了全国政权。

而清光绪年间，康有为、梁启超等人发动的戊戌变法，期望通过变法，解决政治上语辞开言路，允许士民上书言事；经济上修筑铁路，开采矿藏，设立商局，开办实业，改革财政；军事上裁汰绿营，编练新军；文化上废八股，兴西学，创办京师学堂，设置编译书局，奖励科学发明。企图通过革新政令，学习西方文化，改革管理，建立君主立宪国体，实行资本主义。由于操之过急，指望一朝一夕，一揽子解决全部问题，结果得罪既得利益的守旧派甚众，他们联合反对维新运动，以致戊戌变法欲速则不达，以失败告终。这从另一侧面证明，干什么事，都要“循序渐进”，追求稳妥为宜。

经商者，一蹴而就，一步暴发的，毕竟是凤毛麟角，而“循序渐进”，集腋成裘终成大富的，则是世界富豪致富的普遍规律。美国的LTV公司的创始人兼总经理詹姆斯·林恩有“股坛拳王”之称。其实林恩出生于美国的一个贫苦工人家庭。25岁那年，他从海军部队退役返乡，以积攒的军饷加上卖掉房子的钱财总共3000美元为本，创办了“林氏电器公司”，凭借租来的办公室和一部旧卡车，开始了“独自闯荡走天涯”的经商之举。经过他4年的艰难经营，不断积累，企业不断发展壮大，年利润到达了100万美元。为此，他又将公司改制为“林氏电器股份有限公司”，以每股2.5美元的低价出售，获得了75万美元的创业资金，然后以“滚雪球”的方法，买下了另一家电器公司，使自己经营的公司规模顷刻扩展了一倍；进而又以股票交换的形式买下了天柯电器公司，公司也更名为“林恩——天柯电器股份公司”；最后，他依托年销售额1.5亿美元的实力，将制造飞机、导弹的沃特公司收归麾下，再度将公司更名为“林恩——天柯——沃特股份公司”，1972年简称为LTV公司。至此，林恩创建控股了股市很有影响力的LTV集团公司。

在改革开放年代，我国经济界更是涌现了不少遵循循序渐进，步步为营，积小胜为大胜，进而发展壮大为大企业的例子。其中浙江民泰商业银行就是该群体的杰出代表。浙江民泰商业银行的前身是温岭市城市信用社，1988年5月成立之初，员工仅有5人，资产充其量只有15万元，营业网点只有区区1家，与实力雄厚的国有商业银行根本不是一个档次的同业竞争者。就是这样一个并不被同行注意的金融界的小不点，抓住改革开放时期，民营企业像雨后春笋拔地而起又普遍存在融资困难的金融环境，充分发挥城市信用社机制灵活、决策链短、贴近居民、贴近企业、贴近市场的优势，“避实击虚”，拾遗补阙，在激烈竞争的金融市场夹缝中求得一席生存之地。该社在站稳脚跟后，又坚持“与中小企业同发展，与地方经济共繁荣”的服务理念，积极探索方便客户，优化服务，防范在前，降低风险，实现承贷共赢的金融经营模式，进一步赢得了广大中小企业客户的信赖与赞誉，客户激增，业务量不断创出新高，至2003年，在温岭市当地6200多户民营、个体企业中，就有3000多户在城市信用社开户，存款余额达到30多亿元。由于温岭城市信用社团队素质优良、管理规范、经营得法、经济效益突出，在银监会整顿城市信用社中被批准予以保留的全国仅存的4家城市信用社之一。2005年12月，又经银监会批准，温岭市城市信用社按照现代企业制度完成改制，成立了跨地区经营的浙江民泰商业银行，为企业发展带来新机遇、新活力。截止2010年8月末，浙江民泰商业银行已拥有员工1733人，下辖1个营业部4家分行，18家支行，资产总额达240.9亿元，存款余额213.9亿元，贷款余额达110.7亿元，年赢利达3.46亿元的国家二类中资银行。20多年时间内，浙江民泰商业银行经历了翻天覆地的变化，资产总额扩大了16多万倍，服务区域从一个县扩大到省内各地区，并进入上海、成都、江苏、福建等省外城乡，成为绩效优良、充满活力、成长快速的全国性的商业银行。浙江民泰商业银行发展壮大的业绩不得不让人刮目相看。其发展的经验有很多可圈可点，其中突出一点就是：该行经营团队坚持科学发展、依规经营、脚踏实地、循序渐进。由于经营得法，企业就像滚雪球一样，在不太长的时间内，以几何级数向前发展壮大，成就了全国性商业银行中少有的辉煌业绩。

在股市中也不乏循序渐进创造财富奇迹的投资大亨。股民熟知的股市奇人林园是其中成功人士之一。林园在1989年手持全家凑起来的8000元到深圳开始了股海博弈的历程。他凭着自有的知识功底，经分析认为深发展是特区第一家银行，是钱袋子。买了这样的股票，光分红就不得了，况且还可以在交易中赚取差价。在第一年，他持有深发展光分红就赚了20%。1990年初，他赚到了12

万元。1992年，股市处于大发展，他赚了个盆满钵满，资产达到1000万元。1993年2月后，他看到市场扩容，熊市出现，他抽身离开股市前去房产市场作短暂回避休整。1995年再度回到股市，重新选择了深发展，以12元价格买入，再到40元左右价位卖出，大赚了一笔，资金急剧膨胀。出手深发展后，他又将投资目光盯上了四川长虹。看到长虹业绩飞涨，果断于1997年2月底，以20多元的价位大笔买入四川长虹，2001年看到长虹绝对涨幅相当高了，见好就收，然后分批在60多元套现，平均卖出价格在63元左右，又一次大赚了三倍多。对于2001年“5·19”网络股狂潮，他搞不懂，不去碰，不参与，宁愿错过，也让他逃过了迄今为止的历史大顶。2003年股市还在熊市中挣扎，林园又发现了价值投资的目标——茅台、五粮液两只股票。在林园看来：熊市中，所有的股票都是被低估的。你买些严重被低估的，12个月就会被市场纠正，买入12月也会赚钱。2003年3月开始买入茅台股票，持续买到7月，价位从26元一直买到22元，越跌越买。当时他敢买茅台，就是因为实地考察茅台窖藏仓库未销售的产品价值就达300亿元，而茅台的市值不过90亿元，凭着他价值投资的理念，他将70%的资金买了茅台股票，30%的资金买了五粮液股票。至2006年7月，股市元气恢复，茅台酒历经二次送股分红，复权价已是110多元，又狠狠赚了一笔。至此，他从1989年的8000元本钱，经过17年的股市博弈，资金不断如核子裂变，已经达到4亿元。2007年股市牛劲十足，处于牛市中期，是A股最好时期，林园认为该时期一批股票会轮番上涨，持续时间也肯定较长，他投入全部资金，抓住龙头股、优质的小盘股作为投资重点，结果取得了更大的效益，至2007年底，其资产估计已经超过20多亿元。林园资产从1989年8000元，历经18年在股市摸爬滚打，通过“循序渐进”，不断积累，集腋成裘，终于修炼成实力雄厚的江湖大鳄，成为中国的巴菲特式股市神话人物。其成功也是一步一步走过来的，一步一步壮大起来的。

# 二、依势

## 2.1 先声夺人

“先声夺人”谋略，系《左传·昭公二十一年》中的一段文字转化而来。《左传·昭公二十一年》原文：“冬十月，华登以吴师救华氏。齐鸟枝鸣戌宋，厨人濮曰：‘军志有之，先人有夺人之心，后人有待其衰。盍及其劳用未定也，伐诸?’”其意为，鲁昭公“冬十月，华登动用吴国军队救助华氏。齐国的鸟驻枝驻军宋国。厨人濮说：‘军事上有这样的谋略，首先派人制造声势，削弱敌人的士气；然后等待敌军士气衰落。何不等到他们疲劳而且军心涣散、心情不定时，再去攻击呢?’”该文字表达的是先造成声势，削弱敌军士气，然后去夺取战争胜利这样一种军事谋略。后人称为“先声夺人”。后来司马迁在《史记·淮阴侯列传》中记述韩信说的“兵固有先声而后实者”。说的也是，发兵进攻，往往是采用先制造声势，然后再发兵去进攻。“先声夺人”的谋略是古今中外军事家常用的谋略。

公元218年，诸葛亮就曾用“先声夺人”计败曹操的兵马。当时，刘备领兵10万人汉中，曹操闻报大惊，起兵40万亲征。定军山一役，蜀将黄忠计斩魏国大将夏侯渊，曹操闻之大怒，亲统大军抵汉水与刘备决战，誓为夏侯渊报仇雪恨。蜀军见魏军兵众势大，退居汉水之西，两军隔水相峙。后来，刘备、孔明视察了战场，发现在汉水上流一带有土山，可伏兵1000多人，心生“先声夺人”

一计。回营后便命赵云率兵500多人，全部带上鼓号，伏于土山之下，孔明告诉赵云，每逢深更半夜，只要大本营炮响一次，便鼓号齐鸣，喊声震天，但不出战。而曹操每每闻声，总疑有蜀兵劫寨，赶忙披挂出营迎敌。连续数夜，一夜数次，把曹操折磨得惊魂不定，寝食不安，弄得曹兵彻夜不得安宁，全军筋疲力尽。曹操只得传令退兵30里，寻找空旷广阔之地安营扎寨。诸葛亮以计逼退曹兵后，乘势挥师渡过汉水，并传令背水扎营，自置蜀军于险境。曹操获报，心知孔明一生谨慎，疑是诸葛亮又施什么诡计。为了一探虚实，曹操下战书要与刘备作一决战。战斗刚开始，蜀军就开始佯败后撤，又将兵器辎重马匹丢弃在道路两旁。这使曹操更加深信诸葛亮设有灭曹诡计。在不明就里的情况下，曹操赶紧鸣金收兵，并掉头后撤。诸葛亮却趁机举起号旗，指挥蜀军向曹兵冲杀过来。由于曹兵心理缺乏准备，加上诸葛亮施用"先声夺人"之计，搞得曹兵筋疲力尽，面对蜀军冲杀进攻，曹营鸣金败退，犹如山倒之势，损失惨重。

三国争雄时，还有一个"先声夺人"的著名战例。当时，蜀国的张飞被人看做是勇猛无比的粗人，但他在长坂坡中"先声夺人"，智退曹操追兵的战例，又把他粗中有细的性格深层次得到揭示。当时，曹操在占领了襄阳后，紧追刘备的军队至长坂坡，双方又血战一场，刘备幸得张飞的保护，且战且退，才免被曹兵追击，后见追兵渐远，刘备才敢下马歇息。张飞又率20多名骑兵，回到长坂桥边去接应赵云。他为了虚张声势，"先声夺人"，命令那20多名骑兵，将马尾拴上砍下的树枝，在树林中来回奔跑，让马尾拖着树枝扬起尘土作为疑兵，而自己横矛立马于长坂桥上，双目圆睁向西而望。只见经过一天血战，突出重围的赵云大呼："翼德援我！"张飞回应："子龙快走，追兵有我抵挡。"此时，曹军大将文聘已引军至桥边，见张飞倒竖虎须，手持蛇矛，立马桥上，又见树林之后，尘土飞扬，疑有伏兵，便勒住马，不敢再往前移步。一会儿，曹军的曹仁、李典、张辽、许诸等陆续追到，也都不敢近前，只是使人飞报曹操。曹操闻报赶来，张飞见曹操来到，便声如响雷地大喝道："我乃燕人张翼德，谁敢与我决一死战？"曹军闻张飞之声，吓得两腿直打哆嗦。曹操令人去掉战车青罗伞盖，回顾左右说："我以前听关云长说过，张飞在百万大军之中取上将之首，犹如囊中探物，今天相逢，我们切不可轻敌。”张飞见曹操后军阵脚移动，挺矛大喝道：“战又不战，退又不退，却是何故？”喊声未绝，曹操身边的将领夏侯杰，竟然被吓得肝胆破裂，跌倒马下。曹操见状，拨马就走。曹军众将也一齐往西而逃，一时人如潮涌，马似山崩，弃枪落盔者、自相践踏而死者不计其数。张飞凭英勇无比的声势阻吓了曹军千军万马的追击，此为张飞“先声夺人”，扬尘退兵。

在第二次世界大战中，苏联曾在1941年圣诞节前夕，向德国妇女寄发了大量的圣诞卡。画面设计：在一棵圣诞树下，一名德国士兵尸体静静躺在白雪中，又在下面用德文写着，“他是谁的丈夫？”苏军还散发题为《爸爸，我不愿看到你被杀死》的传单，画面是德国小姑娘在前线寻找爸爸。小姑娘天真无邪的眼神，流露出令人战栗的忧伤与哀愁，传单背面写着进攻斯大林格勒的德军已被包围的短文。德国妇女接到圣诞卡传单后，引发了思亲厌战的强烈反应，纷纷写信给前线的亲人，切盼早日结束战争，早日让心上人回到身边。这对德军精神打击很大，成了摧毁德军的一把精神利刃。在斯大林格勒战役中被俘的德军罗马尼亚20旅旅长季米特里乌承认，“苏联人的宣传，真实、生动。”德军中尉在日记中哀叹“苏联人对我们的宣传，变成了插入心中的可怕的精神利刃。”可见，斯大林格勒保卫战的胜利，与“先声夺人”的谋略运用有着密不可分的关系。

在1950年，朝鲜战争爆发，中国政府与中国人民作出了“抗美援朝，保家卫国”的战略决策。当时，中国人民解放军空军刚组建不久，飞行员训练时间有限，但面对战火烧到眼前，新生的共和国有被扼杀在摇篮里的危险，只能豁出去“边打边建，边打边练”。由于依靠了“先声夺人”的战术，终于克服了飞行训练时间短暂的困难，在空战中仍取得了不俗战绩。如1951年11月18日下午2时许的一次战斗，美国空军出动大批飞机，对永柔、清江、安州一带的铁路、公路、桥梁、军队集结地等目标进行狂轰滥炸。志愿军空军联合司令部指挥所，于14时24分命令空3师9团副团长林虎率领16架米格-15飞机与友军（苏联空军）共同组成88架机群截击北犯美机。当林虎编队飞至肃川上空时，发现美空军F-84战斗轰炸机20余架，采用首尾相接的圆桶阵，沿西海岸奔袭而来。林虎乘着美机不备，以压倒一切敌人的大无畏精神，实行“先声夺人”的战术。他指挥编队，从8000米的高空突然对美机编队进行猛烈俯冲。美机编队被突如其来敢于刺刀见红的中国飞行员的举动吓呆了，也顾不了防御的队形，纷纷扭动机身，进行机动摆脱，并不顾目标弃弹轻装，以逃避打击。顷刻之间，美机编队圆桶阵的防御队形被撕开拆散。林虎乘机指挥各大队抓住有利时机，对敌实施各个击破。参战的一大队大队长王海发现左前方低空有60多架F-84正在清川江桥上空盘旋投弹，他立即指挥本大队飞机对美机攻击。他充分利用米格-15飞机垂直机动性能优良的特点，一会儿爬高占位，一会儿俯冲攻击，长僚机密切协作，攻防配合，猛打猛攻，“刺刀见红”，以大无畏的气势压倒敌人，几分钟的空战，9团编队就击落敌机6架，其中5架被王海大队所击落。王海大队凭着这种精神与战术，在抗美援朝战场空战80多次，击落击伤美机29架，其中王海一人击落击伤9架，荣立集体一等功，被誉为英雄的“王海大队”。航空兵第3师自1951年10月21日至1952年1月14日，参战86天，共出动飞机2391架次，以自已被击落16架、被击伤7架的代价，换来击落美机55架、击伤8架的巨大胜利。志愿军空军之所以能够以弱胜强，靠的是继承和发扬了人民解放军的光荣传统，不畏强敌，不怕困难，英勇作战与“先声夺人”的战法。

战略家毛泽东在处理中苏对抗中，也曾使用了“先声夺人”的谋略，成功镇住了苏联要对中国的核打击，挽救了世界。当时中苏从意识形态矛盾逐步升级至国家边境武装冲突。在1969年3月2日、15日、17日，中苏先后在珍宝岛发生了3次较大规模的武装冲突，苏方被毁坦克、装甲车17辆，死58人，伤94人。中苏双方剑拔弩张，关系紧张到极点。苏方领导层对此反应十分强烈，以苏联国防部长格列奇科元帅、朱可夫元帅为首的军方强硬派竭力主张对中国进行“外科手术式的核打击”，“一劳永逸地消除中国威胁”。1969年8月20日苏联驻美大使多勃雷宁在华盛顿奉命约见了美国总统国家安全事务助理基辛格博士，通报了苏联要对中国核打击的意图，并征求美方的意见。基辛格博士 将苏方通报的事向尼克松总统进行了汇报磋商。美国总统尼克松、副总统阿格纽、国防部长莱尔德、国务卿罗杰斯、参谋长联席会议主席惠勒以及基辛格等高层会商后认为，西方国家最大威胁来自苏联，一个强大的中国存在符合美国利益，况且苏联打开核战争潘多拉盒子后，核污染同样会危及美国驻亚洲25万军人的生命，因此美国反对苏联对中国核打击。美国高层急于将苏联的战争意图告知中国，但又怕中美30年来积怨甚深，告诉了中国不一定能让中国相信。最后美国高层决定将这一消息通过《华盛顿邮报》于8月28日以“苏联欲对中国做外科手术式的核打击”的醒目标题捅了出来，告诉了全世界。中苏两国陷入战争边缘，中国当时进入了临战状态，全国城乡都在“深挖洞”备战。9月11日，苏联部长会议主席柯西金在赴越南吊唁胡志明主席之机，与中国周恩来总理在北京机场进行了3个半小时的会谈，中苏关系表面略有缓和，但危机依旧。9月16日，苏联的自由撰稿人、实为克格勒新闻发言人维克多路易斯在伦敦《星期六邮报》发表文章说：“苏联可能对中国新疆罗布泊核试验基地进行空中袭击。”一边是战争阴云密布，一边又是中华人民共和国20周年大庆临近。周总理当时十分担心20周年在天安门集会的安全问题。毛泽东以前无古人的战略家的雄才大略认为，若取消庆祝集会，在苏联面前示弱，会使苏联嚣张气焰，增大战争危险，决定采用“先声夺人”谋略，秘而不宣于1969年9月23日在罗布泊进行了一次原子弹核裂变的试验。正当全世界都在猜测中国核试验具体当量大小等问题时，紧接着又于9月29日以轰炸机空投300万吨级的氢弹热核爆炸试验。两次核试验，我们国家一直保持沉默，任由世界各国猜测。尤其是苏联，十分清楚中国核爆炸的含义。苏联媒体发表了一篇颇具代表性的评论，“中国最近进行的两次核试验，不是为了获取某项成果，而是临战前的一种检测手段。”世界对中国的两次核试验议论还在继续，而我们国家20周年大庆的集会游行却圆满完成。毛泽东采用“先声夺人”的谋略镇住了苏联先发制人的核打击，彻底化解了20世纪中国迫在眉睫的一次核威胁，也为世界和平作出了贡献。

商战中，许多中外成功的企业家都重视“先声夺人”谋略的运用。凡是成功的企业，说到底是有成功的营销。现代营销，所注重的就是要吸引消费者的听觉和视觉。成功企业经营者，总是善于运用各种巧妙的手法，首先张扬自己的声威，以压倒竞争对手，一鸣惊人地夺取市场份额。韩国现代集团成立50多年来，一直非常重视企业形象宣传。在其产品进入某个国家之前，总要进行铺天盖地的广告宣传，以期引起人们的注意，在民众的心头捷足先登，留下产品的印象。1990年北京亚运会时，中韩尚未建立外交关系，两国经贸也基本是空白，但现代集团却无偿捐赠亚运会组委会一批现代汽车。该活动一经媒体传播，自然在中国人民面前树立了良好的企业形象。1993年，现代集团又花费3亿韩元（约合37万美元）在北京市中心树起长26米、宽8米的超大幅广告牌，用英文和汉字书写宣传其汽车、电子、钢铁、化学等产品。这样，当现代产品进入中国市场时，使广大消费者对其一点也不感到陌生，很快抓住了消费群体。现代企业集团之所以在中国很快赢得市场，这不得不佩服现代集团“先声夺人”策略的成功运用。

我国江苏省红豆集团从小作坊起家，以产、销、利连年翻番的速度迅猛发展，成为我国服装产业的巨子，也得益于“先声夺人”的策略的运用。早在南昌举行的1991年度全国针织品春季交易会上，红豆首次出征便组织了强大的公关队伍，别出心裁地进行了地毯式广告轰炸。从南昌火车站、各条繁华的商业大街，直到订货会会场，挂满了宣传红豆服装的各式巨幅广告标语，又通过当地报纸、电视等媒体在订货会期间进行不间断宣传报道，亮丽的服装模特还进行精彩的现场表演，如此规模全时段、全方位、立体式的公关宣传，在针织品订货会客户心目中自然形成引导针织品市场潮流非红豆莫属的心理效应，致使“红豆”服装的订货额一举夺魁。在1991年秋季服装交易会上，别的厂家也从红豆集团先声夺人的营销中得到启发，纷纷效仿“红豆”进行广告宣传，而“红豆”集团却人无我有，人有我新，其“先声夺人”谋略的具体做法又有新的创新，改弦易辙从北京请来李谷一、韦唯等著名歌唱家，在武汉体育馆举办了“红豆工商联谊会”。“红豆”歌声响彻云霄，情义洒遍了人间，一下把在座3000多个客户吸引住了，再次夺取了公关营销的巨大成功，成交额比春季的南昌针织交易会还多了一倍，又一次成功高居榜首。红豆集团每次出征全国针织服装交易会都恪守“先声夺人”的策略，精心策划，奇招迭出，每次都取得了巨大成功，终使“红豆”服装脱颖而出，一枝独秀，成了家喻户晓的知名的品牌。

股票市场“先声夺人”策略的运用，一般都是投资人对有题材的板块悄悄建仓，当其达到一定仓位需要拉高出货时，就利用证券类报刊、电视的证券频道发表文章、述评，对该板块进行做多的煽动性宣传，让后来投资人追涨买入，而自己则获利退出，从中获取收益。例如，2007年证券市场上发生的杭萧钢构股票案，掌握了公司与非洲安哥拉签有344多亿元巨大订单的信息的几个人，指使关联人在信息未披露时巨资买入杭萧钢构的股票，然后借故将天价大单信息向市场扩散，引发市场热议，仅仅两个月时间，该股经历了17个涨停，股价从启动时4.24元涨到最高时的19.70元，被股民戏称，杭萧钢构是中国证券市场上最牛的钉子户。但巨资购入杭萧钢构的神秘人，却在市场对杭萧钢构天价订单一片叫好之时，获得10个涨停板后成功获利出逃。这一典型案例，就是大户利用信息不对称，巧妙运用先声夺人的谋略在股市获利的做法。通常情况下，机构大户凭借其人脉资讯优势，往往也能较早捕捉到市场信息，探听得市场跳跃的脉搏。例如，市场准备推出融资融券业务，有的机构大户较早了解到这方面的信息，早早开始布局相关板块的相关个股，他们以较低的价格买入有这方面题材的证券类股票。然后通过媒体连篇累牍热议融资融券这一重大题材，引发散户纷纷跟进，推动了证券类股票股价起飞上涨，机构大户从中大发其财。“先声夺人”的策略在股市中运用，一般来说，实力强大的机构投资者运用该策略比散户相对方便。因为实力强大的机构投资者，对媒体有一定的话语权，其对市场的看法能够通过媒体予以扩散，而散户要做到这一步，相对就有不少困难。但在科技资讯发达的今天，也有散户在股市中找到黑马，建仓买入，然后“先声夺人”，利用互联网到处发表对该股票正面信息，引发其他股民也投入资金追涨买入，而自己趁机获利了结。这是散户股民“先声夺人”策略的运用方法。

## 2.2 欲擒故纵

“欲擒故纵”是《三十六计》中的第十六计，归类为攻战计。是强势之计。该计原文是：“逼则反兵，走则减势，紧随勿追，累其气力，消其斗志，散而后擒，兵不血刃。需，有孚，光。”意思是：逼得敌人无路可走，就会遭其反扑，让其逃跑，就会削减敌人气势。所以要紧紧跟踪敌人，但不要逼迫他，借以消耗他的力量，瓦解他的斗志，等他的兵力溃散了，再行加以捕捉，这样用兵可以避免血刃。不逼迫敌人，放缓行事，瓦解敌人，使其相信我而归降，是有利的。

《三十六计》的“欲擒故纵”的解语原文则是：“所谓纵者，非放之也。随之，而稍松之耳。‘穷寇勿追’亦即此意。盖不追者，非不随也，不迫之而也。武侯之七纵七擒，即纵而蹑之，故辗转推进，至于不毛之地。武侯之七纵，其意在拓地，在借孟获以服诸蛮，非兵法也。若论战，则擒者不可复纵。”解语的意思是：这里说的“纵”，对敌人不是放任不管，而是在后边追随，只是追得不要太紧罢了。孙子说：“敌人已到穷困绝境的时候，不要过分逼迫他。”也是这个意思。讲不追，不是不去追击，只是不要过分逼迫他罢了。三国时，诸葛亮运用的七擒七纵计谋，就是放了孟获，又追踪他，逐渐把军队推进到边远的地方。诸葛亮的七纵，他的目的是为了扩大领土，拿孟获做样子以降服其他蛮族。这种做法是为了实现政治谋略，但不符合作战要求。按照作战要求，对抓住的敌人是不能轻易放走的。

“欲擒故纵”与欲取先予，两谋略其内涵虽然不完全相同，但夺与予、擒与纵范畴所含的哲理却是相通的。在这里，“予”与“纵”只是一种手段，是为实现“取”与“擒”的目的服务的。“予”与“纵”所说的都绝不是放虎归山，而是有目的地松懈敌人，网开一面，以防敌人狗急跳墙，作困兽之斗。这也是《孙子兵法》所告诫的“穷寇勿追”。所谓勿追，说的就是有限度勿追，不要紧逼而追，目的也是使敌人放松警惕，伺机再全歼敌人。

解语中提及的诸葛亮使用“欲擒故纵”谋略，七擒七纵孟获之战例。说的是在公元225年（蜀后主建兴三年），蛮王孟获起兵10万反蜀，建郡太守雍闿、群舸郡太守朱褒、越窗郡太守高定相继投降。蜀丞相诸葛亮奉旨领兵50万南征。连破三郡叛军之后，继续向泸水挺进。适逢马谡奉后主之命前来劳军。诸葛亮久闻马谡才智超群，便虚心问计。马谡曰：“愚有片言，望丞相察之。南蛮恃其地远山险，不服久矣。虽今日破之，明日复叛。丞相大军到彼，必然平服；但班师之日，必北伐曹丕；蛮兵若知内虚，其反必速。夫之兵之道，攻心为上，兵战为下。愿丞相但服其心足矣。”诸葛亮也十分赞同马谡的见地，更坚定了心战制伏孟获的决心。第一次两军对阵，孟获战败，被蜀将魏延活捉。诸葛亮问他是否心服？孟获却说：山僻路狭，误遭汝手，如何肯服？你若放我回营，整军再战，再被擒获，我便肯服。诸葛亮当即下令放了他，并送给他鞍马、衣服、酒食，派人送他上路。第二次诸葛亮派马岱夜渡泸水，断了蛮军粮道，孟获被部将董荼那、阿会喃等缚送蜀营。诸葛亮再次对孟获说：你上次说，若再次被擒，便肯降服。今日如何？孟获说：这次是我部下人自相残杀，以致如此，如何肯服？诸葛亮又将他放了，并领他参观蜀军营寨，亲自送至泸水边，派船送回。孟获回营后，不思悔改，首先杀掉发动兵变的部将董荼那、阿会喃，然后与其弟孟优商议以假降方式夜袭蜀营。又被诸葛亮识破，将计就计，第三次将孟获活捉。但孟获又不服说：这怪我弟贪杯，误饮你们的毒酒，并非我无能，如何肯服？诸葛亮见孟获不服，又第三次放了他。孟获愤愤回营后，派人带上金银珠宝送给各部族首领，借得精强蛮兵数十万，一路杀气腾腾与蜀军再战。诸葛亮避其锋芒，领军退至西洱河北岸扎营，然后派精兵抄了蛮兵后路，第四次活擒孟获。诸葛亮对其怒斥：这次又被擒获，你还有何话可说？诸葛亮声言要将其斩首。可是，孟获全无惧色，又辩说，我误中诡计，死不瞑目。你若有能耐，放了我来日再战。诸葛亮第四次放了孟获。第五次，诸葛亮引军由险径直取秃龙洞将孟获擒获。可是，这个孟获借口秃龙洞不是他祖居有重关之固、三江之险的银坑山，要是在他祖居的银坑山抓到，便子子孙孙，倾心服侍。诸葛亮深谋远虑，又第五次放他回银坑山老巢。孟获凭借老巢易守难攻的天险，又请来八纳洞洞主木鹿3万驱兽兵助战。诸葛亮布假兽战胜木鹿兽兵，识破孟获妻弟带来洞主假缚孟获夫妻献降诡计，第六次生擒孟获。但孟获却说，这一次是我等自来送死，称不上你们本领，如第七次被擒，则倾心归服，誓不再反。诸葛亮又将其放还。孟获回去后，从乌戈国请来3万刀剑不入、渡水不沉的藤甲兵，屯于桃花渡。诸葛亮一计还一计，特设疑兵，一步一步将藤甲兵诱入堆满干柴、火药的蛇盘谷，然后这边收紧袋口，那边派兵火攻，将3万藤甲兵烧得片甲不留，第七次将孟获活捉。诸葛亮令人设酒宴招待孟获夫妇及其宗室，让孟获可以再回去招人马来决战。这一次，孟获却再也不走了。感慨地说：七擒七纵，自古未有。我等虽是化外之人，也懂礼义。并表示：一定领各洞蛮民诚心归顺。后来，孟获仕蜀，官至御史中丞。终蜀之世，蛮方一直太平无事。诸葛亮七擒七纵，“纵”的是孟获其人，而最终擒得的是蛮王及其蛮民百姓之心。精诚所至，金石为开。从此蜀国有了巩固的南方，可以放心致力于伐魏。

拿破仑最为得意的指挥杰作——奥斯特利茨会战，也是一次成功使用“欲擒故纵”谋略的经典范例。1805年10月，法国为了打破英国、沙俄、奥地利、瑞典和丹麦等国结成的反法联盟，拿破仑放弃原定渡海攻击英国的作战计划，转而将矛头指向俄奥联军。11月，法军在攻占奥地利首都维也纳后，继续北进追敌。是月下旬，俄国增派部队到达前线，俄奥联军兵力达到8.7万余人。而拿破仑所率追击奥军的部队只有4万余人，且奥地利卡尔大公所率奥军主力又从意大利战场北返，火速驰援联军，普鲁士军队也由西北开来，企图袭击法军后方。形势的发展对孤军深入的法军极为不利。拿破仑在综合分析各方情报后认为，法军若要击败联军，必须赶在奥军主力从意大利战场回师之前打败当面的俄奥联军。为此，拿破仑立即命令法军就地停止追击，立即转入阵地防御，并多方散布法军兵力薄弱的虚假情报，还派信使表示愿意进行停战谈判，故意示弱诱骗俄奥联军主动出击。同时，拿破仑火速从后方向前方调遣兵力，使法军在决战时达到7.3万人。由于俄奥联军对法军作战企图判断错误，误认为法军兵力薄弱，怯于交战，遂于11月27日，兵分五路向奥斯特利茨地区开进，企图从南面迂回攻击法军。法军为诱使联军加速发起进攻，故意命令前沿防御部队后撤，放弃有利于防御的普拉岑高地，诱使联军迂回，以便乘机攻击联军的侧后。12月2日，俄奥联军到达奥斯特利茨后，见法军从普拉岑高地撤退，更加确信拿破仑惧战收缩，于是以刚刚抢占的普位岑高地及其以北地域的部分兵力牵制法军左翼，而以主力向法军右翼发起攻击，企图切断法军通往维也纳的退路，将其聚歼于奥斯特利茨西南地区。针对这一态势，拿破仑只以少部分兵力（约1万人）

在其右翼阻击俄奥联军主力，而以主力6万余人的局部优势兵力集中部署在中央和左翼。早上7时许，俄奥联军主力向法军右翼展开猛攻，法军仅以一部兵力顽强抵抗俄奥联军的进攻。沙皇亚历山大急于求成，见联军主力进攻受挫，遂干预指挥，9时刚过，他不通过统帅库图佐夫而急调据守普拉岑高地的部队去向法军右翼加强进攻。这样，造成了联军普拉岑高地的防御空虚。拿破仑抓住战机，挥军迅速抢占普拉岑高地，战场态势随之改观。法军主力遂以大纵深的战斗队形向俄奥联军部署的中央实施突击，将俄奥联军切成两段，而后便从普拉岑高地向联军主力侧后实施猛击，将俄奥联军主力压缩到湖泊沼泽地带，拥挤在刚刚结冰的湖面上。在法军炮火猛攻下，联军除极少部分正面突围逃生外，或葬身湖底，或缴械投降。与此同时，抢占普拉岑高地的法军左翼，在顽强击退俄奥联军右翼的进攻后，也转入反击，将俄奥联军追赶到了奥斯特利茨。黄昏时分，整个战役以法军大胜而结束。该次会战，拿破仑使用了“欲擒故纵”的策略，采取多种办法示弱，引诱俄奥联军不等奥军主力和普鲁士军队的到达就进行决战。结果，法军以损失约1.2万人的代价，换得俄奥联军2.6万人的损失。俄皇奥帝侥幸脱逃，俄军统帅库图佐夫却受伤不轻。奥帝被迫求和，与法国签订《普雷斯堡和约》。俄军随后撤离奥境，第三次反法联盟宣告解体。

近代历史上，使用“欲擒故纵”谋略的也不乏其例。1947年7月初，中国人民解放军一纵和六纵将国民党整编70师一个半旅及由独山集北上接应70师南下的整编32师主力围在只有200户人家的六营集小镇上。中国人民解放军二野的刘邓首长分析：敌两个师部和两个半旅被围困该独山集，由于该处固守困难，敌不敢与我恋战，极有可能向整编师后方济宁突围。若是采取四面包围，敌有可能作困兽之斗，部队会增加损失。为此，刘邓首长决定使用“围三阙一”、“欲擒故纵”之计。将一纵撤至六营集以东至纸坊一带的开阔地，部署成口袋形阵地。然后由六纵数千人，以西面为主攻方向，南、北两面夹击，设防阻止敌人逃跑。一切部署完毕后，于7月14日晚向敌发起攻击。不出所料，敌70师、32师的师部及所辖两个半旅，经不住我军西面方向凌厉攻势，分左右两路向东夺路而逃，企图向济宁方向靠拢寻求解救。结果全部进入我军预设摆布的口袋形阵地。一夜之间，六营集小镇的敌人被 我军全歼，敌70师师长、副师长被俘。敌32师师长趁黑夜逃脱，却被蒋介石以临阵逃脱罪投入监狱。刘邓在强势的力量对比下，故意给敌留出一条生路，诱导敌军进入布袋阵，既避免了敌军背水一战、困兽之斗给我军增加的伤亡，又实现了全歼敌军，这仰仗刘邓使用“欲擒故纵”谋略之妙!

在商战中，国美集团为了和家电厂商形成的共生关系能够继续发展，不要节外生枝、渐行渐远，就多次使用“欲擒故纵”的谋略。在2006年11月22日，国美与永乐的合并庆典仪式上，国美的负责人发表国美发展战略时，就曾大谈特谈国美与广大家电零售商和谐协作关系的解决方案，大谈特谈建立“行业利益共同体”的必要性与可行性，一遍又一遍地向供应商释放和谐发展的善意。当国美在资源渠道关键区域得到巩固，对家电供应商话语得到相应加强后，国美永乐就“发布了”打压市场价格10%的信息，给家电供应商造成了很大的压力。紧接着，国美集团总裁又表示，新国美本着维护共同体利益为原则，进行流通零售资源的整合和完善，打造高效的供应链价值，服务上游厂。这些言语又给广大供应商吃了一颗定心丸。国美通过“欲擒故纵”的谋略，就是让厂家在充满希冀以及被压低价格的压力中，被牢牢掌控在以国美为首的利益共同体中，始终由国美主导着商品的议价权。即使家电供应商对国美存在抵触情绪，但还是让你离不开，保证了国美金融经营模式能够成功地实现。

在股市上也可以用这种方法。当你想要更好地控制一个股票，或者预计它将要跌价时，就故意先抛出这个股票，等到股价下跌以后，再趁低补回，这样不仅可以赚到差价，而且可以更牢固地掌握该股份公司的控股权。在香港股坛号称一流“杀手”的刘銮雄，就曾玩过这种绝招。刘銮雄于1974年创办爱美高公司，主要生产和销售电风扇，由于经营得法，事业蒸蒸日上，获得了“风扇刘”的美誉。到了1983年，工业股在香港上市进入热潮阶段，爱美高也成了上市公司并以每股2元的价格发行新股。半年后，该股即升至每股4.4元。就在工业股票炒得热火朝天之际，刘銮雄趁机将所持股票大量抛出，至1985年2月全部抛空，同时又辞去爱美高公司主席的职位。众股东群龙无首，连忙推举副主席梁英伟接任主席。这时，爱美高股价已跌至每股1.5元，这意味着刘已从中赚到了一批差价。不久，工业股票由热转冷，爱美高更是连连下跌，最低点是每股0.7元。这时，刘銮雄乘机又在市场上大批购进爱美高股票，重掌帅印，进而把梁英伟轰出董事局。这一役，刘銮雄不仅赚得肚满肠肥，而且更加牢固地掌握了爱美高的控股权。他这种胆识和手段，让人不得不拍案叫绝。

对于资金实力不多的散户来说，“欲擒故纵”不能像大资本的投资人那样随心所欲，甚至能够操纵股价。但散户可以在牛市行情中，利用该计谋，掌握追涨技巧。对快速上涨的强势股，可以及时跟进，而对波段式上涨的长牛股，则不必急于追涨，而应该瞄准该股运行情况，暂时放弃追涨，耐心等待，静观其变，寻找合适的调整机会再予介入。正如兵法讲“欲擒故纵”之计时，有“所谓纵者，非放之也，随也，而稍松之耳”的解释所示。这样操作，可以以较低的价位买得所要购买的牛股，避免疯涨买股，增加持股成本。

## 2.3 狐假虎威

“狐假虎威”之计从《战国策·楚策一》所述演绎而来。《战国策·楚策一》原文：“荆宣王问群臣曰：‘吾闻北方之畏昭奚恤也，果诚如何?’群臣莫对。江乙对曰：‘虎求百兽而食之，得狐。’狐曰：‘子无敢食我也！天帝使我长百兽，今子食我，是逆天帝命也。子以我为不信，吾为子先行，子随我后，观百兽之见我而敢不走乎?’虎以为然，故遂以之行。兽见之皆走。虎不知兽惧己而走也，以为畏狐也。今王之地方五千里，带甲百万，而专属之于昭奚恤；故北方之畏昭奚恤也，其实畏王之甲兵也，犹百兽之畏虎也。”该文意为：荆宣王问群臣说：“听说北方诸侯都害怕楚令尹昭奚恤，果真是这样吗?”群臣无人回答，江乙回答说：“老虎找各种野兽来吃，抓得（一只）狐狸。狐狸对老虎说：‘你怎么敢吃我啊！我是玉皇大帝派来做百兽中老大的，现在你要吃我，是违背玉帝的旨意啊！你认为我说的不可以相信，我可以在你前面先走，你可以跟在我后面，看一看各种野兽见到我有敢于不逃避的吗？'老虎认为狐狸说得有道理，于是就按它说的做。结果，各种野兽看见（狐狸带着老虎来了）全跑了。老虎不知道那些野兽是害怕自己而逃跑的，还以为是害怕狐狸呢！现在大王的国土方圆5000里，大军百万，却由昭奚恤独揽大权，所以北方诸侯害怕昭奚恤，其实是害怕大王军队，这就像百兽害怕老虎一样。"

这则战国君臣对话，通过将动物人格化的一个寓言，将理性认识感性化，抽象概念形象化，借以展现自己的理想，传达要说明的事理。后来，人们就将依仗别人的势力来恐吓他人的行为称做"狐假虎威"。在常人眼里，对借人之力欺侮别人被视作贬义词。但用于军事上，有如老子所说的"借人之力"，即是一种借助别人的军力，吓阻打击交战的敌人为目的的谋略。使用该计，关键要善于"假借"。

历史上真有"马假虎威"而夺取战斗胜利的战例。公元前632年，晋楚城濮之战中，晋国元帅先轸联合秦、齐、宋，攻打楚国，他将联军分为上、中、下三军。他又将下军的战马都蒙上虎皮。先轸先让上军竖起两面大旗充当中军与楚军决战，未战几个回合，晋国的军队在先轸的指挥下，假装败退，并让一些士兵的战马的马尾拖着树枝，故意扬起灰尘，好似全部兵马都在溃逃。楚之左军看到晋军逃遁，便死命地狂追。这时，以战马蒙上虎皮的下军突然出现在楚之弱旅右军的阵前，结果，楚之右军的战马误以为山中老虎来袭，大受惊吓，怕虎的本能让军中战马纷纷逃窜。有的战马甚至迈不开腿吓得伏倒在地，先轸指挥中军借机拦腰杀出，楚军兵败如山倒，不战自溃。

在春秋战国时期，周王朝封国林立，各国间并吞与反并吞的战争频繁，弱小的诸侯国为了求得生存，避免被吞没，在政治、军事、外交领域频繁使用"狐假虎威"之计。虽然周王朝诸侯分权后开始败落，没有了昔日的威严，但其影响还是很大的。因此，许多诸侯国都打着维护周王室的旗号，以成就自己的霸业。在这当中，假天下之名行霸业者，首推郑庄公。郑庄公想要代替宋国成为诸侯国的盟主。只得去晋见周王。其实周王并不喜欢郑庄公，因此，周王见了郑庄公后特地赏赐十车大米以奚落他。郑庄公心里很不是滋味，本想当面予以拒绝，但他手下大臣劝他收下赏赐，后建议将赏赐的十车大米说成是周天子赏赐给他十车金银财宝，还诡称“宋过久不朝贡，我受周天子的命令，将率兵前去征伐宋国。”郑庄公从周王那里一路走来，一路宣传，各诸侯听到他的宣传都信以为真。这个消息传到宋国，宋国感到情况严重，想和郑庄公沟通讲和，而郑庄公却不理会他。这时，郑庄公以天子的名义，命令齐、鲁等国助郑伐宋。郑庄公率军伐宋势如破竹，连取两城。等到宋国打听到周天子并未下令让郑伐宋，但为时已晚，伐宋已成既成事实。郑庄公获取宋国两城后并未占为己有，而是拱手送给了齐国，齐国又改赠给了鲁国。齐、鲁两国自然感激郑国。而宋国为了讨回二城邑必然与齐鲁结怨。齐、鲁为了保住城邑则重视与郑国结盟友好。郑庄公假借周天子之名伐宋，此乃一箭双雕，取得了预期目的，使郑国逐渐成为春秋初期最强盛的诸侯国。

在现代战争中，“狐假虎威”之计，既体现在交战的双方中的一方假借超级大国支持对另一方进行恫吓打击，也可体现在传统地面部队借助强大的空军的航空火力准备，增加进攻实力。像1982年发生的第五次中东战争，以色列当时利用国际上英阿爆发马尔维纳斯群岛之战转移了国际争端的视线；又利用两伊战争正在进行，两伊无暇他顾；埃以在以色列归还西奈半岛后，矛盾得到缓和，埃及不会介入战争等有利条件。另一方面，考虑到巴勒斯坦游击队主力从约旦转移至黎巴嫩后，直接介入黎巴嫩国内的政治斗争，构筑军事设施，打击亲以的基督教势力，成立国中之国，越来越构成对以色列心腹之患。加上当时又发生以色列驻英国大使被巴勒斯坦游击队刺杀，以色列统治集团以此为借口，在美国的支持下，可以发动一场对黎巴嫩境内的巴勒斯坦游击队和叙利亚驻军的大规模打击。于是，1982年6月4日，以色列出动飞机空袭贝鲁特和黎巴嫩南部的巴解游击队基地，进行长达5小时多的航空火力攻击，摧毁了巴解游击队大部分工事；6月6日11时，以色列军队在完全控制制空权的情况下，出动4个旅，约20000余人的地面部队，在宽达53公里的地面上，分西、中、东三路向巴解游击队基地发动全面进攻。以色列地面军队借着空中优势，摧营拔寨，很快占领了苏尔、西顿、达穆尔、哈尔达、大马士革地区。11日，以军主力进抵贝鲁特国际机场附近。以军仅用了8天时间（6月6—13日），战线推进了90余公里，占领了黎巴嫩3000平方公里，摧毁了巴解游击队在黎巴嫩全部基地，叙利亚在贝卡谷地经营10余年、耗资20亿美元的防空体系也毁于一旦。叙利亚与巴解协商，被逼接受了以色列的停火条件，宣布当地时间12时实现停火。此后，叙以打打停停，停停打打，直至9月29日，以色列在国际舆论的压力下，以军撤离，由多国和平部队返回贝鲁特西区维持秩序。在这场战争中，由于以色列使用电子战手段，导致叙利亚的防空武器基本上没有发挥应有的作用，使以色列地面部队借助空军掌握制空权的威力，"狐假虎威"淋漓尽致地得到发挥。战争的结局基本上是一边倒地有利于以色列军队，巴解伤亡3000余人，被击毁坦克100余辆，火炮500门，400多座秘密仓库被占领，叙利亚伤亡1000余人，损失坦克400余辆，飞机58架。以军仅损失飞机10架，其中无人驾驶飞机和直升机6架，人员伤亡也很少。

在商业经营中，也不乏利用"狐假虎威"之计取得骄人业绩的例子。其中浙江圣达集团的中华鳖精就是依靠马家军的威风而成就辉煌事业的范例。在1993年8月，辽宁的中长跑著名教练马俊仁率弟子参加在德国斯图加特举行的第四届世界田径锦标赛，其弟子刘东、曲云霞分获1500米、3000米世界冠军，而王军霞还以30分49秒的成绩创造了世界锦标赛的新纪录。紧接着在9月8日北京举行的第七届全国运动会女子10000米比赛中，以29分31秒78的成绩获得金牌，并超过挪威选手克里斯蒂安森保持了7年的该项世界纪录；9月11日，曲云霞在女子15000米的比赛中，以3分50秒46的成绩，超过了原苏联选手卡赞金娜在该项目保持了13年的世界纪录。9月13日，王军霞又以8分3秒11的成绩创造了女子30000米新的世界纪录。同年10月30日，在西班牙圣塞瓦斯市举行的第五届世界杯马拉松赛上，"马家军"王军霞又一次以2小时28分16秒的成绩夺得冠军。12月3日在亚洲田径锦标赛上，王军霞又以34分19秒32的成绩获女子10000米金牌。1994年，"马家军"在亚运会的田径赛上，曲云霞夺得800米、1500米两项冠军。"马家军"创造的一个个纪录，让全国人民赞叹，让世界人民刮目相看。善于经营的浙江圣达集团的决策者看到"马家军"的名望如日中天，神州上下都在探究“马家军”成功的奥秘。因而想出了用名人促销的“狐假虎威”之计。圣达集团出资请来了“马家军”在杭州举行报告会，争取到“圣达”牌中华鳖精作为“马家军”专用保健品。随后推出的广告中，又以马俊仁一句“我们常喝中华鳖精”和王军霞等神鹿飞奔的英姿，使广大消费者坚信，“马家军”在田径场上的业绩离不开中华鳖精的滋补。媒体对“马家军”一遍一遍地狂炒，“圣达”牌中华鳖精也尽沾其光。于是“圣达”牌鳖精走俏全国，应接不暇，圣达集团也从此日益兴旺发达。

在股市中，中小投资者往往处于信息不对称的弱势地位，难于从正规渠道获得充分的信息，另一方面又由于许多中小投资人缺乏全面完整解读信息的能力，因此有相当一批中小投资人往往对股市著名投资人、分析师、媒体说的事，有很强的吸引力，很容易被“狐假虎威”的消息左右了自己的投资行为。有一位严姓的投资人摸透了普通中小投资人这种投资心理学，就曾“狐假虎威”在股市中兴风作浪了一番。1993年，他看到苏三山A上市时股价有9元多，而在当年年底已跌去了30%多，仅剩6元多，他错估了形势，大量买入苏三山A股份。不料，苏三山A股票并未停止跌的脚步，仍然狂跌不止，将严某的资金深套其中。他为了解套，就玩起了“狐假虎威”之计，他在异地向《海南证券报》传真了一份假的消息：据有关方面透露，李嘉诚要在大陆收购苏三山公司。而《海南证券报》收到这条消息后，为了抢夺读者的眼球，不加分析，也未进行调查核实，就贸然将此假消息在头版上公之于众。广大投资人从报上看到这条消息后，见是李嘉诚要收购，又是公开发行的媒体公布的，许多股民在“狐假虎威”的名人效应下毫不迟疑地抢购苏三山股票，结果使许多个交易日内的苏三山股票跳空高开，涨停收市。严某见利用名人效应误导成功，则借机将苏三山股票全部卖了出去，自己不但没有亏本还赚了不少钱。苏三山股份公司发现不实消息引起股票异动后，立即出面向新闻界澄清绝无李嘉诚收购本公司的事情，香港李嘉诚也在港通过媒体表示不存在收购大陆公司的情况。苏三山的股票正本清源后，结果市场又报之以狂泻不止，凡听了这则消息而介入抢购苏三山股票的股民莫不损失惨重。可见，广大中小投资人对媒体传播的名人投资行为以及“股神”所说的也有必要进行甄别，更要防止有人使用“狐假虎威”之计，从中渔利。

上面说的是别人使用“狐假虎威”之计捉弄广大投资人的事例，另一方面，广大中小投资人也可以正大光明地使用“狐假虎威”之计。在股市中，一二千只股票分属不同的行业门类，难免有涨有跌，有强有弱，有的个股的走势并非完全依照大盘走势而波动，而是凭借个股内在特殊优势，在主力资金的推动下，走出个股的独立行情。例如2009年8月份，大盘从8月第一交易日上证指数3465点（第二个交易日为3478点）的高点逐步下行，至8月31日收盘，上证指数跌至2667.7点，一个月时间跌去了797.4点，跌幅达23%。而这一个月里，有的股票非但没有跌，而且还上涨了不少。如华兰生物股票，在8月份第一个交易日，其股价为34.12元，8月19日也曾跌至28.99元，后来凭借着该公司入选甲型H1N1流感疫苗生产基地，加上秋冬流感季节的到来，全球感染甲流的人数急剧上升，又传出国家要大规模收贮甲流疫苗，与其同样题材在纽交所上市的北京科兴的股票一个月上涨达393%。华兰生物该股从8月20日开始被机构专用席位大量买入，牛气冲天，连续上涨，至8月底，股价涨至41.56元，比月初上涨7.44元，上涨幅度达21.8%，仍然牛势不改，至9月14日最高涨至每股60.50元。相比8月初上涨77.3%。在大盘绵绵下跌了20%多的情况下，而华兰生物股票却凭借抗甲流疫苗的重大题材，逆大盘下跌之势而动，上涨的幅度比大盘下跌的幅度还要大。若是我们中小投资人能够假借抗流感疫苗题材之威，顺势而为，与庄家共舞，也可以“狐假虎威”，获得同样不菲的收益。

## 2.4 借刀杀人

“借刀杀人”的计谋在《三十六计》中列为第三计，归类为胜战计，该计原文：“敌已明，友未定，引友杀敌，不自出力，以《损》推演。”其意为：敌方的作战意图已经十分明了，而盟友的态度还犹豫不定，要诱导盟友参战攻打敌军，避免自己消耗实力。利用《易经》中《损》卦去推理、演算。

该计解语原文：“敌象已露，而另一势力更张，将有所为，便应借此力以毁敌人。如子贡之存鲁乱齐破吴强晋；诸葛亮之和吴拒魏；及关羽围樊、襄，曹欲徙都，懿及蒋济说曹曰：‘刘备孙权外亲内疏，关羽得志，权必不愿也。可遣人劝蹑其后，许割江南以封权，则樊围自解。’曹从之，羽遂见擒（《长短经》卷九《格形》）。”解语意为：敌人的意图已经暴露，而另一种势力正在扩张想要参与争斗活动，应该设法借助这种力量去消灭敌人。正如，子贡为保护鲁国而去说服吴国去攻打齐国，然后，再劝说晋国加紧军备去击败吴国。又如，诸葛亮献计刘备，联合孙权，利用吴国的兵力，大破曹操于赤壁。再如，蜀国大将关羽围魏国的樊城、襄阳。曹操惊恐，想从洛阳迁都以躲避威胁。司马懿和蒋济都劝曹操说：“刘备与孙权表面上是亲戚，骨子里是有疏隙的，关羽得志，孙权是不会高兴的。可以采取派人劝说孙权攻击关羽的后方，并许诺把江南分割给孙权。这样，樊城的围困自然会得到解救。”曹操听从了司马懿与蒋济的计谋，结果关羽被孙权所捉（引《长短经》卷九《格形》）。

“借刀杀人”的计谋原为封建官僚之间相互离间、尔虞我诈的骗术。但作为军事上的谋略，主要是指善于利用第三方力量或利用敌人营垒中的矛盾，无须完全依靠自己实力或无须自己亲自动手，而让第三方的实力发挥作用，或利用敌人的矛盾以一部分敌人去消灭另一部分的敌人，以实现自己想要实现的目的，这就是“借刀杀人”的精神实质。“借刀”并非专指借武器，也可以借人力、借财物、借谋略、借媒体、借条件等等，“杀人”并非一定消灭敌人的肉体，可以泛指施计者所希望实现的心愿。

解语中所举的“子贡之存鲁破吴强晋”的案例，说的是春秋末年，齐简公派国书为大将，兴兵伐鲁。鲁国实力不敌齐国，形势危急。孔子的弟子子贡分析后认为，唯吴国可与齐国抗衡，可借吴国兵力挫败齐国军队。于是，子贡游说齐相田常。田常当时蓄谋篡位，急欲铲除异己。子贡以“忧在外者攻其弱，忧在内者攻其强”的道理，劝他莫让异己在攻鲁中轻易主动，扩大势力，而应攻打吴国，借助强国之手铲除异己。田常心动，但齐国已做好攻鲁准备，转而攻吴怕师出无名。子贡说：“这事好办。我马上去劝说吴国救鲁伐齐，这不是有了攻吴的理由了吗?”田常高兴地同意了。子贡赶到吴国，对吴王夫差说：“如果齐国攻下鲁国，势力强大，必将伐吴。大王不如先下手为强，联鲁攻齐。吴国不就可抗衡强晋，成就霸业了吗?”子贡又马不停蹄地去说服赵国，派兵随吴伐齐，解决了吴王的后顾之忧。子贡游说三国，达到了预期目标，他又想到吴国战胜齐国后，定会要挟鲁国，鲁国不能真正解危。于是，他偷偷跑到晋国，向晋定公陈述利害关系：吴国伐鲁成功，必定转而攻晋，争霸中原。劝晋国加强备战，以防吴国进犯。公元前484年，吴国夫差亲自挂帅，率10万精兵以及3000越兵攻打齐国，鲁国立即派兵助战。齐军中吴军诱敌之计，陷于重围，齐军大败，主帅图书及几员大将死于乱军之中。齐国只得请罪求和。夫差大获全胜后，骄狂自傲，立即移师攻打晋国。晋国因早有准备，击退吴军。子贡纵横捭阖，利用齐、吴、越、晋四国的矛盾，巧妙周旋。借吴国之“刀”，击败齐国；又借晋国之“刀”，灭了吴国的威风。鲁国能够以微小损失，在危难中解脱，这要归功于子贡巧用“借刀杀人”之计。

在历史上，使用“借刀杀人”以实现政治、军事目的的不乏其例。三国时，司徒王允为了除掉董卓，千方百计拉拢利诱董卓干儿子吕布，经常请吕布到家里喝酒聊天，又赠良匠精制镶嵌明珠的金冠一顶，又许以貌若天仙的貂蝉为妾。吕布对此感恩不尽，表示：“若得如此，愿当犬马之报。”另一方面王允又使连环计、美人计，在董卓面前逢迎不止，将貂蝉献与太师。吕布见美人被董卓所占，责问王允是何意故?王允又趁机大谈董卓的不是，加上吕布在董卓府上所见貂蝉，忧愁不乐，频以香绫拭泪，对其却频送秋波，吕布对貂蝉更是神魂飘荡，加上一次与貂蝉私会被董卓撞见，董卓要杀吕布问罪，董、吕裂痕加深。王允趁机要吕布为民除害，杀了国贼董卓。谈到要他去杀董卓，不禁使吕布犹豫起来，口里喃喃地说：“我是董卓干儿子，儿子怎能弑父?”王允摇摇头继续劝慰：“将军真糊涂！你姓吕，他姓董，本来就不是骨肉至亲，他掷戟要杀你，那还有什么父子的情谊?”功夫不负有心人，经王允对吕布再三策反，吕布答应帮王允杀掉董卓。在公元192年的一次汉献帝未央宫会见大臣的时候，吕布一边高声大嚷“奉皇帝诏书，讨伐贼臣董卓”，一边举起长矛戳穿了董卓的喉头，结束了董卓的性命。这场宫廷内斗，王允司徒就是想方设法设计挑起董卓与吕布的矛盾，巧妙地用吕布之刀杀掉了董卓，遂了王司徒杀董卓的心愿。

在南宋时期，金军也曾使用“借刀杀人”之计，逼使南宋屈辱求和，让南宋俯首称臣。在公元1127年，金军掳走了宋徽宗和宋钦宗，以及一批大臣，其中包括御史秦桧。秦桧当了俘虏后，很快投降金军，与金太宗的弟弟挞懒亲王打得火热。而宋朝赵构却南迁在杭州重建了王朝，抗金名将岳飞在前线屡屡把金军打败，对金军构成了很大威胁。这时挞懒向金太宗献计，“我可用秦桧这把刀去杀岳飞，使宋不战而降。”金太宗批准了挞懒提出的“借刀杀人”之计。1130年，秦桧被挞懒作为金军奸细经楚州（今江苏淮安），秘密遣回南宋杭州。秦桧回到杭州后，在宋高宗面前谎称杀死防守军士，夺船逃回，骗取了宋高宗的信任，两任宰相，执政19年。他在位时，一面向宋高宗推崇议和的好处，一面排斥抗金大臣，并对抗金大臣千方百计罗列罪名。对他们不是被解职，就是被流放。南宋朝政大权被秦桧所把持。1139年，在秦桧一手操办下，宋金议和告成，宋向金称臣，每年向金进贡白银25万两、丝绢25万匹；而金退还陕西、河南占领的土地，归还宋徽宗的棺木。岳飞听到与金议和将达成，立即上书表示反对，申言：“金人不可信，和好不可恃。”并直接抨击相国秦桧主和用心不良。面对宋高宗赵构议和事成后，得意忘形，对文武大臣大加爵赏、大赦天下，岳飞却认为，“今日之事，可危而不可安，可忧而不可贺”，坚拒赏赐。这无异给宋高宗泼了当头冷水，更使秦桧怀恨在心。1140年，金并不满足南宋的进贡物品，再度大举进攻南宋疆土。宋军奋起抗金，岳飞与金军在郾城大战，消灭了金大将金兀术的主力骑兵。又乘机向朱仙镇进军，金兀术虽集合了10万大军抵挡，但被岳家军打得落花流水，逼得金兀术准备从开封撤军。此时，挞懒紧急派特使密会秦桧，严令他除掉岳飞。而甘心充当儿皇帝的宋高宗赵构，因担心一旦宋军收复中原，金人放回钦宗，他皇位难保，故置抗金大好形势而不顾，听信秦桧谗言，命令东西两线收兵，又以岳家军“孤军不可久留”为名，连下十二道金牌，急令岳飞“措置班师”。岳飞悲愤地说：“十年之功，废于一旦；所得诸郡，一朝全休；社稷江山，难以中兴；乾坤世界，无以再复！”岳飞的抗金斗争被迫中断。岳飞回到临安后，又立即陷入秦桧、张俊等人布置的罗网，1141年遭诬告谋反，被赵构赐死，害死在大理寺的风波亭。金兀术在战场上得不到的东西，却使用“借刀杀人”轻易实现了占领宋半壁江山的目的。

在第二次世界大战时，希特勒兵不血刃地吞并奥地利之后，又立刻把矛头指向了捷克斯洛伐克。希特勒利用住在与德国接壤的捷克苏台德地区300万德意志人，成立以汉莱为首的苏台德德意志人党，并接受德国外交部的秘密资助，制造事端，以便在保护德意志人“民族自决”的借口下来达到肢解并侵占捷克的目的。希特勒迫不及待用武力威胁，做出战争的姿态，企图迫使捷克政府屈服。但捷克政府当时坚决捍卫民族主权，有较强的兵力，又同法国、苏联订有互助条约，并未被德国法西斯压力所吓倒，宣布实行全民总动员，召集40万后备军应征入伍，并迅速部署部队进入防御阵地，作出与德国法西斯决战的架势。希特勒为了减少损失，并不采取直接与捷克作战的方式，却采取压迫法、英两国承认德国对捷克苏台德地区的侵占的手法实现肢解捷克。英国首相张伯伦、法国总理达拉弟迫于德国的压力，为本国免受德国的侵略，置国际信义于不顾，不惜牺牲捷克斯洛伐克国家和人民的利益，于1938年9月29日至30日，竟然与德国希特勒和意大利的墨索里尼，在慕尼黑签订了肢解捷克领土的协定，要求捷克将苏台德地区以及与奥地利接壤的南部地区割让给法西斯德国。这是希特勒借助英法两国的刀，割了捷克的国土，实现了兵不血刃对别国的侵占。后来的事态发展表明，德国法西斯并未就此罢休，1939年3月又出兵吞并捷克斯洛伐克全部领土，9月又进攻波兰，最终挑起第二次世界大战，但慕尼黑协议是德国“借刀杀人”实现侵略阴谋的范例。

“借刀杀人”并不是反面人物使用的专利，正面人物同样可以使用该计。罗荣桓元帅就曾使用该计除掉了奸细。在1942年，侵华日军驻山东济南的高级特务机关为刺探新四军的情报，采取对战俘培训控制，然后打入抗日根据地进行谍报活动。有一次，新四军侦察科审查一批由敌占区逃回来的被俘人员，经查有5人来历不明。经政策攻心，其中有2人承认加入了特务组织，另外3人却拒不承认是特务。其实新四军侦察科已经查清此3人的特务底细，其中一个外号叫

“催命鬼”的原来就是国民党的老牌特务。当时，按办案的人员意见，对主动坦白交代的2人放了！对顽固不化的要从严处置，防止他们再对我军造成危害。但罗荣桓却提出要把5人全部都放了，要求对坦白的2人讲明政策后并向他们布置4项任务，对“催命鬼”等3人只讲明政策不向他们布置任务。经办人员依罗荣桓意见执行，并将5人分别送出根据地。这5人回到敌占区，就被日本特务机关押起来审问被俘后情况。开始5人都说自己是越狱逃脱，后来受不了皮肉之苦，只得从实招供是新四军优待俘虏被放出来的，两个新特务还招供有4项任务在身，而“催命鬼”3人却说没有任务在身，这使日本特务头子起了疑心，认为不承认有任务的“催命鬼”3人一定隐瞒了什么，于是酷刑侍候，这3人受不了酷刑，便胡编乱供，相互之间驴唇不对马嘴，使日本头子疑上加疑，认为留着是隐患，命令把这3人给予枪毙，另外2人关进集中营。罗荣桓巧借敌人之手，让特务组织自己杀掉自己人。

商战中“借刀杀人”之计的应用体现在借他人之力为我所用的“借鸡生蛋”法。在美国有一亿万富翁叫丹尼尔·洛维洛，在其40岁时，还很穷。有一天，他大彻大悟，决定借用别人的钱来发财的办法。他先说服银行给予贷款购买了一条普通的旧货船，然后将旧货船改装为油轮，包租出去，而后又以这条船做抵押借得另一笔贷款，又买了一条货船改装成油轮……经过若干年，洛维洛不断地贷款，就意味着这艘船名正言顺地变成了他的私有财产，租金收入也不用考虑部分成为贷款利息流入银行，而是全部落入洛维洛私人腰包。后来，洛维洛有了家底、信誉度提高后，他借钱赚钱的方法也跃上了新台阶。他组织人设计建造一艘运输船，在安放龙骨前，便找来运输公司将八字还没一撇的运输船预定包租给他们。洛维洛再拿着公司与他签订的租船合同并以未来的租金收入做担保向银行贷款，然后再用这笔款来建造新船。船造成后，经过数年租出去营运，用赚的钱偿付了银行的贷款本息后，这艘新船又成了洛维洛的私人财产。如此这般循环往复，洛维洛通过借用银行资金，从小到大，从买旧船到造新船，最后发展成为拥有世界最大私人船队，还涉足拥有钢铁、煤矿、石油化工、旅游宾馆各个行业的世界巨富。洛维洛的发财轨迹，靠的就是频繁“借刀杀人”

之计演绎而来的“借鸡生蛋”法。

在股票市场博弈中，李嘉诚也曾巧用“借刀杀人”之计，利用包玉刚的资金实力，向怡和洋行发起挑战，即使自己手中九龙仓股票大幅升值，又使九龙仓控制权重新回到中国人手里。在1978年初，李嘉诚发现由英资财团控制的怡和商行拥有的九龙仓的地皮，紧靠寸土寸金的繁华商业区，发展潜力很大，而九龙仓股票长期未动，一直处于低位，每股仅三四元，还低于其每股十八九元的净资产。李嘉诚认定若掌握该股的控制权，更加有利于九龙仓企业的发展，一旦该股投资人达成共识，其上涨空间很大。为此，李嘉诚利用多个分散账户，暗中收购九龙仓股票，以谋取该公司的控制权。至1978年9月底，李嘉诚已掌握了九龙仓股票的18%左右的股权。但当时李嘉诚的资金实力还不足以与怡和洋行并驾齐驱，对与怡和洋行控制的九龙仓股票收购与反收购的股战开始有点力不从心。为此，他策划找比自己实力更加雄厚的华人富豪包玉刚代替自己实现控制九龙仓股票的心愿。包玉刚当时已拥有10亿美元的庞大船队，运输量达1000万吨，正逢世界海运业开始趋向低潮，有意弃舟登陆。双方对控制九龙仓股票一拍即合。李嘉诚将拥有的2000万股九龙仓股票以20亿元的价值转账交易至包氏家族，再由包玉刚在三个月内从市场吸纳1000万股九龙仓股票，达到持有30%比例。包玉刚又暗中向汇丰银行和证券公司借到21亿港元作为后盾，于是向媒体公布拟议向社会大众高价收购九龙仓股票。怡和洋行被此举打得措手不及，只有乖乖失掉九龙仓控制权，九龙仓股票的价格也直线上升。李嘉诚使用“借刀杀人”的办法既赚了钱，也达到了把外国人控制九龙仓控制权夺回到中国人手里的目的。

在股市，庄家在建仓和拉升过程中，往往进行剧烈的震仓洗盘动作，主力为了打压股价，往往利用上市公司发布一些利空消息，如公布的季报、中报、年报利润下滑或其他一些警示性公告，配合这些“刀”，再制造股票K线组合形成最具杀伤力的“黄昏之星”（也称死亡之星）等很难看的技术图形，迫使大量恐慌盘的杀出，致股价跌幅超过20%—40%，主力伺机底部建仓。主力完成建仓后，又挖掘搬出目标股票利好的消息，并有意创造多头的技术图形让股价大幅度上涨，如此反复一个轮回，主力利用信息不对称这把刀，把散户杀得损失不轻，主力可以从中获利不菲。如ST夏新有一年的年度业绩提示性公告中称，基本可以实现扭亏为盈；但是，时过三个月，公司又发布业绩预亏公告和关于预盈后又预亏的补充公告，证实公司将继续亏损，结果股价应声下跌，主力趁机洗盘。当主力完成洗盘建仓后，该公司又传出扭亏为盈，业绩之好出人意料，每股收益达到1.69元，净资产收益率达68.25%，股价飞涨一发不可收，待到股价高涨后，主力成功出逃。主力借助变幻莫测的公司业绩不对称信息这把“刀”，狠狠地算计了散户一把，赚取了丰厚的利润。这就是在股市中主力常常使用的“借刀杀人”之计。散户为防“借刀杀人”之计，可以借助观察分析基金的投资理念、研究报告、操作思路、实际建仓情况以及借助市场上各种股市分析工具软件，识别主力“借刀杀人”的计谋，防止上当中计。

## 2.5 借题发挥

“借题发挥”其意是借着某件事情为题目来做文章，以表达自己真正想要表达的意见或主张。也指假借某事为由，去做其他的事。该词曾完整见于清·吴趼人《痛史》第七回：“我触动起来，顺口骂他两句。就是你们文人说的，甚么‘借题发挥’的意思呢。”还见王衡《郁轮袍》第二折：“我随分划几划便罢，这个原是借题发挥”一句。该词用于军事谋略上，是指采用各种办法，让敌方存在的弱点、缺点、问题更加暴露放大，以利我方的事由进行演绎发挥为我所充分利用。周·姜太公在《六韬·武韬三疑》中说：“夫攻强必养之使强，益之使张，太强必折，太张必缺。攻强以强；离亲以亲；散众以众。”其意是，要进攻强敌，必先助长它的恃强蛮横，使他更加狂妄自大。过于强横，必遭挫折；过于骄傲，必致失败。要进攻强敌，必先助长他的强暴；要离间敌人亲信，必先收买敌人的亲信；要瓦解敌人的军队，必先收揽敌国民心。《孙子兵法·力变》说：“是故屈诸侯者以害，役诸侯者以业，趋诸侯者以利。”其意也是，要使诸侯屈服于我，就要运用各种手段去损耗他；想要诸侯被我所役使，就要引诱他去从事劳民伤财的事业；要使诸侯听从我的调动，就要用利益去引诱他。在明·揭暄的《兵经百字·借》中，强调“惟对垒设谋，彼此互角，而有借法乃巧”。用现代的语言表达，就是在两军对垒设定计谋，敌我双方互相争斗时，如果会使用借法，才称得上巧妙。兵家所说的，就是要把敌方的弱点淋漓尽致地暴露发挥，对我方有利的因素千方百计借用发扬，这种借助于敌我双方利我因素而去夺取胜利，就是“借题发挥”谋略的巧妙所在。

公元前209年7月，陈胜、吴广利用“借题发挥”之计谋势，发动了我国历史上第一次大规模的农民起义。当时秦二世为了增加镇守渔阳（今北京密云区西南）的兵力，派遣两个都尉到阳城抓了陈胜、吴广等900多壮丁在大泽乡（今安徽宿县西南）集合。这时正值梅雨季节，大雨一连几天不停，淮北平原变成了一片汪洋，不能行路，眼看不能按朝廷规定的期限赶到渔阳守边，届时就要承担误期被杀头的风险。在这生死关头，陈胜与表弟吴广合计，认为去渔阳也是死，不去也是死，不如起来造反，说不定还能杀出一条生路。陈胜担心大伙儿心不齐，吴广想了想说：“听说蕲县城里有个算卦先生，断卦如神，不如请他算上一卦，也许会有启发。”陈胜果然去城里找到算卦先生，询问算卦先生：“我想办一件事未知能否办成?”算卦先生看了陈胜抽的签，解释说：“事要办成，一半靠人，一半靠神。”陈胜追问：“怎么靠人？怎么靠神？”先生笑着说：“卦上只说到此，其他我就不知道了！”陈胜回来把算卦先生的话说给吴广听，两人琢磨起来，陈胜说：“依我看，一半靠人，就是靠抓来的900多人；一半靠神，就是靠蕲县老百姓信奉的狐狸大仙，借口狐狸大仙显圣让我们这么干的。”吴广也赞同陈胜的解读。他俩决定“借题发挥”。晚上，趁着大伙刚刚入睡，吴广就在大庙后边发出仿狐狸叫声的口技：“陈胜王！陈胜王！”大伙在大庙驻扎躲雨的一连几夜总闻如此叫声。听到者开始交头接耳议论纷纷，都说：“狐狸显圣了！”更让大家奇怪的是，一次买的大鲤鱼，剖开肚子，发现里面有一条写着“秦当灭，楚为兴，陈胜王”的白绫黑字。大家都认定这是“天书”，是苍天要让陈胜改朝换代，大家对陈胜更加敬重。正当押解他们的都尉命令900多壮丁上路时，陈胜揭竿而起，对大家说："我们已经误期，到了渔阳也逃脱不了杀头，不如我们起来造反，伐无道，诛暴秦。"这900多人全都拥护陈胜为王，起来造反。附近的老百姓对秦暴政深恶痛绝，也纷纷响应，扛着锄头、木棍、竹竿加入陈胜领导的反秦起义队伍。陈胜、吴广开创了中国历史上第一次大规模的农民起义，动摇了秦王朝的统治地位。陈胜、吴广之所以成功举行农民起义，做到一呼百拥，除了百姓普遍存在反秦暴政、眷念故国的社会基础外，还与陈胜、吴广借助算卦先生的话，利用当地百姓供奉狐狸大仙一些民俗，搞了狐仙显圣，又搞鱼腹藏书的"借题发挥"、"借神谋势"的策略运用得当有关。

在战国时，齐威王执政齐国初期，刚愎自用，拒绝纳谏，不理朝政，沉湎于吃喝玩乐，致使齐国的国力日益衰败。丞相邹忌看在眼里，急在心里。为了教育齐威王改邪归正，曾经使用"借题发挥"之计。他借着齐威王喜好音乐，很想欣赏自己为他弹奏琴技音乐的想法，有一天应召入宫演奏，邹忌调好琴后却一直不弹。齐威王急于欣赏，厉声责问邹忌："为什么调好琴后却放下琴不弹奏?"邹忌回答说："我不仅琴弹得好，而且更懂得弹琴的一些道理。"说完并开始滔滔不绝地讲起了弹琴的理论。齐威王听着很不耐烦地打断邹忌的演说，说道："你弹琴道理讲得最好听，但为什么不弹出来让我听一听呢?"邹忌见机会已到，忙将话锋一转，进谏说："大王你对我自称琴技一流却只说不弹极不耐烦，可你执政9年，面对齐国这把大琴却持琴不弹，你知道齐国人有多着急吗?"齐威王一听顿时醒悟，知道邹忌丞相是在借自己急于听弹琴，引发对快理朝政的说教。他赶忙向邹忌请教治国大计。邹忌见齐威王幡然醒悟，便将自己治国的理念全盘托出。齐威王越听越觉得邹忌说得有道理，当即拜邹忌为宰相。邹忌通过"借题发挥"矫正了齐威王不理朝政的错误，进而又尽心辅佐齐威王治理齐国，终于使齐国日益强大起来。

第二次世界大战德国进攻苏联前，德国先后于1939年3月15日占领了捷克斯洛伐克，3月22日又吞并了立陶宛的默麦尔港口，3月底德国外长通令波兰必须解决但泽问题。当时欧洲完全笼罩在战争阴云中。1939年春天开始，苏联和西方国家谈判如何联合防范制止德国侵略扩张问题，但谈判一直不顺利。1939年5

月30日，德国为了稳住苏联，以便顺利进攻波兰，希特勒接受里宾特洛甫的建议，讨论与苏联签订《苏德互不侵犯条约》。斯大林从维护自身国家利益出发，指望将战争祸水引向苏联境外的英法国家，抱着“不怕做露水夫妻”的心态，也愿意与德签订《苏德互不侵犯条约》。双方经磋商，于1939年8月23日在苏联莫斯科缔结了《苏德互不侵犯条约》，还附有秘密议定书，议定双方如何瓜分东欧的势力范围。就在1939年9月17日波兰军民抗击德军入侵的时候，苏联也出兵占领了波兰的东部。应该说，当时斯大林对与德国缔结互不侵犯条约后，思想上放松了对德的警惕，在较长的时间里都认为德国会遵守条约，德军不会进攻苏联。英国、苏联间谍曾多次向斯大林汇报德国在1941年夏季进攻苏联，但斯大林坚持认为在英德战争见分晓之前，德国没有能力进攻苏联。他甚至怀疑，这是英国间谍为了将苏联拉入对德作战陷阱而捏造的。苏联一直对德缺乏战争准备，直至1941年6月22 日纳粹德国以及轴心国盟军发动“巴巴罗萨计划”，悍然入侵苏联，苏德战争爆发，苏才仓促应战。战争初期头18天，苏军有28个师被全歼，70个师的人员武器损失过半，1941年9月底德军发动代号为“台风”的作战行动，100多万大军向莫斯科气势汹汹逼来，莫斯科开始面临自1812年拿破仑侵俄战争以来最严重威胁。为了激发全国人民的士气，斯大林准备借着11月7日庆祝苏联十月革命节的阅兵，变成出征与德莫斯科会战的誓师大会。开始，斯大林对举行庆祝誓师活动，还顾忌遭到德国的空袭，造成无可挽回的损失。当召开会议征询满屋的元帅、将军的意见时，得到朱可夫将军坚定的回答：“德国正在全线构筑防御阵地，处于调整补充兵力阶段，几天内不会发动大规模进攻。对德国可能的空袭可采取周边增加高射炮防御密度的办法对付，并调遣歼击航空兵加强莫斯科上空空域巡逻的方式防范解决。”朱可夫的一席话，坚定了斯大林借庆祝十月革命节进行会战誓师的决心。1941年11月7日凌晨，乱云低垂，雪花飘舞。8时整，斯大林与政府高级官员登上了红场的检阅台。苏联的布琼尼元帅骑着高头大马，在卫队护卫下，威风凛凛地检阅了精神饱满、英姿挺拔的受阅部队，红场上空响彻检阅官“同志们辛苦了”的问候，以及受阅部队齐声有力的“为苏联服务”的回答。检阅完毕，斯大林又在会上发表了慷慨激昂的讲话，指出："德国背信弃义要将战争强加在我们头上，直接威胁我国生存。卫国战争的历史使命已经落在全体红军指战员、男女游击队员的肩上，被德国侵略者压迫奴役的欧洲人民、全世界各大洲人民都注视着你们！……"此情此景，马上让受阅部队热血沸腾，把部队为苏联而战的战斗激情调动了起来。当这些接受最高统帅检阅后的部队直接开赴前线战场时，他们斗志旺盛，作战英勇，挡住了德国法西斯进攻的步伐，1942年4月，莫斯科会战以苏军获得胜利而告终。这与斯大林"借题发挥"的战前动员分不开。

在国家关系上，2010年初美国就曾使用"借题发挥"向中国施压，遏制中国的快速崛起。自2008年以来，美国国内发生了严重的金融危机，国家债台高筑，银行接二连三倒闭，失业率居高不下。那时，美国不得已放下身价，强调与中国是利益攸关方，要创造"战略再保证"，共建维持世界秩序G2，试图借中国之力走出金融危机影响。2009年1月，奥巴马政府上台之后，一改前几届总统对华前倨后恭的态度，在上任不到一年的时间里就来华进行访问。中美关系展现在世人面前似一派阳光明媚的前景。但美国始终存在独霸世界的阴暗心理，面对中国快速崛起，中国的国力和影响力逐步扩大，总是有点"担忧情绪"和不舒服的感觉，总想找点事儿为中国的发展设置障碍，对中国的影响进行遏制。继2009年下半年以来，除对中国出口美国的商品高筑贸易保护壁垒以外，2010年1月13日，谷歌发表声明称，发现来自中国针对谷歌基础架构的网络攻击，导致知识产权被窃，并指责中国政府的互联网管理政策。美国总统奥巴马与国务卿希拉里·克林顿以此为题材密集发表讲话，除对谷歌公司对中国的无理指责表示声援支持外，还"借题发挥"，打出"网络外交"的旗号，指责中国阻碍"互联网自由"，将其演绎为对一个主权国家妖魔化的政治攻击。1月29日，奥巴马政府更是变本加厉，无视中方的多次严正交涉，突然宣布向台湾出售63.92亿美元的尖端军事装备，赤裸裸干涉中国主权。2月4日，又宣布邀请流亡国外的藏独分裂主义分子达赖喇嘛在2月份访问美国，奥巴马、希拉里·克林顿将与其会见。2月18日，奥巴马、希拉里·克林顿无视中国政府多次严正交涉，仍然在白宫地图室会见达赖喇嘛，纵容和支持"藏独"反华分裂势力，继续粗暴干涉中国内政，将中美关系引向低谷。中方对于美国政府“借题发挥”破坏中美关系行径，表示强烈愤慨，对涉及主权、领土完整等根本利益的大局问题，毫不妥协，坚决斗争。但从战略需要出发，并不希望美方继续“借题发挥”把中美关系继续恶化下去，仍然希望美国认真对待中方的立场，采取有效措施消除恶劣的影响，停止干涉中国内政，以实际行动维护中美关系健康稳定发展。

在商品营销中，纽约的一位年轻人摩斯，就曾成功地使用“借题发挥”之计，打开了保险柜的买卖。摩斯曾在纽约市的闹市区租下一个大店铺，本想在纽约保险柜的专营生意上大展宏图。不料事与愿违，虽然每天有成千上万的人从店前来回走动，店里的保险柜也品种齐全，排列整齐，可是却很少有人进来光顾。店前川流不息的人群与店里冷冷清清的生意成了鲜明的反差，不觉让他黯然神伤，欲哭无泪。如此的经营局面经历了五六个月，亏得他连租金都付不起了，急得他如热锅上的蚂蚁，不知如何是好！他冷静下来经过几天通宵不眠的思索，经果想出了一个打开困境的“借题发挥”的妙计。他去警察局借来最近纽约发生的盗窃的案例以及被通缉的重大盗窃罪犯的照片，并且将重大窃贼的照片放大好几倍，然后贴在店铺的玻璃橱窗内，下面附上盗窃案基本情况。照片贴出后，路过店前的行人都被橱窗内的大头照片吸引住了，纷纷驻足观看，了解盗窃案的基本情况。这样一来，原来门可罗雀的店铺突然变得门庭若市。那些看了盗窃案例的人们有的被频发的盗案所震动，本来没有准备买保险柜的人们，也产生了购买保险柜的欲望。结果，他虽然没有花多少精力去宣传购买保险柜的重要性，但用展览的照片已经教育了顾客购买保险柜的必要性。如此一来，保险柜营业额大幅提升自在情理之中。第一个月时间，就卖出了48台，第二个月又卖出72台。更为离奇的是，因为他在橱窗里贴出放大了通缉犯的照片，使警察通过群众检举揭发顺利地缉拿到了案犯。摩斯还受到警察局发给奖状表彰，各种新闻媒体也大量报道了他的事迹。这样锦上添花的宣传，他的生意也越来越红火。摩斯用“借题发挥”之计，实现了在纽约做大保险柜经营的梦想。

股市中，主力机构“借题发挥”更是常用策略。如2010年2月8日晚间中国证监会正式公布了《股指投资者适当性制度》，同时媒体报道，股指期货细则也将于近期正式公布。2010年2月12日下午沪深两所正式发布《关于融资融券业务试点初期标的证券名单与可以充抵保证金证券范围的通知》，这些消息表明，股指期货和融资融券面市已经越来越近。股指期货一旦推出，对期货概念股构成了实质性利好。据有关统计资料显示，2007年期货业的利润比率为0.00266%，2008年为0.00126%。在不考虑IB券商（中间介绍业务）佣金分成的情况下，若按照期货公司2007年和2008年两年利润比率平均值0.00196%计算，则股指期货将为期货行业带来1.17亿—4.54亿元利润收入，较2008年增长18%—50%。融资融券对于上市券商来说，可以增加利息、佣金收入，有望扩大客户源和市场占有率。据有关方面测算，开展融资融券后，对券商营业收入可提高13%—20%。主力机构借着股指期货与融资融券的题材，尽情发挥想象空间，为相关概念股提供了“借题发挥”、借机炒作的空间。2月8日午后，未等到正式消息公布而已经得到传闻的主力机构就开始了炒作的行动，券商和股指期货概念股直线拉升，其中大恒科技涨幅超过9%，中国中期上涨近5%，西南证券涨2%，中信证券涨0.5%，弘业股份涨1.85%，中大股份涨2.26%，海通证券涨1.20%……2008年2月8日晚《股指投资者适当性制度》公布后一些日子里，这些股票均有稳定走强的表现。但对于散户投资者来说，需对主力机构“借题发挥”的题材炒作，保持几分清醒的头脑，坚持独立思考，不能人云即信，努力剔除主力机构“借题发挥”的水分，实事求是对待题材因素，千万不要在题材爆炒时跟风追涨，在股价高位接下最后一棒。这就是散户投资者应对主力机构“借题发挥”的最佳策略。

## 2.6 趁火打劫

“趁火打劫”之计出自《孙子·始计篇》“乱而限之”的军事思想。唐朝杜牧在《十一家注孙子》说：“敌有昏乱，可以乘而取之。”《三十六计》将“趁火打劫”列入第五计，分类于胜战计中。计语为：“敌之害大，就势取利。刚夬柔也。”其意为，在敌方处于困难、危机的时候，趁机出兵去夺取胜利。这就是强者趁势处于有利地位击败处于困难境地的敌人的策略。

该计的解语原文：“敌害在内，则劫其地；敌害在外，则劫其民；内外交害，则劫其国。如，越王乘吴国内蟹稻不遗种而谋攻之，后卒乘吴北会诸侯于黄池之际，国内空虚，因而捣之，大获全胜。”其意为：敌方有内忧，就抢占他的土地；敌方有外患，就掠夺他的民财；敌方内忧外患交迫，就并吞他的国家。例如，越王勾践乘吴国发生天灾，螃蟹、稻子都死绝了的时候，策划进攻吴国。后来，趁吴王夫差北上黄池和各国诸侯会盟，国内空虚的时候，进军吴国，大获全胜。

打击敌人，要掌握时机，讲究方法。时机合适，方法得当，就能事半功倍，否则搞不好犹如火中取栗，烫了自己手，伤了自己身。“趁火打劫”之计，就是利用敌人危难之时去实现既定的战略目的。其特点在于乱而取之。也就是趁形势混乱或敌人困难的时候，迅速出击，获取利益。此计与“趁虚而入”是同一意思。按照前人的说法，此计是《易·夬卦》推演而来，“夬”卦是五阳一阴，则五刚对一柔，刚占绝对优势，自能决定柔的命运，但“刚”要求坚决果断，否则，会坐失取胜的良机。

在历史上，使用“趁火打劫”之计的战例着实不少。李渊灭隋建立唐朝，清朝多尔衮灭明建立清王朝，都使用了“趁火打劫”的战略。在隋朝时，隋炀帝荒淫无度，不顾百姓的死活，每月役使200万人修建东都，又携带宫妃百官，沿着开凿的大运河巡游江南，船队长度达200里，征召的船夫达8万多人次，经过的州、县500里内都要进贡，全国的百姓怨声载道，怒火冲天，官逼民反势在必然。在公元611年开始，相继爆发了翟让、李密的瓦岗军，窦建德的河北义军，杜伏威、辅公的江淮义军等等大规模的农民起义。农民起义军以横扫千军如卷席之势，荡涤着隋军。在公元616年，瓦岗军在荥阳大海寺一举歼灭了隋军主力，杀死了大将张须陀。接着，瓦岗军又攻占了最大的粮仓洛口仓；窦建德的义军攻占了河北；杜伏威领导的江淮义军占据了江淮。就在农民起义军节节胜利之时，瓦岗军却发生了内讧，李密杀了翟让，最大的农民起义军瓦岗军内部发生分裂。当时任隋朝太原留守的李渊，看到隋朝军队受到沉重打击，各路起义军又自立为王互相攻杀，也已伤痕累累，战斗力被内讧消耗殆尽。公元617年5月，李渊趁全国陷入兵荒马乱之时，借助突厥军队起兵，公元617年11月攻占长安。公元618年3月，隋炀帝的御林军在江都兵变，将正在巡游的隋炀帝缢杀。公元618 年5月，李渊在长安称帝，国号唐，定都长安。李渊、李世民父子俩使用"趁火打劫"之计推翻了隋朝，顺势确立了唐朝的新纪元。

满清的多尔衮推翻明朝建立清王朝，其使用的谋略与唐朝李渊、李世民推翻隋朝使用的谋略也十分相近。公元1644年，李自成领导的农民起义军攻克京都。当时明朝的名将吴三桂，统率10万精兵，镇守在山海关一带，防止满朝入侵。当时吴三桂接报京城陷落父亲被掳的消息，看到父亲在狱中写给他的劝降书，开始也萌生归降之意。后来，听家童告之，他的爱妾陈圆圆也被李自成抢去，一怒之下，掷掉欲写归降书的毛笔，拔出佩在身上的宝剑，怒喝道："押父之恨，夺妻之仇，怎能不报！不杀李自成誓不为人！"吴三桂遂将已写了的归降书撕得粉碎，愤然重新修书告其父道："父既不能为忠臣，儿安能为孝子？……"吴三桂暗中谋划，操练人马，准备回师讨伐李自成，但担心自己兵单力弱，却迟迟不敢轻举妄动。恰在这时，满清年方7岁的顺治帝即位，一切军国大事，都由摄政王多尔衮做主。吴三桂被家仇烈火煎熬，失去理智，急欲借助满清力量报李自成押父夺妻之仇，而多尔衮早就对中原兵荒马乱萌生入侵之意，仅因吴三桂10万精兵把守边关，而迟迟未予发兵。现在见吴三桂上门欲借他的兵马共同对付李自成的讨伐，心想这是千载难逢的良机，不由暗喜。但当面却对吴三桂共同对付李自成的要求半推半就。多尔衮对吴三桂说："贵国内乱，按说应尽邻邦之谊予以救援，只是我国地小兵弱，恐救助不成，予事无补，将来反受其累，落得千古骂名，还请将军多加谅解。"吴三桂一听多尔衮搪塞急红了眼，便哀求说："这也不必顾虑，贼虽多，皆乌合之众，只要贵国肯于出兵，无不奏凯歌之理。"不论吴三桂怎么哀求，多尔衮均是磨磨叽叽，坚持不发兵相救。其实清兵一直在暗中秣马厉兵，做着各种战斗准备。待时过半月有余，一切准备停当，多尔衮才假惺惺地告诉吴三桂："承蒙将军如此厚爱，本帅实为将军诚心所感动，愿出兵相助。”吴三桂闻言大喜，立即收拾自己的兵马与多尔衮的清兵合并一处。首战山海关一役，因两万多清骑兵介入，李自成的大顺军兵力优势彻底消失，加上交战那天狂风大作，飞沙走石，吴三桂与清兵处于上风岸，而大顺军处于下风，大顺士兵被沙石吹得睁不开眼睛，而吴军、清兵却箭借风势，威力大增，密集的箭头犹如雨点落向大顺军，李自成率领的大顺军，头号大将刘敏身负重伤，兵员死伤无数，大顺军惨败溃退，自此傲气不再。清军借机乘胜追击，长驱直入，几天之内便直捣京都，李自成被逼弃城西遁。清军借助李自成灭明立足未稳，又借吴三桂与李自成深仇大恨，利用吴三桂势力打击李自成，轻而易举占领了京都，然后趁吴三桂元气大伤之际将其收服，实现了一直以来要夺取天下、做中原皇帝的梦想。这是清军多尔衮“趁火打劫”计谋成功运用的实例。

在近代，各党派的政治斗争、军事斗争，也曾频频使用“趁火打劫”的斗争策略。在国民党内，自从1926年北伐军攻克武汉后，广州的国民政府于1927年1月北迁武汉，史称武汉国民政府，由汪精卫任国民政府主席；同年4月，蒋介石发动“四·一二”政变，在南京另立了一个国民政府，由胡汉民任国民政府主席，而蒋介石出任国民革命军总司令。南京政府否认武汉政府的合法地位，而武汉政府汪精卫却宣布撤销蒋介石国民革命军总司令的职务，武汉方面还准备“东征军”讨伐南京政府，逼蒋下台。南京政府内部也有对蒋介石颇多微词。蒋介石面对政敌的联合夹击，采取以退为进，坐山观火，伺机东山再起的策略。在1927年8月14日宣布辞职回奉化溪口老家休养。蒋介石下野后，国民党内存在的西山会议派、汪精卫派、李宗仁为首的桂系派在9月份整合成立了由32人组成的特别委员会，行使中央职权。汪精卫本以为自己可以称王称霸，掌握党政大权。不料却被各方指责反共迟缓，仅在委员会中占了委员一职。他生气地回到武汉与唐生智合作成立武汉政治分会。南京方面要求其取消分会，服从统一被置之不理。最后，内部从政治斗争发展到军事斗争。李宗仁的桂系打败了唐生智占领了武汉。汪失败后又跑到广州另立山头，形成宁、粤对立局面，国民党内纷争四起。蒋介石充分利用政敌之间的矛盾，避锋击弱，恩威并用，趁势而为，趁火打劫，成了各派政治力量拉拢的对象，重新回南京掌权。1928年2月国民党二届四中全会上，蒋介石被国民党授予国民政府军事委员会主席、国民革命军总司令、国民党中央政治会议主席、国民党政府主席四项最高职务于一身。蒋介石利用“趁火打劫”之计，登上了权力顶峰。

世界商战中，美国华尔街大佬摩根是世界公认的“趁火打劫”的谈判高手。在1873年，美国经济危机期间，几乎每小时都有宣布破产的消息。在贡城，曾为南北战争中帮助政府出售国库券而名声大振的著名投资银行杰伊库克公司，也在这次经济危机中宣布永远关上大门。它的破产在当时商界不啻是一个晴天霹雳。而达布尼—摩根公司以及巴林兄弟公司、纽约的利瓦伊莫顿等数十位大银行家的联合体，利用库克出售国库券时的困难导致的破产的机会，控制了美国政府的债券市场。1884年，美国又一次发生金融危机，美国财政部的黄金大量开始外流，市场上掀起了抢购黄金的风潮。时任总统的格罗弗·克利夫兰担保美国政府坚持以黄金支付货币的做法，否认华尔街关于政府放弃以黄金支付货币的谣传。但谣传并没有因总统的担保而止住，抛售美国证券换回黄金的风潮还在继续，致使美国国库告急，落到了几乎无力清偿债务的地步。而摩根深知这股抢购黄金的风潮中，政府已无计可施，便与贝尔蒙协商，由他们两家银行组成一个辛迪加，承办黄金公债，这样既可解除财政危机，又可获得高额的利润。但由于摩根开出的条件太苛刻，未获国会通过，总统也表示难以接受。当时财长卡利史尔计划发行5000万美元公债，其中半数让美国国内银行存款购买，但却被摩根拒绝。出于无奈，摩根再次被总统召到白宫。当他获知美国国库存金只有900万美元时，更是固执己见，公开扬言：“除了我和罗斯杰尔组成辛加迪，使伦敦的黄金重新流入国内以外，没有第二种办法可以解救陷于濒临破产状况的国库金融危机。”并且威胁说：“我手头还有一张1200万美元的支票没有兑现，若是兑现了，国库就彻底完蛋了！”总统在走投无路的情况下，不得不答应摩根提出的条件，摩根在向政府承包的公债承销中净赚了1200万美元。摩根与总统的谈判，就是在掌握了国库存款仅900万美元、财政已陷入深度危机的情况下，“趁火打劫”，逼得总统答应其承销公债的苛刻条件，获得谈判成功，从中大获其利。

美国2007年底开始的次贷危机进而引发的世界金融海啸，经过不断发酵蔓延，波及范围越来越广，冲击强度越来越大，危害越来越烈。美国投资银行贝尔斯登倒闭，有150多年历史的雷曼兄弟公司要求破产保护，全美最大的房贷公司——房地美、房利美摇摇欲坠。华尔街的美林公司CEO奥尼尔、花旗银行首席执行官普林斯相继黯然辞职。华尔街到处风声鹤唳、哀鸿遍野。而在此时，一直质疑投资银行价值的股神巴菲特，却一反常态，向美国高盛投资银行以不可转换的永久性优先股形式投资50亿美元，股息率为10%，大约相当于每日130万美元股息，还获得了以每股115美元的价格收购高盛股票的认股权证。沃伦·巴菲特同全美财政状况最好的公司谈成的条件，比美国财政部同全美财政状况最糟的公司达成的条件还要好。因此，巴菲特对投资高盛的交易自我评价说："价格是合适的，条件是合适的，人员也是合适的。"巴菲特之所以获得如此优厚的投资条件，就是趁着高盛公司这次金融危机中遇到的麻烦，有求于他，巴菲特就乘人之危，大赚一把，这与1873年摩根在金融危机中采取的策略是一脉相承的。

散户在资本市场上，怎样运用"趁火打劫"之策略来赚钱呢？散户不如资本大鳄在资本市场上处于举足轻重的地位。如19世纪70年代的摩根会被总统召去商讨投资救市，当今的巴菲特能享受高盛投资银行给予的优惠条件。散户只允许在资本大鳄制造逼空或逼多的行情时，进行助熟不助荒的跟风操作，支持强势的一方对弱势一方进行压制，"趁火打劫"，顺势而为，决不能同情弱势一方进行逆向操作，否则只能以赔钱破产而告终。如1991年索罗斯发起对英镑的冲击，英镑兑美元在短短半年的时间里下跌了4000多点，若是你同情怜悯英国政府做多英镑的话，恐怕得到的是欲哭无泪的下场。若是站在强势的一方，与索罗斯一起沽空英镑的话，半年之内就会获得翻倍再翻倍的收益。在资本市场上追求赢利是最高原则，不讲雪中送炭，只讲"趁火打劫"。至于资本市场上"趁火打劫"的机会随时都会出现，就看投资者能否把握。盘面上有阻力位，下有支撑位，出现反弹，突破重要的阻力、支撑位都是开仓入场的大好时机，只要我们坚持顺势而为的信念，一旦行情发动及时介入，就算吃不到肉，也能喝上汤。例如在2007年金融衍生品中，有一航运指数FFA，也叫波罗的海指数，曾经最高上扬至11800多点，但2008年11月却跌至800多点，在整个下降通道中，对FFA这波下跌行情，你要是参与交易，顺势而为，对多头落井下石，就有不菲收获，否则就会被暴仓，彻底败下阵来。在2007年的股票一轮牛市中，从2007年年初股指2617点开始上涨，一直延续到2007年10月19日股指上涨至6124点。在此波大牛市行情中，若股民“趁火打劫”，趁势而为，及时介入均会有不菲的财产收入。若散户充分利用证交所发布的机构增仓个股的数据，盯住机构大资金的动向，及时发现资金大户针对某一个股发动行情，散户可以蜂拥而至前去“趁火打劫”，不让机构、资金大户独享其成，散户也可参与分得一杯羹。在资本市场中，散户也可以通过盯住大机构大资金动向，顺势而为，跟着“趁火打劫”也会有所斩获。

# 三、并战

## 3.1 偷梁换柱

“偷梁换柱”一语源于桀、纣“换梁易柱”的传说。据说夏桀、商纣两人都是力大无穷之辈，能够将铁棍扭成绳状，能把铁钩拉直，能够快步如飞捉住野兽，能够用手抓住飞鸟，能够拉住9头壮牛，能够手托房梁更换柱子。后来，就将换梁易柱的传说变成了“偷梁换柱”的计名。

“偷梁换柱”列为三十六计的第二十五计，该计语引自《孙子·势篇》，原文为：“频更其阵，抽其劲旅，待其自败，而后乘之。‘曳其轮’也。”其意为，频繁调动敌人的阵形，设法调开它的主力，等待其自行败退，然后消灭它。这就是《周易·既济》中所说的，控制了车轮，也就控制了车的运行方向。“偷梁换柱”的计名，也叫“偷天换日”，或者称为“偷龙换凤”。其实就是“调包计”。

该计解语原文为：“阵有纵横，天衡为梁，地轴为柱。梁柱以精兵为之，故观其阵，则知精兵之所有。共战他敌时，频更其阵，暗中抽换其精兵，或竟代其为梁柱；势成阵塌，遂兼其兵。并此敌以击他敌之首策也。”其意为，阵势有东西南北方位，“天衡”在前后，二横相对，作为阵的大梁；“地轴”在中央，当做阵的支柱。梁与柱都是主力担当。这样，查看敌人的阵容，就能发现他的主力位置。如果和友军共同对敌作战，可以多次变动友军的阵容，暗中更换他的主力，或派自己的部队去替他做梁、柱，这样，他必然乱阵，我方立即吞并他的部队，再投入战斗。这是吞并这股敌人再去进攻他股敌人的首要策略。

《三十六计》将此计归类为针对友军而言的并战计，本意是一种争取控制友军的计策。但从计文而言，“偷梁换柱”的对象又是敌军。比喻玩弄手法，暗中改变事物的内容或事物的实质。在军事上，就是通过以假乱真等手段，调动控制敌方作战部署，分散敌军兵力，使敌军军力不能发挥作用，然后乘机将其制伏的一种计策谋略。

在我国古代军事史上，就有郑庄公“偷梁换柱”计兼三国的战例。这要追溯到公元前715年，即周桓公三年，郑庄公假托周天子之命，纠合齐、鲁两国兵马前往攻打宋国。宋殇公听说齐、鲁、郑三国合兵攻打宋国，大惊失色，急召司马孔父嘉问计。孔父嘉向宋殇公献策说：郑庄公系假冒周天子伐宋，只要我们收买卫国，又让卫国联合蔡国，以轻兵袭击郑国本土，威胁郑都荥阳，郑庄公就会退兵自救，齐、鲁兵马也不会再为郑国卖命。宋殇公依计而行。开始，宋、卫两国兵马进展顺利，直逼郑都荥阳城下，掳掠了大量人畜辎重，并准备趁势攻城，但此时孔父嘉担心郑庄公回兵救援，会形成内外夹击险境，而命宋、卫两国部队借道戴国，胜利回师。此举不料被戴国君误以为宋、卫两国是“假道伐虢”来攻打戴国的，采取关门死守。孔父嘉大怒之下，多次武力攻城均未果。再说郑庄公领兵攻打宋国，连克部城、防城，怎料乘胜挺进之时，却接报宋、卫两国兵马进逼郑都荥城。郑庄公表面不露声色，只教传令班师。回至半路，又获宋、卫军队已从荥阳撤向戴国方向。庄公听后心生“偷梁换柱”一计。假说要公子吕领兵救戴国，其实郑庄公就坐在戎车之中，只等进了城，便就势兼并戴国之军，把戴国君赶走，而宋国的孔父嘉在城外见郑庄公不费吹灰之力占了戴国，义愤填胸，决心要与郑庄公决一死战。宋、卫、蔡三国的三路人马由孔父嘉居中，蔡、卫分列左右，相距不过三里，相约与郑国一战。可是刚将营寨安好，忽听寨后一声炮响，火光连天，都说郑兵已到，孔父嘉刚要出寨迎战，却火光熄灭；方要回营，却左边炮声又响。左边刚熄，右边又火光四起。探马来报，蔡军被劫，孔父嘉慌忙间迷失了方向，疲于奔命，闹不清是哪家兵马，左冲右突，结果宋国军队与卫国军队自已厮杀起来。待清醒过来，合兵赶回大营，却发现已被郑国部队占领。孔父嘉无心恋战，带领20多人徒步夺路而逃，余下三国兵马辎重全数被郑军俘获。郑庄公用“偷梁换柱”之计既得了戴城，又兼并郑、卫、蔡三国之师。

在第二次世界大战中，曾有以假扮蒙哥马利元帅的“偷梁换柱”之计获得意想不到效果的战例。在1944年春天，苏、美、英的德黑兰会议商定盟军在诺曼底实施登陆作战，代号为“霸王”。为了迷惑德军，盟军的情报部门找了一位与英国登陆部队司令官蒙哥马利元帅相貌酷似的杰姆士中尉，充当蒙哥马利元帅的替身。由于杰姆士在战前曾做过25年的职业演员，为其扮演蒙哥马利元帅提供了基础，后又经安排与蒙哥马利元帅一起生活，使杰姆士对蒙哥马利元帅日常生活习惯、举止言行、说话腔调更加了解熟悉。杰姆士经不断模仿训练，已经达到一般的人员无法辨认真假蒙哥马利元帅的逼真程度。1944年5月15日，由杰姆士扮演的蒙哥马利元帅，在英国高级将领的欢送下，搭乘英国首相丘吉尔的专机飞往直布罗陀和阿尔及尔。与此同时，盟军的情报部门又通过媒体进一步放出风声说，蒙哥马利元帅此行的目的是组织盟军在法国南部的登陆作战。经过盟军情报部门这样一搅和，德国的盖世太保也被搞糊涂了，特意派了两个受过严格训练的间谍前往直布罗陀和阿尔及尔侦察，以证实真伪。结果，杰姆士扮演的蒙哥马利元帅故意在德军间谍出没的场合露面，德国间谍将亲眼看到蒙哥马利元帅的军情反馈到统帅部，终于使德军统帅部确信盟军将在法国南部加来地区登陆无疑，最终确认将抗登陆的主战场由法国北部的诺曼底变为加来地区，并且从诺曼底海防前线抽调了6个步兵师、2个坦克团至加来地区加强防卫。德军兵力部署经过这样调整，大大减轻了盟军在诺曼底登陆作战的压力。1944年6月6日，集结在诺曼底战区的盟军共86个师，2个海军特混舰队，6000多艘舰船，1.5万多架飞机，总兵力288万人，实施空、海、陆并进，在法国北部的诺曼底发动了20世纪最大的登陆作战。德军由于错误判断盟军主战场，被盟军打得晕头转向，德军40个师被歼，德军高级将领20人被击毙、俘虏，盟军缴获摧毁德军火炮3000多门、战车20000多辆、坦克1.3万辆。诺曼底登陆作战的成功，使第二次世界大战的战略走势发生了根本性的变化。诺曼底登陆作战的成功，“偷梁换柱”的情报战发挥了相当重要的作用。

在商战领域价格调整过程中，使用“偷梁换柱”的计策，对消费者不会造成大的刺激，对社会震动，对企业经营影响可以减至最低限度。如20世纪80年代中期，生产火柴的企业，由于火柴主要原材料木材价格逐渐放开由市场决定，企业生产成本急剧上升，火柴几十年一贯制的二分钱一盒的价格体系已难以为继，逼迫企业要对火柴提价。银川火柴厂采取直接将2分钱一盒提高至3分钱一盒，而有的企业却采取“偷梁换柱”的手法，表面上保持每盒2分钱的价格，而实际上却减少了每盒包装火柴梗的数量。结果消费者对前者涨价的做法意见纷纷，而对后者也不探究是否实际已经涨价，却心甘情愿去购买已被“偷梁换柱”的小包装火柴。结果，银川火柴厂实实在在提价的做法，不被消费者接受，市场销量大减，只得自认提价失败。又过了几年，随着木材市场价格进一步上涨，火柴3分钱一盒也只能保本，逼得企业又要调价。银川火柴厂有了上一次调价的教训，这次调价，该厂预作准备，同时设计了四种包装的火柴：第一种采用小包装，沿用3分钱一盒的价格；第二种中盒包装，定价为5分钱；第三种大盒包装，定价为8分钱；第四种采用超大盒精美包装，定价为1角5分钱。虽然这次调价幅度超过了前一次，但由于巧用“偷梁换柱”之计，以多种规格、多种价格替代原来的单一规格、单一价格，消费者情绪稳定，并无多少负面反映，而企业却理顺了产品价格形成机制，妥善解决了成本倒挂，扩大了市场销售份额，增加了企业经济效益。

“偷梁换柱”法应用于股市，泛指投资者乘人不备卖掉涨幅已高的热门股，转而换成尚未被市场关注的待涨股。通过这种适时转换，既保住前一只在上涨过程中获取的收益，又可在下一轮潜在上涨股票的行情中获利。这种踏准股票板块轮动节奏进行“偷梁换柱”的操作，自然是最理想的结局。另一种是踏不准板块轮动的节奏，所持的股票原地踏步，跟不上大盘上涨的速率时，换购可能会上涨的股票或刚露上涨端倪的股票，这也可看做是一种应用“偷梁换柱”的操作手法。根据股票投资高手的经验，采用“偷梁换柱”的投资策略，要尽可能避免在相同板块的股票进行替换，因为同一板块的股票，在股市阶段性涨跌中的趋势差异是不会太大的，这种替换不会带来太大的收益，甚至是徒增交易税及佣金而已。另外，也尽可能避免同是经过大幅上涨的高价股之间进行替换，因为这种同一档次股票，往往在股市价格起伏的轮动过程中，具有趋同性。要涨俱涨，要跌俱跌，替换显得毫无意义。“偷梁换柱”对股票投资者来说，还可以扩展应用范围，在股票投资与其他投资门类中，大跨度进行“偷梁换柱”。现在投资渠道众多，除了股票以处，还有债券、外汇、期货、保险、信托、权证、黄金、房地产，等等。在2008年全球经历百年一遇的金融危机中，各个国家股票狂跌不止，俄罗斯、越南、中国股指均增跌去了70%多，一些老牌的资本市场的股票指数也曾跌幅超过了50%多，股市当时确曾哀鸿遍野，惨不忍睹。我国从2007年最高市值跌去了21万亿元。而相对于股票来说，这时的债券投资就比较坚挺，不但可以避免损失，相反还可增值获利。随着股指期货等金融衍生品种的诞生，投资者若对市场趋势有较深入的了解，而对具体股票缺失了解研究，也可以购买指数型基金或者是购买股指期货投资品种，及时进行投资阵地转移，以求获得新的获利投资渠道。作为投资人不墨守陈规，不拘泥一种投资方式，在广阔的投资领域适时作出投资转换，也是一种提高投资收益的有效途径。投资者若坚守股票阵地，进行换股规避股市下跌风险时，应遵守换股铁律，即将大盘股换成小盘股；将高价股换成低价股；将老股换成新上市股或次新股；将弱势股换成强势股；将无庄股换成主力介入股；将题材明朗股换成题材朦胧股；将冷门股换成主流板块股；将底部无量股换成底部开始放量的股；将老庄股换成新庄股；将沉闷无成交量股换成成交活跃股。通过这样“偷梁换柱”，定会获得利益。

## 3.2 指桑骂槐

“指桑骂槐”一词，相传古代文武百官晋见皇帝时，需穿过宫廷的庭院，而庭院中有一种叫“龙爪槐”的树枝，经常把他们的乌纱帽钩落，官员少不了有气。可是因树名带“龙”字，若对它唾骂，便是犯上，于是只好对着桑树大骂出气，这就成了“指桑骂槐”。该词见于明·兰陵笑笑生《金瓶梅词话》：“他每日那边指桑骂槐树，百倍称快。”以及清·曹雪芹《红楼梦》第十六回：“咱们家所有的这些管家奶奶，那一个好缠的？错一点儿就笑话打趣，偏一点就指桑骂槐的抱怨。”“指桑骂槐”一词可以解释成：指着桑树骂槐树，比喻表面上骂这个人，实际上骂那个人。《三十六计》中，“指桑骂槐”被列入第二十六计，归类为并战计。计语原文是：“大凌小者，警以诱之。刚中而应，行险而顺。”“大凌小者，警以诱之。”可意译为，强大者要控制弱小者，要用警戒的办法去诱导他就范。“刚中而应，行险而顺。”语出《易经·师》卦。本卦为异卦相叠（坎下坤上）。本卦下卦为坎为水，上卦为坤为地，水流地下，顺势而行。这正如军旅之象，故名为“师”。本卦《彖》辞说：“刚中而应，行险而顺，以此毒（“毒”，督音，治的意思）天下，而民从之。”计文中运用彖理，来说治军，若刚强手段适中便会得到响应拥护，遇到艰险也不会有祸患而变得顺利。

对该计原注解：“率数未服者以对敌，若策之不行，而利诱之，又反启其疑，于是故为自误，责他人之失，以暗警之。警之者，反诱之也。此盖以刚险驱之也。或曰：此遣将之法也。”该注解意为，统率不服从自己的部队去打仗。如果你调动不了他们，这时你想用金钱去利诱他们，反而会引起他们的怀疑。正确的方法是：你可以故意制造一些错误，然后责备别人的过失，借此暗中警告那些不服自己指挥的人。这种警戒，是从反面去诱导他们。这就是用强硬而险诈的方法去迫使士兵服从。或者说，这就是调兵遣将的方法。对待部下将士，必须恩威并重，刚柔相济。军纪不严，乌合之众，哪能取胜？如果只是一味地严厉，甚至近于残酷，也难做到让将士们心服。所以关心将士，体贴将士，使将士们心中感激敬佩，这才算得上称职的指挥官。《孙子兵法》对此早有名训：“约束不明，申令不熟，将之罪也。”这就是强调治军要严。“视卒如爱子，故可与之俱死。”这就是强调要关心将士，使他们愿意与将帅一同战死。

“指桑骂槐”在《三十六计》中归类为并战计，主要侧重于对自己部队以及友邻部队进行间接训诫，以使其敬服的谋略。而《三十六计》的第十三计“打草惊蛇”，则归类“攻战计”，其主要针对消灭敌军的策略。虽然二者都是旁敲侧击，敲山震虎，但“指桑骂槐”与“打草惊蛇”在旁敲侧击的方式方法以及实现目的上有所差异。不过兵家在使用时，也并不一定严格加以区分。

在历史上，使用“指桑骂槐”训练管束部队最有名的事例，要数孙武子训练吴国后宫美女。相传在春秋时期，吴王阖闾看了《孙子兵法》后，对大军事家孙武非常佩服，想方设法召见孙武交谈。吴王与孙武见面后问孙武：“你的兵法精妙绝伦。你能不能当面演示一下，让我开开眼界呢？”孙武说：“这不难！你可以随便找一些人来，我可马上操练给你看。”吴王对孙武练兵方法效果其实是将信将疑，只是存心为难孙武，故意对孙武说：“我后宫有很多美女，能不能让他们操练操练？”孙武说：“任何人都可以操练。”于是，吴王传令从后宫叫来180名美女到了校军场上。这些美女平时禁锢在后宫，初来乍到校军场，看见旌旗招展，战鼓排列，既新鲜又好看，东瞅西瞧，嘻嘻哈哈。操练开始，孙武下令180名美女编列两列，并命令吴王两个爱姬作为队长。孙武耐心细致地向美女们讲解操练要领与操场纪律，命令在校军场上摆上刑具，并威严地宣布：“一定要服从命令听指挥，若有人不从，拖拉嬉闹，将按军法惩处。”一切交代完毕，孙武开始操练发令：“立正！向右转！”美女没有动，反而轰然大笑。孙武对此没有生气，还自责道：“这一次我没有把动作要领介绍清楚，是我的错。”孙武只得又一次详细讲述了动作要领，并问大家：“听明白了没有？”众美女齐声回答：“听明白了！”鼓声再起，孙武发令：“立正！向左转！”美女还是一个未动，笑得比上次更厉害了。吴王见此情景，也觉得有趣，心想：你孙武本领再大，也不能将这些美女训练成令行禁止的宫中兵士。未等吴王继续想下去，只见孙武沉下脸来，说道：“动作要领没有交代清楚，是将军过错；若是交代清楚了，而士兵不服从命令，那就是士兵的过错了，必须按军法行事，违者斩，队长带队不力，应先受惩罚。”于是，令人将两个队长推出去斩首。吴王一听，慌了手脚，急忙派人向孙武说情：“将军军令严明，善于用兵，吴王已十分佩服，这次请放过吴王的两个爱姬。”孙武义正词严地回答：“将在外，君令有所不受。吴王既然要我操练兵士，我一定要按军法规定训练。”结果，两名吴王爱姬被斩首示众，吓得众美女魂飞魄散。孙武用“指桑骂槐”，杀鸡儆猴。继而再令继续操练，众美女再也不敢嬉闹马虎，个个精神集中，一丝不苟按规定动作，顺利完成了操练任务。吴王见孙武斩了自己的爱姬，自然心中不悦，但对孙武练兵打仗的才干不得不服，遂命令孙武当将领兵，终使吴国挤入强国之列。

第二次世界大战期间，美国总统罗斯福的私人顾问萨克斯受爱因斯坦等科学家的委托，要求约见罗斯福，向其建议重视对原子弹的研究，以便争取抢在纳粹德国前面制造出原子弹，使盟国在反法西斯战争中取得主动权。不料罗斯福总统苦于美国经济不景气，对需要投入巨资却无法预知能否成功的原子弹研制项目毫无兴趣，便生硬地拒绝约见。事后罗斯福总统感到对萨克斯私人顾问态度粗暴有点内疚，主动邀请他共进晚餐以消除误会，但事先言明在餐桌上免谈原子弹研制有关事项。萨克斯是一个足智多谋的顾问，他决心抓住与罗斯福见面的机会，通过旁敲侧击、“指桑骂槐”的迂回战术，在餐桌上表面不直接谈原子弹研制，而实际上却让罗斯福总统领悟研制原子弹的必要性。萨克斯与罗斯福在餐桌上滔滔不绝闲谈拿破仑的战史，特别点明拿破仑在陆战中所向披靡，战无不胜，但在海战中却屡战屡败，究其原因：主要是拿破仑没有听取美国专家富尔顿向他建议的将法国战舰的桅杆砍掉，将船板木材结构换成钢板结构。把靠风力航行的帆船，变为安装蒸汽机动力的轮船。拿破仑始终不肯相信无帆之船能够行驶，钢板结构的舰船能够浮在水面。拿破仑还认为向他建议的富尔顿是个疯子，结果把他赶跑了。这件事令许多历史学家感慨不已。他们认为拿破仑若是听取富尔顿卓有远见的建议，现代欧洲的历史可能要重写。萨克斯若无其事地叙述着这一故事，而罗斯福越听脸色越严肃，陷入了沉思。罗斯福心知肚明，萨克斯是在旁敲侧击，暗示他若拒绝先进的科学技术便有可能失掉难得的历史机遇，甚至带来历史灾难。突然他若有所悟地微笑着对萨克斯说：“你的目的达到了，请马上组织研究原子弹！”萨克斯受宠若惊，他没有想到罗斯福思想转变得如此之快，萨克斯站起来双手紧握总统的手，激动地说：“你的英明决策，将使盟军赢得意想不到的胜利！”随后历史的发展证实了这一英明的决策，美国研制的两颗原子弹在1945年投掷在日本本土，彻底摧毁了法西斯轴心国霸占世界的梦想，加速了德日法西斯失败的命运。萨克斯使用的妙计改变了罗斯福总统的决策，也改变了“二战”的历史。

经商使用本计，对于强势一方来说，可以用旁敲侧击震慑弱小的一方以警示。对于力量弱小的一方来说，也同样可以用此道而行之，取得以小抗大的意想不到的效果。20世纪60年代初，台湾有一家武田制药厂，其研究的合利他命F获得了国际专利，并以良好疗效与信誉很快走俏市场，以致引起一些不法厂商的觊觎，市场上出现大量的假合利他命F。武田制药厂面对不法厂商的侵权行为，一时拿不出足够的证据，难于采取法律行动；并且考虑到对假冒侵权行为即使追究了侵权人的法律责任，但还是难以杜绝此类事件不再发生。于是武田制药厂推出了“武田制药爱福彩券”，设了1600多个大奖，只要消费者购买合利他命F一盒，便可有一次抽奖的机会。看起来武田制药这一活动是一项刺激消费的商业活动，实际上是一项以打假为目的的维权行动。当消费者在空药盒上注明地址、姓名以及购买药品的店名、地址寄回药厂彩券活动办公室时，武田药厂专门组织的人员对盒子予以鉴别真伪。通过这一活动，武田药厂不但掌握了消费群体的基本情况，更将那些销售假合利他命F的药店一网打尽，全部成了瓮中之鳖。随后，武田药厂信守诺言，对中奖者发了奖品，而对广大参与活动的消费者则发函，说明怎样鉴别真假合利他命F防止上当的方法，阐明购买假药的危害，并劝导消费者去出售假药的商店进行声讨索赔。那些出售假冒药品的商店搞得声誉扫地，再也不敢寄希望出售假冒合利他命F牟取暴利。此举自然也断掉制假药厂的生路。武田药厂通过“指桑骂槐”之计，彻底解决了制造假冒合利他命F的侵权行为，促进了企业销售，并且在消费者中树立了企业的良好形象，可谓一举多得，事半功倍。

在股市中施用“指桑骂槐”之计，主要利用股票板块联动效应的特性，通过敲打板块中某一个股而影响该板块的其他个股而获利。就板块构成来说，一种是按照行业组成的板块，如医药板块、钢铁板块、汽车板块、电子板块、通信板块等；另一种是按地域组成的板块，如广西板块、海西（福建）板块、海南板块、西藏板块等；还有按照题材和概念形成的板块，如新能源板块、奥运板块、物联网板块、3G板块、世博会板块、迪斯尼板块、股指期货板块、甲流题材板块等。这种题材和概念板块随着时间推移，国家政策的变化，社会环境的改变，会层出不穷，时生时灭，有说不完的故事。机构庄家有专业的团队专门分析股市中各种信息，他们会较早发现板块崛起的征兆，提前设伏，然后他们会利用各种机会与各种媒体开始讲述“故事”，促使板块效应渐入佳境。庄家为了避免涉嫌误导操纵股市之名，并不是自己买入某一股就鼓动他人也买入该股，而是往往利用各种媒体发表看法的机会，举例指名的股票仅是幌子，而真正要撬动的是该板块的其他某股票。例如，2009年4月份开始，我国也爆发了甲流疫情，市场对与流感沾边的股票炒作热度开始升温，但机构却把眼睛盯上了莱茵生物，该股从4月初每股价格12.53元，一直炒到7月30日的最高价的49.99元，4个月时间股价上涨了4倍。股市狂炒了一波治疗甲流的药物概念股。紧接着延续甲流概念股行情，从8月中旬开始，股市又风风火火地展开以甲流疫苗为主的甲流概念板块行情。华兰生物从28元左右的价位，经2个半月的爆炒，到11月初股价则升至70元，也就是2个半月上涨了2.5倍，涨速与莱茵生物异曲同工。机构利用甲流突发性的概念题材板块，不断旁敲侧击、“指桑骂槐”的连续操作，获利非常丰厚。

## 3.3 假痴不癫

“假痴不癫”与老子说的“大巧若拙”，与孔子说的“大智若愚”的传统思想方法一脉相承。该计的计名从民间“装疯卖傻”、“装聋作哑”的俗语转化而来。其后列入《三十六计》中第二十七计，归类为并战计。从并战计本身含义来说，该计是用于盟军的计策，其实并非受此所限。从历史上的战例来看，更多还是用于对敌斗争的策略上。该计原文引自《孙子·计篇》：“宁伪作不知不为；不伪作假痴妄为。静不露机，云雷屯也。”其意为，“宁可装作糊涂而不行动；不可假装知道而轻举妄动。要沉着冷静而不泄任何机密。”这就是从屯卦象辞“云雷、屯，君子以经纶”一语中悟出的道理。屯卦象辞中“云雷，屯”，其中茅草初出土时为“屯”，屯卦为震下坎上。坎为雨，为云；震为雷，云在雷上。意为冬季的云雷囤积在地下待机而动。

该计解语原文：“假作不知而实知；假作不为而实不为，或将有所为；司马懿之假病昏以诛曹爽，受巾帼假请命，以老蜀兵，所以成功。姜维九伐中原，明之不可为而妄为之，则似痴矣，所以破灭。兵书曰：‘故善战者之胜也，无智名，无勇也。’当其机未发时，静屯似痴；若假癫，则不但露机，且乱动而群疑；故假痴者胜，假癫者败。或曰：‘假痴可以对敌，并可以用兵。’宋代，南俗尚鬼。狄武襄（青）征侬智高时，大兵始出桂林之南，因佯祝曰：‘胜负无以为据。’乃取百钱自持，与神约：‘果大捷，则投此钱尽钱面也。’左右谏止：‘倘不如意，恐沮师。’武襄不听。万众方耸视，已而挥手一掷，百钱皆面。于是举手欢呼，声震林野。武襄也大喜，顾左右，取百钉来，即随钱疏密，布地而帖钉之，加以青纱笼护，手自封焉。曰：‘俟凯旋，当酬神取钱。’其后平邕还师，如言取钱，慕府士大夫共视，乃两钱也。”该解语意为，假装糊涂的，实际非常清楚；假装不行动的，而实际上还无法行动，或等待时机行动。三国时，司马懿装成衰老病重，使曹爽失去警惕而被杀死；他收到诸葛亮送来的妇女衣服首饰羞辱不敢出战，故意上表请命，却坚守不战，借以疲劳蜀军，所以成功了。姜维九次进攻中原，他明知不行却轻举妄动，好像傻瓜一样，所以他失败了。兵书说：“善于作战而获胜的人，并不贪图善谋的名声，也不夸耀勇敢的功劳。”在当时情况下机遇没有出现时，静候等待机遇，好似痴呆人一样；如果假装癫狂，就不但泄露了作战机密，而且还因为乱动引起群众的猜疑。所以，装成糊涂的会胜利，假装癫狂的却会失败。也可以说：“装痴既可以对付敌人，也可以用来整治军队。”在宋代，南方有崇尚鬼神的风俗。宋将狄武襄（狄青）征伐蛮族侬智高时，大军刚出桂林南，他拿出一百个铜钱假装向神灵许愿说：“这次出兵胜败没有把握，如果能获得胜利，那么手里所投掷的这些钱有文字一面就向上。”左右的部属慰劝其停止赌誓，“以防万一不能如意，会沮丧士气。”狄青不理会。在众目睽睽之下，突然将手一挥，把铜钱掷在地上，结果一百个钱面全部向上。现场的人举手欢呼，声音威震原野。狄青也非常高兴。他又让左右侍从拿一百个钉子，根据钱的疏密分布状况用钉子钉在地上，然后用青色纱布亲手罩上说："等凯旋归来，一定酬谢神灵，再取回铜钱。"后来，狄青平定了邕州（今广西南宁），率军回来，像前面许愿说的酬谢神灵取回铜钱。他的部下共同发现，原来那些掷出的铜钱的两面都是一样的。

此计是指军事上为了以退求进，必须假装愚蠢痴呆而不疯癫，要大智若愚，行"韬晦"之计，表面上给人碌碌无为的印象，给敌方造成错觉，掩盖自己的远大抱负，以求保存自己，等待时机，战胜对手。"假痴不癫"之计，关键在一个"假"字上，要"假"得不被敌方识破，能蒙蔽住敌人的视听。在历史上靠"假痴不癫"之计获胜的战例不少。除了解语中列举的狄青出兵前掷钱假借神灵，判定此役必胜以壮士气，三国时司马懿假装衰老病重杀死丧失警觉的曹爽等战例以外，还可随手拈上几例。

在公元前11世纪商周改朝换代交替之时，商朝纣王沉湎于荒淫无度、花天酒地的生活，忠奸不分，不理朝政，朝纲混乱，诸侯分立，商王朝已经滑向衰亡之道。此时的周文王在姜尚的辅佐下，威望日高，势力日长，有意推翻商纣王统治。但姜尚认为，"鸷鸟将击，卑飞敛翼；猛兽将搏，弭耳俯伏；圣人将动，必有愚色。"他要求周文王大智若愚，以屈求伸，以退求进，等待时机作最后拼搏。周文王接受姜太公的建议，努力掩饰自己的远大志向，"为丕门，筑灵台，列侍女，撞钟击鼓。"装出自甘沉沦的样子。又特意在纣王面前表现十分卑谦、恭顺，可谓对纣王俯首听命，唯命是从，还将洛西的大片土地奉献给纣王，以求纣王革除"炮烙"的刑罚。此举既赢得民心，又使纣王对周文王戒心大减。纣王认为，"西伯改过易行，吾无忧矣"，故将西部事务放心地交给周文王去处理，自己专心用兵东征。周文王使用"假痴不癫"之计，一方面获得了纣王的胜任，得到了更高的地位与更大的权力，另一方面也使周文王有更充分的时间积蓄力量，做好决战的准备。在周文王一切准备就绪后，其子周武王以"救民伐罪"之名出师，联络中原诸侯及北方各少数民族，在牧野与商纣王展开决战，商纣王惨败，被逼登鹿台自焚而死，从此商朝在历史上终结，周朝新王朝从此开始。

在明朝，开国皇帝朱元璋有4个儿子，四子朱棣生性坚毅沉稳，足智多谋，英勇善战，曾多次出击元蒙残部，战功显赫，11岁时就被封为燕王，21岁时获得藩王爵位。在一般人看来，朱棣前面三位兄弟均已死去，凭着朱棣的才干，由他继承王位应该是顺理成章的事。可是，历史却向朱棣开了一个玩笑，不知道朱元璋出于何种考虑，并没有将皇位交给朱棣，而将帝位交由一个毫无魄力、只知舞文弄墨的孙子朱允炆继承。朱棣根本不屑于对侄子朱允炆称臣。而朱允炆也深知自己掌管的王朝藩王林立，而最棘手的就是诸王之长——燕王朱棣，要巩固统治，必须削藩，搞掉朱棣。朱棣为了避免皇上朱允炆对他疑心，借口身体患有重病，留在王府不出，并故意打扮成蓬头垢面、衣衫褴褛的疯子模样，逢人还不住地胡言乱语，让人深信不疑朱棣已成疯子了！其实朱棣心知肚明，凭他现有实力，难以与皇上分庭抗礼，只能在朱允炆使臣面前装疯卖傻，但他暗中一直胸怀大志，秘密训练士卒，积蓄兵变的实力。1399年6月，建文帝发兵逮燕府官属，并密令张信逮捕燕王朱棣。可是，张信为燕王旧部，却反叛建文帝而降燕，朱棣随即为备。1399年7月，朱棣发动“靖难之役”，以计擒杀张昺，命燕府护卫指挥张玉、朱能率兵乘夜攻占北平九门。然后举兵南下，1402年5月克泗州、扬州。建文帝遣庆成郡王至燕师，乞割地求和，燕王不许。6月，燕师渡江，下镇江，直逼南京。谷王朱橞与李景隆开金川门降燕，南京城陷，宫中起火，皇帝朱允炆不知所终。朱棣利用“假痴不癫”之计，篡夺了皇位。

中国共产党在近代军事斗争中，也曾成功地使用“假痴不癫”之计。1931年4月，中央特科情报科长陈赓，奉周恩来之命，在北京的西绒线胡同西口建立了秘密联络点——春秋书店。韩子栋这位在白公馆的疯老头是华子良的原型，就曾在这间书店工作3年多。1934年11月，因叛徒出卖，在这间书店横遭被捕，先后被关押在北平、南京、湖北、湖南益阳、贵州息烽和重庆的渣滓洞、白公馆等秘密监狱。被捕后华子良遭到严刑拷打，甚至在受刑时被打掉了全部牙齿，但他拒不承认自己是共产党员。为了搞清他的身份，使用陪法场的方法吓唬他，地下党趁机让华子良将计就计，在陪法场时装作被吓疯了。从此华子良在监狱中开始装疯卖傻，过起了常人难以忍受的疯子生活。他整日神情呆滞，蓬头垢面，无论刮风下雨，总在白公馆放风坝里小跑。看守的特务也认为这老头被关疯关傻了，便叫他为“疯老头”。加上他的老家在山东，到重庆后人生地不熟，看守们对他逐渐放松了警惕，常常带他去磁器口镇上买东西做挑夫。但华子良时刻牢记党对他的嘱托，瞅准时机为狱中党组织传递情报，并把握机会越狱逃跑。1947年8月18日，华子良又随看守卢照春去磁器口买菜，趁着看守卢照春打麻将的机会，假装上厕所，大大方方走出门去，一离特务视野之外，他立即穿街过巷飞奔起来，一口气跑到嘉陵江边，找到一只小船，迅速地渡过嘉陵江，又经过45天的长途跋涉，终于回到解放区，回到党的怀抱，为解放全中国作出了贡献。若华子良不使用“假痴不癫”之计，他既保护不了自己的生命，也不能为党做更多有益的工作。

在美国西部有两家毗邻专卖廉价商品的商品，他们在商战中，互相激烈竞争，将“假痴不癫”之计演绎到无以复加的地步。一天，名叫纽约的廉价商店贴出商品广告，上书：出售亚麻布被单，瑕微疵小，价格低廉，每床售价6.50美元。消费者看到这则广告，奔走相告，买者趋之若鹜。同往常一样，纽约廉价商店卖了一段时间，顾客购买热情渐趋平静以后，隔壁的一家名叫美国的廉价商店也贴出了一则广告：我店的被单与隔壁的相比，犹如罗密欧与朱丽叶的亲密关系一样，价格每床仅5.95美元。这样一宣传，原来在纽约廉价商店购买被单的顾客，转而拥向美国廉价商店字号的店里购买被单，只稍片刻，美国廉价商店内形成被单销售热潮，所有被单被抢购一空。这两家廉价商店如此竞争上演一幕又一幕，从未间断过，有时东风压倒西风，有时反过来西风压倒东风，竞争激烈时还互相指责对骂，甚至拳脚相加。而顾客指望两家商店的激烈竞争，永远继续下去，以便从他们的竞争中买到便宜的商品。可是，一晃几十年，两家商店的主人也上了年纪了，美国字号的廉价商店的店面上了锁，没过多久，纽约字号廉价商店的老板也将自己的商店拍卖了。从此，附近的居民再也没有见到过这两个刺激他们购买欲的生意场上的怪人。可是，商店的新主人前来清理财产时，却发现两家商店有一条秘密通道相连；在楼上，还有一道门连接两家老板的卧室。对于这令人费解的事情，经过调查分析，终于揭开了其中的奥秘。原来这两家昔日的仇敌，其实是一对亲兄弟。他们表面上疯疯癫癫、不共戴天恶性竞争，其实都是人为扮演的骗局。因为在他们两个人战斗中，可以形成两个促销的高潮，一方以更低价格竞争只不过是将另一方尚未卖出的商品一起卖掉罢了！两家廉价商店互相配合默契，天衣无缝地施展了“假痴不癫”之计，让他们共同生意兴隆，大赚了一笔。

在股票交易活动中，应用“假痴不癫”之计，也要求“宁伪作不知不为，不伪作假痴妄为”。在情况不明了时机不成熟的时候，宁可装糊涂不随便行动，而不可假装知道而癫狂轻举妄动，力戒“手中没股，心里发慌”的股市痴迷症，以免陷入被套的不利局面。如2007年11月5日，中国股票市场中又一只大盘H股中国石油回归主板市场上市，该股发行价16.70元，发行市盈率22.44倍，首日上市30亿可流通股，全天换手率达51.58%，开盘价48.60元，最高价48.62元，收盘价43.96元，开、收盘涨跌幅达−9.547%。对于市场疯狂热炒，我们虽然搞不清庄家葫芦里装着什么药，但我们可以了解到中国石油在香港的H股的发行价是1.28元，当时中国石油的H股2000年4月10日在香港证券交易所上市后一路走低，最终仅以1.21港元收盘。即使在2007年11月中石油在国内发行时其在香港H股的价格也只有10元左右。相对于世界最大的艾克森美孚石油公司，在二级市场上的市盈率不过是13倍，全球第二大石油公司英国石油在二级市场上的市盈率也只有12倍，因此中石油发行市盈率就有22.41倍，上市后又把动态市盈率最高推到65倍以上，中国石油与世界市场同类股票相比，其动态市盈率实在差距太大了。我们中小投资人不能左右市场的股价，但可以装作对这只股票不了解的傻子，不去冒犯触摸这只股票，不采取跟进行动，静观待变就是了！后来，该股演变进程证明，该股从上市后一路狂泄不止，继2008年18日跌破发行价后，直至2008年10月28日跌至每股9.71元的最低价，凡是自认为炒股能赚一把的“聪明”投资人，无不损失惨重，若在高点买入的，亏损近80%左右。相反“假痴”的投资人却回避了被套的厄运，起码在中石油的股票上没有损失。

## 3.4 上屋抽梯

“上屋抽梯”又称“上屋去梯”，有的《三十六计》版本又将这一计名称为“过河拆桥”。“上屋抽梯”的计策，最早曾在《孙子·九地篇》中出现“去梯”之说。其云：“帅与之期。如登高而去其梯。”其意是授予属下战斗任务，要使其像登高而后抽去梯子一样，只能前进，不能后退。也就是用破釜沉舟的办法，迫使士兵与敌人决一死战。后来，“上屋抽梯”成了三十六计中的第二十八计，归类为并战计。计语原文为：“假之以便，唆之使前，断其援应，陷之死地。‘遇毒，位不当也’。”句中“遇毒，位不当也”引自《易经·噬嗑》：“象曰：遇毒，位不当也。”计文意为，故意暴露破绽，给敌人以方便，引诱敌人深入我方，然后见机断绝敌人的前应和后卫部队之间的联系，使他陷入我方预设的死地，遭到覆灭。那是由于敌人贪求不应得的利益，必招致后患。

该计解语的原文：“唆者，利使之也。利使之而不先为之便，或犹且不行。故抽梯之局，顺先置梯，或示之以梯。如慕容垂、姚苌诸人，怂苻坚侵晋，以乘机自起。”该计语今解：唆，就是用利益去引诱敌人。如果只有利益引诱，而不创造方便的条件，那么敌人可能犹豫不前。所以，用“上屋抽梯”的计谋，必须先做好梯子使对方不产生怀疑；或已摆上了梯子要显示出来让对方知道。五胡十六国时期，鲜卑贵族慕容垂、羌族将军姚苌等人都鼓动支持秦王苻坚大兵伐晋。结果淝水之战苻坚大败。慕容垂乘机恢复了燕国（今河北定县,都中山）称王。姚苌率羌人擒杀了苻坚，建立了后秦（都长安）称王。

“上屋抽梯”之计，从三十六计中归类并战计来看，该计侧重于针对友邻部队。但从计文及解语来看，并不囿于对友邻部队使用。该计既可用于友军，也可用于敌军，甚至还可用于己军，即将自己的队伍置于背水一战，以激发将士决一死战的决心转化成战胜敌人的战斗力。

后人也有将“上屋抽梯”之计说成来自《三国·蜀书·诸葛亮传》。据书中叙述，在后汉末年，刘表的长子刘琦，深感父亲对小儿子刘琮的信任超过了对自己的信任，且后妈又嫉妒刘琦得势影响亲儿子刘琮的地位。刘琦为了自安，曾多次向诸葛亮请教，但都被诸葛亮婉言谢绝，不肯为他出谋划策。刘琦急中生智，一天邀请诸葛亮到自家后楼赏月饮酒。待二人坐定，却暗中让人将楼梯抽走，然后对诸葛亮说："今日上不至天，下不至地，出君之口，入君之耳，可以赐教矣!"说着还要拔剑自刎。诸葛亮见状实在无法脱身，便借古喻今，给他讲了春秋时期，晋献公的妃子丽姬居心险恶，重耳逃亡国外求生。而申生却为人忠厚，极尽孝心，侍奉父王。一日，申生派人给父皇送去一些吃的食品，丽姬却乘机下毒。正当晋献公欲下筷进食之时，丽姬故作姿态，借口外面送来的食物，最好让仆人先尝，结果左右尝食后倒地而死。晋献公大怒，指责申生不孝，阴谋弑父篡位，下令要杀申生。申生则自刎以表清白。诸葛亮以这则历史故事启示刘琦，"申生在内而亡，重耳在外而安"。刘琦恍然大悟。后来上表请求父皇将他派位江夏（今湖北武昌），回避了与后母争斗，才免于被害。刘琦幸亏使用引诱诸葛亮"上屋"然后"抽梯"，逼使诸葛亮进退无路，只得给刘琦指点迷津，刘琦得计而活命。否则，后果莫测。

有的军事家借用《孙子·九地篇》中"上屋抽梯"的内涵，让部属背水一战。如韩信用计斩陈余的战例。公元前204年（汉高祖三年），韩信驻兵平阳，准备伐赵，恰巧张耳领兵与其会师。两支兵马，合军东行，进攻代郡。代郡为陈余封地，由夏说镇守。夏说闻之汉军前锋已到阏於，仓促领兵迎敌，结果夏说大败而亡。而赵相陈余获知夏说阵亡，阏於失守，便派兵扼险固守，阻止汉军继续前进。其谋士李左车向陈余献计；韩信乘胜远斗，锋不可挡，但深入我地，道路崎岖，车骑难行，粮草辎重难以兼运，要求领兵3万截取汉军粮草辎重。这样，汉军前不能战，后不能还，荒山之间，粮草不备，不出10日，即可将汉军打败。不料，陈余书生气十足，迂腐之至，自称是统率义兵，不搞计谋，不仅不听李左车的意见，还把他给辞退了。韩信闻之大喜，亲率精兵，渡过泜水，背靠河岸，扬旗示众，摆鼓助威，列队待命。一部分兵力直捣陈余阵地井陉口驻地。陈余大开城门，挥兵出战。依仗人多势众，一拥向前，直接包抄韩信、张耳所率官兵。韩信、张耳且战且退，退至低河边的汉军阵前。汉军后面是低河，已无后退之路。韩信一声令下，汉军拼力向前，争先杀敌，正当两军激战，韩信趁赵军倾巢追赶汉军之时，早已暗派部将靳翕抄了陈余大营，陈余被汉军合兵赶杀，走投无路，终被汉军乱刀砍死。韩信智用“上屋抽梯”之计，大获全胜。

军事家使用“上屋抽梯”之计，更多的是引诱敌人进入绝地，将其逃生的“梯子”抽走，予以歼灭。像北宋初年曹玮智破西夏兵，所用“上屋抽梯”之计指的就是以上内涵。在那时，西夏人经常侵犯边疆。渭州知府曹玮领兵出战是常事。一次曹玮领兵打败了西夏兵后，命令下属赶着敌人丢下的辎重、牛羊马匹等战利品慢慢回撤。西夏主帅认为曹玮贪图财物、队伍涣散，掉头又来滋事。西夏军队逼近时，曹玮派人通知西夏主帅说：“你们远道而来一定疲劳，我们不想乘人之危，你们人马休息后咱们再开战。”西夏人已经精疲力竭，听到这话不知是计，暗自高兴，都坐下来休息。过了好久，双方开始交战，结果曹玮的军队毫不费力就把西夏人打得狼狈逃窜。许多部下对曹玮轻取西夏人的诀窍不理解，曹玮自揭谜底，解释说：“我让大家赶着牛羊，抬着战利品慢慢走，这是引诱敌人回来再战，再狠狠教训他一下；而通知休息后再开战，是因为西夏人来回奔袭了一百多里路，马上开战，虽然疲倦，但士气仍存，战局胜负难定。而让他们先休息一下，走了远路的人一旦停下来休息，就会腿脚肿胀，精神松懈，没有了战斗力。我是运用‘上屋抽梯’的办法打败西夏人的。”

1798年7月，拿破仑远征，大败埃及军队的“金字塔战役”就是“上屋抽梯”的杰作。当时，拿破仑率领远征军浩浩荡荡地杀向埃及，埃及军队采取游击战的战法尾随在法军身后，时隐时现，左右周旋，一有机会就突袭法军。一直所向披靡的法军面对这种状况，也一时无计可施，毫无战绩。拿破仑分析了战场形势后，决定使用“上屋抽梯”的计谋。他命令军队向金字塔强行军，到达指定地域后解散了部队，让士兵们在这里散步闲逛，装出一副休闲的样子。他自己只带10来个卫兵，也去参观金字塔群，并在金字塔狮身人面像前，突然掏枪出来，大笑道：“斯芬克斯先生，你神气什么呀，请你尝尝我的子弹的味道吧!”说着，向狮身人面像开了枪。枪声刚刚散去，发现骁勇善战的埃及军队马木留骑兵已经在身后盯上他们。卫队劝拿破仑迅速离开，然而拿破仑却哈哈大笑，说道：“让他们来吧，来得越多越好，因为这正是我希望的!”他抖了下他的斗篷，命令号兵吹响进攻的号角。法军很快完成了对埃及军队的包围。埃及骑兵大惊失色，赶紧夺路回撤。可是为时已晚，法军几百门大炮将退路完全封死，后撤的埃及骑兵几乎全部被法军火炮打得人仰马翻，乱成一团，埃及军队主力被歼灭，法军开进了开罗城，拿破仑取得了大胜，成了埃及的霸主。该役，拿破仑实施“上屋抽梯”的计谋，就是凭借自己“法国远征军总司令”这个头衔，以自己为诱饵，把敌人引出来，让敌人上套。等敌人上套，四周的法军就断其退路，紧紧将他们包围，最后加以歼灭。他让士兵休假一般地闲逛散步，只是为了麻痹敌人。事实上，他已经暗地里将几百门火炮部署在金字塔附近隐蔽地域，就等敌人上套了。

在近代战争中，“上屋抽梯”之计被广为应用。毛泽东在井冈山革命根据地与强敌作战，就经常采用诱敌深入、集中兵力、各个击破的有效战法。粟裕作为一名亲身参加创建井冈山革命根据地的优秀指挥员，也对这一战法心领神会，运用自如。例如，粟裕在1945年5月中旬，面对14个师40多个团的强大敌人进攻，粟裕当时能够集中的兵力只有3个纵队2万多人，明显处于劣势的不利地位。粟裕敏锐地认识到，不能死守天目山区，与顽军胶着拼消耗。而应主动撤离新登、临安，诱使敌人脱离堡垒阵地，向孝丰地区转移，然后在运动中消灭顽军的有生力量。6月4日，新四军主动从新登全线撤退；8日各支队从临安北撤；15日第三支队撤出激战10昼夜牢牢控制住的天目山防线。并且粟裕故意将撤退搞得沸沸扬扬，本来战时主官阵亡要保密，可是对于一支队长方志强在新登作战中不幸牺牲，粟裕不但不保密，还故意让士兵抬着大红棺材招摇过市；部队从前线撤下来后，弹尽粮绝，粟裕故意让部队大白天从人口集中的新登县城通过，又让后勤人员在街上到处买粮补给，并且故意放松看管俘虏，让其逃回报告……凡此种种迹象，被顽军判断成新四军“伤亡惨重，溃不成军”，正向北逃窜。第三战区司令长官顾祝同更是得意忘形，命令部队对新四军发起全面追击进攻。

粟裕司令静观顽军的动态，他瞅准顽军左右两个兵团远距离分头开进，前进速度不一。敌52师为抢头功，竟利令智昏地孤军深入。粟裕果断把握这一战机，派出三个支队对付敌一五四团，又派出三个支队对付敌一五五团，分割包围歼灭，经一夜激战，敌冒进的五十二师两个团被全数歼灭。战斗一结束，粟裕又把作战重点由西线转向东线，命令第一、第三纵队火速挥兵东进，分别由孝丰南北两面对敌右兵团迂回包围；第四纵队由孝丰正面出击；十二支队赶到白水湾，抄袭敌右兵团后路。粟裕指挥部队对敌右兵团形成三面埋伏，准备了一个大口袋，只待敌人往里钻，然后关起门来打狗。经一天两夜在敌肚子里大胆穿插分割，展开血战，终将敌第七十九师和突击一、二大队大部歼灭。余敌夺路南逃，全线退却。粟裕诱敌深入，持重待机，歼灭来敌的作战方法与“上屋抽梯”之计有异曲同工之妙。

在商战中，美国的洛克菲勒，曾经将“上屋抽梯”之计玩弄得惟妙惟肖。在19世纪70年代，当时德国的梅里特兄弟移居美国后，定居在密沙比。无意中发现该地的地表下贮藏着丰富的铁矿石。兄弟俩严守秘密，通过收购地产，掌握了地下铁矿石的资源，而后成立了铁矿石公司。而洛克菲勒晚来了一步，眼睁睁看着梅里特兄弟捷足先登独享这块肥肉。在1873年，美国发生了经济危机，市面金融流通性紧缩，梅里特兄弟也陷入了资金链断裂的困境。洛克菲勒瞄准时机，暗地里派劳埃德牧师去梅里特家，表示有人可以从中提供帮助，低利借钱给他们解困。结果梅里特喜出望外地从牧师手里借到42万美元，并且还比银行利息低2厘。同时按牧师之意立下借据，借据上写着：“今有梅里特兄弟借到考尔贷款42万美元整，利息三厘，空口无凭，特立此据为证。”梅里特将借到的资金全部投入到矿山建设上。可是，不到半年，劳埃德牧师就向梅里特兄弟催债，要求马上还贷。可是这笔贷款投入矿山还未产生效益，哪里能拿出钱来还贷。结果，梅里特兄弟被告上法庭。原告律师引经据典，依借据指控梅里特兄弟所借的资金是考尔贷款，也就是借款人随时可以索回的贷款，现在原告要求归还借款事实清楚，依据充分。根据美国法律，借款人要么立即还款，要么还不了债宣布破产，两者必居其一。梅里特兄弟是德国移民，不知道考尔贷款的法律含义，也根本没有提防借据上“考尔”的陷阱，待到现在醒悟过来已经晚矣！只好将全部矿产以52万美元转让给洛克菲勒，宣布破产。没过几年，洛克菲勒却以1941万美元的价格把密沙比的矿产转让给摩根。洛克菲勒利用“上屋抽梯”之计，做成了一笔一本万利的生意。

在股市中，“上屋抽梯”的运用，一般都是一些较大资本的庄家以及一些若明若暗的地下咨询机构较多使用该计谋。他们为了引诱散户上钩，纳入到他们经营的圈内，往往由其代理人利用各种舆论工具，喋喋不休地将自己操控股市的能力吹得天花乱坠，或者将某一只股票说得必涨无疑，让你不得不信以为真，将资金交与他们来经营，或者接受他们的咨询，听从他们的劝告买入某一只由其推荐的股票。当大量中小散户中计跟进买入之时，这些机构则志满功成且战且退获利了结，将高价的接力棒传到受蒙蔽投资人的手里，让其他投资者担当在高处站岗放哨的职责，自己则利用“上屋抽梯”之计赚得盆满钵满、溜之大吉。在股市买卖具体操作上，也常常可见一些机构或实力雄厚的投资人欲要买入某一股票时，故意在盘中挂上大单卖出该股票，让实盘量比显示卖出大于买入，给人造成该股的市场人气空头占了上风，引诱投资人跟进做空。当中小散户上当跟着恐慌性抛盘，跟随做空之时，故意挂单卖出引诱抛盘的庄家，又会翻手为云，覆手为雨，迅速撤回做空挂单，恢复买入的真实目的，以大资金抄底。反之也一样，当实力雄厚的投资人欲要卖出某一股票时，而故意在盘中挂大单买入，不明其里的中小散户仅从量比指比观察，误认为该股人气旺盛有多头行情，跟进买入该股票。一旦诱人入套的投资人，发现别人中计上当后，又会且战且退，悄悄完成清仓。这就是大实力的投资人在股市中应用的“上屋抽梯”的常用操作手法。对中小散户来说，担当使用“上屋抽梯”的主角，引诱大资金的投资人“上屋”中计的可能性较小，主要是善于识破大机构使用“上屋抽梯”之计，避免上当受骗。一旦发现盘中挂着的买入、卖出大单在接近成交的区间瞬间撤掉，或者撤掉后又挂起来，发现挂挂撤撤这种现象时，就须特别提防大投资人在使用“上屋抽梯”之计，介入该股票时倍加小心。中小散户对付大资金使用“上屋抽梯”之计还可以采取积极防御的方针。具体来说，散户不要轻易采取挂单买入、卖出的守株待兔的方法，防止盘中买单、卖单数据增添累积，给大资金使用“上屋抽梯”计策可资利用的机会。中小散户若都采取即时价位成交操作方法，就可逼大资金“上屋抽梯”无计可施，做空做多的意图暴露无遗，庄家对散户的杀伤力就会大大降低，这也是散户对付庄家使用“上屋抽梯”计谋的自我保护方法。

## 3.5 树上开花

“树上开花”之计名，系从“铁树开花”转化而来。铁树开花这一成语，比喻事情非常罕见或极难实现。民间有“千年的铁树开了花，难得哑巴能说话”的谚语流传。在宋·此庵守净有“铁树开花遍界春”的诗句。明·王济《君子堂日询手镜》文中有“吴浙间尝有俗谚云，见事难成，则云须铁树开花”一词。《三十六计》将“树上开花”作为计名使用，被列为二十九计，归类为并战计。“树上开花”的计语原文引自《孙子·计篇》：“借局布势，力小势大。鸿渐于陆，其羽可用为仪也。”句中“鸿渐于陆，其羽可用为仪”，出自《周易·渐》卦，其意为，水鸟飞上大陆，丰满的羽毛使它更显得雍容华贵，气势不凡。计语整句联系起来，其意是，借别人的局面布成有利于自己的阵势，虽然兵力弱小，但阵容却显得强大。《易经·渐卦》说：“鸿雁高飞，横空列阵，全凭羽毛丰满的双翼助长气势。”

该计解语原文：“此树本无花，而树则可以有花。剪彩粘之，不细察者不易察觉。使花与树交相辉映，而成玲珑全局也。此盖布精兵于友军之阵完其势以威敌也。”解语其意为，这棵树本来没有开花，但可以使它有花。使用剪成的花粘贴在树上，不仔细看的人就不容易察觉。让美丽的花朵与树枝绿叶互相衬托，放出光彩，造成巧妙逼真的全局效果。这里是说，把精锐部队布置到友军的阵列中，造成强大的声势以威慑敌人。

“树上开花”之计，就是巧妙借助别人的军力或各种有利因素，部署成有利于己军的阵势或壮大自己的声势和军威，以实现战胜敌人的目的，是属于借局布势之计。

在公元前285年，燕昭王为报齐王杀父灭国之仇，与亚卿乐毅商量攻打齐国之计。亚卿乐毅分析了敌我双方形势后认为：燕国现在虽然粮足兵强，但相比其他国家仍然是人少的小国，进攻强大的齐国是不可能取胜的。为此，乐毅向燕昭王建议，使用"树上开花"的策略，主张利用秦楚两大强国和受到齐国欺侮的赵、魏、韩的实力，以六国之兵共同伐齐，必能胜利。燕昭王非常赞同乐毅的策略，并派乐毅为使游说秦、楚、赵、魏、韩等国。结果，其他各国也表示支持与燕共同伐齐。按照事先约定，以乐毅为帅，率六国大军威风凛凛地向齐国进发。齐王闻讯，亲率本国精锐部队赶到济水以西决一死战。乐毅有了六国部队壮威，身先士卒冲在前头向齐军发起进攻，六国将士看到主帅冲锋在前，也跟着展开对齐军的拼杀，齐军经不起六国军队的合力攻击，大败而逃。乐毅深知，齐军大败后，士气低落，军力已大降，凭燕军已能击败齐军，各国援军的任务已完成，即令秦、韩军队回国；魏军占领宋地；赵军占领河间。而乐毅率燕国军队乘胜追击溃败的齐军，一鼓作气，在6个月之间，接连攻克齐国70余城。齐湣王退守临淄。乐毅率军继续攻城，不给齐湣王任何喘息机会。齐王眼看阻挡不了燕军的凌厉攻势，首先与几个大臣一起弃城而逃。守城将士看到齐王已逃，也无心恋战，临淄顷刻被燕军攻破。乐毅把城中财宝全部运回燕国，燕昭王终于洗雪国耻。燕王为褒奖乐毅使用"树上开花"之计，借用五国的兵力打败了强大的齐国，特将昌国城赏赐给乐毅，并封乐毅为昌国君。

在1947年冬，陈赓兵团挺进豫西时，也曾使用"树上开花"的"牵牛术"。陈赓使用两个旅的兵力，采取虚张声势、"树上开花"之计，故意将部队分成多路行军，形成宽大的正面推进；有时行军到半夜，不见敌人跟进，又将部队绕回到原来经过的村庄分头驻扎，每进一个村庄，就修起许多锅台，第二天又让老百姓奔走相告："老八路过来啦！光骡子、马就过了半夜！""我们村住满了人，村口修的尽是烧过的锅台。"特地把这些消息传到敌营，制造陈赓兵团主力就在这里的假象，以迷惑国民党李铁军五兵团。可是，李铁军毕竟也是久战沙场的老奸巨猾的将军，他为了证实这里是不是陈赓兵团的主力，特别派出一个旅的兵力来试探、盯梢，主力仍然不肯轻举妄动。面对李铁军兵团不肯上钩，陈赓让示形的十三旅摆出了主力部队的架势攻打镇平，这时国民党李铁军兵团司令才亲率大队人马与我决战。我十三旅打打停停，且战且退，始终和尾随的敌人保持一定的距离，迫使敌人紧追不舍。为了进一步迷惑敌人，陈赓命令十三旅改为白天行军，专门在大路上扬起滚滚的烟尘，扔掉散乱的装具，并让阻击的后卫分队多修筑工事，留给敌人参观，还故意让敌人侦察机在空中能发现部队机动的情况。十三旅使用“树上开花”之计，把一个旅兵力通过各种手段，虚张成一个兵团的兵力，终于将老奸巨猾的李铁军也迷惑住了。一连几个月，李铁军误认为被跟踪的十三旅就是陈赓兵团的主力，一直被牵着鼻子转圈，弄得李铁军兵团筋疲力尽，而此时陈赓兵团的真正主力已完成了挺进鄂西的战略部署，正养精蓄锐待机破敌。李铁军兵团最后逃脱不了彻底失败的命运。

在第二次世界大战中，中国抗日部队在战略上也成功地使用了“树上开花”之计。1937年7月7日卢沟桥事变开始，日本大规模对中国发动全面的侵略战争，但世界各国并未真枪实弹援助中国人民抵抗日本的侵略。直至1940年以后，日本为了摆脱侵华战争僵局，改善战略态势，借着欧洲战事激烈、无暇照顾亚洲殖民地之机，将战争的魔爪伸向英、美、荷在亚洲的殖民地，妄图建立东南亚共荣圈，才使欧美的国家开始警觉日本的侵略。特别是1941年12月7日，日本联合舰队在海军上将山本五十六率领下，偷袭美国太平洋舰队基地珍珠港，帮助罗斯福政府扫清了孤立主义迷雾，促成美国加入到国际反法西斯联盟，触发了太平洋战争全面爆发，对日本来说又增加了战争的对立面。在欧洲战场上，1938年9月德国法西斯将矛头指向捷克斯洛伐克，法英为了换取暂时和平，将法西斯祸水东引，不惜牺牲捷克的利益，与德、意签订了《慕尼黑协定》。直至1939年9月1日德国闪击波兰，英、法才感受到德意法西斯的威胁，逼得对德宣战。而苏联当时还指望一纸苏德和约可免受战争威胁。随着德国法西斯闪击西欧、北欧，1940年4—5月，丹麦、挪威、荷兰、比利时等国逐一失陷，1940年9月—1941年6月德军入侵占领巴尔干各国，1941年6月22日德军又闪击苏联，终于让苏、英、法各国首脑看清了德国法西斯霸占整个欧洲的野心。严酷的战争现实，促使了1942年1月1日，美、英、苏、中等26国在华盛顿开会共同结成反法西斯国际联盟，共同对付德、意、日组成的轴心国。随着反法西斯联盟的正式形成，彻底扭转了战局。1942年7月至1943年2月，希特勒发起侵略苏联的斯大林格勒的战役，被彻底粉碎。1942年11月—1943年10月，英美在北非成功登陆，肃清了德意在北非的军队。1943年11月28日—12月1日，美苏英三国首脑在德黑兰召开战争以来首次会议，确定在欧洲开辟第二战场。1944年6月6日，英、美联军在法国北部诺曼底登陆成功，标志欧洲第二战场正式开辟，加速了德国法西斯的崩溃，使德军面临两面作战的可怕局面。1945年2月4—12日，美、英、苏三国首脑在雅尔塔召开了战时盟国特别重要会议，为最后击溃德军奠定了基础，1945年5月7日德国宣布投降。在亚洲中国战场上，中国军队长期牵制了日本70%军力，自1937年7月7日至1945年5月3日，日军在华伤亡和被俘人员共259万人，超过了美、英、苏三国消灭日军的总和。1945年8月6日、9日美国先后在日本广岛与长崎各投掷一颗原子弹，苏联自德国投降后也腾出手来开赴远东向日本宣战，加速了日本宣布投降的进程。1945年9月2日，日本向盟国签字无条件投降，从而宣告了第二次世界大战的结束。中国抗日战争的胜利，无疑是中国人民浴血抗战的结果，其中使用“树上开花”的谋略，借助国际反法西斯同盟国力量也是重要一环。

在商战中，也不乏有的商家巧使“树上开花”之计，获得企业名声大振快速发展的例子。像泸州老窖酒厂，在1987年4月荣获曼谷国际饮料展览会唯一金奖——金鹰杯奖。喜讯传到厂里，厂领导和厂公关部门决定利用这一难得的机会，开展一系列庆祝宣传活动，打响泸州老窖曲酒的品牌。首先，他们组织了迎金奖游行。参加曼谷展览会的人员手捧奖杯下了火车，就被厂里组织的敲锣打鼓的人群簇拥着开始了全城游行。市民们争睹金奖，齐夸泸州酒厂为泸州人争了光，为国家争了光。紧接着，他们又专门为此向省、市领导报喜，感谢省、市领导的支持与帮助。省政府也马上发来祝贺电报，市政府则专门召开全市庆功大会对泸州老窖酒厂予以祝贺表彰。再则，泸州老窖酒厂为了进一步扩大影响，又在首都人民大会堂召开庆祝大会，邀请全国人大、全国政协的领导、一些部委的负责同志，以及首都的各大新闻单位的记者到会同贺。会后，50多家新闻媒体为此发了专稿庆贺。泸州老窖的领导者经过精心组织卓有成效的宣传，泸州老窖特曲酒的知名度、美誉度得到空前的提升，泸州老窖的大名传遍了全国、全世界。有了这一次公关宣传的成功案例，1990年，泸州老窖酒厂的领导又抓住本厂的特曲酒获十四届巴黎国际食品博览会唯一国内金奖的机会不放，通过媒体大力庆祝宣扬，还在全国报刊登载大幅广告，在各省电视台播发长时间的广告，向全国人民宣扬这次国际金奖的信息，并表示衷心感谢国内外广大消费者的信赖和厚爱，把泸州老窖的品牌在国内外市场打得更响，借机把泸州老窖的知名度推至一个新的高度。泸州老窖凭借在国际展会上获奖，又巧施“树上开花”，泸州老窖特曲酒成了国内外饮料食品酒类市场的抢手货，泸州老窖公司也得到了快速发展。

在资本市场应用“树上开花”之计，主要体现充分利用信用交易制度，借用别人的资本来扩大自己买卖股票的能力。当看中股上涨时，向证券公司融资以增加买入股票的能力；当看中股票要跌时，向证券公司融券先做空卖出股票，再在价位跌至低位时买回股票，归还证券公司的融券。通过融资融券信用交易，无疑放大了自己的资金实力，实现凭原有资金不能完成的股票买卖交易，以便实现提高收益。在资本市场上借助融资融券，迅速发展壮大的不乏其人。美国老虎基金创办人朱利安·罗伯逊就是其中之一。罗伯逊出生于美国南部的一个小城镇，从北卡罗莱纳大学商学院毕业后，就职于Kidder peabodhg证券公司达20年之久。1980年5月创办了老虎基金，专注于“全球性投资”。在度过10年的蛰伏期后，80年代末90年代初，朱利安准确地预测到柏林墙推倒后，德国股市会有一波大牛市，他就大量融资买入德国股票；同时他判断日本股市已见顶，他从日本融券沽空。结果他在德国、日本股市均做对了方向，大赚了一笔。他从1980年800万美元起家，至1991年资产已达10亿美元。1992年后，他又预见到全球债券市场即将发生灾难，沽空债券，又大赚了一笔，资产迅速扩张至1996年的70亿美元，1998年鼎盛时期的200亿美元。也就是说，朱利安在18年中，资产增值250倍。若是朱利安不采用融资融券，“树上开花”，不借助别人的资金投资获利，他是绝对不会如此快速发展的。这就是“树上开花”在资本市场中魅力之处。但“树上开花”之计应用于股市，也是一把双刃剑，在放大了资本实力的同时，也放大了经营的风险，若做对了买卖方向，可以成倍提高资本收益；若做错了买卖方向，亏损也成倍放大，有可能会输得很惨，甚至赔得精光。因此，股市使用“树上开花”进行融资融券，务必谨慎而为，注意掌握分寸，千万不可有赌一把定输赢的鲁莽心态。融资融券交易，一定要顺势而为，在大盘方向明朗后，跟随大势或买或卖，在大势不明朗时或弱势行情时少安毋躁。对于融资融券放大了的交易，切忌贪心恋战，而应善于见好就收，及时获利了结，落袋为安，不要追求将行情全部做完，只要求将中间最精彩行情截得即可。参与信用交易，还要注意设定止损位，发现做错了方向及时止损退出，保存实力，以利再战，切忌优柔寡断，被钝刀子割肉。“树上开花”在资本市场中发挥得当，可以魅力无穷，但处理不好，也风险横生，用之应慎之又慎。

## 3.6 反客为主

在未发现隋代《三十六计》玉简前，对于“反客为主”计名来源，世上存在着以下三种不同说法：其一见，《李卫公问对·卷中》载：“臣较量主客之势，则有变客为主、变主为客之术。”其意是，主人不善于待客，反受客人招待。其二见，杜牧注《孙子兵法》载：“我为主，敌为客，则绝其粮道，守其归路。若我为客，敌为主，则攻其君主。”其三见，《三国演义》第71回写的法正对黄忠讲的一段话：“夏侯渊为人轻躁，恃勇少谋。可激励士卒，拔寨前进，步步为营，诱渊来战而擒之：此乃‘反客为主’之法。”在《三国演义》的书中一字不差地点出了“反客为主”的计谋。

《三十六计》将反客为主列为第三十计，归类为并战计。计语原文引自《孙子·九地篇》所载：“乘隙插足，扼其主机，‘渐之进也’。”其意为，“乘着对方的空隙，插足其中，以掌握其首脑机关，《易经·渐》卦说：‘循次而进’就是这个意思。”

该计解语的原文：“为人驱使者为奴，为人尊处者为客；不能立足者为暂客，能立足者为久客；客久而不能主事者为贱客；能主事则可渐握机要，而为主矣。故反客为主之局：第一步需争客位；第二步须乘隙；第三步须插足；第四步须握机；第五步乃成为主。为主，则并人之军矣，此渐进之阴谋也。如李渊书尊李密，密卒以败。汉高祖势未敌项羽之先，卑事项羽，使其见告，而渐以侵其势，至垓下一役，一举亡之。”将解语译释，其意为，受人驱使的是奴隶，受人尊重的是客人，不能站稳脚跟的是暂时的客人，能站稳脚跟的是长久的客人；长久的客人而不能主事的是卑贱的客人；能主事的客人逐渐掌握大权就变成主人了。所以，反客为主谋略的演变过程可概括为：第一步，要争得客人的地位；第二步，要善于寻找改变地位的机会；第三步，要善于插足进去；第四步，要掌握关键权力；第五步，就可成为主人了。做了主人，就必然要兼并他人的军队，这就是循次而进的谋略。例如，隋末，李渊在唐取得天下前，写信推尊李密，而后反客为主，消灭了李密。汉高祖刘邦在兵力还敌不过项羽的时候，对项羽很恭敬，而在取得项羽的信任后，暗中慢慢削弱项羽的兵力，到了垓下会战时，一举消灭了项羽。

该计的原意是，主人不会待客，反受客人的招待。但作为军事上的计谋，归类为并战计，主要是针对友军使用的，其意本来是友军（同盟军）为主，我为客，经过运用谋划，将我插足其中，并争取逐渐掌握盟军的领导权、支配权、指挥权，这便是“反客为主”。将该计进一步引申后，其意为，在我方力量较弱、处于被动地位时，运用谋略，逐渐改变力量对比态势，变被动为主动，这也是“反客为主”。总之，在使用该计时，在处于被动状态的客位时，必须经得起考验，能够忍辱负重，不可急躁盲动，要看准时机，再乘隙而入，达到“反客为主”的目的。

该计解语中提到的唐高祖李渊篡权夺位使用的计谋就是比较典型的“反客为主”的范例。李渊在隋炀帝大业三年秋，联络突厥，率兵3万从太原出发，打着尊主代王的旗号，兴起义师，向关中进军。行军中，接报魏公李密率数十万大军，起兵反隋。李渊得知这一消息，不禁大吃一惊，便与儿子李世民商议对策。李世民献策说：李密兵多势大，不宜与之为敌，不如暂且与他联合，可免我后顾之忧。李渊觉得儿子说得有理，即命记室温大雅给李密修书一封，希望结成同盟，共图大事。不料李密回信，言辞十分傲慢，虽然同意结盟之举，但李密自称是盟主，并要李渊亲自去李密营地河内缔结盟约。李渊父子阅了来信，心中虽然不快，但转念一想，现在两者势力悬殊，还是以忍让为好，免得小不忍则乱大谋。李渊对李世民说：李密狂妄自大，签了盟约也未必履行。考虑本军正在进军关中，若与他绝交，又会增加一个敌人，倒不如先以卑谦之词对他大大颂扬一番，使他更加盛气凌人、消除防我之心，这样又可借助他力为我军构建河洛防线，牵制隋军，以便我军专意西征。待关中一旦平定，便可“据险养威”，静观李密与隋军鹬蚌相争，让我军坐收渔翁之利，岂不更好？李世民对父亲之计十分赞成。于是，再让温大雅给李密写信，其内容是：“当今天下大乱，亟须有统一之主，而您李密功高望重，统一之主非您莫属，我李渊对您诚心拥戴。我年事已高，别无他求，只求您登基后，仍然封我唐王就心满意足了！”李密收到李渊的信件后，洋洋得意，满心欢喜，满口应充李渊的要求。李渊免了后顾之忧，便挥军西进，一路过关斩将，直取长安，把一个13岁的代王侑拥立为皇帝，并且改元易年。第二年，李渊父子弑隋炀帝，逼代王侑退位，自立为帝，称唐高祖。且说李密自与李渊结盟后，率兵东进，所到之处，攻城略地，节节胜利。正当他踌躇满志，决心攻下东都自立为王之时，却因他骄傲自大，刚愎自用，不听魏征等谋士忠告，两次中了王世充的诡计，加上唐高祖李渊名义派李世民、李建成领兵去东都驰援李密，实际上却帮倒忙，使得李密东都之役损兵折将，数十万大军只剩2万多人马，仓皇逃窜至关内投奔李渊。李密幻想李渊会念结盟之情、灭隋之功，给自己封以台阁之位，以期假以时日还能东山再起！可是谁知已经“反客为主”的唐王李渊对其百倍提防，只封他一个光禄卿的闲职，另外还赐了一个邢国公的空头爵号，这使得李密大失所望，未过多久，他便与王伯当勾结起兵反唐，结果被唐将彦师打败，全军覆没，李密、王伯当也被杀死。可以说至此，李渊完整地演绎了“反客为主”的谋略。

“反客为主”还体现在战争中将被动应对转为主动进攻的策略。在第一次世界大战时，德国为了迫使英国将欧洲大陆的武装力量撤回本土，专门使用了德国齐伯林伯爵研制的硬式飞艇，即所谓齐柏林飞艇。这种飞艇机身坚硬，飞行性能优良，装载量大，一次可装载几百公斤炸弹。这种空中庞然大物，一旦出动，无往不胜，无坚不摧，其袭击英国伦敦及其他大城市，给英国带来很大恐慌与破坏，对英国民众的战争意志打击很大，成了德国号称夺取战争胜利的终极武器。对付德国齐柏林飞艇，英国开始采用飞机升空截击，由于1915年时，飞机性能相对比较落后，夜间作战飞机几乎没有，且战机上火力系统威力有限，即使飞机火力能够击中飞艇，也只不过是在齐柏林飞艇不是要害的外皮上戳几个小洞。英国的飞行部队面对齐柏林飞艇的侵袭，有点力不从心无可奈何，英国处于完全被挨打的被动地位。后来，英国的最高指挥机构，痛定思痛，改变消极防御的作战方针，“反客为主”，变守为攻，变被动为主动，采取我不能阻止你到我的地盘上来，那么，我干脆到你的地盘上去；在空中我对付不了你的齐柏林飞艇，那么，我就攻击你在地面没有飞起来的齐柏林飞艇。后来，英国派遣飞机侦察到欧洲大陆上的德军飞艇基地，出动大批飞机实施轮番密集轰炸，将齐柏林飞艇消灭在地面，进而粉碎了德军利用齐柏林飞艇迫使英国从欧洲大陆撤军的战略企图。

在近代，新四军代军长粟裕善于用奇谋，出奇兵，建奇功。他用兵打仗，灵活运用政略和策略。善于从政治高度指导战争，在战场之外，正确解决战场上的问题，纵横捭阖地开展对敌军顽固派的斗争，变弱势为强势，“反客为主”取得战场主动权。在1940年4、5月间，中共中央为实现大力发展和巩固华中革命根据地的战略部署，命令八路军主力两万多人由冀鲁豫分路南下，会同新四军四、五、六支队，以及江南指挥部领导的已到达苏北的挺进纵队和苏皖支队，共同完成拓展华中根据地的任务。当时的苏北除日本侵略军外，广大敌后地区大多为国民党所统治。而占据苏北的就是国民党顽固派的江苏省政府主席兼鲁苏战区副总司令韩德勤。该人消极抗日，却不断制造摩擦，摧残抗日力量，以反共著称。他掌握着苏北地区国民党16万人，其中嫡系部队有10万人，其他有驻守国民党鲁苏皖边区的游击总指挥部李明扬、李长江的部队，和驻守在曲塘一带的税警陈泰运部、黄桥一带的保安第四旅何克谦部。敌强我弱明显，韩德勤在此称霸一方。粟裕与陈毅为了改变这种局面，决心把苏北抗日战争的领导权从韩德勤手中夺过来。他们仔细研究了国民党营垒的情况。其中李明扬是老同盟会员，有一定的民族意识；陈泰运是贵州苗族人，有一定的抗日意识，不久前被韩德勤软禁，在共产党帮助下才脱险。他们的政治态度与韩德勤顽固派有区别，属于经争取可保持中立的地方实力派。为此，新四军制定了“联李、击敌、反韩”的斗争策略。经过与李明扬、李长江多次谈判，以新四军将每个月能收税5万元的吴家桥地区让给“二李”为代价，得到了“二李”掩护新四军东进，新四军与韩德勤作战“二李”严守中立，对日本作战一致行动的承诺。为了拉拢陈泰运，陈粟大军给他100多条枪。为此，陈泰运与新四军订立了书面协议，约定如果韩德勤让他打新四军，他命令部队只能朝天开枪，而新四军也不予还击。新四军为了揭穿反共顽固派韩德勤制造摩擦把陈粟赶下长江的阴谋，主动撤出姜堰，交给“二李”接防，给“二李”白捡了“金姜堰”，让他喜出望外。“二李一陈”深感新四军讲信义，答应不但不参与韩德勤打新四军的行动，还将为新四军提供情报。此次统一战线的胜利，对于而后在苏北革命根据地团结友党、友军与敌军作战，产生了深远意义。粟裕在战争回忆录中曾对这段尖锐复杂的斗争深情地回忆说：“我军自攻取黄桥到让出姜堰，把军事仗与政治仗，自主的原则与以退为进的策略结合得十分巧妙。尤其是姜堰如不夺取，便没有让出的文章可做。而让出姜堰，对我是‘一举三得’，既揭露了韩德勤积极反共，破坏抗战的罪恶阴谋，而在政治上赢得了社会各阶层的极大同情，造成我党我军完全有理的地位；又加深了苏北国民党军队内部派系之间的矛盾；还使我适时集中了兵力，在军事上对付韩顽的进攻处于有利地位。”由于陈粟大军坚持了党的抗日统一战线政策，利用敌人矛盾，分化瓦解敌阵营，团结一切可以团结的力量，在反顽军、打日寇的斗争中，虽然力量薄弱，但在斗争中“反客为主”始终处于主动的地位。

在市场竞争中，英国的葛兰素药厂之所以能够成为世界第二大药厂，在全球有70多家公司和分厂，产品遍布150多个国家与地区，且在当地药品市场排名在前，其成功的秘诀在于有战略眼光，善于使用乘隙插足，“反客为主”的策略。在1979年，美国是世界上西药的最大市场，具有实力雄厚百年以上的知名品牌的多家药厂，已经涉足先登占领了市场。葛兰素公司为了跻身美国市场，它首先取悦于美国一家小型药厂，然后将它兼并，并以此为基地，逐渐了解美国当地医疗文化以及医药市场的情况，慢慢将葛兰素母公司的企业文化与美国文化相融合，授予该药厂美方负责人和企业骨干以充分的权力，使其在母公司的战略方针指导下，快速决策，灵活经营，很快在美国站稳了脚跟，拓展了市场。1981年，美国的葛兰素公司又与在美国的瑞士罗士药厂合作，借助于罗士的业务代理与营销网络销售葛兰素的医药产品，进一步扩大了市场销售份额。再加上葛兰素公司采用垂直组合的经营模式，从研究开发、成品药制造一条龙服务，质量保证，信息反馈及时，品牌效应显著。葛兰素治疗消化系统溃疡的药物——“善胃得”，没有多长时间，就几乎占领了美国肠胃药的全部市场。

犹如葛兰素“反客为主”占领美国药品市场的例子，也在我国饮料行业中复制。我国饮料行业经过这些年打拼，诸如“娃哈哈”、“汇源”这些品牌逐渐脱颖而出，家喻户晓。位于杭州的娃哈哈集团公司，系创建于1987年，不到20年时间，就已成为中国最大的食品饮料生产企业，全球第五大饮料生产企业，仅次于可口可乐、百事可乐、吉百利、柯特4家跨国公司。娃哈哈拥有100余家控股、参股公司，在全国除台湾省外均建立了销售分支机构，有2万多名员工，资产规模、产量、销售收入、上缴税收、完成利润等指标已连续10年位居全国饮料行业首位，是最具发展潜力的食品饮料企业。该集团公司掌门人宗庆后，为了让企业跨出国门，与世界经济接轨，进一步做大做强企业，曾一直寻觅借梯上楼；而此时的法国达能公司，也专注于打入中国食品饮料市场，一心图谋反客为主，正苦于缺乏机遇。结果，双方怀着各自打算拍板合作。1996年2月娃哈哈公司与法国达能公司成立了合资企业。但睿智的宗庆后，始终不忘高举民族品牌大旗，以产业报国为己任，坚持“合资不合品牌”，当时只是将娃哈哈的商标作价1亿元人民币供合资公司使用。双方蜜月时间不长，法国达能公司"反客为主"的意图不断暴露，达能想让中国区主席取代宗庆后全盘管理合资公司，又以收购乐百氏来对抗娃哈哈，还欲强行以40亿元人民币低价收购杭州娃哈哈集团其他非合资公司51%的股权资产，以形成达能在中国食品饮料行业的事实垄断。一场民族品牌保卫战在中国市场打响。合资双方铺天盖地的媒体大战与一场又一场的法律大战全面展开，最终总算以娃哈哈胜出，达能彻底退出娃哈哈的领地而告终。宗庆后也如释重负，又可放手大干了！但对娃哈哈来说，这场博弈已尝够了被中"反客为主"谋略的苦头，为保护民族品牌付出了沉重代价。

在股市中，也有乘隙而入、"反客为主"、掌握上市公司经营权的成功例子。在日本有一个投资人叫石井新智，他在创业之初，身无分文，凭着向父亲借到100万日元，开始了股票投资生涯。他经过精心分析，反复比较，认定钢铁股值得投资，于是，将全部资本用于购买阪田制铁所的股票。不料阪田制铁所几个大股东钩心斗角，企业经营每况愈下。恰在这时，美国政府公布"美元法案"，大肆动用联邦储备银行的黄金来稳定美元的外汇比价，由此带来世界性股票一泻千里。日本证券交易所也未幸免。这为石井新智施展拳脚、低价增资扩股、"反客为主"、获得控股地位、掌握企业经营权，提供了最佳机会。他求助于经营花木公司的外婆的财力支持，极力保守机密，暗地里开设了多个股票资金账户，分头委托多处经纪大师以每股下跌300日元的低价不断吸筹。就在石井新智踌躇满志，做着"反客为主"之梦时，不料有个叫木村的投资人也看中了阪田制铁所的股票，妄图通过自买自卖对倒的办法继续不断压低股价，迫使股票破位下行让原来持股者发生恐慌性羊群效应，以便使自己以更低价抄底，吸足筹码，掌握企业控股权。面对这样严峻的形势，石井新智在外婆支持下，不为股票价格下跌所迷惑，决定静观局势，等待时机，以攻为守。当木村打压阪田制铁所的股价至最低位时，预有准备的石井新智倾力而动，将木村所抛售的股票悉数收入囊中。木村不曾想到，自己舍命打压股价，以压低400日元抛出的1000多万股阪田制铁所的股票，都被石井新智不同账户全部收购。木村不甘心失败，最后狗急跳墙，又倾巢抛出5000万股股票，妄想作最后挣扎。谁知石井新智是有备而来，一心“反客为主”，不论木村抛出多少，全被石井新智照收不误，全部吃下。木村最后“偷鸡不成反蚀一把米”，自投罗网，血本无归，从此一蹶不振，离开了阪田制铁所。而石井新智却壮志有酬，“反客为主”，终于掌握了阪田制铁所经营大权，开创了成功创业新纪元。

在中国股市中，“反客为主”之计的应用对大多数投资来说，还体现在投资者如何分辨大势趋向及个股形态，作出正确的操盘决策。投资者不被股票盘面假象所迷惑，不受媒体舆论所左右，坚持独立利用各种信息，包括政策动向、政府部门对股市的态度言论、大资金买卖市道、国民经济发展趋势、行业景气度、消费者生活指数、工业物价指数、外汇比价动向、AH股比价、股市技术分析数值等等，作出合乎股市发展规律的判断，以自己独立见解主导股市买卖，这就是一般投资者的“反客为主”之计的实际运用。如2007年以来的世界金融风暴，我国不是风暴中心，说起来外汇储备2万多亿美元，是世界金融形势最好的国家，但股指却跌去了70%多，跌幅是世界冠军，这实在是有点非理性成分了！届时，世界各国政府纷纷出手救市，其他国家在2008年10月底最后几个交易日，股指均出现了报复性反弹，我国政府部门也救市暖风频吹，又是降低股票印花税、降低银行存款红利税、降低银行准备金、降低存贷利率、房贷利率优惠、放宽券商业务经营范围、推出融资融券……我们有这样多的利好消息，但我们股市的基金还在纷纷减仓，股指仍在继续下跌，10月份还创造了月最大跌幅。面对这种情况，是跟着基金减仓，听信看空舆论跌到1200点落荒而逃，还是逆向思维，参与抄底补仓，这就要靠各人的智慧，作出正确的判断。聪明的投资者明白，基金不断减仓，是因为基民大部分是上了年纪的人，他们看到基金不断缩水，往往不加分析走赎回的道路，基金经理为了应付赎回，只能是无奈地减仓应对。因此，基金减仓并不表示基金不看好后市。明智的投智者作出有违基金操作的投资决策，在股指跌到1600多点时，大胆筹集资金介入抄底，特别是对那些有业绩支撑的资源类股票，如煤炭板块的个股，有的动态市盈率已不到5倍。投资市场股票，远远好于将闲钱存入银行获取的利息。况且煤炭类资源，是国民经济必不可少的原动力，是稀缺的资源，不可能出现股市长熊让煤炭企业倒闭。头脑清醒的投资者，只要“反客为主”，逆向思维，积极介入抄底。若在2008年底买入煤炭板块的兰花科创股票，当时股价仅12元左右，不到半年时间的2009年5月20日，股价就涨到38元多，到了2009年7月24日，股价最高升至45.60元。可见，在股市中，适时“反客为主”，会比跟风操作有可能获得更多的收获。

# 四、柔克

## 4.1 瞒天过海

“瞒天过海”列为《三十六计》的第一计，归类胜战计。计文原文引用《孙子·计篇》：“备周则意怠，常见则不疑。阴在阳之内，不在阳之对。太阳，太阴。”其意为，自以为军事防备极其周密时，其斗志就容易松懈麻痹轻敌；平时看惯了的，常常就不容易引起怀疑。计谋隐蔽在公开的事物里，而不是和公开的事情相排斥，这就是易理中阴阳交互为用的原则。

该计解语的原文为：“阴谋作为，不能于背时秘处行之。夜半行窃，僻巷杀人，愚俗之行，非谋士之所为也。昔孔融被围，太史慈将突围求救。乃带鞭摄弓，将两骑自随，各作一的持之。开门出，围内外观者并骇。竟引马至城下堑内，植所持的，射之。射毕，还。明日复然，围下人或起或卧。如是再者，乃无复起者。慈遂严行蓐食，鞭马直突其围；比敌觉，则驰去数里许矣。”今意译为，秘计不能在不适当的时机或背静冷僻的地方使用。半夜偷东西，在僻静的小巷里杀人，这都不应该是谋士所做的事情。三国时，孔融被敌军包围，太史慈准备冲破包围去搬救兵。他拿上马鞭与弓，带着两名骑士，各拿着一个靶，开城门走出来。城内的士兵和城外的敌人看见他们走出来都大吃一惊。太史慈却牵马走进城边的壕堑里，插好了靶，练习射箭。射回箭就回城。第二天又去练习，围城的敌人有的起来看，有的躺着不动。第三天第四天他照样如此去做，围城的敌人以为他还是练习射箭，就躺着不再起来理他了。这时，太史慈早在草垫上吃过饭，一切都准备好了。他突然跨马策鞭，飞驰冲出了包围圈。等到敌人发觉他的意图，他已经跑得很远了。

“瞒天过海”之计的关键在于一个“瞒”字，能否成功就看“瞒”得成否？瞒得过则大功告成，瞒不过则功亏一篑。但“瞒”只是手段，最终目的是为了实现“过海”。此计瞒的对象是相对于自己或对自己构成威胁的“天”。只要善于抓住“瞒”的对手“天”的弱点施谋设计，使“天”变成聋子和瞎子，解除了“天”的警觉，就解除了“天”的威胁，实现“过海”的目的也就不难了！

历史上名符其实“瞒天过海”的故事，发生在唐朝，据《永乐大典·薛仁贵征辽事略》所记。唐贞观十七年（公元643年），唐太宗李世民率兵30万攻打高丽。到了海边后，面对茫茫大海，遥望高丽，对如何面对相隔千里的汪洋大海犯难了，后悔没有听从身边谋士劝告，贸然发动这场战争。大将薛仁贵看出了皇上的心思，心生一计，对前部总管张士贵说：“皇上犯难无非是担心大海阻隔，难于征伐高丽，我们可以采用“瞒天过海”之计，让大军平安渡过大海，取得东征的胜利。”张士贵点头赞许。几天后，张士贵领着薛仁贵一起拜见唐太宗，奏道：“今有一位老者，精通干海之术，能将海水变干，可助我们东征成功。”唐太宗听说有此神奇老人，龙颜大悦，立即命张、薛二人带路，前去会见老人。于是君臣三人在薛仁贵引领下，穿过一条用帷幕遮蔽的通道，来到一个住所。只见这里绣幔锦彩，茵褥铺地，百官迎候。太宗召见了老人，对他的法术赞赏有加，并且摆筵席，饮宴作乐。过了许久，忽闻屋外波声如雷，桌上杯盏摇动，不由心生疑惑，令人拉天帷幕，只见海浪滔滔，茫无际涯，唐太宗大吃一惊。张士贵上前从实奏道：“这是为臣使用‘瞒天过海’之计，现得一风势，30万大军正在渡过大海，快要到达高丽了！”这是传说中“瞒天过海”一词的来历。

其实，在唐朝之前，战国时军事家孙膑装疯自救，无疑也属于“瞒天过海”之计的运用。孙膑与庞涓，同是鬼谷子门下弟子。庞涓先下山，并做了魏国的军师。孙膑是鬼谷子最得意的门生，学到了满腹经纶。庞涓自知才学不及孙膑，生怕孙膑学成后到其他地方为官，施展超过自己才能造成不利，便设计假情假意将孙膑骗下山来，控制在自己的手里。孙膑当时只顾同学的情谊，没有从坏处揣测庞涓的险恶用心，就欣然下山来到魏国。魏惠王本想拜孙膑为副军师，与庞涓共同辅佐治国，但庞涓却以种种理由加以阻挠，仅给孙膑封了个客卿，寄居于魏王的军师府。紧接着，庞涓又不断在魏王面前说孙膑的坏话。庞涓还利用齐国慕名孙膑才干派使者邀请他前去齐国施展才能一事，借题发挥大做文章，向魏惠王进谗言，说："孙膑虽然人在魏国却心系他的齐国，与齐国特使有私通之嫌。"魏王本来已对庞涓多次说孙膑的坏话半信半疑，这次孙膑与齐王特使相见，经庞涓借题发挥一说，魏王也对孙膑里通外国、是混入魏国的内奸深信不疑。魏王为此勃然大怒，下令要将孙膑抓起来，给予治重罪！孙膑就这样不明不白地被处以去除膝盖骨的酷刑。庞涓在幸灾乐祸的同时又假惺惺地对孙膑表示同情与关怀，要求魏王提供条件让孙膑在狱中撰写兵书。当孙膑完成了兵书，庞涓也把孙膑的学识了解到了，便露出了狰狞的面目，变本加厉对孙膑进行迫害。面对如此险恶的逆境，孙膑不愿任受宰割、忍辱偷生默默地死去。孙膑凭着过人的智慧，盘算以装疯的"瞒天过海"计谋，逃出魔掌，拯救自己，施展抱负，完成夙愿。为此，孙膑每天又哭又笑，被关在猪圈里与猪为伴时，吃猪食，啃臭泥，在猪粪尿里打滚。这种把人变成动物的表演，使得庞涓确认孙膑真正疯了无疑。日子一久，庞涓对此习以为常，逐渐放松了对孙膑的戒备。而孙膑被逼成疯的消息也不胫而走，传遍各个大小诸侯国，齐王也知道了这个消息，并命淳于髡去魏国，暗中用当地柴车把孙膑接到齐国。孙膑大难不死，逃离了魏国。他回到齐国后，被齐王封为大将军田忌的军师。孙膑如鱼得水，尽情发挥自己富有胆识、博古通今、尤善兵法之长，屡建奇功，最终置庞涓于死地。可以说，孙膑能逃出庞涓的魔掌，并有后来的建树，全靠他施展装疯的"瞒天过海"之计。否则，一定会死于非命。

有意思的是，孙膑与庞涓的较量，最后一次置庞涓于死地的计谋也是"瞒天过海"之计。这一次，孙膑与庞涓斗谋的前因后果是：魏惠王派太子申和庞涓调集全国的兵力去攻打韩国。韩国哀侯向齐国告急求救，齐成王派田忌为将、孙膑为军师，出兵救韩。田忌听从孙膑的建议，率齐军直奔魏都大梁。魏惠王见齐军来攻大梁，急忙命令太子申与庞涓回兵保都。孙膑深知庞涓有勇无谋，决计智取。于是，他向田忌提议施用“瞒天过海”的计谋，实行增兵减灶的谋略。当魏齐两军相遇时，孙膑建议田忌命令齐军撤退。庞涓占领了齐军阵地后，开始清点齐军煮饭的灶头的数量，作出齐军兵力在10万多人的估计。次日齐军又急急退却，留下的灶头减少一半，庞涓估计齐军兵员也减少了一半，只剩下5万；又过了一日，齐军的灶头又减少了一半，庞涓估计齐军兵力又减少了一半，仅剩2万多人了，不禁心中大喜，命令魏军对齐军穷追不舍。太子申问庞涓其故，庞涓扬扬自得地说：“我早已闻齐军胆小怕死，从清点灶头即可得知，三天之内齐军士兵减员大半，我军只要紧追不舍，定能大胜。”后来，齐军退到两山之间的马陵道，孙膑见这里山险路狭，很适合设兵埋伏，便命令士兵砍树设障，吩咐1万弓箭手夹道埋伏，并在道旁醒目的大树上写上“庞涓前来送死”的大字。当魏军疲惫不堪地追到马陵道清理路障时，发现树上写的大字忙向庞涓禀报。庞涓来到树前一看，不禁大惊失色。恰在此时，孙膑一声令下，一切准备就绪的齐军，万名伏击的弓箭手对准魏军万箭齐射，魏军在山涧毫无还击之力，只有挨打待毙的份儿。庞涓也被乱箭击中，自知生还无望，只得拔剑自刎。可以说，孙膑又用“瞒天过海”之计报了庞涓陷害之仇。

在近代，爱国军事家蔡锷与袁世凯的斗争中，也成功地使用了“瞒天过海”的计谋。云南都督蔡锷对袁世凯窃取国民革命的胜利果实，图谋复辟帝制的倒行逆施行为十分不满，袁世凯也对蔡锷心存戒意。1913年，袁世凯调蔡锷进京，任命其陆军部编译处副总裁、全国经界局督办、参政院参政等虚职，还每天接受召见，说是要磋商政要，其实是防他有变，将蔡锷“槛虎于柙”。蔡锷为摆脱困境，一面加强与反袁势力联系，另一方面韬光养晦，装痴扮呆，在袁世凯面前装聋作哑，一问三不知，说起话来也是语无伦次。袁世凯生性狡诈，并没有被蔡锷的行为所迷惑，专门派特务去抄蔡锷的家，企图找出他与反袁势力的来往信件。为此，蔡锷对袁世凯更加仇恨，但表面上更加无所事事，迷恋于八大胡同，涉足“花”众，结交名妓小凤仙，整天花天酒地，乐而忘返，连蔡夫人也满腹埋怨。一天蔡夫人因小凤仙与蔡锷争吵，蔡锷动气将夫人殴打了一顿，致使蔡夫人披头散发，嚷着要回老家。这次总算蒙住了袁世凯，使袁也相信蔡锷已迷恋女色，远离了政治，蔡锷也乘机派人将夫人送回南方。自己则在小凤仙的陪同下，乘车出游，借机到了天津，再搭乘煤船到了日本的别府，又换乘火车去神户。在神户，蔡锷将预先写好的信件交与一个老同学，向袁世凯报告在日本游山玩水的休闲情景，以示蔡锷尚在日本。其实，蔡锷于1915年11月19日抵神户之日，即已转乘日轮经香港、海防，回到了云南。12月5日，联络云南都督唐继尧通电宣布独立，组成3个护国军。分别从四川、湘西、广西三个方向出师讨袁，并配合其他各地讨袁的行动，推动了全国反对帝制运动的发展壮大，加速了袁世凯帝制的灭亡。蔡锷通过迷恋八大胡同的假象，瞒过了袁世凯对他的监视，实现了远走高飞、起兵讨袁。

在现代战争中，武器的先进程度是史无前例的，战争更要求荫蔽突然。2008年底，以色列对加沙地带的大规模空袭，是现代高科技战争运用“瞒天过海”谋略的典型战例。一直以来，以色列与巴勒斯坦的哈马斯结冤甚深，双方始终摩擦不断。但双方在摊牌前一直在进行停火协议的马拉松谈判。在和平解决争端的烟幕下，以色列的国防部长巴拉克下令以色列的国防军进行与哈马斯大规模作战的准备。巴拉克的情报部门秘密收集到哈马斯永久基地、武器弹药库、训练营、高级官员的住址、行动的规律、军事设施、打击目标的坐标位置，并制订了代号为“锤击行动”的作战计划。该计划于2008年11月19日呈送巴拉克批准。12月18日奥尔默特总理和巴拉克在特拉维夫司令部举行了会谈，批准了这一作战方案。为了保密只向外交部长利夫尼一人通报了这一计划，并未提交内阁讨论批准。12月24日，面对以色列与巴勒斯坦签订停火协议后并未杜绝停火的情况，以色列内阁召开会议讨论对加沙地带采取军事行动。会后总理办公室对外公布的新闻公报却花了5页的篇幅叙述取缔35个伊斯兰组织事项，但对涉及加沙局势只有一行字带过。在新闻公报发表的同时，以色列宣布即将开放加沙口岸，并且又对外放风，奥尔默特总理将于12月28日举行第三次内阁会议决定是否对哈马斯采取军事行动。这样一来，哈马斯本来在以色列24日内阁会议后撤离了总部所有人员，当获悉以色列28日还要举行内阁会议讨论军事行动的情况后，哈马斯判断以色列这几天不会突袭，又让所有人员回到总部工作岗位。恰恰哈马斯认为以色列不会突袭之时，以色列指挥机关却在26日早上作出最后决策并向空军下达了空袭命令。27日11时30分全面展开，首个攻击的50多架战斗轰炸机和武装直升机向50个目标投射了100多枚炸弹和导弹。30分钟后，第二波60架战机和直升机对60个目标进行了空袭。以后几日，以色列又连续对加沙目标进行了空袭，这次“锤击行动”造成了巴勒斯坦哈马斯的主要领导和武装人员近千人的丧生。以色列空袭行动的成功与其使用“瞒天过海”谋略以及哈马斯对以色列“瞒天过海”未能识破密切相关。

在中国人民解放军发起的辽沈战役中，四野参谋长刘亚楼也曾使用“瞒天过海”的计谋。刘亚楼认为，一个大的战役，要做到完全把敌人瞒住，实在难以做到，但是，在战役初期，争取出敌不意还是可以实现的。为此，刘亚楼向司令员林彪建议，开展大规模的战役佯动，摆出攻战长春、沈阳的态势，抽调几个独立师，编成大部队，大白天由四平附近向长春方向开进，并开放各级司令部电台，频繁收发作战任务的电报，摆出马上攻打长春的架势。实际上在夜幕掩护下则乘火车返回原地，致使长春、沈阳守敌一直不敢轻举妄动。另一方面，我军实行隐蔽指挥，将部队之间无线电联系改为口头传达命令，对原有的无线电台则作全面佯动用。师以上电台在部队开进后，仍留原驻地，照常保持与野司的联络；并且攻锦部队路过的村庄，严格控制不准村民离村，以防走漏消息。刘亚偻为了更好地实现“瞒天过海”的策略，将掌握的蒋军国防部二厅长春站派往哈尔滨刺探我军情报的257号独立电台，为我所用。利用该电台向国民党国防部长春情报站发报，故意说：“东北野战军司令部中有个作战参谋，离心倾向很大，请示是否考虑拉他过来，以便打入野司内部及时掌握共军的军事机密。”国民党情报站不知有诈，很快回电，对257号褒奖一番后，又要其速报这名作战参谋的姓名、年龄、军阶，以便给予加官晋爵。野司这边又利用257号电台编造作战参谋假名，还说该投敌人员将有重要军事情报电告，作为参加国民党情报组织、弃暗投明的见面礼。如此电来电往，国民党东北剿总一直被蒙在鼓里，对所谓东北四野司令部弃暗投明的作战参谋所发假情报深信不疑。由于刘亚楼巧用“瞒天过海”之计，致使国民党东北剿总始终认为共军在东北攻打的目标是长春、沈阳。直至9月12日，辽沈战略大决战的枪声从锦州响起，国民党驻锦司令官向蒋介石急电报告，才把蒋介石惊得目瞪口呆。辽沈战役的胜利，与刘亚楼成功实施“瞒天过海”之计分不开。

中国人民解放军空军航空兵，在1965年3月18日，用“瞒天过海”之计，实现了换装歼六飞机后首次击落国民党空军RF-101侦察机。在60年代初，国民党空军启用了具有“西方战略眼睛”之称的美制RF-101超音速侦察机。这种侦察机被吹嘘成“雷达看不到（因为可超低空飞行），高炮够不着（因为飞行高度超过高炮有效射程），飞机追不上（最大时速可达1900公里），导弹瞄不准（可以实施电子干扰）。”其吹嘘在当时确有一定真实性，因为RF-101自1962—1964年曾进入大陆沿海侦察139次，均毫发未损全身而退。解放军的飞行员也利用101谐音戏称这种飞机为“妖中妖”。1964年，中国人民解放军空军部队开始部分由歼五改装歼六型飞机后，空军决定在福州、漳州、兴宁、连城几处机场秘密部署歼六擒妖小分队。1964年12月中旬，空军18师副师长沈科奉命率领的小分队悄然秘密从惠阳低空转场进驻广东兴宁机场，这次军事行动由于瞒天欺敌工作到位，台湾国民党空军一直浑然不知。1965年3月18日9点44分，国民党空军从桃园机场出动2架RF-101飞机执行例行侦察任务，当日值班首长沈科判断，根据以往45次RF-101侦察粤东沿海航线的情况分析，由于南航线比较荫蔽突然，很有可能采用以广东靖海为检查点的南航线对我粤东地区实行侦察。指挥员决心狠狠教训一下入侵之敌。遂命令曾经在1957年7月29日参加一次击落3架敌战斗机的高长吉副大队长起飞在战区空域待命候敌。10点23分，汕头沿海警戒雷达在165公里发现2架RF-101侦察机目标，高度仅500米。18师前指领航员根据指挥员的决心以及敌我空中态势，及时指挥引导我机调整战区待战空域，引导我机占据有利战术位置。10点34分，RF-101爬高至11000米，速度1000公里/小时，果不出所料以靖海为检查点，开始向汕头南澳方向执行侦察任务。10点35分，高长吉利用云层衬托以及占据有利阳光观测方向，先敌发现目标。不一会儿，敌僚机也向长机报告发现有解放军飞机拦截。可是台湾空军对粤东地区已经进驻歼六作战飞机一直没有察觉，还认为拦截他们的飞机是比RF-101性能差一截的歼五飞机。长机听到僚机报告后，竟然还说："我们与他们来一次赛跑吧！他们追不上我们！"殊不知，粤东战区此时已经出其不意、攻其不备、"瞒天过海"进驻了驾驶歼六战机的英勇善战的空军18师小分队人马。眼看高长吉精神振奋，斗志昂扬，果断扔掉副油箱，打开加力器，以极限速度冲了过来。RF-101的飞行员慌忙停止侦察，一边推杆下降高度，一边蹬舵转弯往外海逃窜。高长吉运用平日练就的空战格斗娴熟战术动作，在超音速的条件下，在3分40秒时间内连续做了16个高难度的战术动作，从高度11000多米，一直将敌机追到高度2000米，然后三炮齐发从距离600米打到480米，一举击落RF-101侦察机一架。创造了世界空战史上超音速条件下击落敌机的纪录。自此之后，国民党空军知道粤东已经驻有歼六战机的部队，再也不敢利用RF-101放肆地在粤东沿海侦察侵扰了！这次战斗的胜利如其他战斗胜利一样，是各种有利因素的总成，其中出其不意、攻其不备、"瞒天过海"战术运用是其中不可或缺的重要因素。

古今中外战争史上，巧施"瞒天过海"之计，出其不意取胜的战例不胜枚举，而商战中，巧用"瞒天过海"之计经营赚钱也不乏其人其例。"瞒天过海"施用于经营，其技巧和方法就是利用一般人对司空见惯的事物，往往形成固有思维与判断模式，借机施展计谋达到营销的目的。"瞒天过海"在商业上常有违背诚信的商业道德之嫌，但也不能一概而论。作为一种计谋，我们了解后，可以在不违背商业道德下应用，也可提高警惕应对违反商业道德的"瞒天过海"。俗话说，害人之心不可有，防人之心不可无。了解了"过海"也可更好应对商业欺诈行为。这里所举的是借助名人效应，瞒天过海，扩大经营的事例。在20世纪80年代，英国王子查尔斯的前妻戴安娜王妃，以其举世无双的美貌和超凡脱俗的仪表令英伦三岛为之倾倒，有的人成了"爱戴安娜所爱，仿戴安娜所为"的戴安娜迷。针对这一社会现象，伦敦的一个珠宝商煞费心机地导演了一出以假乱真、仿冒戴安娜光顾本店的场面。这位珠宝商经过精心策划，在英伦茫茫人海中找到一个酷似戴安娜王妃的替身，经过一段时间准备，这位替身的气质、神态、举止到发式、服饰都与戴安娜惟妙惟肖地相似。一天傍晚，这家珠宝店张灯结彩，店老板衣冠楚楚站在店门恭候“嘉宾”的光临。不一会儿，一辆高级轿车缓缓地停靠在门前，“戴安娜王妃”从小车里款款出来，面对围观者嫣然一笑，并亲切地向行人招手致意。戴安娜到这家珠宝店购物的消息不胫而走，人们蜂拥而至，珠宝店门前人山人海，争先恐后一睹王妃的风采，路边的警察也急忙过来维持秩序，以保证王妃正常的购物活动。店老板笑容可掬，欢迎王妃光临本店。售货员主动向前拿出各种做工精美的项链、钻戒、耳环、胸针等贵重首饰任其挑选，“王妃”更是喜形于色，对首饰满口称赞。这一切表演得惟妙惟肖、天衣无缝，预先安排的电视摄像全部记录了这一热闹非凡的情景。第二天电视台播放了这一段突出珠宝店名和地址而无解说词的“王妃”购物录像。那些戴安娜迷们，看到电视后，纷纷赶到珠宝店抢着购买“戴安娜王妃”所钟爱的首饰。珠宝店一扫往日门可罗雀无人问津的窘境，店员们应接不暇，短短几天的营业额就超过开业以来总量。老板大大地发了一笔横财。虽然后来皇家发言人出面澄清戴安娜王妃近日未曾去珠宝店购物，但由于电视台播放的画面并无解说购物者就是戴安娜王妃，因此，也无从追责。这便是那位聪明的珠宝商巧施的“瞒天过海”之计，扩大了商店的影响力，从此生意兴隆，财源滚滚而来。

我国的长城饭店，为了扩大影响，也曾施用“瞒天过海”之计，但并未采用虚假宣传的手法，而是采用真实的名人效应，以达到宣传自己的目的。1983年，中国第一家中美合资的五星级宾馆——北京长城饭店正式开业。开业伊始，首要的问题是扩大影响、招揽顾客。按照通常的做法，应该在电视台、报刊做广告，但这笔费用十分昂贵。香港电视每30秒钟广告即需3.8万港元，至于国外就更贵了。长城饭店开始也曾在美国的几家报纸登过几次广告，后来因经费不足，收效不佳，就停止了广告攻势。但攻关活动却没有停止。后来，获悉慕田峪长城管理处提议举办一次招待外国记者的活动，长城饭店就千方百计要求该项活动由长城饭店承担。当国外记者将镜头对准文明古国的中国长城时，北京以长城命名的饭店也随之名声大振。通过这次活动，长城饭店尝到了通过记者的镜头扩大影响的甜头，紧接着又盘算一次更大规模的公关活动。

1984年4月26日到5月1日，美国总统里根访问中国。长城饭店的公关经理了解到随行人员有500多人的新闻代表团，包括美国三大电视广播公司和著名的各大报刊、通讯社，更是喜出望外。他们三番五次免费邀请美国驻华使馆人员来长城饭店参观品尝，又以中美合资的一流饭店应该接待美国一流新闻代表团为理由，要求接待陪同里根的新闻代表团。经双方磋商，长城饭店表示：只要美国新闻代表团在转播节目中，将富有中国园林特色的楼台亭阁布置成美国三大广播公司的电视节目的背景，将长城饭店的精华，尽情展现在西方各国观众的眼底，并且各个广播电视公司在节目播映时说上一句“我是在中国北京的长城饭店向观众播出”，长城饭店就可给予各种费用优惠。富有经济头脑的美国广播电视公司自然愿意接受这个条件。而北京长城饭店借机做足了广告，将饭店的品牌推向了全世界。紧接着，长城饭店又把目标对准了承办高规格的里根总统答谢宴会，提出只要实况转播提到北京长城饭店，收费可以优惠，结果又得到美方的响应。在频频的举杯中，长城饭店的风姿一次又一次地跃入各国公众的眼帘。从此，北京长城饭店在世界上名声大振。长城饭店在名正言顺的借口之下，实现了展示长城饭店的目的，将“瞒天过海”之计应用得淋漓尽致。

股市中施用“瞒天过海”的计谋，主要是大资金、大机构所为，对散户来说，小虾米掀不了大浪，不可能施用“瞒天过海”的计谋。研究股市中“瞒天过海”的计谋，主要是提防识别该计，防止上当受骗，以减少损失。主力在股市兴风作浪，施用“瞒天过海”，其常用的手法是借用题材进行炒作。像被爆炒的中兵光电，就是借着10转增10的高转送题材，股价从1月14日的收盘价20.26元/股，一直涨到2月13日的历史最高价40.78元/股，在短短的16个交易日里，股价涨幅高达101%。也就是在2月13日，前期埋伏在中兵光电中的主力开始悄悄出货。根据深交所龙虎榜数据，2月13日，中兵光电机构净卖出总额15018.93万元；2月24日，机构净卖出总额为14370.83万元；2月25日，机构净卖出总额为3090.50万元。同时，某私募基金经理向媒体坦言，“中兵光电的炒作主力已成功撤离。”大的主力一般会在题材明朗之前一个月左右开始对捕足目标进行埋伏，然后对题材进行恶炒，在散户跟进后，这些主力又在题材的掩护下成功撤离。主力赚了个盆满钵满。另一只被爆炒的西飞国际，在分配预案没有公布之前，坊间就传出西飞国际拟10送10股。而机构也早已看好其高送转的题材，提前埋伏。深交所的龙虎榜数据显示，2月19日，机构净买入总额为3692.05万元。而3月3日西飞国际公布10送12历史上最牛分配方案，西飞国际市场股价涨停。然而，当日数据显示，机构净卖出4345.49万元。可见，机构已成功地利用炒作高送转的题材，赚好了钱开始撤出，而将风险转移到广大散户身上了！2009年初至3月5日，沪深两市共有323次高管及大股东减持交易，共计卖出134139.64万股，成交总金额为1115583.5万元，也是借着高送转题材推高上市公司股价的同时，实现顺利出货，其手法也是惊人的相似。另外，每天股市交易还有最常见的“瞒天过海”的现象，就是在买入股票时，为了较低的价格故意在差距较大的价位上挂出要卖的大单，造成量比显示卖单很多，给真正出售股票的人造成心理压力，不敢往高的价格卖，以此实现低价买入股票，这是通过以虚假的巨量卖出，隐瞒压价买入的真相，实现低价建仓的目的，也是股市常见的最简单的“瞒天过海”的手法。

## 4.2 暗度陈仓

“暗度陈仓”系三十六计中第八计。原文为：“示之以动，利其静而有主，益动而巽。”其意为，采取佯攻，利用敌方固有的判断，向另一方进行偷袭。

该计解语的原文：“奇出于正，无正则不能出奇。不明修栈道，则不能暗度陈仓。昔邓艾白水之北，姜维遣廖化屯白水之南，而结营。艾谓诸将曰：‘维今卒还，法当来渡，而不作桥，此维使化持我，令不得远。必自东袭取北城矣。’艾即夜潜军，径到洮城。维果未渡。而艾先至，据城，得以不破。此则是姜维不善用暗度陈仓之计；而邓艾察知其声东击西之谋也。”该解语意为，出奇制胜的用兵方法，来自正确的用兵法则。如果没有正确的用兵法则，就不会有出奇制胜的用兵方法。不公开修筑栈道，就不能暗中东出陈仓。三国时，魏将邓艾驻军白水北岸。蜀将姜维派廖化在白水南岸扎下驻军营寨。邓艾对诸将说："姜维大军突然撤走，而我方的兵力不多。按照通常作战法则，他应该不等造好桥就抢先渡河来攻，可是现在反而没有动静了。估计是他为了切断我军退路，特派廖化前来牵制，而他一定率大军向东袭取洮城（洮阳城，今甘肃岷西县）去了。"说完，下令当夜从小路悄悄回到洮城。果然，姜维正在那儿渡河。但是邓艾军已抢先进城，结果该城没被姜维攻破。这是姜维不善于运用"暗度陈仓"的谋略，而邓艾善于识破姜维声东击西谋略的战例。

此计源自公元前206年，楚汉相争时，刘邦慑于项羽的威势，领兵退出了咸阳，并采纳张良的计策，将行军路过的几百里路上的栈道烧毁，一方面防御诸侯入侵，另一方面麻痹项羽，表明我刘邦无意东归。当时驻守与刘邦接壤的关中西部的项羽统领雍王章邯确被刘邦的举动所麻痹。而刘邦退到南郑站稳脚跟后，就伺机策划收复关中的军事行动。他故意让手下大将韩信派几百名工兵去修复栈道，而暗中让韩信率汉军主力抄小路袭击陈仓。由于项羽手下大将章邯判断失误，误认为韩信若要进攻关中，还是沿袭栈道而来，现在韩信派区区几百兵员短期根本修不好栈道，思想上缺乏战争准备意识，结果被韩信一举攻下陈仓。章邯发现上当后，慌忙调兵前去应战，结果节节败退，章邯被迫自杀，刘邦又重新占领了关中。此即为明修栈道，暗度陈仓，俗称"暗度陈仓"之计。

其实在韩信使用"暗度陈仓"的谋略之前，孙子在其兵法《始计》中就谈及近似的谋略，他说："兵者，诡道也。故能而示之不能，用而示之不用，近而示之远，远而视之近……"其意为用兵作战，是一种诡诈的行动。所以有作战能力，却装作没有作战能力；要用兵，却装作不用兵；要向近处行动，却装作要向远处行动；要向远处行动，却装作要向近处行动……孙子此"示形"的兵法，已经奠定了"暗度陈仓"之计形成的基础。"暗度陈仓"之计与"声东击西"、"示假隐真"的战术都是近似的策略。

古今中外使用以上谋略获取战斗、战役胜利的实例不胜枚举。三国后期，魏国司马昭为统一天下，派大将邓艾和钟会率军伐蜀，就是采用"暗度陈仓"

之计。当时蜀国大将姜维守住剑阁，令魏军难以西行伐蜀。司马昭听取邓艾献计，一方面命令钟会从正面向剑阁关发起佯攻，牵制守敌；而另一方面却命令邓艾父子率3万多士兵，从小路向天堑阴平进军。经过20多天700多里的行军，克服了数不清的艰难险阻，胜利到达江油。守将马邈根本未曾料到邓艾会神兵天降，结果不战而降。邓艾又率兵乘胜挺进，一路拿下涪城、绵竹。蜀汉后主刘禅知道大势已去，率太子及群臣60多人，出城投降，蜀汉自此灭亡。偷渡阴平就是使用“暗度陈仓”之计的成功战例。

在近代，中国工农红军初创时期，处于敌强我弱的形势下，毛泽东特别善于运用声东击西的谋略。特别是中国工农红军在长征中的四渡赤水，更是毛泽东认为其军事生涯中的最得意之作。1934年10月，中国工农红军第五次反“围剿”失败后，被迫撤出以瑞金为中心的中央苏区革命根据地。由于李德指挥失误，中央红军在强渡湘江时，损失巨大，部队从85000人下降到30000人。在这样险境下，李德仍然不顾敌方40多万兵力的围追堵截，坚持向西与二、六军团会合的路线。毛泽东高瞻远瞩，力主摆脱敌人主力，改向敌人力量薄弱的贵州前进。毛泽东的主张得到了中央军委多数领导的赞同，中国工农红军转而向贵州进军。在1935年1月7日，一举攻克黔北重镇遵义城，并召开了遵义会议，结束了王明“左”倾机会主义在中央的统治，确立了毛泽东的领导地位。蒋介石获悉工农红军改变战略意图后大为震惊，急调其嫡系部队和川、滇、黔、桂四省兵力，共约150余个团，从四面八方向遵义地区进逼包围。1935年1月19日，中央红军主动从遵义退出，意欲率师北渡长江，前出川南，与活跃在川、陕革命根据地的红四方面军会合。1月29日，中央红军向西渡过赤水河。2月上旬，进至川南的叙永、古蔺地区，准备从宜宾上游北渡金沙江。此时，张国焘借口嘉陵江水深，有敌重兵把守，拒率四方面军南下以吸引川军，反而率兵北攻陕南，致使川军无后顾之忧，得以全力截堵红军北进。南面敌军关奇伟、周浑元两纵队和黔军王家烈部，则由南向北机动，尾追红军；滇军孙渡4个旅，也向毕节、镇雄等地急进围拢过来。面对这种形势，毛泽东当机立断，暂缓北渡长江的计划，改向川、黔、滇三省边境结合部敌军设防空虚的扎西地区机动，进行部队休整。2月18日至20日，二次渡过赤水河，24日攻克桐樟，25日占领了娄山关，28日回师遵义城，与敌驰援遵义城的吴奇伟纵队两个师交上火，红军乘敌立足未稳，发起攻击，致敌2个师大部被歼。这次二渡赤水，共歼敌2个师又8个团，俘敌3000余人。蒋介石获知遵义一役以红军大胜告终，急忙飞往重庆，协调对西进红军围攻，企图以南守北攻、堡垒战与重点进攻相结合的战法，将红军围歼于遵义、鸭溪这一狭窄地区。而毛泽东指挥红军将计就计，伪装在遵义地区徘徊寻敌，又以红三军团向西南的金沙江方向佯动，调动敌周浑元部向南、吴奇伟部向西，而红军主力意在向北，3月15日攻占仁怀，16日又从茅台三渡赤水，再入川南。敌追兵以为红军又要北渡长江，急忙调整部署，企图再次形成合围，将红军聚歼于长江南岸。毛泽东针对敌人的意图，3月21日以一个团的兵力伪装成红军主力，继续向川南的古蔺、叙永方向前进，引诱追兵向西，我主力则以快速行动挥师东进，于3月22日第四次渡过赤水河，再次折回贵州境内。28日，红军穿过鸭溪、枫香坝之间敌军碉堡封锁线，直达乌江北岸。29日夜，红军先头部队一个排以雷雨夜幕作掩护，乘竹筏到达对岸，顺利攻占渡口，至31日，除红九军团于乌江北岸继续牵制敌人外，红军主力全部渡过了乌江。然后，毛泽东又一次运用“暗度冻仓”的灵活战法，虚虚实实，真真假假，以中央红军前锋直逼贵阳，以一军团包围贵阳东南龙里城，虚张声势，迷惑敌人。其余主力则穿过滇黔公路，直插云南，与驰援贵阳的敌军背道而行。4月下旬，红军威逼昆明城下，采取佯攻昆明，而主力却向金沙江岸挺进。5月3日至9日，中央红军各部，分别在皎平渡、洪门渡、巧家渡等渡口渡过了金沙江。至此，中央红军使用声东击西、“暗度陈仓”之计摆脱了几十万国民党军队的围追堵截，彻底挫败了蒋介石围歼中央红军于川滇黔边境地区的计划，保存了红军有生力量，赢得了渡江北上的战略主动权，取得了战略转移中具有决定意义的伟大胜利。

刘亚楼出任空军司令员后，将其在军旅生涯中一贯坚持的隐蔽军事行动、给敌出其不意打击的“暗度陈仓”战法，同样贯穿于空军的作战行动中。1958年7月，美国出兵中东，台湾国民党军队叫嚷“加速反攻大陆的准备”。党中央决定坚决打击国民党军队嚣张的气焰。刘亚楼司令贯彻中央的决定，下令组织空军部队秘密入闽作战，夺取福建、粤东的制空权。其中粤东方向由空军第18师林虎师长率领驻惠阳机场的54团转场进驻汕头机场。林虎深知“以虞待不虞者胜”的兵法，也透彻领会空军刘亚楼司令“暗度陈仓”的作战意图。他针对航空兵的实际，将“暗度陈仓”的战术具体化，要求部队“一是不能让敌人看见，转场飞行高度控制在1500米，途中不爬高（惠阳至汕头航线地面标高1200米）；二是不能让敌人听见，保持无线电静默，空中不通话。要荫蔽接敌，给敌人突然袭击，争取首战必胜。”为了吸引敌方注意力，54团转场时，又在空军统一组织下，由衢州机场、路桥机场起飞，飞机高空飞往霞浦、古田空域巡逻，借以吸引国民党防空雷达大仰角跟踪，造成雷达波辨不能上下兼顾，漏掉低空目标的监测。林虎指挥完成秘密转场后，又继续要求部队实行伪装荫蔽措施，不对地面电台进行校验飞行，也不搞熟悉战区常规飞行，飞行员只许在屋内闭门推演战术，研究对F－84飞机空中格斗的对策。由于暗度措施具体严密，7月27日、28日国民党虽然出动多批飞机到粤东地区上空侦察，但一直没有发现解放军飞行部队已经进驻汕头机场。7月29日上午，粤东沿海战区阴云密布，雷电交加，毫无知觉的国民党空军4架飞机仍按惯例毫无顾忌、大摇大摆地飞向汕头南澳岛上空袭扰。可他们做梦也没有想到，由解放军十八师五十四团大队长赵德安及高长吉、黄振洪、张以林等空战高手组成的飞行大队早已严阵以待，他们在地面指挥所林虎师长的指挥引导下，以云层作掩护，在战区占据有利的战术位置，高长吉、张以林首先咬住敌僚机组（3、4号机），而敌长机组（1、2号机）立即作右转动作，企图迂回绕到高的座机尾后反扑，张以林见状，眼尖脚手快，迅速射出一串炮弹拦阻，迫使敌机改右转为左转，这正好给高长吉提供了向敌2号机射击的有利条件，高长吉迅速瞄准，三炮齐发，一举将敌2号机击落坠入海中。这时，张以林又咬住敌1号机，但敌1号机立即作急剧下滑摆脱动作，张以林紧追不放，从2000米追至不到200米的海面，在相距150米时开炮，将敌机左机翼打掉一块，敌弃机跳伞。在高、张攻击敌长机组时，敌僚机组绕到他们后面试图帮长机组解围，但被赵德安发现迎头痛击，其3号机被赵击伤。敌僚机组见势不妙，慌忙向台湾逃去。此次战斗，我空军干净利落地击落敌机2架，击伤1架，创造了3：0大比分空战的胜利。该战系共产党对国民党军队陆战胜利之后，又首次在空战中打败了国民党空军。毛泽东听到战报后，十分高兴地于7月30日在西郊机场向空军司令刘亚楼表示祝贺。该空战胜利，其中也得益于使用“暗度陈仓”之计。

以色列也曾于1976年10月成功使用“暗度陈仓”之计。在第三次中东战争中，以色列在西奈半岛筑起了一道长达123公里的“巴列夫防线”，自吹是一道不可逾越的铜墙铁壁，继而也产生了轻敌麻痹的情绪。埃及、叙利亚等反对以色列的中东各国利用以色列狂妄自大、目空一切的轻敌麻痹的弱点，经过周密策划和充分准备，于1976年10月6日向以色列发起突然进攻，打得以色列军队措手不及，不能组织有效反击，损失惨重。至10月9日，埃及军队控制了苏伊士运河东岸10—15公里纵深，在西奈半岛立住了脚。叙利亚军队也收复了戈兰高地东部大片土地。以色列军队为了摆脱战场被动局面，不得不放弃正面反扑、重占“巴列夫防线”进行渡河作战的决策。最后接受时任以色列南部战区主攻任务的沙龙将军提出的“暗度陈仓”的新作战计划。按照沙龙将军的作战谋略，留一部分兵力在正面继续牵制埃及军队作战主力，制造以色列主力还在此与埃及进行正面决战的假象，实则将主力调往埃及军队防守薄弱的第二集团与第三集团的结合部，从该埃及兵力薄弱的结合部突破，再渡过苏伊士运河后向西岸纵深发展，抄埃及军队的后路，包围攻打埃及第三集团军。沙龙这一作战计划得到以色列国防部长认可。10月15日17时，以军在正面牵制埃军的同时，主力部队开始实施渡河作战。沙龙师的谢雷夫旅长为先头部队，经与埃及军队进行激烈战斗后，于16日凌晨1时，占领了苏伊士运河的西岸，到17日下午以军在运河西岸架起了可供车辆通过的桥梁，并在运河西岸建立了4公里的桥头阵地，为大部队渡河做好了准备。18日以军另一作战主力阿丹师也渡过运河，大踏步向西南方向推进，沙龙师则向北进攻。以色列大举进攻埃军后方要地，破坏埃军交通运输线，摧毁埃及防空导弹发射场、炮兵阵地，使埃及在运河中段防空火力体系陷于瘫痪。至23日夜，阿丹师攻占苏伊士城郊炼油厂，当晚午夜进抵阿达比亚，并封锁了开罗—苏伊士公路，完成了对埃及第三集团军4个师1个独立旅的4.5万兵力的包围。以色列扭转战局，战场形势开始向有利于以色列军队方向转变。由于埃及主力被包围，埃、叙被迫于24日与以色列停火，第四次中东战争以以色列反败为胜而结束。该战沙龙所提正兵挡敌，奇兵从旁的“暗度陈仓”之计所起的作用不可低估。

在商战中，美国福特巧取公司股权，也是采用了“暗度陈仓”之计。事情发生在1916年11月的一天，道奇兄弟反对福特公司扩大T型车生产，并降低T型车市场销售价格，进而向法院状告福特公司不向股东分红，侵犯股东合法权益，有意垄断汽车行业等罪责。1919年3月法院判令，福特公司降低T型车价格，其利他主义行为无可指责，而对股东不分发红利存在管理瑕疵，遂判令福特公司提取一半利润扩大公司再生产，而另一半的红利1900万美元应向股东派发。福特总裁对法院的判决颇有微词，一气之下，在第二天宣布辞去福特公司的总裁职务，新总裁由年轻的儿子担任。并宣布亨利·福特正准备成立一个更大的全部由家庭控股的新汽车公司。此言一经舆论宣传，原福特公司的股东着急了，担心新公司组建后形成竞争，又担心由其儿子接任新总裁能否胜任，生怕公司业绩下滑，投资利益受损，纷纷提出股份转让的意向。此正中亨利·福特的下怀。福特仅用1.06亿美元，就轻而易举地买下了其他股东手中的全部福特公司的股票。亨利·福特仅仅虚晃一枪，就赶走了那些只会对公司指手画脚的股东，为福特公司家族控股奠定了基础。

在股市中，经常见诸报端的少数股评人士或在股吧中不断发帖的人士，俗称“庄托”。他们在分析判断某一只股票有做多的行情时，反而会在那里喋喋不休谈论该股基本面的负面因素或技术面怎样处于空头排列，误导股民抛出股票，而自己趁机却在暗中建仓。或者，在其建仓某股大赚一笔后需要清仓出货时，却又会利用各种手段“示形”该股还有很大的上涨空间，让不知情的股民继续买入，接下最后一棒，而自己则溜之大吉。这是典型的股市博弈中使用“暗度陈仓”之计。不过，股战中还有另一种“暗度陈仓”。那就是我们希望买一只带有权证题材的股票，在我们认定该股票在未来的一段时间里，或者是判断该股在行权时，股价还有很大上升空间，而此时，认购权证又处于负溢价的话，我们不妨通过该股认购权证间接持有该股，这样看起来购买的是权证，实际上达到了持有该股股权，还能获取更多的效益。例如2007年10月22日，五粮液的认购权证每股是42.20元，其行权价是4.898元，行权比例是1：1.402，那么，以该股权证持有五粮液股票的成本是每股34.99元，而当日五粮液的正股价为42.26元，其存在负溢价率近20%。你要买持有五粮液的正股股票显然是买入五粮液认购权证能有更多效益，说起来这也是一种"暗度陈仓"。再有，现在市面上流通的股票有不少是交叉参股的，比如说，西水股份持有兴业银行7620万股，西水股份股本在未扩股前仅16000万股，相当于每股西水股份持有兴业银行0.47625股，兴业银行在2007年10月28日的收盘价值每股就有31.94元，而该日西水股份股价仅32.94元，最低价却是32.10元，且西水股份本身还有其他资产每股2元多，若你看好兴业银行是优质银行股，其上涨空间很大，希望持有兴业银行股票，不妨通过买入西水股份间接持有兴业银行股票。这样兴业银行股票的上涨，西水股份同样会紧随上涨；并且西水股份所持有的兴业银行股票又可以通过交易减持，其增值部分可以计入西水股份企业利润，对西水股价会产生乘法效应，显然在比价近似的情况下，通过参股的西水股票去间接持有被参股的兴业银行优势更为突出。这种表面上持有西水股份，实质上持有了兴业银行的做法，也是一种变相的"暗度陈仓"，在一定的机遇下可以一试。

## 4.3 笑里藏刀

"笑里藏刀"成语的典故，按以前的说法出自《旧唐书·李义府传》："义府貌状温恭，与人语必嬉怡微笑，而褊忌阴贼。既处要权，欲人附已，微忤意者，辄加倾陷。故时人言义府笑中有刀。"该典故说的是：唐朝大臣李义府表面看起来温良谦恭，与人说话总是脸上挂着甜蜜的微笑，而实际上是心胸狭隘、猜忌多疑、阴险毒辣的奸贼。他总是到处玩弄权术，想要别人归附于自己，培植亲信，对于与他稍有不同意见者，就想方设法加以陷害。所以当时朝廷的大臣们都说李义府表面微笑和善，而内心阴险狠毒，暗藏杀机。该典故自山东济宁发现隋代《三十六计》玉简后，若正如研究者判断的《三十六计》是南北朝时著名将领擅道济所著，那么“笑里藏刀”计名的出处与其他有的计名出处一样，《三十六计》计名的源头就得改写，反过来，《旧唐书·李义府传》中“笑里藏刀”应该引自《三十六计》。

“笑里藏刀”是《三十六计》中第十计，归类敌战计。原计文为：“信而安之，阴以图之；备而后动，勿使有变。刚中柔外也。”可意译为，使对方信任我方，对我方不加戒备；而我方则暗中策划，积极准备，伺机而动；不让对方有所察觉而采取应变的措施。这是内藏杀机、表面柔和的谋略。

解语原文：“兵书云：‘辞卑而益备者，进也……无约而请和者，谋也。’故凡敌人之巧颜令色，皆杀机之外露也。宋曹玮知渭州，号令明肃，西夏人惮之。一日玮方对客弈棋，今有叛卒数千，亡奔夏境。堠骑报至，诸将相顾失色，公言笑如平时。徐谓骑曰：‘吾命也，汝勿显言。’西夏人闻之，以为袭已，尽杀之。此临机应变之用也。”该解语可意译为，兵书上说：“敌方派来的使者说话虽然谦卑，而实际上正在抓紧备战，准备进攻我方；没有具体条约而请求媾和的，暗藏阴谋。”所以，凡是敌人装作笑脸说一些动听的话，都是消灭我方企图的暴露。例如宋代，曹玮做渭州知州，号令严明，西夏人惧怕他。有一天，曹玮正和客人下棋，突然有几千名士兵叛变，逃亡西夏。当堠骑（即古代骑马侦探）前来报告时，许多将官相视惊慌失色，而曹玮谈笑仍像平常一样。他不慌不忙地对探马说：“他们是执行我的命令的，你们不要声张。”西夏听到这一消息，以为逃亡来的宋军是派来准备偷袭他们的，结果把叛逃的宋军全部杀了。这是临危应变谋略的运用。

“笑里藏刀”其实也是韬晦的军事谋略的一种。在敌我双方力量不对称时，暂时或局部相对弱势一方避免锋芒毕露，采用曲意求和、有意示弱、阿谀奉承等“笑”的手段，欺骗麻痹对方，而实际上加紧战争准备，伺机对敌方采取军事行动的一种谋略。历史上使用这种谋略不乏其例。

战国时，秦国为了对外扩张，决心夺取地势险要的黄河崤山一带。于是派公孙鞅为大将，率兵直抵魏国吴城城下。可是，吴城是魏国的名将吴起苦心经营之地，地势险要，工事坚固，公孙鞅心知若要正面强攻，绝非易事。不但不能攻城，反而会损兵折将。后来，他打听到守城的魏将是曾经与自己有过交往的公子印，不觉心中大喜。他立即修书一封，信中与公子印套近乎，写道："我们两人，虽然各司其主，但考虑到我们两人过去的情谊，不应兵戎相见，我们应该罢兵签订和约，永续友邻。"书信派人送出后，公孙鞅又命令秦军前锋回撤，摆出主动撤军的友好姿态。公子印看过公孙鞅充满着怀旧之情的书信，又见秦军撤退，心中充满对公孙鞅的感激，马上回信与公孙鞅商讨见面会谈的具体日期。公孙鞅见公子印已经上当，暗中加紧布置在会谈地点设伏。公子印不知是计，满怀和平憧憬，带了300名随从赴会谈判。公子印见公孙鞅所带随从更少，而且每个随从都没带兵器，更加相信对方的诚意。双方交谈气氛十分融洽，公子印更加放松了警惕。正当公子印兴高采烈地接受公孙鞅的酒宴款待之时，忽然一声号令，只见伏兵从四面八方包围过来，公子印及300名随从反应不及，全部被擒。公孙鞅利用被俘的公子印的魏军随从，骗开吴城城门，迅速占领了吴城。就这样，秦军公孙鞅使用"笑里藏刀"之计，不费多大力气轻取了崤山一带战略要地，为秦军扩张提供了便利。

三国时，吴国的大将陆逊也曾使用"笑里藏刀"之计，使蜀国名将关羽大意失荆州。荆州一直是古代兵家必争的战略要地，蜀国名将关羽曾经是荆州最高首领，驻扎在江陵，伺机率领大军向魏国樊城发起进攻。而吴国的吕蒙则驻扎在陆口，原本有意趁关羽攻打樊城之机夺取荆州，真所谓螳螂捕蝉，黄雀在后。不料关羽对吕蒙的企图早有提防，沿江上下，每20—30里，在高阜处设立烽火台。为此，陆逊向孙权建议，愿代替吕蒙驻守陆口，并向孙权表示有妙计可取荆州。陆逊受命后，对吕蒙说："云长自恃英雄，自料无敌，所虑者唯将军耳。将军乘此机会托疾辞职，将陆口之位让给别人，使人附辞赞美关公，促他骄傲；他一定会撤出荆州的守兵，以向樊城。届时，荆州没有防备，用一个旅的兵力，就可出就不意地对其发起攻击，荆州就会在我们的掌握之下了。"吕蒙听后大喜，就按陆逊所说的办，将马、步、水三军均交给陆逊。陆逊接下陆口指挥大权后，立即修书一封，并备名马、异锦、酒水等物品，遣人送给樊城关公。特使面见关公特地禀告："陆将军呈书备礼，一来与君侯作贺，二来求两家和好，幸乞笑留。"关公拆信笑视，见陆逊信中书词极其卑谨，不禁仰天大笑，遂令左右收下礼物，打发使者回道。关公自此对驻扎陆口的吴国兵马夺取荆州完全丧失了警惕，下令将荆州的兵马调出一半去樊城，仅派傅士仁留守荆州。陆逊获悉后向孙权禀报夺取荆州的时机已经成熟，得到孙权的首肯后，派与蜀国守将傅士仁有深厚情谊的虞翻以箭书劝降。傅士仁心想关公平日对他并不礼遇，现在吴国兵临城下，交战不一定能胜，还不如接受虞翻箭书劝降，遂令部下打开城门，请虞翻率兵入城。结果关公被陆逊"笑里藏刀"之计迷惑，大意失荆州，教训深刻。

第二次世界大战时，德国希特勒为了保证能够迅速吃掉波兰，在政治、军事、外交等方面玩尽了"笑里藏刀"之计。德国与波兰边境的但泽市与但泽走廊原来存有争议，希特勒故作姿态，"同意英国政府调停之提议"，表示"德国政府准备直接参加谈判，请波兰政府派遣全权代表来柏林"。德国又派遣了大量乔装资本家、商人、文化代表、记者、牧师、司机貌似亲善使者去波兰，在波兰政府机关、学校、军队、城市、乡村大力宣传德波亲善，是友好邻邦。实际上这些人是专门联络、指导在波兰境内少数民族及德意志人中的法西斯分子所组成的第五纵队，策应刺探情报活动的间谍。在临战前几天，德国派遣了一艘训练舰访问但泽港口，以及军事友好代表团访问波兰军队总参谋部，并信誓旦旦地向波兰当局表示：德波是友好邻邦，德国准备进攻波兰全是谣言，对于但泽走廊的问题，诚于和平解决争端，所采取预防冲突的军事演习在9月中旬就可结束。德国的法西斯组织"黑卫团"，也以体育友谊赛的名义进入但泽。直到临战前几小时，德国外交部长还假装亲热的样子接见了波兰大使，口口声声发展波德睦邻友好关系，通过和谈解决争端。在这一切表面友好和平气氛的掩盖下，希特勒却在背地里磨刀霍霍，加紧了向波兰边境集结军队和作战物资。波兰当局却被希特勒假装笑脸的假象所迷惑，错误地认为德国主力被英法军队牵制，德国与波兰签有《德波互不侵犯条约》，德国不会东调进攻波兰。等到发现德军进攻波兰迫在眉睫时，才于1939年8月24日开始局部战争动员，仅动员了40个师和22个旅，未能完成战略展开。结果，1939年9月1日拂晓4时40分，波兰官兵还在睡大觉的时候，德国法西斯撕破了笑脸，撕毁了《德波互不侵犯条约》，出动了2300架飞机和上万门大炮，以迅雷不及掩耳之势，向波兰全国发动猛烈的轰炸和炮击，致波兰全国陷于一片混乱。由于波兰没有识破德国“笑里藏刀”之计，对抗击德国侵略战争准备不足，波兰在不到一个月的时间里全军覆没。

在我国，抗日战争结束后，蒋介石开始将目光转向解决国内共产党及其军队，妄图以武力彻底消灭共产党及其领导的人民军队。但蒋介石又不想承担挑起内战的罪责，他使用了“笑里藏刀”与“借刀杀人”之计，他主动盛情邀请中共领导人毛泽东赴重庆进行和平谈判，认为中共领导集团会顾忌毛泽东个人安全，不会派毛泽东去重庆谈判。这样一来，蒋介石就可以顺势将挑起内战的责任推到中共身上，就可以堂而皇之出兵攻打中共，以实现蒋介石彻底消灭共产党的战略目的。想不到毛泽东审时度势，棋高一筹，他识破了蒋介石的阴谋，料定蒋介石不敢轻易冒天下之大不韪，杀掉与其和平谈判的共产党领袖。于是，力排众议，欣然接受蒋介石的邀请，赴重庆与蒋介石谈判。蒋介石面对毛泽东赴会，继而使出“笑里藏刀”之计，对毛泽东以礼相待，又是举行为毛泽东洗尘接风的宴会，又安排毛泽东住高级别墅，还与毛泽东大叙友情，表面上国共两党风平浪静，看似一笑泯恩仇。可是在背地里，蒋介石却磨刀霍霍，向所辖军队散发《剿匪手册》，并密令阎锡山集中三个师，在日军第14独立旅团的配合下，向上党地区展开进攻。还在长子施放毒气，致使中国共产党领导的人民军队两连官兵全部中毒，共产党原占领的多个县城失守。毛泽东早就识破国民党“笑里藏刀”之计，多次提醒党内不要被和谈所迷惑。虽然共产党领导的人民军队在开始时挨打吃了亏，但政治上赢得了主动。毛泽东还告诉全党全军，“不要担心我，你们打得越好，我这里越安全，谈判才会有结果。”至此，中国人民解放军开始对向解放区进攻的国民党部队进行全面反击，全歼阎锡山13个师，蒋介石“笑里藏刀”之计因为被毛泽东识破未能奏效。

在商战中，日本代理商曾使用“笑里藏刀”之计盗走了我国“景泰蓝”的制作工艺。我国的“景泰蓝”有着1000多年的历史，是几十代工艺美术者智慧的结晶，以其完美的艺术性和观赏性闻名全世界，同时也为世界经济间谍所觊觎。在我国国门打开之初，我国的企业渴望与外商合作走出国门心情迫切。正在这时，一个来自日本国自称是炎黄子孙的华侨，出现在国内一家“景泰蓝”制作工厂的接待室。他满面笑容地向接待人员自我介绍：“在国外专门从事工艺品经营，这次来是要把‘景泰蓝’这一我们祖先非凡杰作的工艺品介绍给全世界，为祖国建设事业尽一点绵薄之力。”并表示，愿意充当该厂“景泰蓝”出口的代理商。经过简单的交谈，还非常痛快地与厂方签订一份金额不菲的订单。双方在庆祝达成贸易协议的酒宴上，更是气氛热烈，频频干杯，互道感激，真是有点相见恨晚的感觉。这位代理商趁着双方互相信任的氛围，不失时机地提出，为了便于销售，根据以往销售黑人木雕、爱斯基摩人海角手雕的经验，需要在广告宣传上对这些富有民族特色的工艺品作一些背景材料和制作特点的说明。为此，要求参观一下“景泰蓝”制作的全过程。对于代理商的要求，作为善良的接待人员一点也没怀疑其是否存在居心不良。结果，非常爽快地满足了这位代理商的要求。接待人员全程陪同其参观了“景泰蓝”每道制作工序，还让其对整个工艺流程录了像，对代理商不明白的地方，陪同人员也有问必答，不厌其烦地给予一一解答。这位代理商心满意足地离开了中国。没有经过多久，国际市场上原来中国独有的“景泰蓝”却突然冒出了还有日本国制造的“景泰蓝”。经过查证，原来这位自称炎黄子孙的代理商其实是一个被收买的经济间谍，他所表现的友好，都是为了迷惑厂方，以达到盗取“景泰蓝”制作工艺的目的。遗憾的是厂方未能识破其“笑里藏刀”之计，造成“景泰蓝”制作工艺泄密，结束了中国景泰蓝独享国际市场的历史。无独有偶，类似“景泰蓝”制作工艺泄密的还有“宣纸”制作工艺泄密事件，都是中的“笑里藏刀”之计。

股市博弈与战场决斗有相通之处。“笑里藏刀”之所以能成为百试不爽的计谋，就是利用了人性中喜欢被人美言奉承的弱点。股市中有的庄家总是一次又一次借助媒体，宣传某一股票的美丽神话，故意将股票拉高，然后隐蔽出货，将不知是计的跟风的中小投资者深套其中。例如，在深交所上市的隆平高科，

2008年4月3日的价格是13.11元，当时各种媒体借助中科院院士、杂交水稻之父袁隆平如雷贯耳的名气，以及国家支农政策的东风，还有该股2007年度10送1转5派1元的高送转以及国际粮价上涨、袁隆平的杂交水稻突破每亩800公斤的喜讯等等题材，不厌其烦地大讲该股正面的故事，广大中小投资者不知内中奥秘，跟着庄家正面消息共舞，结果该股至5月14日的24个交易日，股价拉升到47元，涨幅近260%，其间共出现过9次涨停。其实隆平高科只是借助袁隆平院士之名，袁隆平院士并不控股隆平高科股份公司，他仅占公司的股本2.12%，据《每日新闻》访问袁隆平证实，袁隆平“从来不管隆平高科的事”；再说，隆平高科的业绩，2007年度其利润总额5057.56万元，其中股票、基金投资收益及处置股权收益高达7000余万元，而公司的主业实际已经发生亏损。这种靠股权收益及股权转让掩盖了主业亏损的状况，很难长久粉饰未来业绩的增长，并不能支撑股价高企。正当众人听着鼓舞人心的故事，陶醉于公司灿烂前景的思想麻痹之际，殊不知盘面已暗藏杀机，该股大祸将临，主力此时正在“口里喊哥哥，手里摸家伙”，砍伐股价的大刀正向蜂拥而入的广大中小散户砍去。隆平高科股价于5月14日见顶后转眼陷入“滑铁卢”的衰落境地，至6月14日一个月20个交易日的时间，股价已跌至24.6元，差不多跌去近一半。虽然6月25日，主力“游资敢死队”借着当天公布利润高送配的实施公告，又将该股很快拉至涨停，7月1日除权至7月8日仅仅5个交易日又将股票填权，相当于复权价达到48.22元，突破历史新高，但吃过游资敢死队使用“笑里藏刀”苦头的广大投资者理应对主力“笑里藏刀”之计多一份警惕，对缺乏业绩支撑的高价股票不应盲目跟风炒价，以免被主力藏刀砍杀，造成不应有的损失。

## 4.4 釜底抽薪

“釜底抽薪”语出西汉《淮南鸿烈》：“故以汤止沸，沸乃不止；诚知其本，则去火而已矣。”东汉董卓《上何进书》：“臣闻扬汤止沸，莫若去薪。”北齐史学家魏收《檄梁朝文》:“抽薪止沸，剪草除根。”其本意都是从锅底下抽去燃烧的柴火，使水停沸，比喻从根本上解决问题。南朝宋国武将檀道济将“釜底抽薪”列入《三十六计》中第二十九计，归类为混战计。计语原文:“不敌其力，而消其势，兑下乾上之彖。”该计语中的“兑下乾上”是卦名。乾为天，兑为泽，兑下乾上得出“履卦”。《易经·履》解释说:“彖曰:柔履刚也。”即以柔克刚。其整句意为:没有战胜敌人的实力，可以削弱瓦解他的气势，这就是《易经·履卦》所说的以柔克刚的办法。

该计的解语原文:“水沸者，力也，火之力也，阳中之阳也，锐不可当;薪者，火之魄也，即力之势也，阳中之阴也，近而无害。故力不可当而势犹可消。尉缭子曰:‘气实则斗，气夺则走。’而夺气之法，则在攻心。昔吴汉为大司马，尝有寇夜攻汉营，军中惊扰，汉坚卧不动。军中闻汉不动，有顷乃定。乃选精兵夜击，大破之。此即不直当其力而扑消其势力。宋薛长儒为汉州通判。戍卒开营门，放火杀人，谋杀知州、兵马监押。有来告者，知州、监押皆不敢出，长儒挺身出营，谕之曰:‘汝辈皆有父母妻子，何故作此?然不与谋者，各在一边。’于是不敢动。帷本谋者八人突门而出，散于诸村野，寻捕获。时谓非长儒，则一城涂炭矣。此即攻心夺气之用也。或曰:敌与敌对，捣强敌之虚，以败其将成之功也。”该解语意为，水之所以沸腾，是靠了力的作用，就是火力作用。火力越烧越旺，水沸腾得越猛，其势头是无法阻挡的;柴草是产生火力的原料，是助长火势的源头。助长火势的柴草本身并没有什么，靠近它不会受到伤害。所以，强大的力量虽然不好阻挡，但它的气势还是可以削弱的。战国的兵家尉缭子说:“士气旺盛就去战斗;士气不足，就避开敌人。”削弱敌人士气的方法，就在于运用政治心理攻势。东汉初年，吴汉做大司马时，有敌人黑夜偷袭军营，部队惊慌混乱起来，可是吴汉却平静地躺在床上，一动也不动。士兵们见吴汉这样沉着，一会儿也就安静下来。于是吴汉选出精锐部队乘夜反击，大败敌军。这就是不去直接阻拦敌人，而是运用计谋去消灭敌人势力的方法。北宋薛长儒任汉、湖、滑三州通判，驻汉州。有一天，汉州守卫的士兵叛乱，打开营门放火杀人，企图谋杀知州和兵马监押，有人跑来报告，但知州、监押吓得都不敢迈出门槛。这时，薛长儒挺身走出营门，劝告叛兵说：“你们都有父母妻子，为什么干出这种事？对于主谋与胁从的各站一边。”于是，胁从的人都在这边站着不敢动，只有为首的八人冲出营门逃跑，分散躲到各村了！后被寻找捕获。当时人们议论说，要不是长儒，那么，全城遭殃了！这就是用心理战在气势上压倒敌人的结果。或者说，利用敌人内部的矛盾，抓住敌人薄弱部分，破坏敌人成功的要素，这也可称做“釜底抽薪”的运用。

“釜底抽薪”在军事上是指预防事件爆发，或事件爆发后，以不直接与敌人正面针锋相对对抗，而是从侧面或者幕后下工夫，以柔克刚，从根本上削弱敌人的战斗力的一种策略。实施这种策略既有如解语所举例的北宋薛长儒攻心夺气的方式，又有吴汉以静制动、以柔克刚的方式。而更多的则是击其要害去其所恃的方式实施“釜底抽薪”，达到使敌转强为弱，从根本上解决问题。

在公元前204年4月，正是刘邦、项羽成皋激烈交战的时候，当时项羽势力强于刘邦，把刘邦围困于河南荥阳。刘邦曾问计于手下大将陈平：“天下战乱纷纷，我什么时候才能消灭项羽，平定天下呢？”陈平回答说：“现在项羽手下骁勇有为的将领只有亚父、钟离昧、龙且、周殷几个人。如果去掉这几个人，项羽就会束手就擒。”刘邦追问：“怎样才能去掉这几个人呢？”陈平回答说：“项羽为人嫉妒而又容易听信谗言。只要大王拿出几万两金子施用离间计，就会破坏这几个人与项羽的关系，内部就会自相残杀，那时再出兵攻打，就能消灭项羽，平定天下。”刘邦认为这个主意很好，遂拨给陈平几万两金子。陈平就用这些金子在楚军收买了一些人，并到处散布谣言说，钟离昧等人替项羽领兵打仗，功劳那么大，吃苦那么多，最终却没有被封地为王，心里十分怨恨项羽，有意弃项联刘，瓜分楚地自立为王。项羽听到这些谣言后，信以为真，逐渐对钟离昧等人不再信任。陈平第一个目的达到后，紧接着又离间项羽与亚父的关系。亚父真名叫范增，是项羽手下一位智勇双全的老将，他不但是楚军的主心骨，而且对项羽忠心耿耿，项羽对他也十分尊重，视他为亲生父亲，故喻为亚父。为了离间亚父与项羽的关系，陈平在一次招待楚军来使时，故意让厨师做了上等、下等两种不同规格的菜。开始摆上上等菜招待来使，后来陈平出来故作惊讶地说："我原来以为是亚父派来的使者，原来是项羽派来的使者呀！"他立即让人撤掉上等菜换成下等质量的菜。项羽派来的使者被陈平捉弄后心里不是滋味，草草吃了几口就离席而去。他回到楚军营地将所受遭遇报告了项羽。项羽疑心病发作，认定亚父可能与刘邦有勾结，对亚父再也不言听计从了！当亚父给他出主意，趁着大好形势，急攻荥阳，活捉刘邦时，项羽根本不放在心上。亚父知道项羽对他已不信任时，气愤地对项羽说："天下大局已定，项王你自己干吧！我这把老骨头告老还乡去了。"亚父离项羽而去后，途中背上毒疮发作而亡。陈平利用离间计，将项羽几个主要将领都支走了，原来实力强大的楚军，已经没有了强将领军，实力大损。陈平对项羽的楚军成功"釜底抽薪"，彻底改变了征战双方的战略地位。项羽霸主地位动摇，楚军开始节节败退，项羽最后落得乌江自刎的可悲下场。

在第二次世界大战中，美国与日本曾于1942年6月3日在中途岛进行了一场海战。由于美 方战前破译了日本的密电码，日本海军的军事行动尽在美国掌控之中。结果，日本的海军舰队损失惨重，丧失了远程作战能力。美国趁势而为，派遣7万兵力，于8月7日在所罗门群岛的南端瓜达尔卡纳尔岛登陆，与守岛的3.6万日军进行了激烈争夺战。美军凭借军力优势逐步控制了岛上军用机场、制高点、水源等战略要地，但日军抵抗仍然非常顽强。美军要在短时间把日军赶出瓜岛也并非易事。面对敌我双方胶着状态，时任美国西南太平洋地区盟军司令的麦克阿瑟将军，为了减少交战中美军的伤亡，决定改变作战方法。他针对日本在瓜岛的驻军，必须通过海上运输线解决补给的要害，决定采用"釜底抽薪"之计。美国凭借强大的海军实力与空军掌握的制空权，先后6次阻截了日本补给舰队，彻底封锁了日军对瓜岛的海上补给运输线，置瓜岛日军驻军孤立无援、弹绝粮尽的境地，逼得很多日军靠吃草根、树皮、苔藓和喝海水过日子。没有多久，日军个个骨瘦如柴，毛发脱落，牙齿松动。日军统帅部考虑到瓜岛是通向东南亚的战略要道，不敢轻易放弃。日军为了冲破美军的封锁，曾试用把粮食和淡水装入密封容器内抛入水中，利用潮汐漂向瓜岛海岸，但成功率很低，岛上的日军平均每天饿死100人以上。1943年2月7日，日军再也无力死守下去，被迫放弃瓜岛。美军使用“釜底抽薪”之计，仅以战死1592人的极小代价，换得了日军陆、海、空50000多人阵亡，使日军丧失通往东南亚的战略要道。从此使日军在太平洋战场上再也不能骄横，代之以的是节节败退。

1950年11月25日，中朝军队联合发起抗美援朝战争第二次战役，中国人民志愿军第38军先遣支队，化装奇袭武陵桥的作战，采取的就是“釜底抽薪”战术。当时，第38军奉命在球场地区以一部兵力阻击进攻的“联合国军”，主力向其侧后穿插迂回，配合正面部队歼灭位于德川附近的南朝鲜军第7师。而南朝鲜军第7师是配合美军防守德川的一支主要力量，其纵深与美军的阵地相衔接，其中负责防守的武陵桥是连接美军的重要交通枢纽。如果切断了武陵桥，也就等于切断了美军南逃的退路。于是，军领导决定采取釜底抽薪的战术，以军侦察连和第113师侦察连加上工兵和通信分队，并配以翻译及有关保障人员近600人组成的先遣支队，在军侦察处长张魁印的率领下，于11月24日22时，先遣支队选择了南朝鲜军第7、第8师的结合部，沿着山路大胆向武陵桥实施穿插。当先遣支队到达大同江渡口附近的新平里，前卫连化装派人进入村庄找向导时，被村里的一股南朝鲜军队发现，前卫连乘其尚未弄清情况时，先行发起攻击，一举消灭该股敌军，并俘虏6人。经审讯后得知，该地有南朝鲜军队300余人，离此地不远的黄滩里水电站有“联合国军”一个连队驻守。据此情况，尖兵班迅速越过大同江，并控制了制高点，而后先遣支队在尖兵班的掩护下，顺利渡过了大同江。25日拂晓，先遣支队进至黄滩里电站大坝东侧时被守军发现，守军在地堡内猛烈射击，大坝在其火力控制下，先遣支队很难在短时间内通过大坝。为此，张魁印命令侦察连第2排迅速抢占有利地形掩护，主力则改变穿插路线，极速摆脱当面守军。15时许，先遣支队在既不识道路又无向导的情况下，利用地图判定方位，昼夜兼程60余公里，于26日4时30分顺利到达武陵桥，并立即投入炸桥的紧张准备。此时，武陵桥的两侧桥头都有哨兵，在桥北侧的学校里还驻有南朝鲜军队100余人。为此，先遣支队决定分路行动：以军侦察连主力为一路，乘其不备向学校的敌军突然发起冲击，守军大部被歼，少数残敌逃进山林；该连第3班迅速过河，占领桥头南侧高地；爆破组直奔武陵桥，迅速安放好爆破器材；第113师侦察连抢占有利地形，掩护炸桥行动并准备抗击南逃北援之敌。11月26日6时50分，爆破组将武陵桥一举炸毁。此时，由德川方向南逃的“联合国军”蜂拥而至，计有坦克、汽车等100余辆，其先头部队刚接近桥北头，便被先遣支队的猛烈火力击退。随后，“联合国军”一部，在60余架次飞机的掩护下，抢占了桥北侧高地，企图夺路南逃。先遣支队按照预定作战方案，进行顽强阻击，先后打退敌军4次进攻，坚持战斗至傍晚，胜利完成预定任务。38军由于“釜底抽薪”战术运用得当，击敌要害，断敌退路，对保障主力部队重创南朝鲜第7师起到了重要的作用。

在企业经营上，美国的“麦当劳”公司曾使用“釜底抽薪”之计扭亏为盈。“麦当劳”在企业发展的历史上，曾经有一段时间很不景气，甚至出现了严重亏损。麦当劳的总裁克罗克为了找出问题的症结，亲自去各分公司及各职能部门调查研究、检查工作。在检查中，他发现公司的管理存在很多问题，而产生问题的重要共同原因，就是各职能部门的经理习惯于坐在靠背椅上指手画脚。产生坏习惯的原因又归罪于靠背椅坐起来十分舒服。加上办公设备十分现代齐全，所以职能部门的经理逐渐贪图安逸，脱离了生产第一线，养成在办公室凭想象发号施令的恶习。克罗克找到问题的来龙去脉后，他采取“釜底抽薪”、去其所恃的策略，下令将办公室的靠背椅的靠背全部锯掉。办公室的坐椅没有了靠背，经理们坐久了就会腰酸背痛，这样可以提醒那些经理应该深入生产第一线发现问题，解决问题，再也不能坐在舒适的靠背椅上发号施令了！克罗克锯掉靠背椅的“釜底抽薪”措施果真有奇效，麦当劳快餐店在部门经理深入基层现场办公、及时发现问题、及时解决问题的有效管理下，很快扭亏为盈，重新出现了兴旺景象。

股市中“釜底抽薪”之计，特别适合于股市处于行情高涨时，股价被越炒越高，市场风险被急剧放大时使用。如在60年代末，香港曾经掀起一股炒股热，街头巷尾都在谈论炒股发财的故事：什么一位60岁的老保姆，听从侄儿的劝说，把40年做保姆积攒下来的26000元工钱买股票，在3个月内净赚了7万多元；什么一位商业大厦的管理员，买了1万元股票，1年半就赚了150万元；又有一位扒手偷得2万元去买了股票，结果“三只手”摇身一变成为百万富翁。……如此炒股暴富的例子不一而足，满街飞舞。所有故事被讲得有鼻子有眼，让人听了不得不信。这些传言对如火如荼的股市犹如火上浇油一般，把港人搅和得如痴如醉，将个人兴趣全部倾注在股市上。不论是老的还是小的，男的还是女的，就连玩桥牌的会员也凑钱玩股票了；渔民也不出海捕鱼了，而是守在家里玩股票；有的医生一手给病人切脉，一手翻看股市行情，连门诊的时间也缩短了。香港股民如此狂热购买股票，推动了股票价格非理性上涨。新股上市的当天，股票价格比发行价高出三四倍，甚至最高达到22倍。股票的价格与内在的实际价值异化脱节，泡沫被越吹越大，资产的实际价值已极端失真。香港政府认识到，股市过度投机之风推动的股价虚高，极易导致股市雪崩引发社会不安定。面对这种局面，港府于1972年12月赶紧印发宣传小册子，规劝市民“调查清楚再作投资，切勿视投资如赌博”。1973年1月11日，香港财政司、银行业务监察专员和证券监理专员召集四个证券交易所的主席，举行了一次秘密会议。会后，再一次公开就股市不理性行为的危险性提出非常严厉的警告。为了让市民充分认识事态的严重性，香港消防事务处的处长亲率消防队员挤入被狂热人群围得水泄不通的证券交易所，企图从防火角度轰散人群。其寓意“香港股市起火了，要出动消防队灭火了”！这一幽默的股市灭火行动，开始对中小投资者也有震慑作用，但过不了多久，人们依然我行我素，两个月后的3月9日，香港恒生指数蹿升到1774.96的高点。媒体也觉察市场股价高处不胜寒，常发布一些打压股价的消息。特别是4月4日，税务局在报刊上刊登启示，提醒股民买卖股票获利是要纳税的。这一说不要紧，心态开始不稳的股民犹如冷水浇顶，发热的头脑，顷刻清醒了许多，纷纷将手中股票抛出。仅一个星期，恒生指数就跌破1000点大关，其后几个月一直在五六百点之间徘徊。香港政府利用买卖股票收入纳税这一启示，对股市“釜底抽薪”，平抑了虚升的股价。

在2007年国内证券市场，也曾发生股价像脱缰的野马，飞奔上涨。2007年初上证指数还在2715.72点，至2007年10月16日最高升至6124.04点，几个月的时间上涨了2.255倍。股市如此上涨速度，引起了管理层高度警惕。管理层为了防患于未然，采取加快新股发行节奏、增加市场有效供给等措施的同时，特别重视资金杠杆的作用，2007年初开始至9月15日就连续5次加息，一年期贷款利率，总加息幅度达0.63%；再配以多次提高存款准备金率，从2007年初的存款准备金率9%，至2007年9月25日提高至12.5%，增加准备金率3.5%。据测算，2007年初每提高0.5%存款准备金率，金融机构则增加1670亿元存款准备金，调高3.5%就意味着减少5845亿元社会货币供应量，并且市场还传言央行继续要加大提高存款准备金率。表明管理层对防止社会信贷总量过快增长、减少社会投资规模的态度坚决。管理层通过利用资金杠杆实施“釜底抽薪”，不断提高银行准备金率与贷款利率水平，造成股市资金偏紧，股价应声步步下滑。直至2008年10月28日滑到1664.93点。可见，紧缩银根的“釜底抽薪”之计是扼制股票疯涨的最有效办法。从上述引申至普通投资人来说，“釜底抽薪”之计的应用，还可理解为对所投资的股票实行止盈止损。

## 4.5 顺手牵羊

“顺手牵羊”是三十六计中的第十二计。计文是：“微隙在所必乘，微利在所必得。少阴，少阳。”其意为，对于敌方暴露出的最小的疏漏都要乘机利用，对于发现很小的利益也要力争取得。捕捉时机，乘隙而入，就可将敌方的小疏漏转化为我方的小胜利。阴指对方的疏漏，阳指己方的利益。

该计解语的原文为：“大军动处，其隙甚多，乘间取利，不必以战。胜固可用，败亦可用。”解语今译为，敌人大部队行动的地方，它的疏漏一定很多。利用这些间隙夺取胜利，可以不必作战。这种方法，胜利一方当然可以动用，失败一方也可以运用。

此计在《草庐经略·游兵》中有述：“伺敌之隙，乘间取利。”民间往往将“顺手牵羊”作为贬义词，意为在街上乘隙顺手牵走别人的羊的贪小便宜的不道德行为。其实，“顺手牵羊”泛指顺势而为，趁着方便，顺势取得利益。在两军对阵中，特指一方军队将领使用谋略，在战斗中顺势而为，夺取战斗胜利。

历史上的淝水之战，是一个使用“顺手牵羊”之计获胜的战例。公元383年，前秦王苻坚凭借统一了北方的表面强大，调集90万大军入侵东晋。东晋大将谢石率兵迎敌，双方对阵于淝水。谢石接纳部将进言，抓住苻坚骄横恣肆、目空一切的心理特点，采用激将法激怒苻坚，告诉苻坚若有胆交战，先让出一箭之地，待东晋的部队渡过淝水再双方列阵而战。苻坚不知是计，欣然应允，命令部队向后撤退，让出地盘与晋军决战。当苻坚部队向后撤退时，混入秦军的晋军探子趁机大叫，东晋部队打过来了！前面部队打败了！秦军惊慌失措，乱了阵脚，以败兵如山倒之势向后溃退。苻坚几次下令欲阻止部队退却，均难于奏效。其先锋苻融在混乱中被东晋军杀死，苻坚也中箭受伤，落荒而逃。在此役中，前秦军后撤，本无损其实力，但由于晋军探子借机煽风点火，晋军趁前秦军后撤大打心理战，顺势夺取了淝水之战的胜利。

再如郑和下西洋，根据明史记载，“成祖疑惠帝之海外，欲踪迹之，且欲耀兵异域，示中国富强。”可见，明成祖让郑和下西洋，开始的意图是要追踪下落不明被怀疑逃往海外的惠帝，以便斩草除根，去除心腹大患。另外，是想要在国外展示中国富强。结果，主要目的未达到，却先后五次“顺手牵羊”扩大了我国对外友好交往，促进了海外商贸的发展，这也是“顺手牵羊”的成果。

在抗日战争的1943年10月下旬，时任太岳军区第二分区司令员的王近山歼灭日军观战团采取的就是“顺手牵羊”的战术。当时，他奉129师刘邓首长之命，率太岳军区第16团从太行山回师陕北，担负保卫延安的作战任务。全团2000余名官兵在王近山的率领下，夜行晓宿，一路西行，很快就来到了太岳根据地边缘的临汾县韩略村一带。韩略村是当地一个比较大的村庄，有400多户人家，处于两山交通要道之间。我军16团到了此地后，前方侦察员报告说，村旁的公路上有日军的车队经过，估计是向前方运送弹药或给养的车辆。王近山当时想：我16团长途行军至敌人大后方，敌人尚不知晓我方的情况。我军在敌人大后方突然出击，能够做到出其不意攻其不备；而且韩略村地势险要，非常适合打伏击。如果我精锐之师依托有利地形伏击敌人的车队，取胜的把握很大，如遇上敌人的后勤弹药给养车队，还能给部队搞一些补给。虽然我部此次的主要任务是赴陕北保卫党中央，但是在此途中速战速决打个小仗也不妨碍完成主要任务。为此，王近山当机立断，决定来个“顺手牵羊”，利用韩略村的有利地形和敌人的松懈麻痹，以速战速决的手段，打一个干脆利落的伏击战。10月24日凌晨，16团担任伏击作战任务的6个连队借着浓浓的夜色，隐蔽进入了韩略村公路两旁的庄稼地里，迅速做好了战斗准备。此时，由临汾方向传来了汽车发动机的声音。紧接着，编有3辆小汽车和13辆卡车的日军车队，满载着日军官兵进入了我伏击圈。王近山司令员一声令下，担任截尾任务的第6连首先打响了第一枪。这个时候，前面的日军汽车也在接二连三的地雷爆炸声中被掀翻在路旁。突遭袭击的日军官兵慌忙下车应战。我军布置在公路两旁的轻重机枪火力，居高临下，泼水般地扫向敌人。顿时，整个韩略村公路上杀声震天，弹雨横飞。许多日军还没弄明白子弹来自何方，就糊里糊涂地送了命。王近山见突遭袭击的日军惊慌失措，根本组织不起有效的抵抗冲锋，命令吹响冲锋号，顿时，我军指战员端起刺刀向敌人发起勇猛的冲锋，一场惊心动魄的肉搏战展开。只见公路上刀光闪闪，喊杀声、惨叫声不绝于耳。战士们的刺刀和大刀与日军指挥官们的军刀相互格击，闪闪的刀光下不时传来日寇狼嚎般的惨叫声。经过近3个小时的血战，16辆车上的180余名日军全部被我军歼灭。战后，我军从打扫战场缴获的文件中得知，被歼的这支日军是侵华日军华北方面军司令冈村宁次组织的所谓“皇军军官战地观战团”。王近山率16团在韩略村“顺手牵羊”一战，以几百兵力一举歼灭了包括一名少将旅团长、一名大佐联队长在内的120余名日军军官和60多名士兵，使这个“皇军军官战地观战团”还没有走到战地就全军覆灭了，不仅大灭了日军的威风，也为赴陕北保卫党中央献上了一份厚礼。

在外事活动中，周恩来总理曾使用“顺手牵羊”的谋略，巧妙取回被外宾顺手牵羊拿走的九龙杯，令人拍案叫绝。此事发生在70年代初，某国一位重要贵宾应邀访问我国北京后取道上海回国。上海接待外宾的有关负责人在锦江饭店为他设宴饯行。为视敬重，特在宴会上使用了上海珍藏的一套举世罕见、别具一格的精美“九龙杯”。这套九龙杯玲珑古雅，杯上雕有九条栩栩如生的飞龙，龙眼鼓突，龙鳞光彩夺目，龙的口中含有金珠，每当佳酿注人杯内，那金珠会在龙嘴里闪闪滚动，活灵活现，给人一种龙腾磅礴之感。更神奇的是，当九龙杯盛酒在九成九以内，杯中的美酒一滴不漏；如果将酒添满至杯口，杯里的美酒即刻漏得滴酒不剩。它寓意：“知足者酒（久）存，贪心者酒（久）尽。”颇具人生哲理，令人感悟。如此珍贵的宝物，人见人爱。这位外宾更是见后惊喜着迷，爱不释手。酒过三巡，他佯装醉意，竟“顺手牵羊”将一只九龙杯塞进自己随身携带的公文包里。此举立即被当班的服务员察觉。该服务员训练有素，根据当时外事接待的友好氛围，并未当场给予揭穿，只是将发现的情况向有关领导汇报。上海接待外宾的负责人闻报，立即将九龙杯被外宾“顺手牵羊”的情况向同在上海的周恩来总理作了汇报。总理回答说：“九龙杯是国宝，一个不能少，一定要追回。但解决这个问题的前提是不伤感情，要在不影响国与国的友好关系的情况下追回来。”周总理说完处置原则，又进一步询问了当天晚宴后有关外宾活动的安排。当周总理得知晚宴结束后安排外宾去上海杂技演出厅观看杂技表演，总理脑子里快速盘算了一下，然后灵机一动，口授机宜，决定利用杂技表演的机会，“顺手牵羊”取回九龙杯。在杂技表演大厅，正当中外贵宾兴致勃勃地观赏上海杂技团压轴节目——魔术时，只见魔术师在红布铺的台上摆着3只金光闪烁的九龙杯，右手高举一把发令枪，忽闻枪声响起，台上的3只九龙杯只剩下两只，另一只九龙杯已不翼而飞。正当观众寻思那只九龙杯飞到哪里去了之时，只见魔术师走下舞台彬彬有礼地来到前排贵宾席前，含笑指着外宾那只公文包，要求打开一看。果然，九龙杯现身包内。魔术师轻而易举地取回了这只珍奇的九龙杯。全场观众被蒙在鼓里，以为九龙杯真的“变”到那位外宾公文包里去了，顿时报以热烈的掌声。那位颇有身份的外宾却无可奈何，只好强装一副尴尬的“笑脸”。周总理足智多谋，利用表演杂技智变九龙杯，巧妙地取回装进外宾公文包内的九龙杯，这一“顺手牵羊”的办法既不失外交礼仪，又成功地取回国宝，成为外交战线的佳话。

在商战中，大凡国内外有作为的企业家和经营者，无不抓住稍纵即逝的有利商机，成就伟大的业绩。往往商机是从不经意中获得的。如我们现在成为经常性消费的方便面，就是50多年前，一位在大阪以加工食品为主的安藤百福的日本人，在每天下班后乘电车回池田市居住地时，看到在车站附近许多人挤在饭馆前，等候吃热面条的现象中想到的。安藤从这种司空见惯的现象中悟出一个道理：现代快节奏的社会里，人们追求的是节时、省力、方便的饮食方式。他开始在脑海中琢磨搞一种只要用开水一冲即可吃的面食，并坚信这种方便面条一定会受到广大消费者的欢迎。于是，他买了一台面条机，不断试验，不断努力，"有志者，事竟成"，终于在1958年试制成功"鸡肉方便面"。该方便食品一经推向市场，立即引起轰动。上市仅8个月，方便面销售量就达到1300万包。面对成功的开端，安藤乘胜追击，又将目光瞄准欧美市场。根据欧美消费群体使用叉子吃面条的习惯，以及追求更加方便的饮食要求。5年后，他又推出了使用叉子的筒装方便面。此举马上受到年轻的消费群体的青睐。老年消费者也紧随社会消费潮流品尝方便面的美味。一时间，安藤与美国达特公司合作的日清达特公司门前，前来提货的卡车排起了长龙。筒装方便面在美国的销量每年以几何级数增加。安藤百福遂成了世界方便面之王。纵观方便面的历史，不难看到：安藤生产方便面，是在车站等候公共汽车看到顾客在面条店焦急排队就餐，凭着他平时造就的见微知著的洞察力和闻风而动的应变力，顺手牵出了一只肥"羊"，因而发了"洋"财。

在炒股时，经常会遇到这样的情况：经过反复思考、比较，下决心买的股票，待准备入市买时，却已涨幅惊人，无从下手了！这时，同类股票有可能还处于尚未起涨的状态。例如在2008年10月6日，国庆长假后的第一交易日，由于中国证监委面对世界金融风暴造成股市直泻的危急状态，也出面救市。10月5日在京宣布，经国务院同意，中国证监会将于近期启动证券公司融资融券试点工作。这一消息一公布，虽然对整个证券市场来说，大多数证券从业人员都认为对股市涨跌是中性的措施，但是对证券股来说，特别是马上被列入试点的证券公司来说，无疑是一项重大利好。融资融券业务可以促进证券市场成交的活跃与经纪业务总量的提升，可以大大增加券商手续费的收入。融资融券业务若以券商自有资金、自有证券试点，将增加券商自有资金与自有证券的利用效率；

当融资融券在运转机制建立后，券商更多地扮演了中介服务角色，所得利差、经纪业务服务费也是一笔不菲的收入。融资融券业务的开展，拓宽了券商的赢利渠道，改善了证券公司的赢利模式，可以提升证券公司业绩水平，促进证券公司良性有序发展。不可否定，该项政策的实施，对符合试点条件的证券公司，肯定会有正面作用，上市证券公司的股票少不了会有一番表现。正如分析的那样，在10月6日一开市大家都把目光集中在中信证券与海通证券两只最有可能获得试点牌照的证券股上，由于中信证券在这一天开临时股东大会停牌一天，对这一消息不能直接作出反应，而海通证券反应非常热烈，即使当天大盘跌幅达到5%多，但广大投资者对海通证券仍然情有独钟，购买者踊跃，人气旺盛，很快推动股价上涨，将涨幅牢牢封在涨停板上。结果，可能使你前一晚上案头所作低价买入证券股的计划落空。当所设的买入对象海通证券涨幅过大不想再介入时，但回过神来，观察这时高比例持有海通证券与中信证券的一些股票可能股价不一定已经启动，完全可以不要拘泥于原定作战目标，可以将目光转移至有相同题材但股价尚未起动的其他交叉大比例持有证券类上市公司的个股，比如兰生股份、雅戈尔、两面针等等，我们完全可以对这些大比例持有证券类上市公司的股票“顺手牵羊”一把！股市博弈时间久了，在计划买入、卖出案头工作时，最好有多个股案，万一首个目标不能实现时，进而在第二、第三个目标上动脑筋，顺手捡上一把，尽可能不让机会丢失，争取在实施“顺手牵羊”时，获得利润最大化。

## 4.6 抛砖引玉

“抛砖引玉”一词在中国古今文字和口语中有较多歧见，来源说法不一。据《历代诗话》记述的说法是相传来自唐代诗人常建为了要赵嘏做诗，故意在赵嘏游苏州灵岩寺的必经之路的寺前的墙上先题了“清晨入古寺，初日照高林。竹径通幽处，禅房花木深”四句诗，以引赵嘏续诗。果不出所料，赵嘏路过寺前看到墙上写的尚未写完的四句绝句题诗，欣然又在后面续了“山光悦鸟性，潭影空人心。万籁此俱寂，但余钟磬声”四句，使之成为一首完整的五律。就这首诗来说，后人认为，赵嘏所续的比常建写的前几句更有诗意。由此，后人就将常建的做法称为“抛砖引玉”。然而，常建是唐玄宗开元十五年（727年）中的进士，而赵嘏是唐武宗会昌二年（842年）中的进士，两者相距115年，不是同时代的文人，常建“抛砖引玉”让赵嘏补诗一说不可能成立，但民间已习惯于“抛砖引玉”如此有悖于历史事实的讹传。“抛砖引玉”的词源，有的说是出自宋真宗景德年间（1004—1007年）高僧释道源所编《景德传灯录·卷十一·赵州东院从谂禅师》：“大众晚参，师云：‘今夜答话，有鲜问者出来’，时有一僧便出，礼拜。谂曰：比来抛砖引玉，却引得土坯子。”这句话来源于一则佛门故事。传说活了120岁的唐代禅师从谂，有一天晚上，同弟子们一同参禅悟道。入座后从谂宣布：谁对禅学理解深刻，可以跨前一步。众僧皆息虑凝心，静坐参禅，唯有一个小和尚壮着胆向前一跨，躬身一揖。从谂见了，缓缓地说：刚才我是抛砖引玉，不想却引来一块土砖坯子。后来又见于元代贾云石（1286—1324）所作 《斗鹌鹑·佳偶》曲：“见他眉来眼去，俺早心满愿足；他道是抛砖引玉，俺却道因祸致福。”“抛砖引玉”指的是抛出去一块不值钱的砖，换回来一块价值连城的玉，与“以贱换贵”、“以小博大”、“以羊易牛”均是同一层面的意思。

在三十六计中，将“抛砖引玉”列入攻战计的第十七计。若按近期发现，《三十六计》是济宁檀道济刻于隋皇十六年（596年），那么前述“抛砖引玉”的词源还是 《三十六计》中“抛砖引玉”在先。该计的原文为：“类以诱之，击蒙也。”文中的“击蒙”二字源自《易·蒙》：“上九，击蒙。”计文意为，用极其类似的东西诱惑对方，使对方懵懂上当借此实现要攻击的目的。

该计解语的原文为：“诱敌方法甚多，最妙之法，不在疑似之间，而在类同，以固其惑。以旌旗金鼓诱筹得，疑似也；以老弱粮草诱敌者，则类同也。如楚伐绞，军其南门。屈瑕曰：‘绞小而轻，轻则寡谋，请无捍采樵诱之。’以之，绞人获利。明日，绞人争出，驱楚设徒于山中。楚人坐守其北门，而伏诸山下，大败之，为城下之盟而还。又如，孙膑减灶而诱杀庞涓（《史记》卷六十五《孙子·吴起列传》)。”该解意为，迷惑敌人的办法很多，其中最好的方法，不是似是而非，而是用类似的方法解除敌人的疑心。凡是用张设旗帜、敲锣打鼓去迷惑敌人的，属于似是而非的方法；凡是用老弱残兵或军米柴草去迷惑敌人的，是类似的方法。解语引用战例加以说明，如楚国攻打绞国（湖北郧县西），军队屯兵于绞国南门，绞军闭城坚守。此时，楚大臣屈瑕向楚王建议说：“绞军弱而轻狂，轻狂就不讲谋略。我军可以用小利引诱绞人出城，不必强攻。采取不派兵保护砍柴的人的办法，准能引诱绞人上当。”楚王对屈瑕的建议满口称赞。于是，派一些人上山砍柴诱敌；又派一支队伍去山里设伏；再派一支队伍在绞人出城后断其退路准备攻城。施计第一天，绞军见打柴人无兵护送，即出城拦截抢劫，获得一点小利。第二天，绞军都争着出来抢劫。装扮成打柴人的楚军向山里逃，绞军不知是计狂追不舍，结果中了楚军的计谋，被迎头痛击。这时，另一支楚军又将城门堵住，切断了绞军退路，并发兵猛烈攻城。绞军城空兵败，举国投降。又如，孙膑与庞涓大战，孙膑抓住魏军向来轻视齐军的弱点，为了增加庞涓轻敌思想，佯装败退，沿路故意逐渐减少炉灶，致使庞涓对齐军不断溃败、军力减少深信不疑，于是命令部队紧追不舍。结果在马陵（今山东濮县北）中了孙膑的伏击，庞涓兵败自杀（见《史记·孙子·吴起列传》）。

“抛砖引玉”之计，使用范围很广，不受时间与空间的束缚。“抛砖引玉”不一定必须付出，也可以是虚晃一枪，毫不付出代价；而“欲取先与”则是一定要先付出作出一些牺牲。通常的认识，该计的中心意思就是以小博大，以小的代价换取大的胜利。在该计中，“抛砖”是手段，“引玉”是目的。“抛砖”就是利用敌人爱占便宜的弱点，先付出砖的较小代价，给敌人先尝一些甜头，引诱其上钩，然后让敌人得不偿失，付出巨大的代价，使我方获得较大利益。这种应用“抛砖引玉”之计的战例，除了解语中所举的例子以外，还有很多，现再试举几例。

在战国时期，秦国要与赵国结盟攻打魏国，两国商定，在魏国战败后，将原属于魏国的邺城（今河南省安阳市）割让给赵国。魏国面对秦、赵两国结盟，腹背受敌惊慌不已。此时，魏国的芒卯向魏王献上一计说：“秦、赵两国相互关系一贯不好，现在结盟，只不过是为了瓜分我国的领土，扩大自己的疆土。我们只要主动给赵国一点好处，赵国就会放弃与秦国联合，我们就可以各个击破。”魏王听说点头称是，并依计指派张倚出使赵国。张倚到达了赵国禀告赵王说：“如今大王联秦攻打我国，无非是想得到邺城。魏王出于仁爱之心，为了使百姓免受战争之苦，决定我们两国无须交兵，就将邺城献给大王，请大王接受。”赵王听到不用战争，便唾手可得邺城，心中大喜，追问张倚：“若寡人接受了此礼，那魏王又有什么期望呢？”张倚回答说：“魏、赵两国关系一直很好；而魏、秦两国素有敌意。秦国乃虎狼之国，请大王权衡利弊，与秦国断绝联盟，而与魏国缔结友好条约。”当夜，赵王即与群臣商议，决定与魏国和好，接受魏国邺城馈赠，宣布与秦国断绝来往，关闭了与秦国边境通道。赵国为了兑现与魏国协议，兴高采烈地派部队去接收邺城。到了邺城，赵将看到守城的芒卯，只见芒卯站在城头对赵将说：“我奉命守城，怎能不动干戈就把城池交与你呢？张倚欲把邺城献给赵王，那是张倚的罪过，你去找张倚要邺城吧！”赵将无奈，只好退兵。而秦王因为赵国出卖了联盟，一怒之下要反手联合魏国教训赵国，赵国反而成了秦、魏共同讨伐的目标，搞得赵王惶惶不可终日。不得已，赵王只得反过来求助魏国联合抗秦，并且表示心甘情愿割让五座赵国城池给魏国。结果魏国施用“抛砖引玉”一计，“抛砖”并没有付出任何代价，甚至不费吹灰之力，就轻而易举“引玉”得到赵国割让的五座城池。

在第二次世界大战中，美军也曾使用“抛砖引玉”之计，在中途岛一战中大败日军。1942年5月初，美国太平洋舰队司令尼米兹已经觉察到大战即将来临，但判断不清日军进攻方向和具体目标。由于太平洋战线漫长，给有效防御带来困难。然而庆幸的是，美军一直都在截获日军无线电通讯。美军情报人员发现，日军许多电报中都用“AF”两个字母作为作战地点的代号。于是解开“AF”代号真实含义，就成了美军有的放矢部署防御兵力的关键。美国情报官根据各方面分析怀疑“AF”是指中途岛，但为了万无一失，准确证明“AF”作战地点就是中途岛的代号，巧施“抛砖引玉”之计，诱使日本人泄露真情。他们故意让中途岛驻军拍发了一份有意让日军破译的电报，内容是，“此处淡水设备发生故障”，结果48小时后，美军截获日军一份密电，内容是“AF”很可能缺少淡水。截获这份电报，美军大喜过望，证实了日军多次使用的“AF”代号就是指的是美军中途岛军事基地。据此，美军详细查明日军进攻中途岛的作战计划，采取及时、有力的作战对策。美军太平洋舰队司令尼米兹在中途岛增加了75架作战飞机，2000多名守备部队，以及增加部署了高射炮、反坦克雷等武器装备。另一方面又将把珍珠港受打击后剩下来的舰队整编为二支舰队，赶在日军战区警戒潜艇进入阵地前，预先在中途岛东北方向设伏待机，随时对毫无察觉的日本航空母舰编队侧翼进行突击。美军在中途岛海域提前为日军设好了圈套。5月27日，日本三本五十六亲率8艘航空母舰，11艘战列舰，上百艘其他大小军舰，700余架飞机向中途岛进发。6月3日下午，庞大的日本舰队前进到中途岛西北海域。6月4日清晨，日军满怀信心、毫无戒备地起飞舰载机群向中途岛美军基地发起攻击，准备再创珍珠港的奇迹。由于美军早有准备，空袭来临之际，中途岛上的美机已经全部升空，对日本军机进行拦截反击。又在此时，52架美机分五批次向日本航空母舰发起攻击。7时零2分开始，美国航母上131架舰载机直扑日本航空母舰。从9时20分开始，41架鱼雷机打前阵，对日本航空母舰抵近攻击，虽遭日军顽强反击，损失不少，但却转移了日舰的注意力，就在此时，美军50架轰炸机从云层中钻出，垂直投弹，直接命中三艘日本航空母舰，日舰很快沉入海底。最后，日军以4艘航空母舰及300多架飞机的惨重损失，撤出了中途岛战斗。日本指望如偷袭珍珠港重创美军一样的奇迹在中途岛战役中没有重现。这要归功于美军使用“抛砖引玉”之计，搞准了情报，预有准备，事先设伏防御。

在1946年6月，中国共产党领导的中国人民解放军与国民党的军队爆发了全面内战。当时的人民解放军力量完全处于劣势状态，国民党军队总兵力约430万人，统治着3亿以上人口的地区，控制着全国所有大城市和绝大部铁路交通线，接收了侵华日军100万兵员的全部先进装备；而人民解放军只有127万人，解放区人口只有1亿多，其中大部分地区还未进行土地改革，反动封建势力并未肃清，政权也不巩固。在用兵的谋略上，国共两党两军采取了完全不同的原则。

蒋介石认为，向解放区的进攻是“现代作战”，“无都市即无政治基础，无交通即无政治命脉”，所以“最要紧的莫过于交通，而要控制交通就先要控制都市”。从这一战略原则出发，蒋介石要求部队“必须把匪军所占领的重要都市和交通据点一一收复，使共匪不能保有任何根据地”而成为“流寇”加以消灭。毛泽东则认为，我军实力上暂时处于劣势，但人心归向，士气高涨，坚持以歼灭国民党有生力量为主而不是保守地方为主的正确的战略方针。“以运动作战为主要作战方法”，“暂时放弃若干地方若干城市”，“于大踏步退却中重创敌军”。中国人民解放军抛出的是一些城市的地盘的“砖”，得到的是大量歼灭敌军有生力量的“玉”。由于敌军大量被歼，占领的地方又需分兵防守，随着时间推移，国民党军队战线延长与兵力不足的矛盾越来越尖锐，终于丧失了全面进攻的能力，被迫采用重点进攻的策略，最后更是全面溃败，逃到台湾岛去了！可见“抛砖引玉”策略运用得当，可以以小博大、以弱胜强。

在商品经营上，也可以随手拈来不少使用“抛砖引玉”的策略取得成功的例子。其中美国现代玩具巨商——孙元宝跨国公司推销变形金刚玩具的成功，就富有一定代表性。在1988年，孙元宝在亚洲市场上推出“变形金刚”的儿童玩具，局面一直不能打开，销售额只不过50万美元。孙元宝认识到，若不能及时扭转这种惨淡经营的局面，在亚洲的儿童玩具市场就会败下阵来，无功而返。为了扭转这种尴尬局面，实现打开亚洲的儿童玩具市场的梦想，他经反复推敲，并未采用商家习惯使用的铺天盖地的广告促销法，而是采取“抛砖引玉”的办法，迂回诱导儿童购买。他组织公司人员精心制作了《变形金刚》动画片，并无偿提供给亚洲各地的电视台播放。从此，变幻莫测的“变形金刚”吸引了众多的儿童目光，甚至一些青年人、成年人也被《变形金刚》的变化多端的魅力所吸引。没有多久，整个亚洲掀起了一场声势浩大的“变形金刚”玩具热，大家纷纷涌向商店求购“变形金刚”。不到两年时间，“变形金刚”玩具的销量就突破了400多万美元，比1988年销量增加了6倍多。孙元宝花了点有限成本抛出《变形金刚》动画片这块“砖”，引来的是经久不衰的“变形金刚”销售热这求之不得的“玉”。

还有我国久负盛名的茅台酒，其打开国际市场，也曾使用了“抛砖引玉”之计。茅台酒在国内早负盛名，但在国际上当时知之者却甚少。1915年，美国为庆祝巴拿马运河通航，在旧金山举行巴拿马万国博览会，当时主政的民国政府农商部也将茅台酒陈列到巴拿马万国博览会上展出。由于中国的茅台酒包装陈旧，相对于各国琳琅满目、包装精美的产品，根本引不起参会代表的注意，也无人要求品尝，更不要说参加知名品牌评选了。面对这种让人尴尬的不利局面，参加博览会的茅台酒师王奎眉头一皱计上心来，他带着展位上的茅台酒走到展厅最热闹的地方，然后故意将酒瓶摔碎在地上。顷刻，一股浓郁的酒香沁心扑鼻，在大厅内弥漫，经久不散，立即震惊了整个会场，与会代表纷纷向香味方向走去看个究竟。各国评选委员也被吸引至展位前开始品尝茅台酒，对该酒的品质进行评定。结果，茅台酒不负众望被评为世界第二大名酒。从此，茅台酒名声大振，习惯喝香槟、白兰地的外国人，也被中国茅台酒所折服，齐赞茅台酒是世界名酒。这个事例，王奎抛出的是摔破一瓶茅台酒代价的“砖”，得到的是茅台受用不尽的世界名酒的声誉这块“玉”，实在是高明！

在股海中，“抛砖引玉”策略的运用，一般是大户凭借信息不对称以及手中的资金实力，在股市中兴风作浪，故意制造股市陷阱，采取连续“高进低出”或“低进高出”的小额买卖，以影响股票买卖人气，推动股票的价格向着他们期望的方向发展，达到压低股价或抬升股价的目的。一旦不明真相的中小散户跟风，这些制造陷阱的大户就会悄悄地实现拉高出货而获取暴利，或者在打压股价后趁机抄底建仓。实力雄厚的机构大户，抛出有限资金损失的“砖”，引来了高额利润的“玉”，这是资金大户在股市出货、建仓中惯于使用“抛砖引玉”之道。机构大户除了对个股采取“抛砖引玉”的策略以外，往往还在板块中使用“抛砖引玉”的谋略。机构大户由于资金雄厚，为便于在股票中进出，往往在大盘股中持有重仓，当其需要对某一大盘股建仓或出货时，往往以小量资金就能对股价打压或拉升的股票进行操作。在板块效应作用下，同一板块小市值股价的拉升，而大市值的股票也会跟随大涨，资金大户就可趁机派发获利，逃之夭夭。同理，大户要想建仓某一大市值的股票，也会寻找相同板块小市值的股票进行打压，利用板块效应将同一板块大市值的股票价格往下拉，当散户恐慌性抛盘时，大户又可在较低价位顺利完成建仓。大户总是用“抛砖引玉”的策略，以小的代价博取大的收益。中小散户防范机构大户“抛砖引玉”之计最好的办法，就是在股市中坚持自己的分析判断去操作，不跟风，不为谣言所惑，股价到达了自己期望值就抛，降到了设定的投资区域就吸，这就可避免中招。若是跟着机构大户共舞的，切忌贪心，机构大户建仓一只股票后，低点建仓制高点出货没有30%的空间，是很难获利的，因此，散户像吃甘蔗一样只吃中间这一段，炒股也只做中间波段，趁着机构大户出货前早一点出货溜掉，不要指望赚足全部，就赚个15%—20%也很好。如此对付机构大户的“抛砖引玉”谋略，散户既不会中招，也不会受损害。

散户投资者使用“抛砖引玉”的谋略，主要体现在投资过程中采用投石问路的方法。这在基金投资中作用比较显效。散户投资人购买基金，首先要了解基金公司的管理能力、服务水平、专业素质，在对各个基金的经营业绩进行初步摸底后，筛选经营业绩突出的基金公司作为投资对象，以少量资金进行试探性投资，也可以以少量资金购买几个基金组合进行投资比较，以考察所投资的基金公司是否真正优秀，具体看其服务的专业性、服务的及时性、服务的安全性、业绩的稳定性、业绩的成长性等各方面情况。一旦找到了称心如意的基金公司，就可以将要投资的资本集中投入。这种“抛砖引玉”的基金投资方法，损失的是试探性少量投资收益，得到的是找到了可信赖的基金投资公司。

# 五、佯敌

## 5.1 打草惊蛇

“打草惊蛇”被列为《三十六计》的第十三计，归类为攻战计。该计名原来有一种说法系源自段成式《酉阳杂俎》。其书中记述：唐代当涂县令王鲁，贪赃枉法，搜刮民财。有一次，当地民众控告其下属主簿贪污，而王鲁做贼心虚，只怕拔出萝卜带出泥，竟不由自主地在诉状上批道：“汝虽打草，吾已惊蛇。”意为：“你们打的虽是草，而我却像草里的蛇一样受惊吓了！”而据现在山东济南考古发现隋代玉简《三十六计》，系刻于开皇十六年（596年），作者就是南北朝时期的宋国著名将领檀道济。按此说法，《三十六计》成书要先于《酉阳杂俎》。显然，《酉阳杂俎》不应是“打草惊蛇”计源，相反《酉阳杂俎》其中内容引用了《三十六计》。故“打草惊蛇”的计名来源还应该更早。

“打草惊蛇”原计文：“疑以叩实，察而后动；复者，阴之谋也。”其意是，发现可疑情况就要侦察清楚，掌握真实情况后才能行动；反复侦察研究分析，是发现敌方阴谋的重要方法。

该计解语原文：敌力不露，阴谋深沉，未可轻进，应遍探其锋。兵书云：“军务（明本作：军行）有险阻：潢井、葭苇、山林、翳荟者，必谨复索之，此伏奸之所也（明本作：此状奸之处也），《通典御览》作：此伏奸之所藏处也。”该解语出自《孙子兵法·行军篇》一段，解语意为，敌方不暴露自己的兵力，必然隐藏着更大的阴谋，千万不可冒失前进，应该到处去搜索他的前锋。兵书上说："进军路旁遇有悬崖绝壁的隘路、湖沼、纵横水网、芦苇、山林和草木茂盛的地方，必须谨慎地反复搜索，这些都是敌人可能设下埋伏隐蔽侦察的地方。"

"打草惊蛇"作为一种军事谋略，体现了中国古代阴阳、柔刚相生相克的哲学思想。按照阴阳矛盾转化的辩证观点，有时可以以阴克阳，以柔克刚，有时则可以以阳克阴，以刚克柔。"打草惊蛇"，打草者在明处、阳处，采取主动进攻态势；而蛇在暗处、阴处，采被动防守态势。蛇在暗处，人从明处靠近它，难免会受其偷袭。而采取先拨动草丛，将蛇惊出，人们则可趋而避之，或进而捕杀，以免受蛇侵害，这就是"打草惊蛇"计谋奥秘所在。"打草惊蛇"既可在敌情不明之时，通过击打次要目标而去惊动主要敌人，引蛇出洞，聚而歼之；也可以用作击打次要目标，以警告主要目标，使主要敌人不敢轻举妄动，或通过打击次要目标，让主要目标的敌人惶惶不可终日，达到旁敲侧击的效果。历代军事家在使用本计时，两种情况均可见。

在北魏末年（523年）二月，驻扎在内蒙古五原北的沃野镇的魏军士兵，不堪镇将的残酷奴役和剥削，在破六韩拔陵的领导下揭竿起义。第二年五月，义军同魏军在五原（内蒙包头西南）相遇，魏军抢占了对面的小丘陵，居高临下在坡顶摆开阵势，伺机对破六韩拔陵的义军进行攻击。义军处于坡底，战场形势十分不利。破六韩拔陵为了摸清魏军的敌情，令探马向魏军埋伏处发射响箭，终于探明魏军在丘陵的坡道上不是其主力，真正的主力却埋伏在丘陵的背后，伺机对义军实施左右包抄。破六韩拔陵通过发射响箭获得魏军部署的准确情报后，立即命令兵分三路，左、右两路绕过丘陵去袭击埋伏在丘陵后面的魏军，他率中路故意佯败后退，引诱魏军从坡顶往下冲，然后让义军闪向两边让出中路。当义军对魏军形成口袋状阵势后，聚而歼之，义军大胜而归。同年七月，义军同魏军在白道（内蒙呼和浩特西北）相遇。白道是长满蒿草的大草原，便于在草丛中隐蔽军队。破六韩拔陵对敌情丝毫不敢麻痹大意。他担心魏军大部队在草丛中埋伏。他环视一望无际的草原，发现右边约2里处，群鸟乱飞又不敢降落，断定此处一定有异，于是兵分四队，每两队为一组，好似两把大钳剪向魏军。魏军见埋伏已被发现，从草丛中跳出来就逃。魏军正面部队见策应的伏军溃逃，配合正面攻击无望，惊恐万分，不战自溃。此时义军骑兵也已包抄而上，一阵砍杀，歼灭魏军3万多人。义军通过“打草惊蛇”摸清了敌情，接连取得了战斗的胜利。

在历史上，还有将“打草惊蛇”之计用于破案的许多例子。相传在唐太宗贞观年间，湖南衡阳的板桥客店发生了一起谋杀案，店主张迪在妻子回娘家的那天晚上突然被杀。店里的伙计及当地的官府均认定是当晚住店的3个客人所为。再加上住店3个客人均身带刀子，住店次日又匆匆离开，被追上后其中一人刀上还留有血迹。经大刑审讯，3人供认不讳，等候处斩。而唐太宗听说此案后，感觉3个房客与店主无冤无仇，何以要行凶杀人呢？为了不草菅人命，李世民诏命御史蒋恒复查此案。蒋恒受命来到衡阳，亲自提审3名疑犯。经审问得知3人并非本地人，此次天不亮动身离店是因为第二天要去60里外的地方看货，且考虑当时店里的人都在睡觉，故不辞而别；至于刀上的血迹，他们都不知从何而来。蒋恒根据3个疑犯的辨析，认为：3个疑犯与张迪素不相识，无冤无仇，不存在杀人动机；张迪店里财物无任何丢失，谋财害命也难于成立；若存心作案，也不可能不把刀上血迹擦干以留下痕迹。蒋恒向唐太宗李世民禀报，认定杀人凶手另有其人。李世民建议蒋恒使用“打草惊蛇”之法，引出凶犯，抓住元凶。为此，蒋恒遵命让板桥客店全部人员都到官府集合。人到后，他又说人还不足数，明日再来。临散时，蒋恒将一个80多岁的老婆婆留下来谈了一些无关紧要的话。随后，让老婆婆也回去，并派了一个狱卒暗中进行跟踪，结果发现有一男子暗中向老婆婆打听蒋恒留下她谈话的内容。连续集合了两次，又两次将老婆婆留下谈话，而那个男人也两次向老婆婆探听情况。蒋恒发现这一线索后，派人调查这一男人的情况，发现该男子与张迪妻子有暧昧关系，张迪为此事曾与这个男子争吵过。至此，蒋 恒认为：该男子疑神疑鬼，且有作案的动机，值得怀疑，遂将其缉拿。该男子归案后，很快招供他与张迪的妻子长期通奸，谋为夺妻霸产，永远姘居，故一直寻机谋害张迪，恰逢时日3个房客带刀，便想借刀杀人。为掩人耳目，又事先让张迪妻子回娘家，之后又将带血刀具装回刀鞘，让3房客杀人有口难辩。至此，唐太宗李世民与蒋恒运用“打草惊蛇”之计，终于使案情真相大白，真凶被惩，无辜3房客冤情被洗刷。

在近代军事斗争中，“打草惊蛇”运用也是层出不穷。如第二次世界大战的斯大林格勒保卫战中，德军调集了东线几乎所有的兵力围攻斯大林格勒。当时苏联杜瓦丁将军率领的红军部署在斯大林格勒400多公里的外围阻止德军向斯大林格勒增兵。但杜瓦丁将军在作战中察觉，德军攻击杜瓦丁统率的苏联红军的战斗并不激烈，疑是德军牵制杜瓦丁部队的缓兵之计，实为防范杜瓦丁脱身前去支援斯大林格勒。为此，杜瓦丁考虑：若是调动主力部队驰援斯大林格勒，那么正面的德军势必从背后追击，反而会把敌人引进斯大林格勒，增加斯大林格勒保卫战的负担；若是按兵不动，又正中德军缓兵之计，不能充分发挥红军的战斗力，不能为斯大林格勒保卫战助上一臂之力。正在杜瓦丁在两难中苦苦寻觅计策时，他想到了使用“打草惊蛇”的谋略。他命令航空兵派飞机日夜对德军驻地轰炸骚扰，把德军搅得白天躲在掩体不敢动弹，晚上又不能安稳睡觉。德军虽然被搅扰得惶惶不可终日，但就是坚守不动。杜瓦丁将军决定增强“打草”的力度，除了空中袭扰以外，又派地面部队绕到德军背后，对德军发动了一次较大的进攻，并占领了德军后方阵地。与杜瓦丁对峙的德军将领误以为苏军对德军后方下手，实施战略反攻，立即向德军前线总指挥部报告：“红军要从后方实施反攻，火速调兵增援。”德军前线总指挥部也肯定下属部队对战况的判断，急忙下令从斯大林格勒抽调兵力前来应战。结果，杜瓦丁将军“打草惊蛇”，解除了斯大林格勒苏军的危机，为守卫斯大林格勒的苏联红军乘机发起战略反攻、夺取斯大林格勒保卫战的胜利助上一臂之力。

在1956年发生的苏伊士运河战争，英、法联军也使用了“打草惊蛇”之计。当时，埃及向全世界宣布，将苏伊士运河收归国有。这个宣言一出，直接触犯了英、法、以色列等国家的利益。英、法、以三国联合起来，于1956年10月29日，对埃及发动了突然袭击，史称第二次中东战争，又称苏伊士运河战争。在开战前，英、法、以三国为了摸清埃及军队防卫情况，英、法两国使用木头、橡胶制成许多假空降兵，扮作先头部队空降苏伊士运河的波特塞得。埃及军队不知是计，立刻集中火力对所谓的英法联军空降部队猛打猛攻，结果将埃及防卫体系暴露无遗。英、法联军掌握埃及防空系统部署后，立刻有的放矢进行航空火力准备。10月3日下午开始对埃及的15个机场、兵营、交通枢纽进行狂轰滥炸。11月5日拂晓，英、法联军才真正向塞得港空投了第一批500多人伞兵。英国伞兵600多人在加密尔机场周围降落，并迅速占领了机场。下午1时45分，英、法第二梯队伞兵又在上述两地降落。11月6日上午，2.2万名英法海军陆战队开始在塞得港登陆。6日深夜，英、法登陆部队沿苏伊士运河南下，一举占领运河区。在整个战争中，埃及损失飞机200多架，伤20000多人，死1000多人，而英、法伤亡仅300多人，损失飞机50余架。英法联军之所以在知己不知彼的情况下，能以较小的代价赢得战争，这其中依靠使用“打草惊蛇”的计谋，把不知彼变成了对彼知根知底。

在商战中，在经营者采用的各种谋略中，“打草惊蛇”往往成为最后的“撒手锏”。美国有一航空公司为了扩大业务，拟在纽约建立一座大型的航空站，随之而来要解决航空站的电力供应问题，原计划使用当地最大的电力公司——爱迪生电力公司的电源。可是派人与爱迪生电力公司洽谈，要求该公司本着互惠互利的原则，实行优惠供应电价时，不料爱迪生电力公司却摆出“皇帝女儿不愁嫁”的架势，提出了苛刻的合作条件，后在价格上毫无商量余地。航空公司对电力公司采取以牙还牙、寸步不让的姿态，并公开宣布：“与其接受爱迪生电力公司的合作条件，不如自己建造电厂供电。”为了表明终止与爱迪生电力公司合作的决心，航空公司又在当地的报纸刊登拟选择某地点筹建发电厂的相关信息。航空公司施出的“打草惊蛇”的撒手锏，让爱迪生电力公司坐不住了，生怕失去这一用电的大客户，丢失赚大钱的机会，立刻放下身段，安排公共关系部人员前去沟通说情，推托原来只是谈判参与人的态度，公司领导层还是非常希望与航空公司进行供电合作的，并表示愿意接受航空公司所提合作条件，以极优惠的价格向航空公司供电。在这笔买卖中，航空公司略施“打草惊蛇”谋略，立即由被动转为主动，获得巨大经济利益。

“打草惊蛇”在股市中也是主力机构惯用的操盘手法。主力机构为了摸清目标是否有其他主力存在、盘中筹码锁定概率、盘中浮筹追涨杀跌的跟风程度，往往会以有限资金进行试盘。在行情相对较为平淡的交易日，若发现有资金跳空高开或跳空低开，但后市没有承接其强劲升势或跌势，继续恢复到原来正常价格运行区间，维持其平稳运行态势；或者在市中突然对目标股进行大幅拉升或大幅打压，由此带来目标股收出一根中、长阳线或阴线。凡是出现这种图形的个股，散户投资人就要考虑是否主力试用“打草惊蛇”之计在试盘？对于上下影线长，而成交量没有放大则说明该目标股其他资金跟风追涨追跌的意愿不强烈。如果试盘发现目标个股放量上扬，则通过试盘可以认定该目标个股跟风意愿强烈，抛压较轻，还有上涨的空间。特别对于存在题材且股价刚起动不久的个股，散户也可从主力“打草惊蛇”揭示的股票特质跟着继续持股。如果试盘发现抛出少量筹码，目标个股跟着放量下跌，则说明市场对该股缺乏信心，跟跌意愿强烈，抛压较重。若主力看好后市，则会趁机继续洗盘收集筹码；若主力不看好后市，则会采取先拉高，然后抛出手中持股。散户掌握了主力运用“打草惊蛇”之计的一般规律，就可从容应对主力隐藏的真实意图，立于不败之地。

散户在投资基金时，也可使用“打草惊蛇”之计。基金产品是靠基金经理人理财的，选择基金产品，是从选择基金公司开始。在一定意义上来说，选择基金 公司比选择基金产品更重要。为了了解基金公司内控能力和治理机制，投资人也可以采取“打草惊蛇”之计，将自己“乔装打扮”成对基金投资一窍不通的新基民，询问基金公司理财专员一些“白痴”的投资问题。例如，“你们有没有便宜的基金卖啊?”若是基金公司理财专员如实向你宣讲基金知识，而不是采用误导办法吸引你，相比较而言，该基金公司是可以信赖的；反之，则是不可信赖的。若你再向他们提出从申购到赎回、从投资到风控、从转换到分红甚至股东变化和基金公司经理背景等等一系列问题，若你经过多家投石问路比较、评判，觉得其中一家理财专员对你说的比较接近满足你所期望的服务品质与经营水平，那么你就可以选该基金公司作为投资对象。为了稳妥起见，还可继续使用“打草惊蛇”的办法，先以少量的资金投资选定的基金公司，进一步考察其实际操作业绩。若实际业绩也是出类拔萃令人满意的，那就可以放心投资该基金公司了！经过“打草惊蛇”的甄别，定可减少投资的风险，增加投资的收益。

## 5.2 调虎离山

“调虎离山”一语，据考证，源于《管子·形势解》。该篇有这样一段与调虎离山很相近的话：“虎豹，兽之猛者也，属深林广泽之中，则人畏其威而载之。人主，天下之有势者也，深居则人畏其势。故虎豹去其幽而近天人，则人得之而易其威。人主去其门而近于民，则民轻之而傲其势。故曰：‘虎豹托幽而威可载也’。”意思是，虎豹是兽类最凶猛的。当它们深居深山大泽之中时，人们就会惧怕它的威风而敬畏它们。君王，是天下最有势力的人。如果深居简出，人们就会害怕他的势力。虎豹若是离开它们所居的深山幽谷而走近人类居住的地方，人们就可以将它捕获而使它失去原有的威风。君王若离开皇宫与普通百姓混在一起，民众就会轻视其势力。所以说：“虎豹依托深山幽谷而威可以存在。”这里虽然尚未言明调虎离山一语，但已经包含只有将老虎调离深山幽谷才能将其制伏的哲理。

后来，“调虎离山”演绎成军事上的谋略，被编入《三十六计》中的第十五计。该计的原著引自《孙子·虚实篇》所述：“待天以困之，用人以诱之，往蹇未返。”意为，等待天候季节等客观条件对敌人不利时去围困他，用人为的假象去诱骗他，往前有危险，就返身离开；引诱敌人出来，则对我有利。

该计解语的原文为：“兵书曰：‘下政攻城。’若攻坚，则自取败亡矣。敌既得地利，则不可以争其地。且敌有主而势大；有主，则非利不来趋；势大，则非天人合用，不能胜。汉末，羌率众数千，遮虞诩于陈仓崤谷。诩军不进，宣言上书请兵，须到当发。羌闻之，乃分抄旁县。诩因其兵散，日夜进道，兼行百余里，令军士各作两灶，日倍增之；羌不敢逼，遂大破之。兵到乃发者，利诱之也；日夜兼进者，用天时以困之也；倍增其灶者，惑人以人事也。”其意为，兵书说：攻城是下策。如果不问条件地去硬攻，那是自找失败。敌人已经占了有利地形，就不要去争夺它。何况敌方有了准备，兵力又多；如果敌方有准备，不去引诱，就不会来攻；如果敌方兵力多，不结合自然和人为条件，就不能打败它。东汉末年，几千羌人把虞诩围在陈仓崤谷（今陕西宝鸡东的陈仓大散关）。虞诩停下来，放出消息说写信求救兵，等救兵到后再前进。羌人听了，想趁救兵到来之前去邻县掠夺财物。虞诩见羌人分散走了，乘机进军，昼夜兼程一百多里。每次驻军都命令士兵各做两个灶，逐日倍增。羌人以为虞诩的救兵到了，不敢再进攻。虞诩立刻发动反攻，取得大胜。虞诩故意放出消息等救兵到了再走，是用利诱的办法使羌人为抢掠财物而分散了力量；日夜急行军，是为了争取自己的主动，造成羌人的被动；不断地加倍修灶，是为了迷惑羌人，以为援兵赶到。

历史上很多政治家、军事家对“调虎离山”之计进行过深刻的研究，也进行过很多的尝试。如韩非子说：“夫虎之所以能服狗者，爪牙也。使虎释其爪牙而使狗用之，则虎反服于狗矣。”在这里，韩非子以形象的事例阐释了深刻的哲理。韩非子告诉人们，老虎凭借爪牙，所以让狗能服它，老虎若是去掉爪牙反而让狗具备利爪，老虎反过来要屈服于狗了！“调虎离山”说的也是：作为兽中之王的老虎占据地形有利的大山，才能横行无忌，难以捕获。如果引诱老虎离开大山，那么就容易制伏它，正所谓：“虎落平阳遭犬欺。”将此含义予以引申，即让敌人离开盘踞的有利阵地，或者使敌人失去有利条件，然后施行袭击和包围，这就是“调虎离山”计谋的内涵。

“调虎离山”之计实施的关键在一个“调”字上，目的是要将虎调离山区。“调”要做到巧妙、灵活，隐真示假，既要让虎离山，又不致弄假成真，让虎反咬一口。面对占据有利地形的强敌，就应该采取各种策略引诱敌人脱离据点，再在运动中消灭离山的敌人。在古今中外的战争舞台上，运用各种手段调动敌人脱离占据的有利地形，从而就我之范，将其消灭的例子不胜枚举。

在东汉末年，孙策曾成功施用“调虎离山”之计占领卢江。在公元199年，孙坚之子孙策，年仅17岁，继承父亲遗志，年少有为，志存高远，一心要向北推进，夺取江北卢江郡，扩大自己的势力范围。可是面对的是占据卢江的军阀刘勋，也不是等闲之辈，而是一位野心勃勃、实力强大，且仰仗南有长江天险、北有灌水阻隔的易守难攻的地利，并不把孙策放在眼里。孙策也清楚，若是对刘勋强攻，取胜概率很小。战胜刘勋、夺取卢江只能智取。孙策抓住刘勋极其贪财、喜听恭维话的特点，便派人送去一份厚礼，附信一封，对刘勋极尽吹捧之能事，将他誉为功名远播，令人仰慕，并自认年轻资浅，兵力薄弱，常受上饶发兵侵扰，希望与刘勋交好，请求刘勋发兵降服上饶。刘勋见孙策百倍讨好他，得意万分。加上孙策相求征服上饶，又是刘勋梦寐以求的事。刘勋心头一热，不管部将刘日华百倍劝阻，执意发兵攻打上饶。时刻注视着刘勋动向的孙策，眼见刘勋亲自率几万大军去攻上饶，卢江城内空虚，心中大喜过望，对部下说："刘勋这只老虎已被我调出山了，我们赶快去端他的老窝吧!"于是亲率人马，水陆并进，向卢江进发，结果没有费什么劲就十分顺利地夺取了卢江。刘勋猛攻上饶，久攻未果，却接报孙策已取卢江，情知中计，但后悔已经晚矣，只得灰溜溜地投奔曹操而去。孙策施用"调虎离山"智取卢江是一次非常成功的战例。

在近代的战争史上，中国政治舞台上两大军事高手毛泽东与蒋介石斗智斗法，双方妙招迭出，把中国历代战略战术演绎得出神入化，让人玩味无穷。蒋介石曾留学日本专门学习军事，熟读中国历代兵书，对打仗颇能讲出一些道道来。他将战略演化为下列十点：①以静制动；②以拙制巧；③以实击虚；④以迂为真；⑤独立作战；⑥全力以赴；⑦就地固守；⑧纵深配备；⑨机动配备；⑩六项要务（侦探、搜索、警戒、联络、掩护、观察）。又综合上述各点，得出结论，"战术要取守势，以静制动，以守为攻；战略上要取攻势，要以实击虚，以攻为守。"而军事家毛泽东并未留洋专职学习带兵打仗，但他透彻了解中国社会，善于结合实际学习兵法，成了天生的无师自通的军事家。几十年双方争斗，毫无疑问，毛泽东比蒋介石棋高一筹。蒋介石的军事策略听起来似乎讲得通，但毛泽东的作战方法却更加具体、实际，可谓井井有条，滴水不漏。其既着眼于宏观，又注意了细节；既重视精神，也讲究实际。蒋介石使出浑身解数，屡屡用计都被毛泽东慧眼识破，一一破解，一次一次成了毛泽东的手下败将。在1931年第二次反围剿作战中，蒋介石依仗实力雄厚，采用稳扎稳打、步步为营的战术。毛泽东慧眼识破了蒋介石的计谋，将计就计，采用“调虎离山”、诱敌深入、运动中歼敌的战策。千方百计打破敌军的“稳”，让敌军稳不下来，离开构筑坚固的据点，再予歼灭。按照这一战策，决定先打富田地区的弱敌王金钰部，诱使敌军离开坚固的工事，再行歼击。1931年4月23日，红军集结于龙冈。为了捕捉战机，毛泽东又命令部队西移东固，引诱敌人出巢，而红军部队在此专候富田王金钰部队露头。王金钰部不知是否听到什么风声，却迟迟不肯脱离阵地向前推进，惹得红军中许多将领都沉不住气了。在部队滋生急躁蛮干情绪时，毛泽东沉稳应战，力排众议，坚持“调虎离山”，坚持待敌人走出工事脱离阵地运动时再行歼灭。时间一久，敌人也开始麻痹起来，终于在5月16日拂晓时分离开富田构筑的阵地，向东固、白沙一带进发，结果遭到等候多时的红军的伏击，敌人顿时乱成一团，毫无抵抗还击之力。从5月16—31日，红军先后在东固、白沙、中村、广昌、建宁行军作战700华里，连打5个胜仗，歼敌3万余人，缴获枪支2万余支，一举粉碎蒋介石发动的对红军第二次大围剿。蒋介石“步步为营”的计谋被毛泽东的“调虎离山”的计谋所击败。

第二次世界大战期间，盟军在西西里岛登陆战役中就使用了“调虎离山”的手法，诱骗希特勒将驻防西西里岛的部分德军调往别处，为盟军而后的登陆行动成功创造了条件。西西里岛是地中海中最大的岛屿，隔墨西拿海峡与意大利本土相望，海峡最窄处仅3000余米，是意大利南部的重要屏障。1943年春，当盟军在北非登陆成功并取得进攻作战节节胜利之时，盟军统帅们就开始研究下一步的作战计划。5月底，在英国首相丘吉尔的邀请下，美国陆军参谋长马歇尔将军与其乘专机同赴阿尔及尔，与盟军北非战区司令艾森豪威尔将军、副司令亚历山大将军在艾森豪威尔的别墅里召开了军事会议，几经磋商，最后决定下一步的作战行动将从意大利的西西里岛开刀，刺向敌人的“软腹部”，而后向意大利国土纵深发展进攻。当时的战场态势是：虽然德、意军队在北非战场惨败，战斗意志和士气急剧下降，但此时意大利部署在本土的兵力仍然有44个师又6个旅，其中9个师驻扎在西西里岛担任防御任务。德国派往意大利作战的兵力为7个师又1个旅，另有500架作战飞机和60艘舰船。大家知道，德军的战斗力远远强于意大利军队。如果能够减少驻防西西里岛的德军数量，无疑大大有助于盟军登陆作战行动的成功。为欺骗调离敌人，盟军在一个月之前就执行了一个代号为“肉馅行动”的计划：在西班牙南部海滩上放置了一具英军士兵的尸体，身上还携带有两封秘信，一封是英国海军将领蒙巴顿写给艾森威尔的信，信中谈到英军与美军联合作战的问题；另一封是英国陆军副参谋长赖伊将军写给英军北非最高指挥官亚历山大将军的信，信中透露了盟军即将进攻的目标是位于西西里岛以西的撒丁岛和位于巴尔干半岛南端的希腊。德国在西班牙的情报人员很快发现了这具英军尸体，并将两封密信的内容报告给了德军大本营。希特勒对这一情报深信不疑，据此判定撒丁岛和希腊将是美英联军的登陆地点，随即下令将驻扎在西西里岛上的德军调往上述两地。这样，在偌大的西西里岛上仅仅留下2个德国师。而此时盟军已经准备好了第15集团军群共计10个步兵师、1个装甲师、2个空降师和3个独立旅，总兵力达47.8万人。此外，还有作战飞机4000余架，各种作战舰艇和辅助船只3200余艘参与此次登陆作战。1943年7月3日，西西里岛登陆战役拉开序幕。首先，盟军航空兵对西西里岛及附近地域实施了近一个星期的火力突击。7月9日，强劲的西北风大作，极不利于登陆舰船的部队从南部方向靠岸和登陆，意大利守军相当麻痹，认为在这样风急浪大的天气，盟军绝不会实施登陆。然而，盟军登陆舰队却迎风破浪，隐秘前行。当天入夜，天公作美，风缓浪低，午夜，盟军的登陆部队抵达西西里岛南部，在180公里的宽大正面突然实施了大规模的登陆行动，空降兵在浅近纵深实施了战役空降。由于守军毫无准备，加之双方兵力对比悬殊，盟军在登陆第一天就夺占了5—15公里纵深的登陆地带。而后，美军第7集团军在左翼，英军第8集团军在右翼，并肩向纵深发展进攻。最终，守岛德军一面顽抗，一面破坏道路、桥梁，从西西里岛北部经墨西拿海峡撤至意大利本土。意大利守军来不及撤退，全部投降。西西里岛登陆战役，盟军巧妙使用“调虎离山”之计，重创德、意军队，致德军伤亡3.7万人，意军伤亡13万人。盟军仅伤亡和失踪3.1万人。盟军在西西里岛登陆战役的胜利以及随后在意大利南部的进攻战役导致了墨索里尼法西斯政权的垮台，为盟军最后解放整个意大利奠定了基础，并有力地配合了盟军在其他战场上的作战。

在商战中，也有施用“调虎离山”之计的。在19世纪40年代末期，太平洋沿岸的加利福尼亚州发现了金矿。消息传开，世界各地出现了一股背井离乡、奔赴美国的淘金热。当时由于美国还没有连通太平洋到大西洋的铁路，巴拿马运河还未提到议事日程，靠近大西洋一侧的，要去加利福尼亚淘金的，则要坐轮船绕道南美洲南端才能到达，实在是劳民伤财。美国的一个商贾叫范德比发现了其中的商机。他亲自去尼加拉瓜，与该国总统查摩罗签订了秘密协定。根据协定，范德比垄断了过境尼加拉瓜的航线。短短几年，这条航线就让范德比财富增加了几百万美元。这时，另一美国商贾叫华尔克，他不甘心财源旺盛的这条航线让范德比独占，一心想着将范德比占有的尼加拉瓜航线夺过来。但他获知范德比是老奸巨猾的商人，在美国国内明着斗根本不是他的对手。最后，华尔克想出了“调虎离山”之计。华尔克用重金收买了范德比的私人医生，让他劝说范德比不要劳累过度，以免心脏不堪重负，动员范德比到空气比美国新鲜的法国休养半年。此外，华尔克又收买了与范德比家有来往的亲朋好友前去范家游说，搞得范德比的妻子、女儿、儿媳心急如焚，齐劝范德比加紧出国休养。结果，范德比在多方反复力劝下，终于在1885年10月动身去法国巴黎度假休养去了！范德比前脚刚跨出纽约，华尔克就开始实施他的行动计划。他雇用了几百名打手并装载了满船军火前往尼加拉瓜，以迅雷不及掩耳之势，攻占了尼加拉瓜首都。总统查摩罗一急之下，心脏病发作，一命呜呼。华尔克趁机扶植的新政府宣布取消范德比与查摩罗签订的过境航线协议。华尔克通过将范德比调离美国之后，最终夺走了尼加拉瓜过境航线经营权。

股市中，施用“调虎离山”之计，正如施用上屋抽梯、浑水摸鱼之计一样，非资金实力单薄的散户所能为。该计谋在股市中，常见也是大机构、庄家的操作手法。庄家、机构凭借着雄厚的资金实力，惯于在股市中呼风唤雨，特别是股市在市值较小的情况下，能将散户玩弄于股掌之中。在股市的流通市值达到一定程度后，一个机构、庄家虽然不能歇斯底里地对整个股市倒腾，但还是能对个股产生激烈影响的。例如，2008年世界上发生了百年一遇的金融风暴，我国的股市更是风声鹤唳、一跌再跌，股指从2007年10月16日最高的6124点跌至2008年9月18日1802点，跌幅达70%多，这样的跌幅，与我国2万亿美元全球最高的金融储备，与我国社会稳定、经济高速发展的社会经济状况显然是不相符合的，是属于非理性的下跌。证券高层管理人士也已警觉这种不正常的虚拟金融经济的暴跌会导致实体经济的发展衰退，还会影响社会的稳定，为此，管理层不能再无动于衷，进而高调出手救市；在2008年10月15日降低了自2003年9月21日以来只升不降的存款准备金率，且在该月内两次降低存款基准利率。又于2008年9月18日将印花税降至单边征收1‰，还提出开展融资融券创新业务试点，以及开设股指期货，恢复T＋0交易制度等等不一而足。所有这一切，无疑对股市都构成利好支撑。特别对证券公司而言，所有救市政策均可以活跃市场，提升交易量，增加交易佣金收入，提升公司业绩，可以说救市措施构成对证券公司重大利好。反映在上市的证券类的股票应该是涨价。可是，证券类股票龙头老大中信证券的股票从2008年9月26日的24.92元（大盘指数收盘1986点）却跌至10月16日的低点18.29元 （大盘指数收盘1910点），在大盘跌幅仅3.8%的情况下，而中信证券跌幅却达到26.6%，远远超过了大盘。大智慧的软件反映，造成股价下行主要原因是庄家、机构大幅度减仓引发中小散户恐慌性跟盘抛售。作为救市措施受益最大的股票出现这种情况让正常思维的人绝难理解。但反向思维，就可发现此乃庄家通过媒体制造一些空头舆论，在实际中采用一些震仓的手法，运用强大的资金优势，刻意压盘，不断抛出掌握的股票，让股价不断下行，让散户经不起打击落荒而逃，届时机构就可反手做多，悄悄吸筹。庄家通过“调虎离山”之计，把散户挤出了存在上涨空间的优势股，自己则趁机捞一把，此乃运用“调虎离山”之计也。对散户来说，对付“调虎离山”之计关键要分清股价下行是基本面发生变化，致整体趋势向下，还是机构有意震仓而为。若是认为股票基本面没有变化，股票被机构故意震仓压价位下行，则应任凭机构震仓忽悠，我自闲庭信步。以不变应万变，即能顺利破解“调虎离山”之计。

## 5.3 远交近攻

“远交近攻”计名源自《战国策·秦策》范雎曰：“王不如远交而近攻。得寸，则王之寸；得尺，亦王之尺也。”据史载，战国时，范雎受到魏国相国魏齐的严刑拷打至昏死，后买通守卫后脱离虎口，隐居山中养伤康复。有一天，范雎向秦昭襄王献计，发表了大篇宏论。他说：“凭借秦国的地理位置、人口和兵力，没有哪个国家能与相比，只有秦国才有能力统一中国。但几十年来，秦国没有取得多大成就，就是因为没有一个好的计策，现在出兵去打齐国又是一个错误。”范雎又进一步分析说：“齐国远离秦国，中间隔着韩国和魏国，如果派去的兵少了，就有失败的可能，让各国取笑；如果派出兵马多，则国内恐怕会出现乱子。即使打下齐国也不能与秦国连接起来，管理不住。当初魏国越过赵国打败了中山，可中山却被赵国兼并了去，这就是由于中山离赵近，离魏远。对秦国来说，最好是一面结交齐国、楚国，一面攻打韩国、魏国。相距远的齐、楚与秦交好，就不会干预与其无关的事。而等到把临近的国家攻打下来，就能够扩张秦的地盘。待秦国逐渐强大，到那时，齐国、楚国自然也保不住了。这种像蚕食桑叶一样的由近及远的策略，就叫远交近攻。”

后来，“远交近攻”被列入三十六计中的第二十三计，该计的计文为：“形禁势格，利从近取，害以远隔，上火下泽士。”其意为，当实现军事目标的企图受到地理条件的限制时，宜于先攻击就近的敌人，而不宜于越过近敌去攻击远处的敌人。火焰往上冒，池水往下淌，世事万物发展变化莫不如此。

该计解语的原文：“混战之局，纵横捭阖之中，各自取利。远不可以攻，而可以利相结；近者交之，反使变生肘腋。范雎之谋，为地理之定则，其理甚明。”将解语译成现代的话：在混乱攻防的形势中，各方都随机应变，不择手段，为自己夺取利益。相隔遥远的不要去攻击，可以用利益同他结交；邻近的结交了，反而会使变乱发生在身边。战国时，范雎的谋略，就是把地理位置相距的远近作为结交或攻击的准则，这个道理是很明白的。

在历史上，除了范雎在复杂混乱的诸侯列国斗争中，纵横捭阖，应用远交近攻的谋略，制定了秦国扩张的总战略，为秦取得并吞六国的胜利奠定了基础，创造了“远交近攻”谋略取胜的范例。后来，隋文帝杨坚在隋朝统一战争中，为避免树敌过多，两面作战，分散兵力，也采取了一打一拉、先打后拉、北攻南和、先北后南的“远交近攻”战略。隋文帝为了在讨伐突厥国时避免陈国在背后袭击，他派左仆射高颖率元景山、长孙览等攻陈，对陈进行恫吓。陈国陈叔宝果然慑于隋军的声威，主动提出求和，后来也不敢轻举妄动。隋文帝安顿陈国之后，紧接着解决突厥的问题。他采纳了解突厥内情的长孙晟的建议：“远交而近攻，离强而合弱。”远交即结交位于今新疆地区的玷厥（达头可汗），合弱即拉拢力量较弱的处罗候（突利设）；着重打击突厥摄图。根据这一策略，文帝分别派太仆元晖和长孙晟游说玷厥、处罗候，分化瓦解突厥各派势力，实行各个击破。公元582年5月，隋军进攻突厥摄图部，经数次战斗，大伤摄图部元气，终将摄图打败。公元584年以后，内外交困的突厥各部陆续向隋投降。文帝进而改用怀柔政策，派使安抚，并相约世代和好。突厥北患得到解决后，隋文帝回过头来着手灭陈工作。经过一段时间精心准备，造就了渡江战船，并通过心理战，争取了陈国的民心，结果又一举战胜陈国，成就了隋朝统一大业。

在近代，日本的明治政府为了增强国力，对外扩张，也采取了远交近攻的策略。早在1817年，明治政府对远离日本国土的欧美国家，通过和谈缓和关系，于1894年首先与英国签订了《日英新约》。而对邻近的周边国家，则发动侵略，于1872年占领琉球，将其划为一个藩，1879年又把它划归日本的冲绳县。1874年以台湾与琉球渔民的冲突为借口派兵进攻中国台湾，19世纪70—80年代，又派兵占领了朝鲜，进而将侵略魔爪伸向中国。日本政府在对外关系上采取远交近攻的策略，实现民族的强盛与对外扩张侵略，在世界历史上留下了特殊的一页。

在商战中，“远交近攻”策略同样可以为商家所利用。经商办企业，就要考虑经营的项目与产品开发的内容与方向。“近攻”就是企业眼前生产经营的项目，“远交”就是着眼未来企业发展开发产品项目。若以“嘴里吃着一个，手里拿着一个，眼里盯着一个，脑里想着一个”来直观形容经营思路，嘴里的、手里的产品就是“近攻”对象，眼里、脑里的产品就是“远交”项目。“近攻”就是贴近当前社会需求，符合社会生产力发展水平。“远交”着眼于社会发展，科技进步，人们消费水平的提高，消费观念的改变，产品的更新换代的趋势。世界手表业的竞争，日本的手表生产商就成功使用了“远交近攻”的谋略。在20世纪70年代，日本手表生产商与瑞士手表生产商主要在机械手表领域进行掠城夺地的激烈市场竞争。双方不分胜负，各有千秋。但日本手表生产商深谋远虑，瞄准了集成电路飞速发展对传统产业脱胎换骨的冲击改造，未雨绸缪，不露声色地开展电子手表的研发，经过几年苦心修炼，突然在一夜之间推出式样新颖、走时准确、质美价廉的电子手表，将瑞士传统的支柱工业——手表业打得毫无招架之力，陷入了空前的危机。瑞士国内1620家手表公司近一半倾家荡产、破产倒闭，只有870家勉强支撑，艰难度日。瑞士的手表业专家尼科拉斯·海耶克事后痛心疾首地感叹道：“瑞士对日本电子表的研发并非一无所知，但我们自恃有机械表的强大优势，轻视了电子手表潜在威胁，结果给日本电子手表可乘之隙。”日本与瑞士手表业之争，日本施展“远交近攻”的谋略，在施展现实产品竞争之时，积极谋划未来中长期产业升级发展，一举打败了瑞士在手表市场称雄的局面，获得了竞争的胜利。

股市中，若能将“远交近攻”策略运用自如，也能收到意想不到的效果。股市中“远交近攻”的策略主要体现在对上市股票了解的“远”、“近”上。对于现在已上市的1500多只股票，每个人精力有限，不可能每只都有透彻的了解和缜密的分析，只能根据各自所处地理位置、人脉关系、对行业认识的深浅以及对有关公司的喜好，挑选几只股票进行相对深入一点的了解；而对另外一些股票必然比较生疏。对于了解比较透彻的股票，操作起来情况明决心大，知己知彼，才能百战不殆。因此我们在炒股时，应首先选择这些熟悉的股票，参与买卖，而对其他了解程度生疏的股票则采取兼顾了解的策略。

在另一方面，“远交近攻”的策略还体现在某一题材的股票发生的时间的远近上。比如在2007年牛市行情中，证券公司是最大的赢家。其中上市的中信证券，2007年利润达198.6亿元，每股利润达4.01元，比2006年底每股利润0.89元同比增长350%，凡是投资证券公司的企业都获得丰厚的投资回报。特别是持有上市证券公司股票的企业，按照新的会计准则，这些企业应将这部分投资按照投资公允市值计算，在财务报表中予以体现。这一核算方法使那些持有上市证券公司股票较高比例的企业，净资产激增，公积金激增。像两面针股份有限公司由于该股票持有5050万股中信证券股票，相当于每股两面针持有中信证券0.337股股票。而使2007年6月的半年报的净资产增至每股17.86元，公积金增至15.23元，每股净利润1.09元。股价也从年初的9.78元升至5月30日45.86元。具有相同题材的兰生股份，由于其持有上市公司海通证券20291万股股票，相当于每股兰生股份持有0.722股海通证券股票，也令其企业形象大放光彩。面对这两只具有同样题材的股票，究竟优先选择哪一只股票买入？我们在买入股票的决策上，就要考虑这两只股票题材暴发的时机。由于两面针所持有的5050万中信证券股票在2007年6月27日可以在市面全流通，而兰生股份所持有的海通证券2.03亿股却要等至2010年10月以后才能流通，其等待时间太长，市场不可测的变化因素太多，显然我们应立足买入持有中信证券立马可流通的两面针公司的股票，而对持有海通证券可流通时间遥远的兰生股票采取关注的策略。实践证明当时年初先买入两面针每股价位尚在9元多，至5·30前，该股价位最高升至57元；而兰生股份年初每股价位也是9元多，至5·30前夕的最高价位每股只有26元多，买入两面针股票的收益远远高于兰生股份的股票。由此不难看出，对暴发时机存在先后的同样题材，应采用“远交近攻”的策略，优先买入具有近期暴发题材的股票，而对远期才能暴发题材的股票只予关注冷处理。这样，可以使手中资金得到最有效的利用，产生效益最大化。

## 5.4 围魏救赵

“围魏救赵”之计源自《史记》记载的齐魏桂陵之战。计名曾见于明·罗贯中

《三国演义》第三十回："此孙膑围魏救赵之计也。"《三十六计》将"围魏救赵"列为第二计，归类为胜战计。该计原文引自《史记·孙子吴起列传》："共敌不如分敌，敌阳不如敌阴。"其意为，与其攻打共同合为一起的敌人，不如将敌人分开各个击破；对不急于消灭的公开敌人，不如隐蔽意图留待以后伺机消灭。

该计解语的原文："治兵如治水，锐者避其锋，如导流；弱者塞其虚，如筑堰。故当齐救赵时，孙子谓田忌曰：'夫解杂乱纠纷者不控拳；救斗者，不搏击。批亢捣虚，形格势禁，则自为解耳。'"其意为，对敌作战好像治水一样，对来势凶猛的强大敌人，必须躲过浪峰的冲击，采取固地疏导的办法，对弱小的敌人，就像筑堰把水堵住一样，抓住时机就地给予消灭。所以，当齐国去救赵国时，孙膑对田忌说："化解杂乱麻绳只能用手指而不能用拳头去捶打；调解打架纠纷只能用口去劝解而不能动手去击打。避实就虚，击其要害，使对方的实力受到打击，无法再向前发展，这样就会自然解除威胁。"

该计战例，源自公元前353年，魏国魏惠王发兵攻打赵国国都邯郸，赵国闻讯慌忙向齐国求救 。齐王既出于自身的利益，又为救援赵国，闻讯立即下令招募8万兵马，并任命田忌为统帅，孙膑为军师，发兵前往赵国救援。田忌原计划率兵直取赵都邯郸，与围城的魏军决一死战。孙膑却不支持这一拼军力的战法。他向田忌献计说："魏国已将全部精锐部队用来攻打赵国都城邯郸，而其国内已经无重兵把守，实力空虚。我们应该避实击虚，转而攻打魏国都城大梁（今河南开封）。这样，魏军必然会停止对邯郸的攻击，回师救援本国都城。"田忌听从孙膑的建议，率齐兵向魏都城大梁进发。消息一经传开，魏将庞涓正如孙膑所料，慌忙从赵国退兵，火速向魏国都城大梁回撤。这时，齐军已按照孙膑的神机妙算，在魏军回撤大梁的必经之地桂陵一带（今山东菏泽东北）设下伏兵，正在以逸待劳，等待着魏军钻进布袋。魏军庞涓有勇无谋，在用兵谋略上逊于孙膑。当齐军按照孙膑的谋划，虚晃攻击魏都大梁一下，庞涓就乖乖把魏军回撤，结果钻进了齐军的桂陵伏击圈。此时，齐军突然对长途跋涉、筋疲力尽的魏军发起突然袭击，魏军左冲右突，损兵折将，主帅庞涓被齐军生擒，赵国之围因而化解得救。

历史上，除了该计出处的战例以外，后来的军事家也有不少使用该计的。三国时，实力强大的曹操一心想消灭吴、蜀，实现霸业。曹操在谋杀马腾之后，又闻讯东吴智勇双全的大将周瑜英年早逝，决定趁火打劫，出兵攻打吴国。正在这时，有探马报告曹操，刘备正在训练军队，打造兵器，准备攻取西川。曹操听后，心理开始犯难，一方面担心不打东吴失去攻打东吴孙权的良机，另一方面又担心攻打了东吴又让刘备占据西川白拣了便宜，一旦刘备占据了西川战略要地，以后消灭蜀国就会更加困难。正在曹操犯难举棋不定之时，他的谋士陈群献计说："现在刘备和孙权结为唇齿之盟。若刘备攻取西川，而丞相攻打江南东吴，即使孙权求援，刘备必定无心放弃西川而去驰援孙权。届时，我们攻下东吴后，又可腾出身来慢慢图谋西川。"曹操听罢陈群的献计分析，茅塞顿开，遂率30万大军去进攻东吴孙权。面对曹操咄咄逼人的架势，孙权急忙让鲁肃派人去刘备处告急。刘备收到孙权求援信，也犯了愁。他考虑：若只顾夺取西川而不派兵援助东吴，必定导致孙刘联盟的瓦解，将给曹操各个击破有隙可乘；若是派兵救援东吴放弃西川，又会打乱全盘计划，损害宏图大业。正在刘备左右为难的时候，诸葛亮从南郡赶回荆州刘备的驻地。诸葛亮献计说："我们不必出兵东吴，也不必改变攻打西川的计划，我们只要修书一封，劝说与曹操有杀父之仇的马超率大军杀向关内曹操，会给曹操造成首尾不能相顾的窘境，曹操必会自动从东吴撤军。这样既解东吴之危，又不影响我军攻取西川之伟业。"刘备听后点头赞许，依计而行。马超是西凉马腾之子，正为报曹操杀父之仇无从下手犯愁之时，接到刘备的书信，容不得多想，便率20万大军浩浩荡荡向关内杀来，接连攻克长安、潼关等曹军据点。曹操闻报吓出一身冷汗，根本无心再去攻打东吴，只得回师防马。诸葛亮巧施"借刀杀人"与"围魏救赵"之计，不仅解救了岌岌可危的东吴，又保证了刘备乘隙占领西川，为蜀国打下三国鼎立的坚实基础。

再有一例，是在公元1860年，太平天国的都城天京（今江苏南京）被清军和春率领的10万大军包围得水泄不通。太平天国忠王李秀成向天王洪秀全献上"围魏救赵"之计。他说："如今，清军人马众多，硬拼只会凶多吉少。天王若拨给我2万人马，乘夜突围，进而偷袭清军后院——屯粮要地杭州，清军一定会分兵去杭州救援。届时，天王可乘清军分兵后包围不严，乘隙率兵突围。而我从杭州偷袭得手后回兵天京，这样一左一右对清军形成两面夹击之势，既解了被围困之危局，又可重创清军有生力量。”李秀成“围魏救赵”之计，得到众部将一致赞同，翼王石达开也表示愿带领一支人马协同忠王李秀成作战。但洪秀全生性多疑，只怕忠王李秀成、翼王石达开乘机逃脱，对李秀成所提“围魏救赵”之计没有马上表态采纳。李、石见状马上跪倒在地，泪如泉涌纳谏道：“天国危在旦夕，我等若有二心，如何对得起天王与全军将士，请天王准奏。”洪秀全的心灵被李、石真诚所震撼，终于同意照计而行。时年正月初二，正值欢度春节时光，围城清军略有松懈。李、石二王各率一部人马，乘着半夜天黑，从敌人封锁薄弱的东南角突围而出。李秀成直奔杭州，石达开向湖州开进策应。李秀成兵临杭州城下后，连攻3天未克。接着，遇天降大雨，城内守军已连续拼杀3天十分疲惫，眼见天下大雨，纷纷躲进城堡避雨休息。李秀成趁着雨天夜幕隐蔽掩护，挑选了1000多名勇士，用云梯攀越城墙。守门兵士惊醒，只见城门已经洞开，李秀成率部已冲进城内。李秀成下令焚烧清军粮仓，吸引围困天京的清军回救杭州后方基地。不出所料，清军首领和春闻讯杭州失守，粮草被烧，断了后勤供应，急令副将张玉良率10万人马火速回救杭州。李秀成攻下杭州后，并不恋战，而是急速回撤天京。石达开完成了策应任务后也回撤天京。在天京城内坚守的洪秀全见清军已分兵去杭州，围城兵力空虚，又获悉李秀成、石达开已赶回天京城郊，洪秀全立即下令城内城外的太平军对围城清军发起夹击。清军对太平军“围魏救赵”之计始料不及，仓促应战，左冲右突，阵势大乱，死伤6万余人，只得撤去天京围城兵马。清军在短期内也再无力攻打天京了！

1940年第二次世界大战中，英国首相丘吉尔对付德军的轰炸就曾使用了“围魏救赵”的谋略。当时，欧洲战场，希特勒得寸进尺，在法国败降后，又企图诱降英国。但被称为“反纳粹斗士”的英国战时内阁首相兼国防大臣丘吉尔严词拒绝。希特勒诱降不成，恼羞成怒，又生一计，悍然下令实施侵占英伦三岛的“海狮”作战计划。1940年7月16日开始，德国以3个主力航空队2669架飞机的兵力，大规模空袭英国的机场、航空工业基地，想方设法摧毁英国的空中力量，企图夺取制空权后，再实施登陆英伦作战。由于英国的空军与德国空军的战斗力相比一直处于劣势，面对德国空中进攻，显得力不从心，英国空军处于被动挨打的状态。德国的空军轻而易举突破了英国空中防线，对英国机场等军事目标狂轰滥炸，使英国空军元气大伤。丘吉尔面对这种被动局面，召来空军司令道丁商量，决定改变空军消极防御的方针，采取“围魏救赵”的谋略，使用空军轰炸机主动袭击德国重要目标，以牵制德国空军肆无忌惮的进攻。1940年8月26日，英国皇家飞行队首次出动轰炸机编队空袭德国首都柏林。德国自1939年第二次世界大战爆发以来，举国上下一直沉浸在欢庆节节胜利的亢奋状态，万万没有想到会遭英国空袭。希特勒心知首都被轰炸引起国民恐慌所造成的负面影响与危害。他坐不住了，急忙下令从前线调回一部分战斗机加强首都柏林空中防御，并决定以牙还牙，以轰炸伦敦城市非军事目标进行报复。德国空中回防与轰炸目标的改变，减轻了英国空军战争压力，为英国空军提供了喘息休整的机会，英国的机场得以修复，新的飞机也得以源源装备部队，也使英国最终凭借必胜的信念与本土作战的有利条件取得了不列颠空战的最后胜利，永远把希特勒这头侵略者的“海狮”阻隔在英吉列海峡对面。

在1941年，日本侵略军加紧了对我国华北抗日根据地的扫荡，连续制造了多起惨绝人寰的“三光”惨案。9月24日日本侵略军又对狼牙山地区下手，将邱蔚团、易县、定兴、徐水、满城4个县的游击队以及周围的人民群众2000多人围住，形势十分严峻。时任晋察冀军分区司令员的杨成武获知这一情报后，为了打破日军蚕食扫荡，解救游击队员与当地人民群众，紧急制定了“围魏救赵”的作战方案。杨成武决定以3团、20团佯攻管头、松山、甘河一带日军，迫使日军从狼牙山东北方向回撤增援，如此让围困的游击队员与人民群众乘隙突围。3团邱蔚团长根据杨成武司令员制订的方案，一面佯攻组织部队与人民群众冲出日军包围圈，一面命令7连严守阵地，掩护部队安全转移。日军误以为坚守阵地的七连是邱蔚率领的主力部队，不惜出动飞机、大炮狂轰滥炸，组织500多精锐部队向坚守狼牙山地区的七连猛攻。激战中，七连指战员不辱使命，为了让大部队与人民群众撤离得远一点，坚持人在阵地在，七连大部分战士光荣牺牲，连长刘福山身负重伤，生命垂危。最后坚守阵地的5名战士边打边退，把日伪军队引向棋盘陀的悬崖绝路，在子弹打光后又用石块砸向日伪军。为了不让日军俘虏，5名勇士毅然跳崖，两名战士被山崖小树挂住，幸免于难，另外3人壮烈殉国。八路军杨武成采用“围魏救赵”之计，以较小的代价换取了掩护大部队和人民群众的安全转移，为抗日战争保存了有生力量。

在商战中，中国第一家制碱公司——永利公司，有一个成功运用“围魏救赵”的例子。永利公司当时依仗中国第一家制碱公司的招牌，一直牢牢控制垄断着中国的制碱业。但资本主义国家的老牌化工公司不甘心在中国没有一席之地。英国的卜内门公司就是其中的典型代表，凭着其在国际化工行业规模优势，财大气粗，决定不惜一切代价与永利公司开展削价竞争，意欲将处于起步阶段的中国民族制碱业扼杀在摇篮中，实现由卜内门公司垄断中国化工市场的目的。中国的永利公司面临着是拱手将中国化工市场让给英国卜内门化工公司，还是利用计谋与他决一雌雄的严峻问题。永利公司的技术负责侯德榜先生发现卜内门公司在日本纯碱销量很大，其售价并不便宜，为此侯德榜向实业家范旭东先生建议：永利公司采取在日本找一家纯碱销售代理，将价格定在比英国卜内门公司销售价低很多，冲击卜内门公司在日本化工产品的销售价格，挤掉卜内门的利润空间，让卜内门公司主要销售地化工产品亏损，卜内门公司就不会在中国嚣张捣乱了！范旭东对侯德榜的“围魏救赵”建议非常赞同，的确在日本找了“三井”公司代理销售本公司纯碱产品，以牙还牙，也像英国卜内门公司在中国采取低价竞争一样，将纯碱价格定得很低，逼得卜内门公司在日本销售的纯碱价格急剧下降。随着时间推移，英国卜内门公司经不起中国永利公司给予的致命打击，只得派员与永利公司言和，声明今后在中国市场再也不敢与永利公司恶意降价竞销，还付给永利公司35万块银元作为保证金。永利公司利用“围魏救赵”，攻其要害，攻其必救，战胜了英国卜内门公司的竞争，成功维护了市场销售份额。

股市中博弈，投资者面临不测风云，也可采用“围魏救赵”的策略。对于在A、H证券市场同时开有账户的大的投资机构，手中同时握有A、H两个市场上市的股票被套时，根据证券市场A、H股价联动的特点，可挑选容易拉动股价的A、H其中一个市场。犹如战场上对敌人相对薄弱的环节进行攻击，设法将这一股票的价格在某一交易市场（A、H）的一定时间段抬高，进而影响这只股票在该时间段的另一市场上价格，以实现高价出货或增加赢利的目的。这种估值跨市套利的“围魏救赵”之计，经常在A、H市场上可见。如中国银行2006年6月1日在香港上市H股，发行价为每股2.75元，投资中国银行A股的投资人为了在A股获得好的收益，他们采取拉抬在香港上市的中国银行H股的股价。当7月4日香港中国银行市场价格升至3.675元后。7月5日，中国银行A股上市第一天价格被即推到4.05元的短期最高价。保证了中国银行A股投资人的丰厚利润。

“围魏救赵”在股市中既体现A、H两市跨市套利，同时也可在同一板块的两只股票或一只股票的正股与权证之间旁敲侧击，打门撞壁地互相影响获利。如在上海证券交易所上市的海通证券股票在2007年5月23日前，该股流通股仅1.1693亿股，而同在上海证券交易所上市的中信证券却有流通股17.1457亿股，二者流通股份相差14多倍。有鉴于此，机构投资人往往利用同类同质股票流通盘巨大差异的杠杆作用，通过拨拉海通证券的股价来影响中信证券股价的走势。在2007年1月10日，庄家仅用139万元资金就将海通证券封在涨停板上，海通证券的上涨带动了中信证券的人气，也使中信证券股票的价格没有费多少力量也跟着封在涨停板上。庄家通过避实击虚，“围魏救赵”，往往会获取高额收益。

## 5.5 假途伐虢

“假途伐虢”语出《左传·僖公二年》：“晋荀息请以屈乡之乘与垂棘之壁，假道于虞以灭虢。”其意是：“（春秋时），晋国荀息献计用屈乡的名马与垂棘的宝玉买通虞国，让晋国借用虞国的道路伐虢国。”在《三十六计》中将“假道伐虢”编入第二十四计的混战计之列。计文为：“两大之间，敌胁以从，我假以势。困，有言不信。”其意为，处于两个大国中的小国，面临着大国胁迫而受屈的境地时，我方应立即出兵去援救它，并借机渗透自己的势力。《易经·困》说：对于处境困顿的国家，只有空言而无实际行动，是不能够取信于它的。

该计解语的原文为：“假地用兵之举，非巧言可诳。必其势不受一方之胁从，则将受双方之夹击。如此境况之际，敌必迫之以威，我则诳之以不害，利其幸存之心，速得全势。彼得不能自阵，故不战而灭之矣。”其意为，借道之兵，不足凭花言巧语所能做到的。这个国家必须处于这样的形势：如果不是来自一方的威胁，就会受到双方的夹击。这样，敌人必然会用武力胁迫他；我方则以不侵犯他的利益进行诱骗，利用他侥幸图存的心理，立刻把力量扩展进去，控制整个局势。这样，他无法保住阵地，所以不必动兵就把他灭亡了。

兵家使用该计时，采取先向甲示好拉拢取得借道的便利，然后利用甲作为跳板，达到惩伐消灭乙的目的，再回过头来将甲消灭。春秋时，晋国就是借道虞国灭掉虢国后又将虞国灭亡的。此计关键在于利用各种借口达到假道，然后突出奇兵攻取。

东周初，各诸侯国乘机扩张势力。当时楚国文王在位，仗着人多势众，汉水以东的小国纷纷向楚国俯首称臣，纳贡示好。而蔡国，却仗着和齐国联姻，自以为有了靠山，怠慢楚国，让楚文王耿耿于怀，总想寻机灭掉蔡国。当楚文王二年，相邻的小国息国的息侯夫人途经蔡国回国之时，作为姐夫的蔡国的蔡侯没有以上宾之礼款待，惹得息侯夫人大骂蔡侯，还说蔡侯要非礼她，由此蔡国与息国造成了怨恨之隙。楚文王听到此消息，暗喜灭蔡时机已到，派人与息侯联系，向息侯挑拨说：“蔡侯自恃有齐国的靠山，向来对息楚两国无礼，实在可恨可气。”而息侯正在为蔡国怠慢了自己而恼怒，双方一拍即合。息侯想借刀杀人，向楚文王献计说：“让蔡国假意伐息，他向蔡侯求援，待蔡国发兵，尔后楚息合兵击蔡，蔡国必败。”楚文王一听，心中大喜。双方依计行事，楚军借道息国，将不知是计发兵救息的蔡国军队围困了起来，楚、息里外夹击，蔡侯战败被俘。蔡侯这时恨透了息侯，决计要狠狠报复息侯。蔡侯心知楚文王好色的特点，特地在楚文王面前游说息侯的夫人息妫是绝代佳人值得一看。楚文王禁不住蔡侯摇唇鼓舌的挑逗，借共同战胜了蔡国而巡视息国都城，让息夫人息妫出来敬酒。楚文王一眼瞥见息妫的姿色确是倾国倾城，马上魂不守舍，暗中打起了霸占息妫的如意算盘。楚文王以举行答谢宴会的名义，邀请息侯改日也赴楚军驻地喝庆功酒宴。楚文王趁息侯赴宴酒酣之际，控制绑架了息侯，又以迅雷不及掩耳之势一举灭了息国。楚文王诡计多端，借道息国灭蔡，进而又环环使计将息国灭掉。

1990年8月爆发的第一次海湾战争，是以美国为首的多国部队与伊拉克发生的在现代战争史上继第二次世界大战后参战国最多、一次性投入兵力最大、投入的兵器最先进、空袭规模最大、战况发展最迅速、最激烈、双方伤亡损失又极其悬殊的一场高技术的局部战争。这次战争开始由伊拉克入侵科威特而引发。在1990年8月2日凌晨1时（科威特当地时间），伊拉克共和国卫队三个师越过科伊边界，向科威特发起突然进攻。拂晓时分，东西两路部队开始攻打科威特市内主要目标。科威特埃米尔贾比尔·萨巴赫仓促中携部分王室成员逃到附近的美国军舰上避难。埃米尔的胞弟法赫德亲王在保卫王宫的战斗中阵亡。20000多人的科军，仅5000人撤到了沙特阿拉伯，其余全部溃散投降。上午9时，伊军基本控制了科威特市。下午4时，伊军占领了科威特全境。伊拉克入侵科威特引起了全世界的震惊。联合国也先后多次通过反对伊拉克入侵科威特的决议。美国早已看中了中东石油的战略利益，一直在寻找机会控制中东，面对伊拉克入侵科威特，美国正好借机通过支持科威特狠狠打击伊拉克，进而控制整个中东。美国总统布什主持召开了国家安全委员会会议，决心对伊拉克实施大规模军事打击，并由美国中东防务总部拟定进攻伊拉克的“沙漠盾牌”作战计划。根据该计划，将作战过程分为战略空袭、夺取制空权、空袭地面部队、地面进攻作战四个阶段，达到瘫痪伊拉克指挥机关、消灭伊拉克卫队、摧毁伊拉克弹道导弹和生化武器，将伊拉克赶出科威特，恢复科威特合法政府等战争目的。8月7日凌晨2时（美国东部时间），布什总统正式批准了该计划。而后，美国进行了大量的舆论准备。在联合国规定的伊拉克撤出科威特最后期限1991年1月15日之后的1月16日上午10时30分（美国东部时间），布什下令向伊拉克开战。美国驻守在海湾的总兵力达43万人，其中陆军26万人，海军5万人，空军4万人，海军陆战队8万人，坦克1200辆，装甲车2000辆，作战飞机1300架，直升机1500架，舰艇100余艘。其他国家参与美国作战的兵力有50万人。统一接受美军中央总司令施瓦茨科普夫上将与沙特阿拉伯武装部队总司令哈立德中将指挥。1月17日凌晨，美国的空袭行动开始实施，日出动飞机3000架次左右，至2月24日凌晨4时地面进攻开始时止，驻守科威特的伊军43个师54万人中伤亡在25%以上，重装备包括坦克4280辆、重炮2800门、装甲输送车2800辆已损失35%—40%。美军地面进攻仅4天时间，科威特领土已全部被有效控制。2月28日8时，布什总统宣布停火。战争中，伊拉克38个师被重创或歼灭，6.2万人被俘，3874辆坦克、1450辆装甲运兵车、2917门重炮被击毁或缴获，107架飞机被击落。但美国为首的多国部队仅126人阵亡（其中美军74人），300余人受伤，12人失踪。这次海湾战争在战场上以美国完全胜利及伊拉克彻底失败而告终。在战场外，美国借助科威特打败了伊拉克，从而牢牢掌握了海湾地区战略利益，保证了美国经济发展的血液——石油。科威特更是对美国俯首称臣。美国的“假途伐虢”的谋略达到了意想效果。

在市场竞争中，许多企业为了生存和发展，采用借梯上楼、借水行舟、借鸡生蛋、借地生财等办法，借以占领市场，挤垮对手，这些都能体现“假途伐虢”的谋略思想。如20世纪50年代末，有个约翰逊黑人化妆品公司可以说将这一策略演绎得出神入化。当时就职于美国佛雷化妆品公司的推销员乔治·约翰逊，离开公司自立门户后，仅有500元资产，3名职工，毫无市场竞争能力。他为了在市场上有立锥之地，他独辟蹊径设计了一种粉质化妆品，然后借助佛雷公司产品的名声进行宣传。他的广告词是：“当你用佛雷公司的产品化妆之后，再擦上一层约翰的粉质膏，将会收到意想不到的效果。”这宣传，使消费者一直信任佛雷公司化妆品的思维，潜移默化引申至接受约翰的化妆品的消费意识。由此，约翰公司的化妆品市场名声在佛雷公司声誉影响下也跟着大振，市场占有率不断扩大，短短几年便把佛雷化妆品公司大部分地区的产品挤出了市场，约翰公司不但在化妆品市场站稳了脚跟，而且取得了飞速发展。

在股市中，存在着许多上市公司投资参股另外上市的情况，特别是不少参股金融、证券的上市公司。在2006年至2007年底的牛市行情中，由于股票上证综指从2005年末的1159点升至2006年末的2567点，股票的成交量也从2005年11月底仅48亿元升至2006年底520多亿元，特别到了2007年的5月成交量更是达到2700多亿元的天量，各证券公司业务量剧增带来营业收入同步增加。各证券公司净利润收入也同步猛增。证券商的龙头企业——中信证券公司更是业绩非凡，2007年9月30日三季报，每股收益达到2.77元，每股净资产达到14.24元，比2006年9月30日已处于牛市行情中的每股收入0.317元，增长8.738倍，净资产增长3.9倍，其股价也从2005年底每股5.16元，升至2007年9月30日每股97.84元。持有中信证券公司股票的相关公司，随着中信证券公司业绩的增长也赚了个盆满钵满。如两面针公司净资产也从2006年9月30日的6.75元增至2007年9月30日的三季报的净资产（按复权计算）每股达27.46元，利润从2006年三季报的每股0.096元增至2007年三季报每股（按复权计算）的4.16元，股价也从2006年9月底的每股8.86元至2007年9月底按复权计的56多元。投资人借道中信证券优良业绩而购买大量持有的中信证券股份的两面针公司股票，赚到比直接购买中信证券更多的利润。

由于人民币不断大幅升值，与人民币直接关联的银行股也大幅升值，凡是投资参股上市银行股票的相关公司也是最大的赢家。西水股份持有兴业银行7610.7万股，其原始持股成本很低。由于西水股份是小盘股，2007年初总股本仅1.6亿，相当于每股西水股份持有兴业银行0.476股，而兴业银行2007年2月5日上市后，股价从上市开始每股22.18元，升至2007年10月30日的每股价格70.50元，并且随着人民币升值趋势不改，加上兴业银行经营得法，其股价仍然存在很大上升空间，由此也给西水股份的业绩带来很大的提升，西水股份其他资产只不过是每股2元多，因为持有兴业银行，使其资产质量得到改观，2007年三季净资产达到每股25.69元，公积金每股24.11元，给西水股份的股价带来很大的想象空间。西水的股价从2006年12月中旬的每股6.5元左右，在不到9个月的时间，最高升至43.88元。投资者假道买入西水股份的股票，顺利实现了在兴业银行股票中赚钱，实在是捡了一个大便宜。并且买西水股份间接持有兴业银行的股票，由于西水股份所持兴业银行的股票，在市场上可以流通后，其价值可以产生杠杆效应，比直接买兴业银行股票蕴藏着更大的价值。显然，通过假道买入西水股份的股票，而间接持有兴业银行的股票，在西水股份本身主业增长能得益，且兴业银行股价上升又有它的份，无疑是一个不错的持股办法。实践证明，“假途伐虢”的持股策略，会使股票收益更大。

## 5.6 无中生有

“无中生有”的计名出自老子《道德经》第四十章：“天下万物生于有，有生于无。”该段文字原意为，天下万物产生于有形之物，有形之物又产生于无形之物。说的是道家对事物的辩证看法。后来形成的《三十六计》，将“无中生有”列为敌战计中第七计。该计并不是老子所说文字的原意，而是将文字演绎为计谋，特指无事生非、凭空捏造的策略。计语引自《尉缭子·战权第十二》“诳也，非诳也，其实所诳也。少阴，太阴，太阳。”其意为，用假象欺骗敌人，但不是弄假到底。而是巧妙地由虚变实。以各种真实东西充实到假象之中，使敌人产生错觉，掩盖真相。按照益卦的原理，开始时用小的假象，继而用大的假象，最后突然就成真相。

该计的解语原文为：“无而不有，诳也。诳不可久而易觉。故无不可以终无。无中生有，则由诳而真、由虚而实矣。无不可以败敌，生有则败敌矣。如：令狐潮转雍丘。张巡缚草为人千余，披黑衣，夜缒城下。潮兵争射之，得箭数十万。其后复夜缒人，潮兵笑，不设备。乃以死士五百砍潮营，焚垒募，追奔十余里。”该解语意为，没有装作有，这是欺骗。欺骗是不能长久的，很容易被敌方发觉。所从，没有不能总是没有。要从没有变成有，这就是从以假乱真到由假变真，变虚假为真实。没有是不能击败敌人的，如果变成有，就能击败敌人了。例如，唐代的令狐潮率兵包围了雍丘（今河南杞县）。宋将张巡令士兵扎了1000多个草人，穿上黑色衣服，用绳子拴住，在夜间缒下城去。令狐潮以为宋兵缒城，急令士兵放箭。张巡赚得箭几十万支。后来，张巡又在夜间反复几次，接着把真人缒下城去。令狐潮的兵以为又是用草人来赚箭了，都看着发笑，毫无战斗准备。张巡缒下的500名敢死队冲进令狐潮的军营，烧毁了帐篷营寨，一直追杀了10多里。

“无中生有”之计实际是《孙子兵法》虚实结合使用原则的一种运用方式。也就是采用虚虚实实，真真假假，假戏真做，真戏假做，实中有虚，虚中有实，使敌人难以了解我方的实力和真实意图，从而在敌人没有防备的情况下出奇制胜。“无中生有”，对敌心战时，可把不存在的事情说成是客观存在事实，往往可以离间敌人，引起敌营互相猜忌，发生内部混乱，互相倾轧，进而可以趁隙而入，乱中取胜。

有关“无中生有”的战例，除了解语举例所谈到的唐代张巡与令狐潮一仗使用“无中生有”大获全胜外。历史上还有一个曹操望梅止渴的有名实例。在公元195年的夏季，曹操统率身穿铠甲、肩荷兵器的10余万大军浩浩荡荡去宛城征讨张秀，由于路过的地方荒无人烟，找不到水源，士兵们已经一两天没有喝到水了。大家筋疲力尽，干渴难耐。曹操面对这样局面也心急如焚，突然灵机一动，急中生智，他立在马上，用马鞭指向前方，大声地对将士说：“我以前走过这个地方，记得前面有一片梅林，树上长满又酸又甜的梅子，现在正是梅子收获季节，大家快点前进，到了梅林就可取梅子解渴。”将士们一听说有梅子，立即条件反射，想起梅子那股酸劲，顿时满口生津，打起了精神。终于熬过了干渴最后关头，在不远处找到了甘泉，部队顺利渡过了断水难关。其实前面并没有梅林，曹操故意“无中生有”编造了这个令人口渴生津的梅子的谎言，却产生出同真实情况一样的效果来。这就是历史上有名的望梅止渴的事例，无中生有以假化真，帮助部队走出困境。

在近代，许多战争都是由侵略者以“无中生有”的谣言作为制造发动战争的借口。1931年9月18日，日本开始对华全面战争，就是其中一例。日本自从明治维新以来，一直奉行军事优先的原则，并且将我国资源丰富的东北视为“满蒙生命线”。特别是1927年开始，国民党的革命军开始北伐，矛头直指世界各国列强的不平等条约，强行收回了汉口和九江的英租界，逼得英国从武汉撤兵，而日本帝国主义则唇亡齿寒，心感中国之举迟早也会落到日本头上。加上日本帝国主义在国外只有中国这一块殖民地，不像英国在世界上有数不清的租界和殖民地，日本军界的强硬派一直企图以武力阻止北伐军北上，维护他们在中国东北租界地的特殊利益。他们首先于1928年6月3日制造了皇姑屯爆炸张作霖专列的事件，借此制造东北军群龙无首的局面，可是该计又被东北军将领密不发丧的策略应对，并顺利由张学良接替张作霖的指挥权，东北军又有了新统帅，并且张学良于1928年12月公开宣布“易帜”，接受国民党领导，使得日本帝国偷鸡不成，反蚀一把米。1929年初，东北的国民党外交协会正式向日本政府提出了收回大连、旅顺主权、收回南满铁路等要求，全国各地的抗日浪潮也势不可挡。日本的关东军是侵略中国的既得利益者，对东北这块肥肉哪肯轻易放弃，他们策划于密室，选定处于沈阳站与文官屯之间，沈阳内城以北2.5公里，既较为偏僻便于行事，又距东北军北大营较近的地方制造事端。关东军依计行事，在1931年9月18日22时20分，点燃炸药，炸毁了一段南满铁路。关东军以爆炸为信号，早已准备好的全副武装的关东军便向预定目标攻击，日本的大炮也向北大营猛烈轰击。23时46分，驻守沈阳的花谷山以土肥原的名义给旅顺关东军司令部发出第一份电报，谎称中国军队制造爆炸，破坏铁路，袭击日本军队，两军发生冲突。关东军司令官本庄繁等高层研究，一致认为此时是诉诸武力的“绝好机会”。本庄繁司令官立即决定，按照预定计划，迅速集中主力到沈阳，先发制人，惩罚中国军队，占领东北三省。19日凌晨1时30分至2时之间，本庄繁下令，驻沈阳第二师、驻公主岭守备第一、第五营向沈阳开进，攻击中国驻军。驻长春步兵第三旅准备进攻长春的中国驻军。还向驻朝鲜日军求援增兵。本庄繁又亲率关东军司令部19日凌晨3时30分赶往沈阳。一夜之间，日本侵略军轻而易举占领了沈阳城。东北边防军长官公署、辽宁省政府、兵工厂、飞机场、东北三省官银号等重要军政设施悉数被占领。东北军损失300多架飞机，步枪15万支，手枪6万支，重炮250门，子弹300余万发，炮弹10万发，金库所存现金

7000多万元。紧接着，日军攻占南满、安奉铁路沿线重要城镇。长春也于19日22时失守。日本侵略军蓄意制造9·18爆炸案，然后反咬一口，“无中生有”诬告中国军队是爆炸事件的主谋，为其发动战争找到借口，实现其侵战东北三省的狼子野心。1932年3月1日，在关东军策划下，成立了“满洲国”。从此把东北三省人民拖入了灾难深重的亡国奴的绝境。“无中生有”是战争贩子发动战争常用的伎俩。

在双方交战时，巧施“无中生有”之计，有时会取得意想不到的效果。在1934年，蒋介石发动对川陕苏区的进攻。我红九军的直属队由通讯队、号兵连、相关干部、后勤人员等非主要战斗人员组成，虽然有五六百人，但骡子担子一大堆，行动起来非常不方便，行军中与二十五师主力部队拉开了距离，与担任后卫的第二十七师也有一定距离。在这种情况下，却发现了敌人的前哨阵地挡住了去路。直属队长看了看身后几百人，立即命令一个排对付敌人前哨阵地，两个排安排在公路两旁埋伏待机，而号兵连间隔10米排成一线散开。一切部署停当，100支军号突然嘟嗒嗒狂吹，雄壮的号声威震山谷，趁着这股声势，战士呐喊冲向前哨阵地，敌人的连长夜里看不清多少数量红军，凭着号声、喊声以为遇到了红军主力部队，便乖乖举手投降。南边公路上敌人的一个团，也被这声震如雷的号声、呐喊声吓破了胆，纷纷借着夜幕争相四处逃命，红军直属队越战越勇，高喊“缴枪不杀”，挥舞着扁担、菜刀，漫山遍野抓俘虏。一夜下来，红九军直属队凭着“无中生有”的计谋，以军号虚张声势，吓得敌人屁滚尿流，不战自溃，俘虏敌人2000余人。

在商战活动中，使用“无中生有”之计，镇住了竞争对手、合作对象，实现了想要达到的商业目的事例也时有所闻。号称法国软件行业中的罪人——卡恩，就曾成功地使用“无中生有”之计。在1985年5月，时年31岁的卡恩白手起家创立了波浪公司，他策划以邮购方式打开公司软件产品销路，准备在一种计算机杂志上登一面广告以扩大影响，提高知名度。可是，广告商要求以现款结算，每页以2000美元计价。由于卡恩白手起家囊中羞涩，连这笔钱也难于应对。结果卡恩眉头一皱，计上心来。决定以“无中生有”之策，与广告商讨价还价，并且让广告商接受赊欠的付款方式。他邀请了一家一流杂志的广告代理人来本公司办公室洽谈，事先又安排了一些朋友从外面打电话进来购买软件，显示生意红火，业务繁忙。在办公室的墙上悬挂公司业绩的图表，又在明显处摆放要与广告商接洽的名录，以及与新闻界接触公关的策略，且对这些制造的商业机密半遮半掩，若明若暗。一切安排停当后，卡恩拿起外面打进来的电话，故作姿态，大声喧嚷："2000美元太贵了，这个价钱我可以到更有名气发行量更大的杂志社做广告。"这子虚乌有的电话，让洽谈业务的广告商知道2000美元的广告费用是不能接受的。接着，他又被手下秘书叫去接听日本东京来电，不一会儿又被请去与那位代理人研究图表。经过这一番折腾，把要洽谈广告生意的客商搞得晕头转向，坐立不安，生怕失去这一很有潜力的客户，也怕失去这一难得机会。广告商在卡恩回来后主动要求以优惠价为其做广告。卡恩说，光价格优惠还不行，你们还要对我们有充分信任感，要以赊款方式为我公司做广告。广告商看到该公司业务兴旺景象，最后完全接受了卡恩提出的条件。结果使卡恩没有钱也做成了一次广告。事后，订单纷至沓来，达到了意想不到的效果。从此，波浪公司不断发展壮大，成了法国一家颇有实力的公司。不难看出，卡恩使用的"无中生有"之计在解决公司白手起家并实现发展壮大的过程中功不可没。

在股市中，常有居心不良的机构，为了达到做空或做多某一股票时也会使用"无中生有"之计。如在2007年10月底，中国股市大盘开始掉头向下，步入下降通道。市场上投资人精神极度脆弱，一有风吹草动，就会出现过激反应。特别是平安股份宣布融资1600亿元的惊人计划后，市场更是对融资风声鹤唳，犹如惊弓之鸟，只要一听到什么股票要有融资计划，就会不加辨析，立即报之以暴跌回应。2008年2月21日，市场传出大秦铁路要融资500亿的传闻。22日股市马上报之以颜色，大秦铁路当天跌停，迫使大秦铁路董事会发表声明，表示董事会迄今未曾讨论过再融资的事。23日，在国内几大著名的股票网络论坛中，中国联通巨额融资的消息又被炒得热火朝天，甚至更是有鼻子有眼地披露较为详细的融资增发方案，声称电信以大约1100亿收购C网，其中C网用户大约价值600亿元，归联通红筹，而联通红筹将回归A股，以16—17元的价格置换联通A

股，同时增发250亿股A股，其中170亿股置换中国联通A股，另向国资委定向增发30亿股，向市场增发50亿股，筹资1200亿元左右。如此详细的方案，似乎表明此次联通巨额融资并非空穴来风。本来已十分脆弱的市场则宁可信其有，不可信其无，理性难以战胜感性，结果一向以抗跌而著称的中国联通也没有逃脱“再融资”的魔咒。在25日开盘后不到25分钟，快速跌停，中午时分，中国联通执行董事佟吉禄公开澄清，所谓公司通过证券市场向投资者再融资计划纯属谣言；另一位高层又接受记者采访，声称“方案没有最后确定，传言融资为重组整合网通做准备更是无稽之谈”。可是，市场根本不理会任何解释，后被一手大单牢牢封死在跌停板上，最终以10.92跌停价收盘。可见，在股市中，特别在弱市的情况下，影响市道的不利消息对股市的杀伤力是非凡的。因此有的机构往往使用“无中生有”之计，无事生非，制造扩散谣言，将股价打压下去，达到低价建仓的目的。在市道兴旺之时，往往又有人“无中生有”制造市场热门话题，推动股价盘升，掩护高位出局。中小投资者往往信息不对称，很容易受到“无中生有”之计的危害。在股市博弈中，须提防“无中生有”之计，提高识别“无中生有”之计的能力。一般来说，判断识别庄家主力是否使用“无中生有”之计，除了注意搜索相关消息面予以去伪存真的分析以外，最好的办法则是注意成交量的变化。因为制造虚假信息者意欲收集筹码或出货总要在成交量中反映出来。在通常情况下，底部明显放量是吸货，顶部明显放量是出货。主力在吸货过程中，无可避免地会出现成交量放大，主力为了压制股价上升在吸货前通过大量对敲避免股价上升过快，这种对敲不可避免导致成交量放大形态，这种铺垫掩盖以满足主力在底部悄悄吸足筹码。同理，在出货时，主力也会采对敲的办法不断抬升股价，导致股价拉升阶段放出巨量，到了一定价位，散户还在指望股价继续攀升时，主力已是悄悄完成出货了！对散户来说，只要将主力在盘中成交量盯住，再对网上、社会上散布的缥缈虚无的信息透过现象分析本质，就可识破“无中生有”之计。

# 六、进攻

## 6.1 以众击寡

“以众击寡”的战法就是古今中外兵家所述的“集中兵力，歼敌一部”的战术。该战法最早出自《孙子兵法·虚实篇》，孙子兵法谈及：“故形人而我无形，则我专而敌。我专为一，敌分为十，足以十攻其一也，则我会众敌寡。能以众击寡者，则吾之所与战者，约矣。”其意为，既要了解敌人的情况，又要隐蔽我军形迹。这样，我军的兵力就可以集中，而敌人的兵力就不得不分散。我军的兵力集中在一处，敌人的兵力分散十处，这就能以十成的兵力的优势进攻只有一成兵力的敌人，形成我众而敌寡的态势。以众击寡，那么与我交战的敌人就很容易被击败了！《孙子兵法·军形篇》中又说：“故胜兵若以镒称铢，败兵若以铢称镒。”其意为，所以胜利的军队就好像用镒称铢那样处于绝对优势，失败的军队就好像用铢称镒那样处于绝对劣势。古代军事家所著《兵录》，其中谈及“兵之胜负，不在众寡，而在分合”，而且只有“即分为合，即合为分，乃善之善也”。这就是说，决定用兵的胜负，不在兵力的多少，关键在于兵力的分散与集中。只有能迅速把分散变为集中，迅速把集中变为分散，才算是最好的。在《淮南子·兵略训》中也有：“五指之更弹，不如挥拳之一椌。”意思是五个手指交替弹击，不如握紧拳头猛力一捣。其强调的也是集中兵力的问题。古代中国的兵家都认为“专一则成”，“合力则强”。

公元前260年秦赵长平之战，是白起率领的秦军创造的历史上最早、规模最大、以众击寡最彻底的围歼战。在长平之战前的公元前262年，秦先攻取赵国太行南阳地，使韩国与上党完全隔绝，迫使韩国献上党郡向秦求和。上党郡为保国土拒不服从，韩惠王派冯亭去接替，冯亭也不肯降秦。冯亭权衡再三，采取把十七县献赵，以此借助赵国的力量来抗秦保韩。赵得到韩十七县，秦便对赵看成眼中钉，肉中刺。赵孝成王为了防范秦的进攻，派廉颇率军驻守长平以备秦军。而秦军则选派了声震天下的名将白起。秦、赵两军在丹河两边相距5里，共饮一川之水，持续3年，不分胜负。在艰难的相持中，秦使用了离间计，使赵临阵换将，将缺乏实战经验的赵括替代经验丰富的廉颇。然后白起又操起集中兵力，各个击破的战术；采用佯败诱敌，使其脱离既设阵地，而后分割包围。结果把赵军围困了46天，赵军官兵饥饿乏食，战斗力大降，欲分四路突出重围，未成。领军赵括中箭而死，赵军大败，全军45万人被俘全部活埋。白起始终坚持以众击寡的战略战术，不在乎争夺土地，而是着重歼灭赵的有生力量，此为秦统一天下作了重要军事铺垫。秦、赵长平大战后，秦昭王意欲再去攻打赵国，但武安君白起却清醒地认为：长平大战，秦军大胜，赵军大败。秦军胜利后，活者慰劳，死者厚葬，百姓借祭祀之名聚会，浪费了财物；而赵国战败后军民悲泣哀号，全国上下齐心协力，同仇敌忾，且君臣言辞谦卑，向四方派出使节，与燕、魏、齐、楚结为盟友，致力于共同防范秦国侵犯，虽然看起来赵国是战败国，但实际上赵国的战斗力相当于以前的10倍了。因此，现在这种局面，不可攻打赵国。白起还是坚持“以众击寡”的谋略。可是，秦昭王听不进白起的言语，改派五大夫王陵率军攻打赵国。结果，损失4000兵马，大败而归。秦昭王又要重派白起出兵，白起坚守自己的战略思想不变，称病不出。最后，被王陵取而代之，从此退出历史舞台。白起是历史上最善于打围歼战的将军之一，整个战国期间战死200多万人，而其中白起领军歼灭占一半多。因此，司马迁称赞白起“料敌合变，出奇无穷，声震天下”。白起靠“以众击寡”战略，成了秦朝统一天下的第一功臣。

在1619年，明王朝曾调集24万大军，由辽东经略杨镐指挥，兵分四路，向后金都城赫图阿拉（今辽宁新宾）合击，企图一举消灭刚建立不久的后金政权。而此时，后金政权大汗努尔哈赤指挥的八旗兵力仅6万余人。在兵力众寡悬殊的形势下，努尔哈赤采取“凭尔几路来，我只一路去”（《明史纪事本末·辽左兵端》）。决心集中优势兵力，各个击破明军。3月1日，努尔哈赤首先将主力设伏于萨尔浒（今辽宁抚顺），利用有利的山谷地形全歼明朝西路军。获得初战胜利后，士气大振，一鼓作气，连夜奔袭，于次日早晨在萨尔浒西北将明朝北路军歼灭。然后又兵贵神速，迅速转移兵力，在赫图阿拉向明朝部队发起攻击，接连大获全胜。次日，努尔哈赤部队乘胜出击，势如破竹，随明军作战的朝鲜李氏王朝军队闻风丧胆，不战而降。西南方向的明军，得知三路大军已全部覆灭，统帅杨镐不战而栗，火速撤军，避免了被歼灭的命运。杨镐辽阳督师之所以兵败如山倒，其根本原因就在于企图分进合击，实则有分无合，而且孤军冒进，兵力分散，犯了兵家大忌。努尔哈赤之所以以弱敌强，能够取胜，关键在于始终坚持集中兵力，化敌众为寡，变己寡为众，善用虚实之法，以各个击破明军进攻。此战，致明军四路丧师，主帅杨镐下狱论死，致后金势力日益强大。史称，“自始辽事遂不可为也”。

近代外国的军事家如拿破仑、克劳塞维茨、鲁登道夫等人，都对集中兵力歼敌一路的问题有过许多阐述，在指导战争上也有许多建树。而我国的军事家毛泽东，对集中兵力、歼敌一部在理论上阐述得最透彻，更是入木三分。毛泽东在井冈山斗争时期就反对分兵，他在1928年10月写的《中国红色政权为什么能存在》一文中明确指出：“集中红军相机应对当前之敌，反对分兵，避免被敌人各个击破。”在1930年1月5日《星星之火，可以燎原》中又提到，“兵力集中的积极理由是：集中了才能消灭大一点的敌人，才能占领城镇。”在解放战争时期，1946年9月16日毛泽东在为中央军委起草的《集中优势兵力，各个歼灭敌人》的党内指示中强调，“我军必须特别强调集中优势兵力、各个歼灭敌人的作战方法。”在中国各个时期的革命战争中，我军在毛泽东指挥下，此种战法运用得出神入化，成为我军行之有效、克敌制胜的法宝。据有关资料统计，在解放战争第一年我军进行的歼灭战中，我军的兵力4倍以上于敌兵力的战役战斗约占该时期全部战役战斗的2/3；在解放战争后期，随着敌人军心涣散，战斗力削弱，在兵力对比上，我军虽无数倍于敌的兵力，但仍坚持以优势兵力处之。敌方也最忌讳毛泽东这种战法。蒋介石就曾感叹，“共军的特长，一是他们的数量多，他们常常集中五倍甚至十倍的兵力，来消灭我们一个师或一个团；二是他们的行动快。这个长处是我们大多数的部队所最担心、最害怕的。”国共两党的战争，毛泽东指挥的部队由小变大，由弱变强，最后将蒋介石指挥的部队赶到台湾岛上去了，这与毛泽东指挥部队“运用之妙，存于一心”、善于变化虚实、易寡为众密不可分。

抗美援朝第一仗取得的胜利，也体现了集中优势兵力、以众击寡的作战原则。在1950年10月19日，我国应朝鲜劳动党和政府的请求，毅然作出“抗美援朝，保家卫国”的战略决策，派出中国人民志愿军入朝协助朝鲜人民军作战。时任志愿军总司令的彭德怀与朝鲜人民军统帅金日成为了扼制美伪军北侵，秘密调遣中国人民志愿军第40军于10月19日晚从安东（今丹东）过江，分两路行进。左路由邓岳师长、张玉华政委率118师以及军直、军指，沿老义州、北镇、温井向熙川方向前进；右路120师以及119师，沿永山市、龟城、泰川向宁边方向疾进。力求在最短的时间，创造局部绝对优势兵力，对北进的敌军狠狠打击。彭总要求参战部队一定要打好抗美援朝第一仗，首战必胜，力求打出志愿军的威风，打开局面，把敌人嚣张气焰压下去。而敌凭借摩托化向北推进的速度很快。正当志愿军第40军118师经过5天日宿夜行抵达北镇地区欲向温井方向行进时，得知敌人已先占领了温井。118师对遭遇战预有准备，临机处置胸有成竹，灵活机动调整了作战计划，命令各团停止前进，就地展开，巧布口袋阵，以一个师的兵力设伏在两水洞的1000多米谷地两边。25日早上，南韩伪军一个加强营由38辆运输车组成，目空一切，贸然进入设伏圈。设伏待战的118师精兵，突然对敌发起攻击。顿时枪声大作，炮火纷飞，敌被 打得晕头转向，兵力来不及展开，火炮来不及卸架，也搞不清何处的天兵天将降临，仅两小时就被迫结束了战斗。此次战斗，共毙伤俘敌486人，缴获火炮12门，汽车38辆，各种枪支163支，并生擒美军顾问赖勒斯。首战告捷，118师又连续作战，当天夜里乘胜同兄弟部队一起，又以优势兵力包围歼灭了据守在温井之敌，从而揭开了抗美援朝战争的序幕。两水洞战斗的规模和战果，虽然在中国人民志愿军抗美援朝的千百次战斗中并不大，但它是抗美援朝第一仗，充分显示了中国人民抗美援朝的必胜决心和能力，大灭了敌人的嚣张气焰，大长了志愿军指战员的士气，阻止了敌北进的步伐，有效保护了中朝军事首脑机关的安全，其意义远远超过了战绩。党中央、毛主席高度评价首战的胜利，还将1950年10月25日首战胜利作为中国人民志愿军入朝作战纪念日。

在现代空战中，也离不开以众击寡的谋略。在1953年7月27日，虽然朝鲜战争结束，但美国遏制中国，亡我之心不死，又在台湾海峡玩火，竭力加强与台湾的军事关系。1953年9月，还与台湾签订了《军事协调谅解协定》，内中规定：国民党军队的整编、训练、监督和装备完全由美方负责。美国遂依约将其朝鲜战争退下来的400架左右F-47、F-48等型号飞机移交给国民党的部队。当时，中国人民解放军空军部队除了装备拉-9、拉-11飞机外，还装备了性能优良的苏制米格-15比斯飞机。两岸空军装备的飞机性能优劣基本相当。从飞行员的技战术水平来说，台湾国民党的空军飞行员飞行时间比较长，具有四种气象条件的飞行员占40%多；而中国人民解放军空军部队组建时间较短，四种气象的飞行员相对较少，绝大部分只能在昼夜间简单气象条件下作战，但我们的空军飞行员政治素质高，特别是有一批参加过抗美援朝实战锻炼，曾与世界王牌飞行员决战的富有经验的勇士，这是台湾国民党飞行员所不能及的。认清敌我两军基本情况，善于调兵遣将，造成局部空域兵力优势，以众击寡，成了夺取空战胜利的关键。如在1954年7月16日清晨，驻台湾国民党空军出动美制F-47飞机四架，企图袭击驻定海的中国人民解放军海军舰艇。驻宁波的空军第3师、海军航空兵2师紧急连续出动4批8架米格-15比斯喷气式战斗机迎战。此次战斗，中国人民解放军航空兵的飞机数量超过了敌方2倍，从飞机性能来说，米格-15飞机是喷气式战斗机，而F-47飞机，系活塞式螺旋桨的飞机，米格-15飞机性能优于F-47飞机。特别是受命迎战的带队长机李瑞仿，时任航空兵3师1大队大队长，他在抗美援朝时就曾经单独击落美机1架，配合长机击落敌机1架，享有空军铁杆僚机的称号。此次由他带领丁品贵、周乃、宋有臣3位3师战友以及海航2师战友共同作战，从实战经验来说也高对手一筹。李瑞仿编队在地面指挥引导下，在很远距离就先敌发现了进犯的敌机，然后按照战前空地协同规定，发现目标后由空中长机发挥空中主观能动性，直接指挥编队。李瑞仿根据目测的敌我机相互关系位置，果断命令编队大坡度转弯，切半径、赶近路截击敌机。F-47飞机眼看被李瑞仿率领的米格-15编队盯上，采取忽高忽低，忽左忽右，机动摆脱，但在富有实战经验的李瑞仿面前却总是逃脱不了厄运。李瑞仿瞄准了靠他最近的一架敌机，三炮齐发看着敌机冒烟栽向大海。其他3架敌机也无心恋战，赶紧用圆桶阵防御，且战且退，李瑞仿与他的僚机编队更是紧追不放，双机互相掩护，左右开弓，轮番攻击，李瑞仿又瞅准机会击伤敌机1架。此次战斗，由于以多胜少，以众击寡，以强击弱，我军航空兵李瑞仿编队经空战17分钟，就干净利落取得击落击伤敌F-47飞机各1架的战果，给台湾国民党空军以沉重打击，迫使他们从此停止在大陈岛上空巡逻骚扰，也为1955年1月18日解放一江山岛掌握制空权打下了坚实基础。

在经济生活中，集中优势兵力是经常被适用的策略，也是屡试见效的法宝。如我国的上海飞机制造厂在与美国麦道公司合作生产MD-82飞机的过程中，需要新建现代化喷漆厂房。该厂房需要安装的设备非常复杂，数量又有100多套，对厂房要求很高，仅打入地下24米深的立柱就有280根，美方计划2年完成施工。可是中方采用会战的方法，厂长书记亲临现场指挥，集中主要力量突击，科室后勤服务到工地，结果在10个月内保质保量完成了施工安装计划，在1987年5月23日建成，5月24日飞机如期喷漆。为工期与中方打赌的美方负责人员服服帖帖认输，特地从香港运来全套烤炉，烤热狗招待会战的员工。美方对中方集中兵力会战取胜之道，口服心服。在企业投资项目上，切忌项目投资分散战线拉得太长，造成资金链断裂，将企业逼入窘境。企业基本建设需集中财力，逐个建设，滚动发展，企业才能永葆青春活力，不断取得成果。

在股票市场，运用集中兵力，歼敌一部的战术，主要体现在资金运用上，以及买卖股票的种类数量上，也就是投资结构方面。对股票的投资组合，有两种截然不同取舍：一种采取分散、多样化投资；而另一种则是主张集中投资于个别股票。巴菲特的导师格雷厄姆，主张分散投资，为了防止某些企业或股票不如人意，分散投资以降低经营风险。但是，巴菲特在实践中发现，由于每个人精力有限，不可能对每只股票都能做到精准分析，全面照顾。分散投资反而会左支右绌，顾此失彼，好似将鸡蛋不放在一个篮子里，而将鸡蛋分散放在许多篮子里，结果由于照顾不周，各个篮子里装的鸡蛋全成了破鸡蛋，得不偿失。他受英国经济学家约翰·凯恩斯关于投资应投在自己可以算出投资价值的企业证券上的观点的影响，摒弃分散投资的理论，转而崇尚集中投资的理论。巴菲特坚持只持有他所了解的少数几种股票，且坚持长期持有。巴菲特这种集中投资的理论，大大降低了其投资风险，提高了投资效率，成就了“股神”的称号。我们平时在投资股票中，除了上面集中投资的理由外，还在炒股实践中有一点切身体会，若投资股票太分散，操作起来也非常麻烦，特别是我国还存在政策市的情况下，往往管理层一句话、一项政策的发布使行情发生逆转。当你分散投资、股票种类太多时，届时发现股市苗头不对，心想清仓逃跑退出股市都难于实现。只能眼巴巴地看着所持股票大幅度下跌，将自己陷入深套的窘境。而集中投资的股民，相比之下处置股市不测风云能够应对自如、有条不紊，可及时将股票清仓变现，摆脱股市暴跌的突发事件，避免灭顶之灾。因此，在我国当前的股市投资环境中，尤要重视集中投资策略的运用，切忌股股点火，处处冒烟，避免广种薄收的投资。

## 6.2 避实击虚

“避实击虚”之兵法源自《孙子兵法·虚实篇》，文中说：“水之形避高而趋下，兵之形避实而击虚。”其意是说，水流的一般规律，是避开高处而向下；用兵的规律，就是要避开敌人的强处，而攻其虚弱的地方。《孙子兵法·军事篇》还说：“善用兵者，避其锐气，击其惰归。”其意为，善于用兵作战的人，总是避开敌人的锐气，等其疲惫、松懈了才去攻击他。唐太宗对孙子“避实击虚”的兵法尤为赏识。他说：“观诸兵书，无出孙武；孙武十三篇，无出《虚实》。夫用兵识虚弱之势，则无不胜焉。”（《武经七略》）

孙武的后裔孙膑，更是受家世影响，又得孙武《兵法》十三篇真传，亲身实践了“避实击虚”的兵法，将孙子“避实击虚”的兵法发挥得淋漓尽致。孙膑的“抗亢捣虚”、“围魏救赵”军事方略的提出与实施既是孙武“避实击虚”军事方略的运用，也是孙膑军事指挥生涯中最为得意和辉煌的一页。

“避实击虚”这一古老的战术思想，千百年来，一直被古今中外军事家所青睐。《左传》记述，在桓公五年（公元前707年），周桓王率领周军与蔡、卫、陈等国军队共同讨伐郑，双方大战于繻葛（今河南宛陵县北）。郑国的郑子元向郑庄公建议用左方阵来对付蔡军与卫军，用右方阵来对付陈军。在他看来，陈国动乱，百姓没有战斗意志，陈军是这几个结伴而来攻打的军队中力量最薄弱的，只要将主要兵力先攻打陈国军队，陈国部队必然会争先奔逃，这样周桓公的部队就要来救陈国的部队，就会乱了自己的阵脚。蔡、卫军队看见陈国军队溃败逃跑，也会军心涣散，临阵而逃。然后，我们郑军可以集中兵力对付周军，就可彻底击败以周军为头子的战略联盟。郑庄公采纳了郑子元“避实击虚”的谋略。先命令郑军左右两方阵面对陈、蔡、卫的军队击鼓进军。果然不出所料，陈军一触即溃，蔡、卫军队跟着弃阵而逃，顷刻周军也因此乱了阵脚。而郑军却越战越勇，集中左右方阵合力向周军杀去，周军大败而逃。

东汉中平元年（189年）二月，汉将皇甫嵩击败王国的陈仓之战，也是运用“避实击虚”战术原则的一个成功战例。当时，王国率军围攻汉国陈仓，陈仓城池岌岌可危。汉灵帝命皇甫嵩为左将军，董卓为督前将军，两将各率兵两万前去救援陈仓汉守军。受命后，董卓认为：“速救则城全，不救则城灭。”主张立即出兵与敌交战。而皇甫嵩却持不同的看法，在他看来，善于用兵打仗的，应当首先做到保存自己有生力量，不被敌人战胜；而后看准机会消灭敌人有生力量战胜敌人。他根据“陈仓虽小，城守固备，未易可拔；王国虽强，攻陈仓不下，其众必疲”的敌我双方的战场实际情况，坚持采取缓进以避其锐、待机以击其衰的作战方针，不急于率兵与王国进行交战，而是放任王国自冬至春攻城80余日。结果，开始兵强势众的王国军队，围攻陈仓城池，久攻不克，士气低落，战斗力下降，不得不撤围而退。此时，董卓主张“兵法，穷寇勿追，归众勿迫”，反对出兵追击。但皇甫嵩却坚决主张“进兵击之”。他分析说：“前吾不击，避其锐也。今而击之，待其衰也。所击衰师，非归众也。国众且走，莫有斗志，以整击乱，非穷寇也。”于是，他力排董卓阻挠，立即挥军“独进击之”。结果，连战皆捷，斩杀敌军万余人，王国本人也在慌不择路地逃命中被乱箭射死。纵观此战全过程，不难看出，皇甫嵩善于从战场实际情况出发，坚守“避实击虚”的作战基本原则，保证了作战的胜利，为用兵者称道。

毛泽东更是善于运用避实击虚、先其所易的古老谋略。毛泽东指挥部队在敌强我弱的情况下，实行“敌进我退，敌驻我扰，敌疲我打，敌退我追”的战术。在解放战争时又指挥部队“先打分散和孤立之敌，后打集中和强大之敌”（《毛泽东选集》第四卷，人民出版社1977年版，第1143页）。均是避实击虚作战原则在新的战争形态下的具体创造性运用。在红军粉碎敌人多次大规模“围剿”的作战中，毛泽东总是时刻不忘避实击虚、先其所易的作战原则。如1931年7月上旬，蒋介石调集30万大军向中央苏区发动第三次“围剿”。一方面军在毛泽东、朱德指挥下，主力从闽西等地出发，绕道千里迂回到江西兴国一带集结，避开与敌主力正面决战。当7月31日，得到敌主力正面向西南前进，而其右翼富田、新安一带仅3个团防守，力量比较薄弱的情报。毛泽东、朱德当机立断，将红军主力迂回敌人侧后，突破富田，然后由西向东扫去，置深入赣南苏区的敌主力于无用之地。待敌发觉上当回头向北时，我军又乘敌受苏区军民不断袭扰和坚壁清野的困苦以及接连行军十分疲惫时，袭击其虚弱部分，先后歼灭敌第47师1个旅11个营于莲塘，歼敌54师师部及两个旅，第8师约4个团。在敌饥疲沮丧退却时，又趁胜追击，对敌60师、61师以沉重打击，获取了第三次反“围剿”的胜利。

空军防空部队集中兵力、避实击虚的战术，在抗美援越的战场上也曾广泛应用，取得了辉煌战果。在1964年8月5日，美国借口停在北部湾的军舰受到北越海军部队的攻击，继而派出大批B-52战略轰炸机与F-4C、F-111等战术轰炸机轰炸越南北方，并于1965年2月悍然派遣地面部队直接进入南越支持阮文绍傀儡集团与北越部队作战。北越的军力与美国军力相比，其强弱是不言自明的事。战争开始，北越几条铁路全部处于瘫痪状态，抗美救国斗争处于十分艰难境地。越南劳动党胡志明主席，呼吁国际社会对北越进行无私援助，并多次要求同志加兄弟的中国给予全面援助。中国政府、中国军队为了响应越南劳动党和越南政府的请求，维护中国南部边境的安全，决定尽一切可能支援越南人民的抗美救国的正义斗争。中、越两国政府和军队陆续达成了一系列由中国提供大量物资援助，并派出部队在越南北方担负防空作战、国防工程建筑、后勤保障任务的协议。首批援越2个高炮师又1个高炮团于1965年8月1日分别于云南、广西入境协助越南防空作战。至1969年3月，中国人民解放军先后派出9批高炮部队，共16个师辖63个团，总计15万人轮换入越防空作战。当时美国的空军针对我国防空部队的炮瞄雷达系统，使用“百舌鸟”导弹攻击。该导弹是对着炮瞄雷达波束寻的，基本上一打一个准。我们高炮部队，吃一堑长一智。认识到“百舌鸟”导弹能够对着雷达波束精准打击是美军武器之长，但另一方面“百舌鸟”导弹离开无线电波束制导就成了瞎子，又是其致命弱点。后来，我们援越的高炮部队，采取“避强击弱”、“避实击虚”的谋略，找到了对付“百舌鸟”导弹的方法。这就是“早开机、近升压、断高压，摇摆天线，断续开机”。当炮瞄雷达发现美机发射“百舌鸟”导弹后，立即关掉炮瞄雷达，使“百舌鸟”失去攻击目标，而各高炮迅即使用光学瞄准具捕捉目标，集火近战。用这种谋略，有效地制伏了美机的先进武器。例如，保卫越南太原钢铁基地的62支队，仅1967年3月10日、11日两天，就击落美机18架，击伤5架，俘虏美国飞行员10名。中国援越各高炮支队和各工程支队的防空分队，在3年零9个月的防空作战中，共作战2153次，击落美机1707架，击伤1608架，俘虏美军飞行员42名，迫使美军对越南北方的轰炸“逐步降级”，直至1968年11月1日起，美军停止轰炸越南北方。中国援越的高炮部队也完成了使命，于1969年3月前陆续回国。

军事上对敌我双方而言，战场形势任何一方非实即虚，非虚即实，只有摸清虚实确切情况，才能促使战局向有利于自己的方向发展。在商战中，要想战胜竞争对手，也需要针对竞争者的软肋，发动挑战。日本的麒麟啤酒在1907年进入市场时，已经有札幌啤酒、朝日啤酒牢牢占据着消费市场。麒麟啤酒通过市场调查发现，在日本，其中饭店、酒吧啤酒消费占市场总销量80%左右，而家庭消费仅占20%。札幌啤酒与朝日啤酒主要占据饭店、酒吧市场，而家庭消费市场相对薄弱，尚未有效开发。麒麟啤酒公司为此将拓展家庭消费市场业务作为占领啤酒消费市场的主要环节。麒麟啤酒公司购置设备，在全国各消费区开设啤酒厂，生产各种适合家庭消费的瓶装、罐装、散装啤酒；同时，不惜巨资在电视、报刊上大做广告，开展舆论攻势，引导家庭消费，形成啤酒家饮是一种休闲享受的社会氛围，并且给广大消费者一种感觉，家庭饮啤酒非麒麟莫属的心理暗示。进入80年代，又针对社会需求，率先进军生啤市场，在别的厂家尚未进入前，捷足先登。由于麒麟啤酒“避实击虚”，经营得法，钻了市场之空和竞争者忽略之隙，结果后来者居上，现在年销售额达70亿美元以上，占据了日本啤酒消费市场80%以上的份额。麒麟啤酒公司应用避实击虚的策略，抓住啤酒市场的软肋，获得了竞争胜利。

从以上实例不难看出“避实击虚”不论是在军事战场上或者是商务战场上均是克敌制胜的法宝，而在资本市场内买卖股票，又是如何体现“避实击虚”的买卖运作原则的呢？这要在“选时”与“选股”两个环节中体现。“选时”，即指选准股票投资时机，这是能否在股票市场获利的关键，投资者万万不可麻痹大意。买入时机要选在股价波浪的底部。否则，由于大势疲软，也难有作为，甚至会举步维艰，造成投资损失。因此，入市买股票时机，要分析股市波浪式向前运行或称为螺旋式上升运行的情况，尽可能将投入股市时机选择在股指波浪形态的底部，这时候对股市来说是处于虚势阶段，如2002年至2005年11月大熊市，沪市股指的最低点达998点（2005年6月15日），若抓住股市熊市末期入市，紧接着大牛市起步，股市气势如虹，投入股市哪有不赚的道理？相反，若在2007年10月26日沪市股指最高点达6124点是股市最牛、最猖狂的时候，也可谓最“实”之时，若在此时进入股市，那么等待着股民的又是长达12个月的漫漫熊市，绝大部分股民损失惨重。综上所述，应用“避实击虚”的兵法，在选股入市时机上，越是股指高企、牛气十足之时，越不是进入良机，相反在股指跌无可跌、股市萧条、绝大多数人不看好之时，恰恰是可以“避实击虚”，勇敢进入股市之时。股神沃伦·巴菲特在介绍炒股经验之谈时，也谈及，“长期股票投资买入时机宜选择在经济萧条末期，股价循环跌势缓和期；长期投资的卖出时机应选择在经济周期的繁荣阶段的末期，股价循环涨势的停顿期。”即使是短、中线操作，也应该将买入时机最好选在一个波浪要起来而未起来之时，或者处在上涨开始之时。

“选股”上，又是如何体现“避实击虚”之策略呢？最好是选择股价处于要涨而未涨的低位高成长的公司股票。巴菲特认为，“在股票市场大赚其钱的投资者，往往是那些比别人先行一步，愿意花时间对潜在公司进行深入了解的人，当别人纷纷抛售股票时，他却坚定信心买进股票。如果有必要的话，他们甚至准备好在2—3年甚至更长时间内持有股票，直到投资者蜂拥而入将股票价格拉上来为止。对于那些成长型公司来说，不管经济形势发生了什么变化，它们都必须年复一年、季复一季地将其收益率稳定保持在15%或更高的水平上以满足投资分析家的期望，并随之提高其股票价格。”（《股神》，企业管理出版社，第270页）在股市中，钱赚得最多的并不是买处于高价位股票的人，相反是低价位买入那些高成长股票的人。如2007年行情中，两面针股票，在2007年1月5日每股最低10元不到，但至2007年8月15日8个月的时间最高却涨到67.09元。又如中国船舶这只股票2006年1月初开盘价仅每股8.90元，而至2007年10月11日最高至每股300元。两年不到的时间，涨幅达30多倍，让人震惊。当时这几只股票看起来都不是很强，而当时有的股价较高地看起来较强，但实践证明在选股上“避实击虚”，选择了股价不高而高成长的股票则会收获不菲。巴菲特还喜欢买入发生暂时危机而价位较低的股票。在1960年美国运通公司发生“色拉油事件”，运通公司损失了6000万美元，股价也从60美元急跌至35美元。巴菲特认为运通公司这是一次偶然事件，结果趁虚而入，用合伙公司40%的1400万美元资产买了运通5%股份，结果过了两年，运通公司负面消息淡忘后，股票回升，巴菲特净赚了2000万美元。巴菲特以过人的智慧，在不知不觉中使用“避实击虚”的战术选股，两年的时间赚到了150%利润，值得我们股民在股市博弈中仿效。

## 6.3 声东击西

“声东击西”之计，早在周朝姜太公就已使用。在姜太公《六韬·兵道第十二》中说：“外乱而内整，……敌不知我所备。欲其西，袭其东。”已经明白无故地点明“声东击西”的战法。《淮南子·兵略训》中所谈：“故用兵之道，示之以柔而迎之以刚，示之以弱而乘之以强，为之以歙而应之以张，将欲西而示之以东，……”也把“将欲西而示之以东”列为用兵之道。在以后编纂的《三十六计》中，将“声东击西”列为第六计，归类为胜战计。该计原文引自《淮南子·兵训》：“敌志乱萃，不虞，坤下兑上之象，利其不自主而取之。”其意为，敌人神志慌乱，不能判断和应付突然事变的发生，这是易经“萃”卦所说的“坤下兑上”（指湖水高出地面，随时可能溃决）危险征兆。要利用敌人失去控制力的时机去消灭它。

该计解语原文：“西汉，七国反，周亚夫坚壁不战。吴兵奔壁之东南陬，亚夫便备西北；已而吴王精兵，果攻西北，遂不得入（《汉书·周勃传》）。此敌志不乱，能自主也。汉末，朱俊围黄巾于宛，张围结垒，起土山以临城内，鸣鼓攻其西南，黄巾悉众赴之；自将精兵五千，掩其东北，遂乘虚而入。此敌志乱萃，不虞也。然则声东击西策，须视敌志乱否为定。知，则胜；不乱，则自取败亡。险策也。”该解语意为，西汉景帝时，发生了吴、楚等七国之乱。大将周亚夫固守城堡，拒不出来应战。围城的吴国军队转移至城的东南角佯攻，而周亚夫猜透了吴军的阴谋，主动加强守备西北方向。不出所料，吴军真的用精锐部队进攻西北角城防，由于周亚夫有了防备吴军攻城没有成功。这是摸清了敌情，能正确指挥作战而取胜的战例。东汉末，朱俊围攻黄巾军于宛城（今河南南阳），下令在城外垒起一座小土山，用来观察城内敌人情况。他一面命令中队擂起战鼓向城西南方向佯攻，而黄巾军都赶紧跑到西南角去守备；另一方面，他亲率5000精兵隐蔽到达城的东北角，乘着敌人守备虚弱攻进城去。这是黄巾军没有摸清情况盲目应战而失败的战例。由此看来，“声东击西”的策略，必须首先察明敌方是否了解我方而定。如果我方掌握了敌方情况，就会胜利。如果敌方掌握了我方情况，应付自如，不乱阵脚，我方就会失败。这是一条冒险的计谋啊！

“声东击西”是古今中外最常用也最易成功的计谋之一。“声东击西”，往往需要通过制造假象迷惑敌人，欲东而形似西，欲西而形似东，让敌人防非所防，防备失当，而我则趁势而为，避强击弱，避实击虚，达到消灭敌人之目的。解语中已就“声东击西”举例进行说明，历史上还有不少“声东击西”的战例。

三国时期，魏军在陇西一带同蜀军经过多年的交锋，逐渐占据了军事上的主动权。魏国掌握军政大权的司马昭，自东征以来，招兵买马，一直存先蜀后吴展开讨伐。平定蜀汉后，再水陆并进并吞东吴实现他一统天下的理想。根据这一战略部署，司马昭封钟会为镇西大将军，总领关中人马，调遣青、徐、兖、豫、荆、扬等州军队开始伐蜀准备。钟会接受帅印后，并没有马上出兵西行，而是以讨伐东吴的名义，命令青、徐、兖、豫、荆、扬等州建造大船，又派遣唐咨到登州、莱州等临海的地区征集海船，摆出一副马上要伐东吴的架势。东吴不明就里，举国上下笼罩在与魏军马上交战的紧张气氛中，而蜀国反倒认为，魏国要先与吴国作战，自己可以喘一口气休整养息一下。谁知钟会是在利用常人思维，即东吴在江南水乡，攻打东吴需要造船，攻打蜀汉在内陆需要马、车的规律，以命令属下造船，装出要攻打吴国的模样，实现迷惑蜀国放松警惕，不必合纵连横向吴国求援；另一方面也镇住了吴国，使吴国不敢轻举妄动派兵救援蜀国。钟会的“声东击西”的谋略，果然让蜀汉思想麻痹，缺乏防备，又置吴国不敢轻举妄动。钟会于魏景元四年七月初三日出师，一鼓作气，很快就攻克蜀国的汉中。后来又用所造的船只再去讨伐吴国，一举两得。

东汉时期，班超出使西域，其目的是为了联合西域各国共同抗击匈奴。而地处抗击匈奴南北通道上的莎车国，却有意煽动周边的小国归附匈奴，反对汉朝。班超决定首先平定莎车国。莎车国国王眼看着班超联合于阗等国向其讨伐，紧急向龟兹国求援，讨得救兵5万多人。而班超率兵却只有2.5万多人，双方兵力对比敌众我寡，敌强我弱。班超决计以“声东击西”之计智取莎车国。他首先派人在军中散布对其不满言论，制造不敢与龟兹较量准备撤退的假象。并且将这些信息有意让莎车俘虏听到。一天黄昏，班超命于阗大军向东退却，自己率部向西后撤，又故意让俘虏在撤退中逃脱回到莎车国。龟兹王听到被俘士兵逃脱所得情报，知道班超不敢与他交战，已兵分两路向东西方向逃窜，大喜过望，立即命令兵分两路跟踪追击，其中1万多兵员由他亲率向西追杀。可是，班超趁夜幕笼罩沙漠之机，仅后撤10里地，大队人马便就地隐蔽。龟兹王求胜心切，只顾前追，其实追过了班超隐蔽地域。班超看到龟兹王带兵已经远远追过，然后集合队伍迅速回师，与事先约定杀回马枪的东路于阗人马两面夹击，杀向莎车追兵。莎车王突遇汉兵与于阗军队从天而降，又未见龟兹王的援兵相助，被吓得魂飞魄散，溃不成军，只得乖乖认输请降。而龟兹王气势汹汹追了一夜，却未见班超军队踪影，又闻报莎车国已被平定的消息，救援莎车国已无实际意义，只得悻悻收拾残部，回龟兹本国安营。班超巧施“声东击西”妙计，终于打败了莎车国与龟兹的军事联盟，为联合西域各国共同抗击匈奴打通了战略通道，奠定了胜利基础。

在1942年第二次世界大战中，轴心国与同盟国在北非战场进行了激烈的较量，英国的蒙哥马利元帅就曾使用“声东击西”的计谋歼灭了在埃及阿拉曼的德、意轴心国隆美尔元帅统率的法西斯军队。该役蒙哥马利为了佯装从南面进攻阿拉曼的隆美尔军队，故意让人在南部铺设了一条20英里长的新水道，修建了模拟泵房、高架油箱、水桶加油站、蓄水池等设施，又在地面堆放大量的军需物资，并停放了大量假的军用车辆，并让南部同盟国占领区车辆川流不息，让德国隆美尔元帅确信蒙哥马利对阿拉曼德军进攻的主攻方向就在南面。为了进一步欺骗隆美尔，蒙哥马利还巧妙运用英国已经破译的德国无线电通信密码，向德军发出虚假情报，以吸引隆美尔对阿拉曼南部战场的注意力，加深隆美尔对蒙哥马利要在阿拉曼南部发起进攻的判断。其实，蒙哥马利一直将盟军的主力部署在阿拉曼的西部区域，南部仅是佯攻的兵力。一切部署妥当后，1942年10月23日21时40分，蒙哥马利趁着隆美尔回德国总部向希特勒汇报战况不在北非前线的时候，下令对已经经过3天预先航空火力准备的隆美尔部队发起全面进攻。阿拉曼西部战场上的盟军千门大炮突然齐声怒吼，驻守在阿拉曼西部的德、意军队顿时陷入一片火海之中。接替隆美尔指挥的副司令施图姆将军大为震惊，匆匆乘上装甲车赴前线了解情况，不料又被英军反坦克炮伏击，他从车上掉下来诱发心脏病而死。隆美尔在德国闻说蒙哥马利从西面发起主攻，同样震惊不已。他立即飞回北非前线阿拉曼指挥，但为时已晚，回天无力，只得下令撤退。这一战役，英军蒙哥马利指挥非洲军团共歼敌5.5万人，损毁敌方火炮1000余门，击毁、缴获坦克350辆。英军仅亡4600余人，伤8900余人。这一战役彻底扭转了盟军在北非的被动态势，盟军从此在北非战场上掌握了主动权。英国首相丘吉尔对蒙哥马利指挥该战役取得的胜利的评价是："阿拉曼战役之前，我们是战无不败；阿拉曼战役之后，我们是战无不胜。"蒙哥马利也因此役胜利名声大振，被晋升为上将，获得巴恩骑士勋章。

中国人民解放军的粟裕大将，在战役指挥的实践中，也是最善于使用"声东击西"战策的常胜将军。他曾在东桥战役中使用"声东击西"，在莱芜战役中采用示南击北，在豫东战役又使用"声东击西"之计。东桥战役发生前两天，当时粟裕收到一份敌情通报，日军百余人，伪军千余人增至东台以南通榆公路上的安丰据点。伪军师长铁夫也到了安丰，有向东扫荡的意图；南边海安之敌一部已进占了李堡，似向台南地区新四军"扫荡"。粟裕决定"将计就计"，不放过任何一个"动敌"、"欺敌"的机会。他在战役发起前，对敌实施一个"声东击西"的佯动，吸引敌人的注意力，达成东桥战役的突然性。他将师直机关分为前后两个梯队，令苏中行署主任管文蔚率后梯队北移，跳出扫荡圈；而自己亲率前梯队向南转移，故意"示形"迎击"扫荡"之敌，与其纠缠，麻痹敌人。而骄狂自恃的敌人错误地认为新四军经宣泰一战伤亡必大，因此急调江南的整编第六十五师火速北渡长江，会同第九十九旅增援泰兴，并进犯黄桥，以拖住新四军主力；同时又令东路第四十九师星夜疾进，企图乘虚夺取新四军控制的如皋城；然后，第四十九、第六十五师会同泰州的第八十三师，从三面夹击新四军，妄图置新四军于死地。针对敌人的部署，新四军作战部门提出了两个作战方案：一是就近打前来增援宣泰的敌军；二是转移兵力，主力作远距离机动，直插进犯如皋的第四十九师，从侧后攻击之。粟裕判断：敌人以为我主力在西边，敌四十九师会放心大胆向如皋挺进，而新四军长途奔袭，必然会大出敌人的意料，将陷敌于被动混乱的境地。于是决定舍近求远，“声东击西”，弃援敌而不顾，直接打击远距离奔袭进犯如皋的敌第四十九师。7月15日晚，粟裕令第一师全部和第六师大部转兵东进，并用汽艇急运第七纵队一个团先期赶回如皋，协同军分区守城；同时布下疑兵继续围歼泰兴城内残敌，给敌人以新四军主力还在西边的错觉，引诱如东之敌放胆向如皋进犯。而粟裕指挥部队向东急行军一百几十里，7月18日到达如南，立即部署投入对敌作战。敌人怎么也想不到新四军似天兵天将突然从天而降，届时惊慌失措，军心动摇，被士气高涨的新四军打得毫无还手之力。粟裕“声东击西”奇谋奏效，如南一战歼灭敌整编第四十九师一个半旅，连同在阻击中被消灭的敌人，总计歼灭敌人有生力量1万多人，达到了预期目的。

五六十年代，台湾海峡两岸严重对立，军事形势紧张。盘踞在台湾的国民党军队经常利用金门岛的跳板对大陆进行军事骚扰。福州部队指挥机关为了搞清金门岛的国民党军队的军事设施兵要地志，以便精准炮击，有效教训震慑敌人，并尽可能防止误伤居住金门的同胞百姓，遂决定对金门岛实施低空、高新晰、无缝隙的全岛照相侦察。根据整体任务要求，经计算，要完成金门350平方公里全覆盖大比例高清晰全岛侦察照相，以六机编队两次才能完成。如此大编队、低高度，强行在防空火力极强的敌占区侦察照相，危险性大，对编队协同作战能力要求极高，这在中国人民解放军空军的历史上史无前例，就是国外老牌空军也鲜有报道。上级部门反复研究后，将这一任务秘密交给了时任空军独立侦察二团的李瑞仿团长具体组织落实。为了做到万无一失，李瑞仿精心组织以大队长姜东钧为首的六机编队对模拟金门岛的侦察进行了反复演练。从起飞后的集合编队、队形保持方法、高度精确保持，以及打开相机的时机等等技术细节，反复从地面编队踱步练，再到空中实兵练，直至练到得心应手，做到编队之间在无线电静默时，也能心领神会。一切准备就绪，只待指挥所一声令下。1958年9月23日，根据气象预报，金门岛上空晴空万里，能见度极好，特别适合航空侦察照相。空军福州前线指挥所聂凤智司令员为了保证万无一失完成侦察任务，采用“声东击西”的战术。首先命令驻守福建的航空兵部队起飞多个编队在高空巡逻，紧随台湾巡逻的战机，彼此若即若离。地面指挥所的领航员对高空巡逻的歼击机还不断通报敌我之间相对关系位置，摆出一副与敌机决战的架势。结果，台湾的警戒雷达天线都仰对着两岸高空巡航战机的对峙上。而另一边，姜东钧大队长率领的侦察机编队却按预案，突然由北向南低空大编队突入金门岛上空，干净利索地完成了既定大小金门、大担、二担等岛无缝隙大比例尺照相任务。待金门岛防空指挥机构醒悟，命令高炮部队对侦察编队开火，却成了马后炮。姜东钧的侦察编队已顺利回到了福建大陆空防安全区域。继9·23日照相后，9月25日中午，根据金门岛上空适合侦察照相气象条件，为了完成前两天剩下的50%待照区域，聂凤智司令员又一次命令姜东钧大队长六机编队再次起飞执行任务。但这一次执行任务为了防止战术重复造成不利的局面，李瑞仿团长与姜东钧大队长等研究决定改变一下“声东击西”欺敌新招。姜东钧大队长率领的两个中队飞机，采取从晋江机场起飞后先到指定的空域练习中队攻击的课目，空中飞行员之间的通话也如往常全是攻击课目的内容，如此两个中队的飞机你来我往互为攻防10多分钟，让台湾防空指挥所误判留在空中的共产党两个中队的飞机纯粹是训练攻击课目无疑。正当台湾防空丧失了警惕的时候，姜东钧一个口令两个中队的侦察机突然由攻防队形整合为大编队照相队形，对准检查点，把准方向舵，又一次大编队通过金门岛待照相区域上空，完成了剩余照相的任务。两次照相，完整地将大小金门、大担、二担兵要地志全覆盖照了下来，为陆军部队炮击金门取得了详尽的战场情报。这先后两次史无前例的虎口拔牙的侦察照相任务顺利完成，其中得益于空军各级指挥和飞行人员声东击西谋略的运用。

“声东击西”之计应用于企业经营活动中，就是巧布疑阵，欲攻占西方市场，假装或声言要攻占东方市场，使竞争对手被错误诱导疏于防范，而趁虚而入，达到自己的目的。在1959年，日本的稻盛和夫与人共同创建了日本京都窑业有限公司，从事机电产品生产。3年过去了，虽然业务有一定起色，但日本知名度高的大公司仍然对高都窑业公司的产品存在偏见，不敢在整机配套中使用京都窑业公司的机电产品，而是习惯使用美国知名公司的机电产品配套。这让稻盛和夫很伤脑筋。后来稻盛和夫在和美国厂商接触中发现，美国的厂商与日本的厂商不同，他们不拘泥于传统，只崇尚合理与自由，只要产品精良，技术指标经得起测试，不管卖方是谁，都会采用。为此，坚信自己产品质地优良的稻盛和夫灵机一动，决定采用“声东击西”之计，将自己公司生产的机电产品与美国的大公司产品配套，待美国大公司将产品卖到日本市场，自己的产品也会进入日本大公司的视野，然后让日本大公司也比照美国大公司使用本厂的产品。此计甫定，稻盛和夫就到美国推销产品，走尽了千家万厂，说尽了千言万语，终于碰上了得克萨斯州的路缅公司。该公司生产阿波罗火箭所需要电阻器的一种原材料，正好是稻盛和夫的京都窑业公司能够生产的产品。稻盛和夫将样品提供美国路缅公司严格检测。结果，京都的产品质量比德国和美国许多知名度很高的公司的产品质量都要过硬，路缅公司就选用了京都窑业公司的产品。这一来，美国许多大公司也陆续采用了京都窑业的产品。美国大公司用上京都窑业公司配套材料的机电产品再卖到日本市场后，京都窑业的产品在日本也跟着打响了知名度，获得了日本各大公司的信赖与承认。京都窑业产品欲在日本推广，先去美国，稻盛和夫这一奇招，由此攻克了日本铜墙铁壁的市场偏见，占领了日本机电产品市场，靠的是“声东击西”计谋所达到最佳效果。

股市中“声东击西”是主力机构操盘的主要手法之一，中小投资者由于资金有限，使用“声东击西”成不了气候。因此，了解“声东击西”主要是善于识破主力机构使用“声东击西”的计谋，反其道而行之，避免上当受骗，减少损失。主力机构“声东击西”，其“声东”是手段，而“击西”是目的。主力看涨的板块往往却唱反调要跌；真正看跌的板块，却摆出种种看涨的理由，故意让人雾里看花。主力明明要建仓，却一再打压或贬低该股；主力打算出货，又会声称该股有极高投资价值，股价会继续升高，而实际上却悄悄减仓出货。例如，在2007年的牛市行情中，主力机构不时利用消息的配合将大盘低价蓝筹股的股价一路推高，而其他许多个股板块却反而向下创出新低。等到散户忍不住下跌，忍痛割肉卖出持有的小盘股，转而追涨大盘股的时候，主力机构又转变炒作方向，不少小盘股或板块掉头往上，而蓝筹股又开始调整。主力机构“声东击西”，时东时西，使得许多中小投资者在板块轮动中疲于奔命，最终一无所获，甚至伤痕累累，不但牛市中没有赚到钱，甚至亏损不少。中小投资者对付主力机构“声东击西”，应全面分析市场行情，要善于识破主力机构委比和买卖盘的假象，根据实际盘面的语言，顺应主力意图做出相应的操作。例如在关键价位，卖盘很大，买盘虽然不多但是买入成交速度很快，同时股价也不下挫，那么极有可能是主力在压价建仓。若是买卖盘显示“大量买进”信号，而卖单上分散小单密集快速卖出，让散户误认为主力仍在进货而盲目跟风，其实恰恰是主力利用“以大化小”、“声东击西”在出货。对于不能从盘面语言辨别主力“声东击西”计谋的中小投资者，在牛市行情中，最好的办法是不要指望跟上主力忽东忽西的忽悠，坚定持有质优股，以不变应万变，以静制动，股市总会风水轮流转的，总会让你手中股票涨上一轮的。实践证明，在牛市行情中以静制动并不比跟风效益差。这个看似笨的办法却是对付“声东击西”最有效的办法。

## 6.4 擒贼擒王

“擒贼擒王”之计出自三十六计中第十八计，原文为：“摧其坚，夺其魁，以解其体。龙战于野，其道穷也。”文中“龙战于野，其道穷也”引自《易·坤》。计文其意为，摧毁敌方的主力，抓住他的首领，就可以瓦解它的整个作战体系。这好似龙离开大海在野地里作战，所面临绝境一样。

该计原来的解语：“攻胜则利不取胜。取不遗大，卒之利，将之累，帅之害，巧之亏也。全胜而不摧坚擒王，是纵虎归山也。擒王之法，不可图辨旌旗，而当察其阵中首动。昔张巡与尹子奇，直冲贼营，至子奇麾下，营中大乱，斩贼将五十余人，杀士卒五千余人。巡欲射子奇而不识，剡蒿为矢。中者喜，谓巡矢尽，走白子奇，乃得其状，使霁云射之，中其左目，几获之。子奇乃收军退还。”其意为，完全战胜敌人，其利益是取之不尽的。如果满足于小胜，放弃获取大胜的机会，虽然自己的士兵可以少一点伤亡，但由于敌人的主力还在，那仍然会是将军的累赘，主帅的祸害，甚至可能前功尽弃。如果认为完全胜利了而又不去消灭敌人的主力、不去捉拿他的首领，那就像放虎归山，后患无穷。捉拿敌人首领的方法，不要只从旌旗上识别，还应当观察对方阵地中谁是指挥员。如唐肃宗时，唐将张巡同叛军尹子奇作战。他的队伍一直冲到叛军的帅旗下，敌营大乱，杀敌将五十余人、士兵五千余人。张巡想射死尹子奇，但不认识他，于是让士兵削蒿子当箭射。中了箭的敌兵很高兴，以为张巡的箭用完了，急忙去报告尹子奇。于是，张巡认出了尹子奇，立刻叫部将南霁云去射他，正中左眼，几乎把他擒获。尹子奇负伤收兵大败而逃。

该计名出现完整提法，除了《三十六计》外，较早有文字记载以唐朝杜甫《前出塞》“挽弓当挽强，用箭当用长。射人先射马，擒贼先擒王”的诗句为先。后又见《悟真子射法拾遗》中“马上之贼。只当重大的，射马不可射人。谚云‘射人先射马，擒贼先擒王’是也”所述。在《草庐经略》一书的“先击强”中也谈及，“兵之所以先击强者，盖击蛇击首者之说也。择坚强之处，选锐以冲元，奋勇以人之，以我完力击被微瘕，可以逞也。”其与擒贼先擒王的精神实质完全一致。其实，该计早在春秋战国时就被有名的军事家所熟知而使用。

在战国末年，秦昭王即位后陆续夺取了韩、赵、魏、楚的大片土地，雄心勃勃要统一东方六国。面对秦国威胁，韩、赵、魏、燕、楚商量合纵抗秦，并共推楚国为首领，拜楚国春申君黄歇为上将军，发起对秦的讨伐。秦相吕不韦则命蒙恬、王翦为大将，迎接以楚为首的多国部队的讨伐。王翦思虑，若对五国全面开战，势必陷己于不利局面，于是他采用“擒贼擒王”之策，决定集中主力抓住六国中最强大的楚军进行打击。于是，王翦秘密传令，让部队做好夜战准备，对楚军发动突然袭击。楚军之帅春申君闻讯大惊失色，顾不得商告其他四国军队，连夜下令撤兵。其他四国军队探得楚军溃败，闻风跟随而逃。秦国王翦利用“擒贼先擒王”谋略，一举击败楚国为首的五国抗秦合纵阵营，为秦王霸业奠定了坚实基础。

近代的抗日将领张学良、杨虎城，在1936年12月12日发动的西安事变，也是一次成功的擒贼擒王战术应用范例。自1931年9月18日，日本关东军发动“九一八事变”以来，日本的侵略魔爪一直向关内延伸，中华民族危机深重。1935年12月9日，在北平爆发了大规模的学生示威游行，呼吁“停止内战，一致对外”，“打倒日本帝国主义”。全国人民抗日热情逐日高涨。中国共产党在1935年12月7日又召开了瓦窑堡会议，明确了抗日民族统一战线政策，这给“攘外必先安内”、以打内战优先抗日的国民政府构成巨大压力。在国民党部队中，一些有爱国心的将士开始厌恶内战，要求抗日的积极因素在增长。1936年4月起，张学良开始和中国共产党秘密接触，1936年9月，中国共产党与东北军正式签订了《抗日救国协定》，双方正式结束敌对状态。自此，中国工农红军、张学良的东北军、杨虎城的西北军形成了抗日民族统一战线的“铁三角”。1936年10月22日，蒋介石由南京飞抵西安，严令进剿红军，遭到了张学良当面陈词反对，蒋、张二人大吵一通。10月29日，张学良赴洛阳为蒋介石祝寿，对蒋提出联共抗日，遭蒋拒绝。11月27日，张学良上书蒋介石请缨北上抗日，遭蒋再次拒绝。12月2日，张学良又从西安飞抵洛阳见蒋，要求释放抗日救国会“七君子”，并向蒋呈报，谓若不抗日，其部下不稳，势难支撑，拟请蒋委员长前往西安训话。蒋介石于12月4日抵西安，并调30万中央军“进剿”红军，张学良、杨虎城再次进谏。12月7日，张学良再三苦谏，要求蒋介石下令停止内战，一致抗日，仍遭蒋介石严词拒绝。12月9日，中国共产党组织了纪念“一二·九运动”一周年的大规模群众游行示威。特务军警开枪打伤一名学生，群众更加激愤，决定到临潼向蒋介石请愿示威。蒋介石命令张学良制止学生运动，并裁示必要时可以向学生开枪。张学良接到命令赶上游行队伍，极力劝说学生回去。但学生高呼“中国人不打中国人！”“东北军打回老家去！”在华清池前请愿的学生还高唱《松花江上》歌曲，震撼了在场维持秩序的东北军官兵。张学良也在学生面前表态，在一周内以实际行动答复学生的要求，如果做不到，任何人都可以“置我张学良于死地”。当晚，张学良又一次找到蒋介石，再次劝说蒋介石放过学生。但是蒋介石怒称：“对这批学生，除了机关枪以外，是没有办法的！”张听后大怒，反问蒋介石：“机关枪不打日本人反而打爱国学生?”张、蒋再次大吵。盛怒之下的张学良深知，要解决问题，形成全国团结抗日的局面，只能是通过兵谏，擒贼先擒王才能实现。当晚，张学良与杨虎城商议，决定发动兵变，命令白凤翔去捉拿蒋介石。而白凤翔说，“对蒋介石只是照片上见过，没当面见过，只怕到时候在混乱中出差错。”为此，12月10日，张学良带着白凤翔去面见蒋介石。此时，蒋正在召开讨论通过第六次围剿红军的计划。12月11日晚，蒋介石邀请张学良、杨虎城等参加晚宴，并宣布了蒋鼎文为西北军剿匪前敌总司令，卫立煌为晋绥陕宁四省边区总指挥的换将任命书，并命令中央军接替东北军、西北军的剿共任务。面对蒋介石步步紧逼，张学良、杨虎城于12月11日晚间分别召见东北军与十七路军的高级将领，宣布了第二天清晨发动兵谏的命令。12月12日清晨5时，东北军华清池前捉蒋，蒋从卧室窗户跳出外逃，摔伤后背后躲在大石后面被发现活捉。当天，张、杨向全国发出了关于抗日救国八项主张的通电。12月12日晚间，宋美龄闻说张、杨兵谏，蒋介石被扣，紧急商量对策。12月13日清晨8点致电张学良，告之澳籍友人端纳拟飞西安与张、蒋面谈。国民党中央却在12月16日决议以何应钦为讨伐军总司令要对张、杨进行讨伐，并付诸对西安实行轰炸行动。国民党中亲日派有借机灭蒋、将事态复杂化之嫌。有鉴于此，张学良允许一同被扣的蒋鼎文先返回洛阳，并要求国军暂停军事行动，力避事态恶化。12月17日，斯大林指示中共，考虑到蒋介石可能调整政策会成为中国未来抗日力量的重要领导人，希望放蒋。中共中央在充分分析了当时局势及各方态度后，形成和平解决西安事变的共识，遂派周恩来到西安进行各方的协商、斡旋。12月22日，宋美龄、宋子文也赶到西安劝蒋，“宁抗日，勿死敌手！”蒋介石听了宋美龄的劝告，态度开始转变。12月24日，蒋介石接受了抗日救国的六项意见但不愿意签字承诺。对此，东北军、西北军有相当一部分人对“不签字放蒋”表示不满，杨虎城也表示反对。张学良回答说：“蒋介石政治实力依然存在，现在既然要放他，要把他捧为领袖，即使逼他签字，他到时也会反悔，现在有一个君子协议也很好！”共产党的代表周恩来，从抗日的大局出发，劝说杨虎城接受“口头承诺而不签字放蒋”的提议。12月25日下午，蒋介石在张学良的陪同下乘飞机离开西安，26日回到南京，西安事变和平解决。张、杨“擒贼擒王”发动西安事变的壮举，迫使蒋介石停止内战，实现了国共第二次合作，促成了抗日民族统一战线的建立，开始了全民的抗日战争，直至8年抗战的胜利。张学良、杨虎城是中华民族的千古功臣。

解放战争时期，人民解放军贯彻毛泽东“大举出击，经略中原”的战略方针，在1948年6月发起的襄樊战役中，一反我军“先打分散孤立之敌”的“扫清外围直捣中心”的传统战法，以一部分兵力钳制敌兵力，而集中主力采用“黑虎掏心”，直扑襄樊城内敌人绥靖区指挥机关，擒获了国民党三青头目、第十五绥靖司令官康泽以及副司令官郭勋祺，形成战场上国民党外围据点群龙无首，失去了指挥，失去了战斗力，或望风而逃，或束手待擒的局面。毛泽东对此战役的胜利，致电刘邓大军：“襄阳攻克，康、郭就俘，胜利极大，甚好甚慰。”后来，在1948年11月1日的淮海战役中，又一次让华东野战军代司令粟裕“你们似宜首先歼灭黄百韬指挥所”。为此，华东野战军集中兵力对碾庄黄百韬兵团指挥所进行攻击，击毙中将兵团司令黄百韬，全歼第七兵团，对淮海战役的胜利起了决定性的作用。“擒贼擒王”谋略的运用，起到了事半功倍的效果。

商战中，使用“擒贼擒王”谋略的事例也不在少数。如法国生产白兰地的厂家，为了将白兰地打入美国市场，抓住美国总统艾森豪威尔67岁寿辰庆寿的机遇，进行大规模的广告宣传。他们立足于“礼轻情义重，酒少情意浓”的创意，策划了赠送两桶窖藏与艾森豪威尔67年年龄一样的白兰地窖藏陈酒，作为寿辰贺礼，而且特邀法国著名艺术家特别设计制作酒桶。又在艾森豪威尔寿辰这一天，推出美国鹰与法国鸡干杯白兰地的大幅广告宣传画，到处立起：“干杯，醉人的白兰地”，“美法友谊令人心醉”的大幅标语牌。在赠送仪式上，让4名英俊法国青年，身穿法兰西宫廷侍卫服装，在法国《马赛曲》的国歌伴奏下抬着装潢精美的白兰地正步送入白宫。当天，电视新闻又实况转播这一盛况，届时白兰地借着美国总统的寿礼，着实风光了一番。从此，白兰地酒昂首阔步挺进美国市场，成了千万美国人的时尚消费。其产品销售策略令人叫绝。

在股市中，资金面对股市走向起着决定性的作用。在2007年前三季度，由于我国资本市场存在流动性过剩，股市资金充裕，而可供股民购买的股票市值容量又有限，沪深两市A股指数出现疯涨，从年初的2497点，上涨至5月29日的4334点。管理层面对指数非理性的疯涨，在5月30日出台了增加股票印花税的极端政策，试图挤掉一些股市泡沫，顷刻间股民投资热情凉到冰点，股市满盘皆绿。但时过境迁后，A股指数在大盘蓝筹股带领下，又一次出现井喷，上海A股指数从5月30日连续下跌至6月4日，形成最低3640点，指数又一路飙升至10月16日的6124点。后来管理层采用釜底抽薪，连续采取提高银行准备金率，又开辟股民在境外投资股票渠道QDII，又让在原境外上市的巨无霸中国神华、中国石化、建设银行等等红筹股回归国内A股市场，又加快大市值的中国铝业、工商银行等等企业上市步伐，由于市场资金面分流，加上国际上美国次贷危机引发的世界金融危机蔓延，股票市场泡沫尽挤。从此股市又一次进入熊市的行情，至2008年11月4日上证指数跌回1678点，股市又是满眼萧条景象。股市也失去了融资的功能。国家主管部门面对这种危局，将从紧的财政政策转变为适度宽松的积极财政政策，又是降低银行准备金率、降低利息、增加信贷规模数万亿元，股票市场资金又充裕起来，股市又重现生机，至2009年7月底上证指数重上3400多点。可见市场资金流量对股价走势起决定性作用。因此，在股市操作中，“擒贼擒王”就是要突出重视股市资金量。对个股走势而言，则要关注握有巨额资金量的龙头基金的动向，在只能做多的单边市的情况下，基金龙头的资金投向，决定了股市个股动向，只有密切关注资金面，才能在股市“擒贼擒王”，博弈游刃有余。

另外，还要抓住股市中各板块的龙头。各板块的龙头，代表了该板块的地位及股市发展的方向。像中国铝业的股票，它是国内铝行业整合中的领导者，具有完善的产业链、丰富的铝土矿资源，其在海外购买的铝土矿相当于全国铝土储量的1/3，代表了中国铝业的发展方向，抓住了中国铝业，就是抓住了铝行业，甚至是抓住了金属板块的牛鼻子。认识到这一点，凡是开始在2007年7月24日持有中国铝业，股票价位仅21元多，至2007年8月29日，股价升至59.80元，仅一个月多，就获得了近三倍的回报，远远高于持有其他铝业金属股股票的回报。在股市中善于“擒贼擒王”，抓住主力资金的动向，善于抓住板块中的龙头企业，参与其中的博弈，效益定会超越抓芝麻不抓西瓜的操作方式。

## 6.5 关门捉贼

“关门捉贼”是民间谚语。此计被列入《三十六》第二十二计，归类于混战计。计语原文：“小敌困之。剥，不利有攸往。”句中“剥，不利有攸往”引自《易·剥》：“剥曰：剥也，柔变刚也。不利有攸往，小人长也，顺而止之。”计语可译成：对弱小的敌人，要包围歼灭他；对垂死挣扎的敌人，如果从后边穷追紧赶，那是很不利的。

该计的解语：“捉贼而必关门者，非恐其逸也。恐其逸而为他人所得也，且逸者不可复追，恐其逸也。贼者，奇兵也，游兵也，所以劳甸者。《吴子》曰：‘会使一死贼，伏于旷野，千人追之，莫不枭视狼顾。何者？恐其暴起而害已也。是以一人投命，足惧千夫。’追贼者，贼有逃脱之机，势必死斗；若断其去路，则成擒矣！故小敌必困之。不能，放之可也。”其意为，捉贼关门，是怕他跑走而被别的人所利用。况且对逃贼不可以再追，这样避免中贼的诱兵之计，所谓贼，是指突然袭击、出入无常的敌人，他们的目的是疲劳我方再实现他们的图谋。兵书《吴子》说：“现在让一个亡命之徒藏在原野里，就是派出一千人去追，也难免视而不见。什么原因呢？是怕遭到对方拚命反击而伤害自已。所以只要有一人不怕死，就能使一千人感到害怕。”追盗贼的事，如果他发现有逃跑的机会，就必然拼死格斗；如果断其退路，就一定能捕捉住他。所以对付弱小的敌人，必须包围歼灭他；如果办不到，暂时让他逃走也未尝不可。

《孙子兵法·九地篇》已经贯穿了“关门捉贼”之计，《孙子兵法》说：“围地，吾将塞其阙。”在孙子看来，根据用兵的法则，兵要地理分为散地、轻地、争地、交敌、衢地、重地、圮地、围地、死地。当敌军陷入围地，就要堵死缺口。孙子这里所指的也是，对于敌方被我方包围之后，要在关键部位设置兵力，截断敌人退路，以优势兵力围歼敌人。在兵书《草庐经略·游兵》中，对“关门捉贼”之计更有独到见解，其书上说：“游兵者，不定之谓也。士必果敢敏锐，骑士超捷，为将悍勇，善于应变。时而东，时而西，时而出，时而没。敌怒时则引退，敌倦而息时，则临而扰之。忽击其左，忽击其右，忽击其前，忽击其后，乘其懈怠无备时加以攻击，仓促间使无法救难。掠夺其谷食，焚烧其仓聚，劫夺其轻重，袭击其要城，取其别营，绝其便道。或朝或暮，乘间伺隙加以利用，飘忽迅速，不留踪迹。为我军之声援，而为敌之后患。使敌腹背均患，进退维谷，不难剪除。全胜之策一也。”古今中外，军事家常用关门捉贼的战法，后人常说的关门打狗、围歼战、口袋阵基本上是相似的战法。

在战国后期，秦、赵长平之战，是古代有记载以来较早使用“关门捉贼”的战例。据《史记》卷七十三和《资治通鉴》卷五记载：公元前262年，秦国攻打赵国，赵国老将廉颇鉴于秦军攻击力很强，采取筑垒固守、坚不出战、以逸待劳的策略，千方百计消磨秦军的锐气，消耗秦军的战力。双方相持3年，不分胜负。公元前260年，秦国面对久战不胜的尴尬局面，进而采用反间计，离间赵国孝成王与大将廉颇的关系。结果赵王中了秦的反间计，调回统帅廉颇，派赵括为将到长平与秦军作战。赵括到任后，改变廉颇以逸待劳的谋略，直接与秦军正面交锋。秦将白起则采用迂回战术，先在正面诈败后退，把赵军诱到秦军布置的口袋阵地。另外布置了两支奇兵，一支2.5万人，断绝赵军后路；另一支5千人，把赵军切成两段分割包围。然后，白起又令早已准备好的精锐部队连续袭击赵军，压缩包围圈。赵军内无粮草，外无援兵，整整被秦军围困了46天，粮尽援绝，士兵杀人相食，赵括只得拼命突围求生，但被白起严密部署击退，赵括中箭身亡，全军40万人除了240名年幼的被释放外，其余全被秦军杀戮。从此之后，赵国一蹶不振，再也无力与秦抗争。

在元末，朱元璋和陈友谅为争夺南部中国在鄱阳湖水域进行的一次水上战略决战，堪称水战史上“关门捉贼”的经典战例。当时，元朝朝政废弛，社会动乱，农民起义如火如荼。公元1351年徐福通领导的红巾军起义，各地群起响应。江南地区，徐寿辉起兵蕲、黄（今湖北蕲水、黄冈一带），攻占武昌，继取江西、湖南、四川、浙江等地，但因内讧被部将陈友谅杀死，陈友谅自称皇帝。公元1352年，郭子兴在安徽凤阳起兵，郭死后，朱元璋成了这支起义队伍的统帅。朱收罗人才，整顿军队，势力日渐壮大。他分析了当时的形势和自己的处境，采纳了谋士刘基等人的建议，制订了先夺金陵，以此为基，平定江南，夺取北方，统一全国，改朝换代的战略计划。为了实现这一雄伟的战略，他认为陈友谅是最大的障碍。此时，陈友谅也在积极筹备消灭朱元璋。两强相争，一场恶战难免。至正二年（1360年）闰五月初一，陈友谅率10万水军越过朱元璋占据的安徽池州（今贵池），攻占太平，夺取采石，并派人与另一起义领袖张士诚联系，企图左右夹击，一举消灭朱元璋。朱元璋与谋士商量后决定：利用应天城池坚固、地形复杂的有利条件，做好防范张士诚偷袭；另一方面，针对陈友谅求战心切、骄傲轻敌的心理，采取诱敌深入，设计诱使陈友谅巨舰由大江驶入狭窄新河，让其大舰进不得，回不去，迫使陈友谅弃舟登岸、舍长用短，而后关门捉贼，设伏聚歼。为此，朱元璋让陈友谅的老友、元朝降将康茂才写信向陈友谅诈降，表示愿为陈友谅攻打朱元璋做内应，朱元璋又部署3万精兵埋伏于南京石灰山（今幕府山）一侧，徐达率兵列阵于南门外，赵德胜率兵横跨新河（今南京城西南）驻虎口城；杨璟驻兵大胜港；张德胜率水师出龙江关（今南京中兴门外）；朱元璋率主力埋伏于卢龙山（今南京狮子山）。并派胡大海自婺州、衢州率兵西攻信州（今江西上饶），威胁陈友谅侧后，进行牵制。急躁、轻敌的陈友谅接到康茂才的诈降来信后，信以为真，不待考证，便于五月初十率军自采石进抵大胜港，经与康茂才联络未见回应，方知受骗，仓促派万人登陆立栅。朱元璋看到陈友谅进入伏击圈，乘其登岸立足未稳之际，发出信号，伏兵四起，水陆夹击，陈军大乱，争相登舟而逃。时值退潮，河道又窄，陈军巨舰搁浅，进退不得，陈友谅弃巨舰100余艘，乘小舟逃回江州（今江西九江），士卒被朱军关门捉贼，被射杀、落水者甚多，另有2万多人被俘。此役朱元璋利用“关门捉贼”之计，使实力强大的陈友谅损兵折将，双方实力发生逆转，朱元璋控制区大增，为后来朱元璋彻底打败陈友谅、建立明王朝奠定了基础。

在解放战争中，规模最大的“关门捉贼”的战例，非锦州战役莫属。当历史车轮进入1948年，国共两党的军事实力已经发生了根本性的变化。此时，共产党的军队已猛增至300万人左右，武器装备、后勤保障、机动能力等战斗力量显著增强；而国民党军队大量减员、士气低落，被分别包围在西北、中原、华东、华北、东北5个战略区。战争胜利的筹码已明显向共产党及领导的人民军队倾斜，决定中国政治命运的决战时机逐渐成熟。特别是东北战区，在1946年底至1947年4月，林彪指挥部队“三下江南，四保临江”。1947年9月至11月，林彪发动秋季攻势，使国民党丧失了18座城市、550万人员地域、损失了包括30名将官在内的13万部队。此后，东北野战军又发动冬季攻势，到1948年3月攻势结束，仅仅50天之内，国民党又丧失15座城市、7万军队。国民党在东北仅剩下长春、沈阳、锦州三座孤城，仅有守卫兵力4个兵团、14个军、不到55万人。而东北野战军已从1945年人关时十几万人，发展到12个纵队、36个师、103万人与数十万地方武装。以毛泽东为首的中共中央敏锐洞察战争全局，经过准确、精密的情报收集分析，抓住战略枢纽去部署战役，抓住战役枢纽去部署战斗，决定将战略决战的战场放在东北，首先发动辽沈战役。在辽沈战役中，毛泽东抓住攻打锦州这个关键，策划切断东北之敌撤回关内的唯一陆上通道，造成“关门打狗”、“关门捉贼”之势，使东北战区攻下锦州后，致龟缩长春、沈阳的几十万敌人成为“瓮中之鳖”，彻底粉碎蒋介石“撤退东北，巩固华北，确保华中”的战略梦想。林彪开始谨慎选择首攻长春，计划从北向南逐一攻克的战法。毛泽东坚决要求先打锦州，是基于东北四野实力，把东北的国民党部队“关门打狗”，予以全歼，减少对关内的压力，早日结束全国战争，早日解放全中国。林经过反复思考后接受了中央的决策。于1948年9月12日率大军东进，对锦州至山海关段铁路发起攻击，至10月1日攻克锦州北面屏障义县和锦州南面的高桥、塔山、兴城等地。由于锦州战略地位十分重要，蒋介石获悉锦州外围据点失守后，立即从南京飞到沈阳谋划，决定集中22个师，组成东西两兵团，夹击围攻锦州的四野解放军。林彪率领东北野战军也调整了部署，以2个纵7个师和炮纵主力，组成北突击集团，以2个纵6个师组成南突击集团，并安排兵力在塔山、彰武、新立屯进行防御作战，为攻克锦州扫清后顾之忧。东北野战军从10月9日开始从北、南、东三个方向向锦州发起攻击，扫清外围后，于10月14日10时发起总攻，经过31小时激战，攻克锦州，全歼守敌10万人，俘虏东北“剿匪”副总司令范汉杰。锦州解放后，东北战局急转直下。10月15日蒋介石又飞到沈阳，严令副总司令郑洞国率部从长春向沈阳突围。想不到10月17日在解放军攻克锦州的震撼下，驻长春的国民党曾泽生60军起义，李鸿率新7军投降，郑洞国于21日投诚，长春宣告解放。驻守在沈阳的廖耀湘兵团知道锦州失守，长春解放，率部拼死突围，试图从海上逃窜。林彪对这场辽西会战，实行“拦住先头，拖住后尾，夹击中间”的策略，指挥各路人马合围廖耀湘兵团，命令10纵梁兴初在黑山拦住廖耀湘先头部队，命令5纵与6纵拖住后尾，切断廖耀湘兵团后路。25日总部命令6纵，立即向大虎山前进，切断廖耀湘东退沈阳之路，6纵不顾一切急行军在厉家窝铺地区拼死堵截，使廖耀湘兵团突围化为泡影，丢盔弃甲向西南方向逃命。至27日中午，敌已不能组织有组织抵抗，纷纷放下武器。至27日下午，辽西歼灭战基本结束，廖耀湘兵团5个军全部被歼灭，廖耀湘及以下8.8万名官兵当了俘虏。东北剿总司令卫立煌惊悉廖耀湘兵团被全歼，匆匆乘飞机逃离沈阳，残部14万人交由第8兵团司令周福成统一指挥顽抗。东北野战军乘胜于11月2日解放了沈阳、营口。锦西、葫芦岛地区的国民党军，在廖耀湘兵团被歼时，未敢北进增援，沈阳解放后，于11月9日乘船从海上逃走。至此，东北全境解放。由于“关门打狗”、“关门捉贼”战略决策正确，国民党东北军队被全歼，为全国解放奠定了胜利基础。

在60年代援越抗美的斗争中，中国人民解放军航空兵部队对侵犯我国边境领空的美国战机的截击，也体现了“关门捉贼”的谋略。1964年8月初，美国制造了震惊世界的“北部湾事件”，并向越南北方发动了大规模的空袭，于1965年4月8日、9日在海南岛上，还悍然向我海军航空兵正常巡逻的飞机发射导弹袭击。美军入侵广西、云南边境领空的事件也不断增多。为了保卫国家主权，保卫祖国领空，中央军委决定对入侵我国领空的美机予以坚决打击。但美国的战机入侵西南地区有一共同特点，都是纵深较浅，进出时间较短，战机转瞬即逝。欲要将入侵美机在边境上空击落，又掉在我国境内，其难度并非常人想象。后来通过不断总结经验，采用由外至内，截断退路；设伏待战，争取时间；机、炮结合，分层包干的“关门捉贼”的战法，给侵略者以沉重的打击。如1965年10月5日10时至13时，美空军先后出动32批120架次的飞机对越南高平、谅山地区进行轰炸，空7军指挥员根据当时敌机大规模轰炸越南的情况，以及战区乌云密布、雷雨交加的气象，结合以前敌机擦边入侵的规律，判断敌大机群退出轰炸后会有飞机入侵我国边境。遂于12时18分命令驻南宁航空兵9师副中队长张运宝率4架歼六飞机，隐蔽出航，至边境龙州上空6000米高度待战。不出所料，12时35分1架RA-3D侦察机在4架F-4C战斗机的掩护下，从隘店侵入我国境内。指挥员即令张运宝4机投掉副油箱，增速爬高，对来敌予以歼灭。张运宝很快报告发现敌机。指挥员命令：“后边没有敌机，放心打！”张运宝即令编队4机在敌机入侵纵深仅13公里，飞行地段30公里，拉开战斗队形，鱼贯进入，从外向内，连续攻击，堵死敌外逃的航路，55秒钟4机各攻击一次，速战速决，将RA-3D围堵在我国境内击落，为空军航空兵“关门打狗”，反美机擦边入侵立下头功！直至1969年底，我空军部队共击落入侵美国战术战斗机21架，从1964年8月至1971年12月，人民解放军空军共击落入侵我国的美国无人高空侦察机20架，战果辉煌，有力地维护了祖国领空安全。

在商战中，善于观察市场需求变化的商人，惯于使用囤积居奇的手法，将稀缺、供不应求的商品，依仗自己的经济实力，进行囤积，然后待机高沽，使买方任凭卖方摆布。商战中的囤积居奇的手法是“关门捉贼”或谓之关门打狗的策略最典型的运用。1871年，美国的大资本家古尔德就是处心积虑地收购了市场黄金，造成美国市场黄金短缺、金价飞涨，古尔德通过对黄金囤积居奇，从中赚取了数千万美金。这种通过囤积紧缺商品，造成奇货可居，然后任其提价，大发其财的手法，就是商战中的典型“关门捉贼”的策略，此在商战中不乏其例。

在资本市场中，使用“关门捉贼”的计策，往往通过诱空或诱多，然后依靠自己强大的资金实力一举把不同买卖方向的资金团团包围住，不给对方资金喘息逃脱的机会，以奇取胜。此种操作手法，在期货市场上，尤其表现突出、激烈。例如，英国商业投资银行——巴林银行，本来是英国伦敦城内历史最悠久（成立于1763年）、名声最显赫的商业银行集团，素以发展稳健、信誉良好而驰名世界，其客户也多为显赫高贵阶位，是世界上很有影响的一家具有59亿英镑资产的银行。每年利润高达15亿美元。可是，该行时年26岁的尼克·里森被委任担任新加坡期货交易员，采取造假账蒙蔽巴林银行审计人员的办法，不断疯狂在股指期货市场冒险，截至1995年2月23日，里森总共持有61039份日经指数期货多头合约和26000份日本政府债券期货的空头合约。可是，在里森所持日经指数多头合约期间的1995年1月17日，日本的神户发生7.2级破坏性大地震，日经指数狂泻不止。在1995年2月23日的一天，日经指数下跌了350点，巴林银行的多头日经指数期货被空头围堵猛打，里森毫无喘息机会，日经指数投资损失多达8.6亿英镑。该损失是巴林银行全部资本及储备金的1.2倍。里森眼看事情败露，当天晚上携妻踏上逃亡旅程。辗转文莱、马来西亚、德国，最后于1995年3月2日在法兰克福机场被捉拿归案，后来被引渡回新加坡判处6年半徒刑。巴林银行也于1995年2月26日申请破产清算，10天后以1英镑的象征性价格被荷兰国际集团收购。有着200多年悠久历史的巴林银行从此寿终正寝、彻底倒闭。在期货市场上，稍有不慎，就会被相反方向的资金关门打狗，犹如巴林银行的命运一样。

股市中“关门捉贼”，就是实力雄厚的庄家让散户套在价格高位的策略。当某只股票的股价在向上运行过程接近顶点时，往往出现跳空突击，留下缺口，此后缺口位置没有及时回补，股价却继续在缺口上方运行，造成强势特征，迷惑散户高价跟进。然后，经过一段时间休整，日K组合又跳空向下，但缺口同样没有回补。在这期间，庄家趁势逐渐出货。从此以后，股价就运行在这个高价平台下方，将高价跟进的散户关在口袋里。这就是“关门捉贼”的技术形态。例如，600382东方明珠是1999年5·19行情中依仗电视网络概念，尽显龙头股本色，一个月翻了一倍多。受此影响，600602真空电子、600637广电股份亦前呼后拥。2000年初，东方明珠再接再厉，同年3月8日，该股又以涨停报收，尽显强者地位。3月9日，该股又跳空而上，然后进入横盘。3月14日，跳空而下，直接跌停，从此以后，该股走势一落千丈。在这一涨跌的过程中，庄家已顺利出货逃顶，而将跟进的散户却置于价格高位的山顶上，让其风吹雨打、站岗放哨，走不得，下不去，结果越套越深，不能自拔。在这里，资金实力雄厚的庄家就是使用了“关门捉贼”之计，求得股市利益最大化。对散户来说，要随时警惕庄家的诡计，千万不能盲目跟进，钻进庄家布置的迷魂阵不能自拔，成了“关门捉贼”的牺牲品。

## 6.6 浑水摸鱼

“浑水摸鱼”之计名，其实是一条成语，比喻乘混乱的时候捞一把。该成语产生于何时无从查考。但作为军事谋略来说，《孙子·计篇》中就论及“利而诱之，乱而取之”。其意为，以财物利益引诱敌人，趁着敌人抢掠财物内乱而战胜它。后来将“浑水摸鱼”作为三十六计第二十计时，将《孙子·势篇》“乘其阴乱，利其弱而无主。随，以向晦入宴息”一段文字，作为该计的原文。其意为，乘敌人内部发生混乱之机，利用其懵懂没有主见的弱点，而使它屈服。这是一个自然规律，就像人每日吃饭，到晚上一定要入室休息那样的自然。

该计解语的原文为：“动荡之际，数力冲撞，弱者依违无主；敌蔽而不察，我随而取之。《六韬》曰：‘三军数惊，士卒不齐，相恐以敌强，相语以不利。耳目相属，妖言不止，众口相惑。不畏法令、不重其将：此弱征也。’是‘鱼’，混战之际，择此而取之。如刘备之得荆州、取西川，皆此计也。”该解语意为，动荡混乱的形势，存在着几种冲突力量。弱小的屈从谁或反对谁都还没有确定，敌人还没有察觉分清，我方应当立即随手把他们争取过来。《六韬·兵征》说道：“全军数次惊慌，军心不振，都把敌人估计得过高而惧怕，互相说着不利提高士气的话。大家交头接耳，使着眼色，谣言不停，迷惑军心。人们不怕法令，不尊重将帅，这些都是衰败的征兆啊。”这样的“鱼”，在混战的时候，可以乘机猎取它。例如，刘备得荆州、取西川，都是施用的这个计谋。

三十六计中“浑水摸鱼”解语所列举的刘备得荆州、取西川都是利用诸侯为争地盘混战，而刘备瞄准动乱局面，趁机“浑水摸鱼”，得以实现取得荆州、西川的目标。刘备得荆州、取西川，是在公元211年（建安十五年），当时灵帝死后中国进入一个列强时代，中央没有了权威，谁的军队力量大，势力范围就大。当时主要存在着魏、吴、蜀三个势力集团。魏国的实力相对占有优势，孙权怕曹操力量强大，单凭自己的力量难以抵挡曹操的进攻。相对来说刘备有英名，手下关羽、张飞皆万人可敌。孙权不得不依重刘备，要求与刘备联合抗曹。刘备也心知肚明混乱的时局，孙权必会合纵连横有求于他。刘备则根据诸葛亮为其制定的“先取荆州为家，后取西川建基业，以成鼎足之势，然后可图中原”的战略方针。刘备就趁机向孙权提出：将荆州这块宝地借给他驻守。孙权的谋士鲁肃本着“鼎足江东，以图天下”的战略需要，也极力劝慰孙权：“你将军虽神武命世，但曹操实在力量太大，我们又是初临荆州，在百姓中还没有建立起恩信，还是满足刘备借荆州的要求为宜。”孙权逼于当时形势，只得将荆州拱手让给刘备。刘备取得荆州、四川四郡后，又燃起攻取西川的扩张野心。正在这时，曹操突然发起向东吴大规模进攻，孙权急忙写信求援。刘备思考再三，若不驰援孙权，必然唇亡齿寒，难免会被曹操各个击破；若出兵援救孙权，又会丧失夺取西川、发展壮大势力范围的历史性机遇。后来诸葛亮用“远交近攻”的计谋破解了这一难题。他一面投书关中马超，鼓动他替父报仇，让其在曹操侧后发动攻势，逼得曹操分兵应对，以解救东吴正面的军事压力；另一方面，又让刘备厉兵秣马，率军进入西川。由于西川的霸主刘璋软弱无能，加上其手下的红人张松在有求于曹操时曾被怠慢心存怨气，相反刘备却对他待若上宾，使他决意弃曹投刘。此为刘备顺利进入西川大开方便之门。即使后来刘璋发现心腹张松与刘备私通书信，进而由手下大将张任等人对刘备开始反击，并向张鲁求援，但最后还是让西川易主，为刘备奠定了基业。综观刘备战略目标的实现，凭借着的是充分利用各军事集团之间钩心斗角，采取“合纵连横”、“远交近攻”、“浑水摸鱼”的计谋，最终实现三分天下有其一的霸业。

再说我国历史上的晋武帝，其为了扩大皇室的权力，封了27个同姓王，并且授权各个诸侯王可以自任官吏，拥有军队，此为内乱埋下了祸根。公元300年，赵王司马伦不满贾后把持朝政、凶狠残暴、自废太子，仗着自有军队，起兵政变，灭了贾后集团，自称皇帝。各地的诸侯王，群起而效尤。齐王司马冏、成都王司马颖、河间王司马颙、长沙王司马乂、东海王司马越、汝南王亮、楚王玮等八王为争夺皇帝的宝座混战整整16年之久，史称八王之乱。趁着晋朝发生内乱、互相残杀之际，公元304年，北方匈奴贵族拥刘渊做汉王，率兵先后攻克上党、太原、河东、平原几个郡。公元308年，刘渊正式称帝，设都平阳（今山西临汾西南），定国号为汉。刘渊死后由太子刘聪继位。进而于公元311年率大军攻克洛阳，俘虏了晋怀帝。公元316年，又率兵攻克长安，杀了晋愍帝，从此西晋王朝彻底灭亡。不难看出，刘渊、刘聪父子之所以能够将实力雄厚的晋朝灭亡，凭借的就是晋朝发生八王内乱，四分五裂，不能统一意志，结果“浑水摸鱼”，夺取了晋朝政权。

在第二次世界大战中，1942年11月19日苏联红军对长驱直入苏联斯大林格勒的德军开始全面反击。苏联西南方面军司令部命令少将军长罗金指挥的第26坦克军由西向东攻击，然后与友邻部队会合，合围歼灭敌人。要完成上级这一作战任务，26坦克军必须连夜夺取顿河上剩下的唯一一座桥梁，以彻底切断敌人退路。可是，横在26坦克军前面的是几十公里的敌人防御阵地。罗金将军急中生智，决定趁着敌人全线撤退、局面混乱的情况，利用夜幕，大模大样在敌人防区内穿插开进。22日凌晨3时，罗金将军命令先遣部队上百辆坦克全部打开车灯，沿着奥斯特罗夫斯克到卡拉奇的公路成一路纵队正常行进，大摇大摆穿过德军重兵把守的三道数十公里长的防线。苏军坦克越是大摇大摆通过，越是没有受到沿途德国驻军的任何怀疑。直到凌晨4时，苏联26坦克军部队离顿河大桥只有5公里的时候，才首次碰到德军的哨卡。在雪亮的探照灯光下，执勤哨兵上下挥舞小旗，示意坦克部队停车检查。坐在队列最前面坦克里的苏哈洛夫团长一边行进，一边打开坦克舱盖，向德军哨兵挥了挥手中的钢盔，用手指了指身后亮着车灯轰轰作响的坦克长龙，用德语大声高喊：“前进！前进！”这几名德军哨兵，被这亮着大灯前进的坦克长龙搞糊涂了。按一般常识思维，敌军穿越封锁线只能是偷偷摸摸行事，不可能如此大摇大摆通过。由此判断这支坦克部队肯定是己方从前线回撤的友邻部队，便挥挥小旗，示意坦克通过。苏哈洛夫将头缩回坦克里面，锁好坦克舱盖，擦了擦额头的冷汗，通过瞭望镜向外看到公路两边排满的德军坦克以及坦克旁边生火喝酒吃饭的坦克兵，暗暗庆幸未被敌人识破。他不敢有丝毫怠慢，赶紧带头加大油门，向大桥冲去。拂晓前，英勇的苏联坦克兵“浑水摸鱼”，不费一枪一弹，抢占了顿河大桥，控制了顿河西岸，切断了德军退路，为后续部队围歼德军创造了条件。

在商战中，上海灯泡保卫战就是一次比较成功的使用“浑水摸鱼”之计的成功案例。在1935年，我国的民族工业正值艰难起步阶段，而美国的工业发展已经遥遥领先于我国。当时美国的奇异灯泡厂新生产一种“日光牌”商标的灯泡，每只售价0.1银元，并且给零售商的延期付款期限为6个月。而上海市场灯泡的正常批发价格是每只0.2银元，且是现款买卖。很显然，美国奇异灯泡厂就是采用低价倾销的办法，迫使中国灯泡厂关厂停产，将中国灯泡民族工业扼杀在摇篮中。面对咄咄逼人的美国奇异灯泡厂的倾销攻势，上海灯泡企业的同业公会团结起来，一致对外。他们抓住美国奇异灯泡厂蔑视中国、未在中国注册“日光牌”商标的经营漏洞，决定在国内也搞一个日光牌商标，以假乱真，把水搅浑，让美国奇异企业独占中国市场的阴谋破产。他们共同商定：全市的灯泡企业，在每天的所产灯泡中，按比例捐献灯泡，同样贴上日光牌的商标，并遍登广告，以比美国奇异公司便宜一半的价格，即每只0.05银元的价格出售。上海灯泡企业以少数扰乱多数，造成市场上同一品牌价格差异很大，全国各地的零售商面对“日光牌”灯泡疑虑重重，不敢贸然进货。美国奇异灯泡厂被上海灯泡行业公会这一招搞得措手不及、晕头转向。想要起诉中国灯泡企业侵犯商标权而又苦于在中国没有注册“日光牌”的商标。后来，只是施展了通过一个外国律师登报恫吓中国亚浦耳等灯泡厂雕虫小技外，别无他法。随着美国灯泡厂倾销举措的失败，中国民族灯泡工业扬眉吐气，在国内市场站稳了脚跟，有了生存的基础，获得了发展余地。“浑水摸鱼”之计在化解国外产品的倾销中得到价值体现。

在股市中，要想将水搅浑，“浑水摸鱼”，一般都是资金实力雄厚的庄家机构。他们在股市中掌握着话语权，说的话有分量，容易让参与股市的博弈的投资人相信上当，而散户就不具有这方面的优势。因此，“浑水摸鱼”的计谋，常被有资金实力的庄家所施用。他们经常利用似是而非的所谓内幕消息制造蛊惑人心的消息来误导其他投资人。如在2007年上半年，因为中国的股市处于牛市行情中，炒股队伍浩浩荡荡，股票交易量急剧放大，各个证券公司借壳上市的题材不断，广大股民对证券板块的相关股票情有独钟。庄家就是抓住了广大股民急于寻找证券公司借壳上市题材的心理，投桃送李，趁机制造混淆视听的信息，进行“浑水摸鱼”。例如，东方集团股份有限公司是一家上市公司，在资本投资领域做得比较成功，持有大量的上市公司民生银行、锦州港等股票。可是，庄家为了把这只股票价位进一步推高，借着该股票在资本市场大量投资且比较成功的底子，移花接木，把其原本不相关的母公司东方实业有限公司持有的大量海通证券，说成是东方股份有限公司的股权，混淆了东方集团与东方实业股权界限，加上当时海通证券又要上市流通，这的确让当时很多分不清两个公司关系的投资人上当受骗，纷纷从高位介入东方集团的股票。混淆视听的庄家从中得利不菲，而高价接手的散户投资人却被深套其中。有鉴于此，对于资金实力不丰的散户来说，信息不对称，想把水搅浑，摸到大鱼，其可能性很小。因此，就散户而言，主要的不是主动施用“浑水摸鱼”的计谋，在股市中谋利；而是在股市博弈的过程中，要善于将各路庄家把股市的某一板块或某一具体品种的水搅浑情况下，保持清醒头脑，善于分析时势，在浑水中明辨方向，识破庄家“浑水摸鱼”的计谋，不要上当受骗。至于有的艺高胆大的散户投资人提出，在庄家施用“浑水摸鱼”的时候，也可以加入强势一方，快进快出，来一趟波段操作，若是目标看得清，时机把握得准，也未尝不可。但需要强调的是，这种操作手法极具挑战性，风险系数极高，一旦时机把握不准，难免会引火烧身。因此，跟着庄家“浑水摸鱼”还是少用为妙！

# 七、应变

## 7.1 顺水推舟

“顺水推舟”，其含义为：顺着水流方向推船，比喻顺着某个发展趋势或某种方便说话办事。该词可见于元·关汉卿《窦娥冤》第三折：“天地也做得个怕硬欺软，却原来也这般顺水推船。”元·康进之《李逵负荆》：“你休得顺水推舟，偏不许我过河拆桥。”清·李宣嘉《官场现形记》第十回：“他若留我，乐得顺水推舟。”“顺水推舟”作为军事上的一种策略，就是要求顺应战场形势的变化，作出相应的正确决策，促进战场形势朝有利于自已的方向发展。商周时的姜太公曾在《武韬·三疑十七》回答周武王关于如何建功立业的计策时说：“因之，慎谋，用财。”其意就是三个办法：一是因势利导；二是慎用计谋；三是合理使用钱财。孙武也有很多著名的论述，《孙子兵法·兵势第五》中说：“故善战者，求之于势。”其意为，善于领兵作战的人，应利用有利形势去求得胜利。孙子在此强调了因势利导、顺势而为的重要性。《孙子兵法·虚实第六》又说：“兵无顺势，水无常形，能因敌变化而取胜者，谓之神。”其意为，用兵没有固定的作战形式，犹如水没有固定的流动方向一样，能根据敌情变化而取胜的，就是用兵如神了。在此，孙子以水的流动的自然规律比喻用兵不能拘泥于某一固定的模式，而需顺应形势的变化而变化，采取灵活机动的战略战术，也就是顺势而为，“顺水推舟”。汉·黄石公在《三略》中也强调：“天地神明，与物推移，变动无常。因敌转化，不为事先，动而辄随。”其意是，天地神明也是随着时间的推移而变化的。所以军事上也要根据敌情变化，不要首先行动，而要随着敌人的行动而采取恰当的对策。综观古今中外的军事家，无不强调在作战上，应实行顺势而为、“顺水推舟”的战略战术。因此，在一定意义上来说，“顺水推舟”的策略是各种战略战术的基础，任何策略的应用都不能违背“顺水推舟”的原则。在“顺水推舟”谋略运用上，正确判断形势抓住稍纵即逝的机会是关键；否则，就会时过境迁，不但推不了舟，反而会适得其反造成被动。

公元前634年，齐僖公二十八年，齐国出兵进攻鲁国边境北鄙。当时鲁国“百姓家中空空荡荡像挂起来的磬，田野里光秃秃连青草都没有”，可以说是穷得丁当响，与齐国的国力根本不可同日而语。鲁国面对齐国大兵压境，鲁傅公心知肚明，要是派兵硬抗，鲁国必败无疑，百姓会生灵涂炭，还不如采用“和为上计”，顺势而为，派遣展僖去犒劳齐国军队，通过外交努力，争取说服齐孝公停止对鲁国的侵略。展僖分析了齐国对鲁国发动战争的原因，是为了展示齐国实力，让鲁国承认齐国的霸主地位。展僖摸准了齐国的意图，“顺水推舟”对齐孝公进行政策攻心。齐孝公还没有进入鲁国国境，展僖就出境去拜见齐孝公，对他说：“我们国君听说您亲劳大驾，将要屈尊光临敝国，特派臣下来犒劳你与你的侍从们。”齐孝公看到鲁国送来的丰盛犒师宴席，喜滋滋地询问展僖：“鲁国人害怕了吗？”展僖回答说：“平民百姓有点害怕，君子大人们不害怕。”齐孝公说：“你们凭借什么不害怕？”展僖回答说：“凭借先王的命令。从前周公和齐太公辅佐周王室，在左右共同协助成王。成王慰劳他们，还赐给他们盟约，盟约上说：‘世世代代的子孙都不要互相残害！’这个盟约保存在盟府里，由太史掌管着。齐桓公因此集合诸侯，商讨解决他们的纠纷，弥补他们的过失，救助他们的灾难，这是为了发扬光大齐太公的旧职。等到您当上国君，诸侯都盼望着说：‘他会继承桓王的功业！’因此敝国不敢保城聚众，否则，人们会说：‘难道他继承桓公之位才九年，就丢弃使命、放弃职责吗？他怎么对先君交代呢？君王一定不会这样做的。’人们凭借这一点就不害怕。”齐孝公听到鲁国来使展僖一席恭敬而又理由充分的言语，当然心满意足。心想，既然鲁国表明继续承认我是各诸侯国的霸主，我又何必还要用武力来证明，何必再去打这场本来不需要打的战争？于是，齐孝公就领兵回国了！这场眼看一触即发的齐鲁之战，正是由于鲁国人把准了齐孝公发动这场战争动机的脉象，“顺水推舟”，以展僖犒师，片言退千军而告终，也成为历史佳话。

法国的拿破仑曾经使用“顺水推舟”之计，将泄密军机的事变成保密军机的措施，最终战胜奥地利军队。该战例发生在1799年法国的“雾月政变”后，奥军重新占领了意大利的北部，不仅使拿破仑在意大利之战中所取得的胜利前功尽弃，而且对法国本土也构成了极大威胁。拿破仑分析战局后认为，法国凭现在军队实力，无法有效组织机动作战，难于打败奥军。若要战胜奥军，必须及早投入新的强大军团，为此需要秘密组训6万人预备军团。拿破仑根据战略判断，毫不迟疑地着手预备军团的组建。尽管拿破仑采取了许多严格的保密措施，但英奥等国的间谍还是发现了这支预备军团组建的蛛丝马迹。拿破仑意识到，若对预备军团组建传言进行公开“辟谣”，反而欲盖弥彰，“此地无银三百两”，倒不如采取“顺水推舟”之计，设法造成敌人的错觉，以假乱真，出奇制胜。为此，拿破仑断然决定，由军政大臣亲自把组建预备军团的消息公之于众，而且把预备军团的编制、实力、配备经加工后泄露出去。1980年4月，拿破仑又在巴黎正式宣布，预备军团将在法国第戎地区集结，并且接受他的亲自检阅。为了达到预期的目的，拿破仑又在政府《通报》上登载“要闻”，在报刊上编发“消息”等信息以吸引欧洲各国间谍纷纷赶到第戎探听情报。各国间谍眼见为实，“证实”预备军团的确在第戎存在，但发现所谓预备军团只不过是一些不堪一击的老弱残兵和一些刚刚进入军营不懂基本军事常识的新兵；至于军团的指挥机关，更是编制不全、装备不齐、军纪松懈、毫无战斗力可言的乌合之众。拿破仑虽然信守检阅预备军团的诺言，前去第戎检阅，但旁观者看到拿破仑检阅的是这样一群松垮的残兵，在街头巷尾纷纷将预备军团当作谈笑资料。拿破仑不但不介意舆论的负面报道，并且还让手下的谍报人员进行推波助澜，故意贴出讽刺漫画，上画12个童子军和一个安装假肢的残疾人，下标“拿破仑的预备军团”字样。还让谍报人员到处散发传单，披露拿破仑组训预备军团的一些可笑故事。这样，在一般人看来，拿破仑组建毫无战斗力的预备军团只是牵制奥军的幌子，就连奥军统帅梅拉斯也一再强调："用来威胁我们的法国预备军团只不过是乌合之众!""法国人太看轻我们了!"其实，拿破仑所暴露的第戎预备军团是在原组建预备军团泄密后"顺水推舟"的欺敌措施，真正组建的预备军团早已秘密转移到便于隐蔽的集结地进行强化训练。1800年6月，拿破仑亲自率领指挥的真正预备军团，从法国南部出发进攻意大利北部的马伦戈，一举打败了梅拉斯统帅的奥军。梅拉斯被迫求和，从而结束了第二次反法联盟发动的法奥战争，并使反法联盟彻底瓦解。拿破仑使用"顺水推舟"之计，将泄密军机的坏事变成了保密军机有效措施，取得了意想不到的效果。

在诺曼底登陆作战中，的确也有一个"顺水推舟"的真实战例。在1944年6月6日，英、美决定接受苏联斯大林多次要求开辟欧洲第二战场的建议，在法国西北部的诺曼底半岛登陆打击德国的侵略军。对这次登陆作战，英、美军队科学地掌握了英吉利海峡海底洋流的流动规律，即英吉利海峡的海底洋流随着大西洋出现的大潮，表面的海水会向大洋中心流动，届时中心水面增高形成下沉海流至深层又向海岸流动，当深层水触岸后又上升补充表层水，这样形成了表层水流与海底深层水流逆时针流动的环流。英、美联军根据这一规律，在诺曼底登陆作战中，使用潜艇部队，先从英吉利西岸悄悄下沉入海，待到了德军水下寻热监测系统能够探测的范围前，关闭潜艇的发动机，完全靠深层洋流作推力，像一条条游鱼似的，神不知鬼不觉地潜游到诺曼底登陆作战海域，然后突然浮上水面，配合其他隐蔽接敌的盟军部队发起攻击，共同保证了盟军夺取正面150公里、纵深15—35公里的登陆场，建立并巩固了战略性质的桥头堡，提供了装甲部队大规模展开进攻的出发阵地，奠定了大规模地面总攻的战场准备，为收复西欧战役奠定了坚实的基础。军事地理学的"顺水推舟"为盟军诺曼底登陆作战成功发挥了一定的作用。

在商业经营上，著名的实业家林建中也曾借助"顺水推舟"策略，进入了美国《福布斯》杂志全球富豪排行榜。他瞅准中美关系改善，乘着中美经济贸易的发展，从中国内地大量进口丝绸织物回美国加工成衣。后来看到中国劳动力资源充裕，劳动工资较低，房地产费用又低，就在中国设厂加工，再把加工的成衣运回美国销售，大大提高了利润率，使其财富迅速增加。在其有了较大资本后，林建中又乘苏联于1989年严重缺粮之机，“顺水推舟”组织粮食及粮食加工品向苏联出口，帮助苏联解决燃眉之急，因此获得了苏联总统戈尔巴乔夫赋予的美元自由买卖权，林建中抓住这一千载难逢的机遇，再次获得了经营上的巨大成功。1991年，苏联政局发生剧变，林建中分析了苏联的国情，认为叶利钦胜数较大，苏联分裂为独联体将成为不争的事实，他再向独联体供应粮食、医药及其他轻工业品，结果各独联体政府也视林建中是可以信赖的客商，为其投资贸易大开方便之门，并给予不少优惠。如他在1993年获得俄罗斯国内民航飞行优惠降落权，进而成立了“航空发展公司”，承包当地货运与客运业务，又获得不少利润。他还借机把航空公司的业务拓展到独联体成员国的亚洲一些地区。他被视为独联体内最活跃的美籍投资商。林建中经过20多年“顺水推舟”顺势而为的经营，其实力不断增强，目前已拥有14家制衣厂、2家成衣公司、4个时装展览厅，并拥有数幢商业大厦及大东银行的主要股权，是曼哈顿最大制衣厂商，进入了全球富豪排行榜。

股市中几乎所有获得成功者，也无不认为因势利导、“顺水推舟”、顺势而为是股市投资赚钱的主要诀窍。这一投资理论被业界人们称为“亚当理论”。该理论要求在介入市场前，一定要认清市场趋势，在确认趋势后，顺势而为。在升势中跟进做多买入为主，在跌势中，跟进做空以卖出为主。介入市场后还要注意观察 走势是否符合原来的分析判断，若分析有误，不能固执己见，不可和大势为敌，应及时止损，以便将损失减少到最低限度。如2010年2月27日，世界最大的产铜国智利发生8.8级强烈地震。据报道，智利国内的埃尔特尼恩特矿和安迪纳矿作为智利第二、第三的几个主要铜矿以及在智利的英美资源集团旗下的两处的矿场均受地震影响，造成断电或矿井被破坏停产。鉴于智利在国际市场占有铜产量近一半的比例，以及中国市场对铜需求刚进入旺季，消息传开，可能刺激国际市铜价进一步走高，对国内矿山资源丰富的有色金属股的股价会产生提振作用。不过也应看到，全球铜的储备尚处于高位，上海库存15万吨，伦敦库存55万吨左右，纽约库存也有10万吨左右，供需状况不会产生根本性变化。综观这些情况，只能因势利导采用快进快出的办法对有色金属股炒一把。结果是智利地震后的第一个交易日即3月1日，中国股票市场开市后，江西铜业、云南铜业等有色金属股票均普遍跳空高开，像江西铜业以38.53接近涨停板开盘，中间虽有多空存在分歧，股票下行至涨幅6.0%多一点，但不多时又被封在38.54元的涨停板上，首日铜价走势表明市场多空双方认识并不一致，分歧较大。加上智利地震对铜矿影响程度并不很透明，再则我国股票交易制度是实行T+1制度，若在当天涨停板价位上买入，很难保证在下一个交易日随着情况的明朗化，铜业股票价位不产生反向逆转的情况。若是以“顺水推舟”参与题材炒作来说，不宜买卖正股，只宜买卖权证，当天买入当天获利了结。江铜权证在3月1日振幅在5.69%，若进出处理得当，也可获利几个点。在3月1日晚，果不出所料，情况突变，智利大使发表谈话表示地震对铜矿影响不大，不用多久，停产的铜矿即可恢复生产。结果是3月2日后几天里，江铜权证、江西铜业陷入了连续下跌之中。若是3月1日当天获利了结，或是3月2日，保持清醒头脑，认识到铜矿生产因地震影响不会太大，铜价也不会因此而大幅上涨，立即在3月2日振荡的高点清仓，买入时机掌握得当的话，也可以赚点小钱，最坏也不会亏损太多。对于这一次智利大地震借势买卖有色金属类股票的，对于“顺水推舟”、因势利导的可能赚了钱，而对“势”不敏感，甚至逆势而动的无不损失惨重。

## 7.2 将计就计

“将计就计”的谋略，其含义为：利用对方向自己施展的计策，反过来施计对付对方，使其上当。该计名最早见于元·李文蔚《张子房圯桥进履》中：“将计就计，不好则说好！”明·罗贯中《三国演义》第十八回：“贾诩料知曹操之意，欲将计就计而行。”有关将计就计的谋略，古今中外的军事家曾有不少精辟的论述。《兵法百言·智》中说：“两将相峙，必有所测。测于敌者，避实而击疏；测于敌之测我者，示短以致长。”意思是说，两方统帅率军对峙一定要对敌情有所判断。判断敌人，是为了避实而击虚；判断敌人是怎样判断我军的，然后故意显示我之弱点来迷惑欺骗它，以便发挥我方优势。明朝著名军事家揭暄所作的《兵经百字·测》与《兵经百字·智》中说的也与上述内容基本相同。其在《争》中进一步阐述：“战者争事也，兵争交，将争谋，将将争机。夫人而知之，不争力而争心，不争人而争己。”其意为，战争是争夺最激烈的领域，兵争与敌拼杀，将争谋高一筹，指挥将领的统率力决定转换全局的战机。一般人都知道，战争不是与敌斗力，而是斗智，不求别人而求自己。揭暄在《叠》篇中又说：“大凡用计者，非一计之可孤行，必有数计以勷之也。以数计勷一计，由千百计炼数计，数计熟则法生。”其意为，凡用计谋制伏敌人，常常不能单独用一计谋达到目的，必须有几个计辅助它。用几个计辅助一计的不足，从千百个计谋中凝炼出几个好计谋。有几个成熟的计谋，就能产生出各种制胜的战法了！揭暄《借》篇中又说：“翻彼着为我着，因彼计成吾计，则为借敌之智谋。”其意为，变敌方步骤为我方步骤，根据敌方计谋变成我方“将计就计”的计谋，就是借用敌之智慧谋略。在军事谋略对抗中，人们经过敌情侦察而决定使用某一谋略，一般很难改变已形成的思维定式，而另一方就可利用这一心理规律，针对敌方对自己所施计谋，反过来以顺势另一计谋对敌方进行反击，往往能取得意想不到的战绩。可以说“将计就计”是破百计之大法，应万变之总术。

三国时，曹操亲率几十万大军讨伐东吴，意欲统一天下。周瑜开始以为曹操军队久居北方，不习水战，但他偷窥曹营后却发现曹军“深得水军之妙”，经询问左右，获知曹操的水军头领蔡瑁、张允谙熟水战。心知若不除掉谙熟水战的蔡瑁、张允，东吴就会败于曹操，于是绞尽脑汁要除掉蔡瑁、张允。正在这时，曹操使用离间计，派了自幼与周瑜同窗好友，并具三寸不烂之舌的蒋干前往江东策反周瑜。周瑜耳闻蒋干来访，已经猜透曹操用意，决定“将计就计”，对蒋干使用“反间计”。见蒋干来到帐前向他亲热问候，周瑜故意不作正面回答，只是笑嘻嘻地说道：“子翼（蒋干的字号）用心良苦，远涉江湖而来，恐怕是为曹操做说客的吧！”周瑜一语中的，让蒋干吃了一惊。他连忙应付说：“我与你相别已久，特来叙旧，何以怀疑我做说客呢?”周瑜哈哈一笑，上前挽住蒋干的一条胳膊，拉至帐内，诚恳地说：“我只是担心你这次来是为曹操做说客的，现在知道你不承担说客任务，那太好了!”周瑜还让手下人都来拜见蒋干，并告诉大家不要有疑心，又让左右摆上酒席，热情宴请蒋干，为蒋干接风洗尘。席间周瑜装作酒醉，对蒋干说：“你我好长时间没有在一个床上睡觉了，今晚愿和你同榻而卧。”边说边将蒋干拉到床边帐内，连衣服也来不及脱去就倒在床上呼呼大睡。蒋干见周瑜睡着了，偷偷窥看帐中机密文件，见到一封写着“蔡瑁、张允谨封”的信件，拆开一看，只见是蔡瑁、张允向东吴请降的信件，不觉让蒋干大吃一惊。蒋干暗思，怪不得曹操讨伐东吴不顺，原来问题出在蔡瑁、张允内外勾结上。于是偷偷将这封信暗藏在衣服内，欲再看其他书信，恰好周瑜翻身，并听到周瑜在说梦话：“蒋干，我让你看曹贼之首。”一听这话，蒋干吓出一身冷汗，只怕周瑜醒后发觉丢失信件，追查到他身上，便悄悄溜出帐外，飞也似的逃回曹营，急不可耐取出从周瑜处偷来的信件禀报曹操。曹操听了蒋干禀报的所见所闻，并看了蒋干偷来的信件，气得火冒三丈，立即命令武士将蔡瑁、张允推出斩首。蔡瑁、张允被斩后，曹操冷静下来转念一想，大呼：“我中了周瑜的奸计了!”可是，晚了！周瑜巧妙利用蒋干前来离间策反，“将计就计”故意制作蔡瑁、张允请降的假信，反而离间了曹操对蔡瑁、张允的信任，借曹操之手杀了蔡瑁、张允，达到了除掉曹营谙熟水战头领的战略目的。

在现代战争中，“将计就计”也是军事统帅常用的谋略。1947年5月，陈毅、粟裕指挥的15万中国人民解放军华东野战军，与顾祝同率领的45万精锐的国民党军队，在孟良崮决战。该役敌我双方将领都绞尽了脑汁，反复上演了将计就计的谋略。在孟良崮战役准备阶段，顾祝同凭借武器精良，又有3倍于解放军的兵力的优势，采用铁桶阵分进合围华东野战军在山东的兵力。国民党的七十四师师长张灵甫曾扬言：“要将陈毅、粟裕赶进海里喂鱼。”而陈粟大军面对顾祝同的谋略，则采取大范围地穿插迂回，以调动敌人的部署，创造局部以多打少的谋略以反击顾祝同的分进合围的铁桶阵。当时华野按常规兵法计划先攻击汤恩伯兵团的第七军和整编第48师，打折汤恩伯兵团的右翅翼，以缓解华野正面战场的压力，打乱敌人整个作战计划，扭转战场被动局面。当时，华野2、7、8和1、4、9六个纵队，分成数路，已开始对敌第7军和整编48师形成合围之势，形成局部优势兵力。但在5月11日晚上，粟裕接到情报处长朱诚基破译的国民党军队的密电，得知汤恩伯兵团将采取“擒贼先擒王”的中央突破的战略，欲合围进攻华野指挥中心所在地——坦埠。粟裕敏锐地意识到，华野的处境非常险恶。粟裕重新审视战役整体构想，决定打破兵家先打弱敌与侧翼的兵法常理。采用敲山震虎、枪打出头鸟的谋略。得知进攻华野指挥部的国民党军队，其中一支号称国民党五大主力军的张灵甫率领的74师，粟裕深知张灵甫强悍、骄横的性格，估计他的部队一定会冲在进攻坦埠的大部队的前面，形成四周无援的突出部，看起来74师最强悍，实际上又在短时间内成了孤军。粟裕决心集中兵力，首先围歼74师，以震慑国民党其他部队。5月31日黄昏，华野第1、第8纵队穿插楔入74师纵深，切断了敌74师与其他大部队的联系，孟良崮战役正式打响。74师师长张灵甫并非等闲之辈，他也洞悉粟裕的谋略，准备对粟裕包围分割也施以“将计就计”谋略。但他过于自负，坚信只要能坚守孟良崮两天以上，10余里外的黄伯韬的整编25师和李天霞的整编83师以及100公里内顾祝同会率领45万大军前来驰援，华野就会被5倍多的国民党部队反包围导致全军覆没。粟裕对张灵甫的盘算也已料到，粟裕深知，孟良崮战役获胜则赢来全局转机，失败则会万劫不复。他反复盘算，深知国民党部队派系林立，各部队都有意保存实力，只要我军在3天攻下孟良崮歼灭74师，大功就会告成，决心背水一战。战事发展完全按照粟裕所料，国民党增援部队各怀心计，行动迟缓，张灵甫坚守3天后，全军被歼。华东野战军一举开创了新局面。

在商业经营活动中，“将计就计”之法，就是在竞争对手设下圈套时，因势利导，趁势反过来向竞争对手施计，以战胜对手的策略。1906年3月，广东南海的著名实业家简照南、简玉阶兄弟俩，怀着实业救国的豪情壮志，筹集了10万元，在香港东区罗素街租赁了一座旧仓库，购买了一台小型发电机、两台切烟丝机、4台卷烟机等设备，注册成立了广东南洋烟草公司。开始生产“白鹤”牌卷烟。虽然南洋烟草公司日产卷烟仅30标准箱，但在华的外国烟草公司面对竞争对手出现却深感不安，决意趁着南洋烟草公司羽毛未丰，使用先法制人、以强制弱的策略，搞垮南洋烟草公司。外国的烟草公司借口南洋烟草公司的“白鹤”牌香烟与外烟的一种包装颜色图案相近为由，控告南洋烟草公司侵权，迫使南洋烟草公司放弃“白鹤”商标。简氏兄弟培育的“白鹤”香烟刚在市场走俏，不料却被外国烟草公司当头一棒，只得忍痛割爱，弃“白鹤”，再推“双喜”、“飞马”两种新品牌，但最终仍因势单力薄，未能抵抗住外国烟草公司围追堵截。1908年5月，简氏兄弟历经25个月抗争经营，终因资本亏蚀殆尽而将公司清产拍卖。简氏兄弟面对首次兴办烟厂失败，并未气馁。他们认真总结失败的教训，认识到单枪匹马、资金实力太小难以与实力强大的外国烟草公司在竞争中招架。1909年，他们又得叔父简铭石的支持，并将公司改组成南洋兄弟烟草公司，重整旗鼓，东山再起。外国烟草公司岂能让“南洋”重新崛起，开始要以100万元收买“南洋”，并威胁简氏兄弟若不肯出售，将采取其他手段。简氏兄弟考虑到，香港是在英国掌控之下，如一口回绝恐遭不测，决定对外国烟草公司施以软硬兼施的策略，将计就计，避实击虚，委托日本商人与之交涉，提出“南洋”可以转让，但非300万元不卖。这个价格，英国那个大公司无法接受，只好作罢。“南洋”避开大公司兼并后，进而向社会扩股，增加资本金，改名为“南洋兄弟烟草股份有限公司”，终于在中国烟草行业站稳了脚跟，很快得到发展。在国内主要大城市及新加坡、泰国均设立了分公司，还在河南许昌、山东坊子、安徽刘府设立了烤烟厂。全公司制烟工人达到万余人。1923年，整个公司赢利达400多万，到了1925年激增至1200多万元之巨。“南洋”“将计就计”反击国外烟草公司兼并，终于成为中国民族资本中规模最大、实力最强的企业，简氏兄弟也成为当时首屈一指的华侨巨商。

在炒股的实际操作中，若能识破庄家运用的谋略，然后顺势而为，“将计就计”，就可获益匪浅。例如，2007年9月底至10月前半月，上证指数于9月28日跳空高开于5461点后，展开了一波快速上升的行情，直奔6124.04高点，两市的市值从最初的10万亿元升至近30万亿元，加上市场不断扩容，股市的泡沫显而易见，管理层对股市疯涨忧虑在升级，股市向下反转风险在加剧。这时主力抱团取暖，运用声东击西战术发动的一波典型“二八”行情，股市中八成以上的个股都是赚了指数赔了钱。主力通过拉升权重指标股掩护其“八”的股票“金蝉脱壳”出货。我们当时若能掌握主力的炒股手法变换，及时识破主力的计谋，将计就计，抢在主力撤出“八”的个股前，将原来持有“八”的个股清仓逃顶，获利了结，若再有余力能耐，顺势跟着主力拉高“二”的个股的机会，快进快出跟着主力炒一把，不求得到所做蓝筹股的股价从低价位涨到高价位的全部收益，只求介入中间一段获取安全的收益，然后痛痛快快毫不迟疑全部撤出，静观股市牛熊交替风云变化，这是最理想的结局。据报道，有一些在这波牛熊行情变换中赚了钱的股民，无不察言观色识破主力计策，“将计就计”，顺势而为，及时获利了结，进而保住了前期牛市的胜利果实，成了股市波段行情的佼佼者。

## 7.3 隔岸观火

“隔岸观火”是三十六计中第九计，归类为敌战计。原计文：“阳乖序乱，阴以待逆。暴戾恣睢，其势自毙。顺以动豫，豫顺以动。”这里的“阳”，指公开的；“乖”指违背，不协调。“阴”指暗地里；“逆”指叛逆。“戾”指凶暴，猛烈；睢，任意胡为。“顺以动豫，豫静以动”语出《易经·豫》卦。“豫”为卦名。《豫卦》的《彖》辞说：“豫，刚应而志行，顺以动。”计文意为，静观敌人阵营矛盾公开，秩序混乱，暗中等待发生叛乱，那时敌方胡作非为，互相残杀，势必自行灭亡。这就是《豫卦》所说的顺应天时地利而动，我即能坐收其利，一举成功。

该计解语原文：“乖气浮张，逼则受击。退则远之，则乱四起。昔袁尚、袁熙奔辽东，众尚有数千骑。初，辽东太守公孙康，恃远不服。及曹操破乌丸，或说操遂征之，尚兄弟可擒也。操曰：‘吾方便康斩送尚、熙首级来，不烦兵矣。九月，操引兵自柳城还，康即斩尚、熙，传其首。’诸将问其故，操曰：‘彼素畏尚等，吾急之，则并力；缓之，则相图，其势然也。’或曰：此兵书火攻之道也。按兵书《火攻篇》，前段言火攻之法，后段言慎动之理，与隔岸观火之意，亦相吻合。”这段解语可译成，敌人内讧的气氛暴露出来了，不要去逼迫他。逼迫他，会受到他还击。三国时，袁尚、袁熙被曹操打败，带着几千人马投奔了辽东。起初，辽东太守公孙康凭仗自己与曹操相距遥远，不肯服从。后来，曹操攻破乌丸，有的建议曹操可以乘势征伐公孙康，还能擒获袁氏兄弟。曹操说：“我正等着公孙康杀袁尚、袁熙的首级送来，用不着远征劳师了！”九月，曹操率军从柳城（辽宁锦州西北）回来，公孙康杀了二袁，把他们的头送来了。众将向曹操请教其中奥妙，曹操回答说：“公孙康向来怕袁尚、袁熙吞并他。现在袁氏兄弟去投靠他，必定引起公孙康猜疑。若我急于用兵攻打公孙康，他们必然会合力抵抗；如果我暂缓进攻，那么，他们就会自相争斗。这种形势发展是非常自然的。”有人说：这是兵书《火攻篇》上所说的道理。按兵书《火攻篇》前段讲火攻的方法，后段讲慎 动的原理。这和“隔岸观火”的意思是相似的。

从计文及解语来看，使用该计，一般来说，一要有“火”可观，二要有“岸”可隔这两个先决条件。针对己方不出战、无力出战或者不便出战的情况下，采取袖手旁观、静而暗观、退而远观、静而动观的办法，等待敌方内部矛盾激化，互相残杀，两败俱伤，然后见机行事，坐享渔翁之利。也就是借敌内讧，从中得利的谋略。

历史上“隔岸观火”的例子层出不穷。在公元263年，曹魏灭掉蜀国，三国鼎立的局势瓦解，成了魏、吴对决的局面。不久，魏国大将司马炎篡魏称帝，改国号为晋。司马炎继续推行统一中国的战略，一方面，他下令在蜀地江岸大造战船，日夜训练水军，为日后同吴国决战做好充分准备；另一方面，他发现孙权统治集团内部纷争激烈，朝廷大臣各树派系，各拥储君，一旦孙权亡故，政局必然动乱，只是孙权尚存，吴国军队还很强大，不宜马上死打硬拼。否则，会造成魏吴两败俱伤。于是，晋国司马炎采取观望、等待的战略。过了一段时间，吴国的政局确如司马炎所料，孙权为了平息派系纷争，废了太子孙和，新立太子孙亮，这一来不但没有缓和矛盾，反而加剧了孙和、孙亮两派怨恨。孙权死后，孙亮即位，而孙权另一儿子孙林发动政变，废了孙亮王位拥立孙权六子孙休为王。孙休死后，经过一番激烈争斗，孙和之子孙皓即位。孙皓当了皇帝后，大报旧怨，不惜采用“剥皮、挖眼、灭三族”的残暴手段进行报复，几乎灭绝过去的仇敌。他还动用大量人力、物力、财力迁都武昌，以致引起江南民众大规模的起义。为此，又劳民伤财被迫还都于建邺。吴国经过朝廷翻来覆去的争斗以及国民大举起义，其国力大大削弱，民心十分涣散，军心十分低落。晋国武帝“隔岸观火”，眼看吞并吴国时机成熟，公元279年11月，以太尉贾充为大都督，统领20万大军，兵分六路攻吴，第二年3月，晋的龙骧将军王濬的水师，一直打到建邺，孙皓阵前投降，吴国灭亡，西晋统一了全国。中国又开始了一个新王朝。

在近代，太平天国与清朝的斗争，正是清廷“隔岸观火”，利用太平天国的内乱将太平天国打败的。1855年时，太平天国的翼王石达开，在西征的战役中，所向披靡，旗开得胜，接连攻克湖口、武昌以及江西50多个州县，直捣清军的江南大本营，逼得清军首领曾国藩走投无路，差点自杀。就在太平天国军事上鼎盛的时候，在天国内部正酝酿着居功自傲、争权夺利的内讧悲剧。1856年8月，东王杨秀清自恃左辅正军师劳苦功高，威逼洪秀全封他为“万岁”，洪秀全当面应允，暗中却密令在江西的韦昌辉赶回天京将杨秀清杀绝。9月，韦昌辉率兵赶回天京后，经缜密准备，带精兵3000冲进东王府，将杨秀清全家老小及部属2万多人全部杀害，天京城内充满血腥恐怖。翼王石达开对韦昌辉杀害杨秀清表示不满，10月率兵从湖北赶回天京。韦昌辉又擅自派员包围石达开翼王府，将其家人全部杀戮，石达开逃脱幸免于难。洪秀全对韦昌辉的行为也表示震惊，号召驻守天京的太平军“勤王反变”，太平军将士根据洪秀全的旨意反过来捉拿了韦昌辉并将其处死。这就是史称的“天京事变”。事变后，洪秀全召石达开回京主持政务，但对他并不放心，又任命自己的两个哥哥为王，同时参与政事，以监视牵制石达开。石达开对此深为不满，又率兵5万离开京城去江西另打天下去了！曾国藩获知“天京事变”后“隔岸观火”，立即转悲为喜，得知石达开又因洪秀全对其猜忌带兵离开天京回江西一带闯荡，更是欣喜若狂，认定太平天国失败的时刻到了。曾国藩联合李鸿章的淮军，勾结华尔（后是戈登）的“洋枪队”，一方面对太平天国石达开部队围追堵截，另一方面加紧了对天京的包围。1863年5月，石达开退至四川大渡河紫打地（安顺场），前无渡船，后无退路，将士劳顿，筋疲力尽，最终全军覆灭。天京也在1864年6月被清军攻陷失守，天王洪秀全自杀。清军“隔岸观火”，利用太平天国内讧，最终将历经13年的轰轰烈烈的太平天国运动彻底镇压。

在第二次世界大战中，美、英在欧洲开辟第二战场战略上也曾施用了“隔岸观火”之计。第二次世界大战，是由以德国、日本、意大利为主的轴心国与以中、苏、美、英、法等为主的同盟国之间进行的一场人类历史上大规模的战争。1937年7月7日，日本开始发动全面的侵华战争。1939年9月1日，德国进攻波兰；9月3日，英、法对德宣战；第二次世界大战欧洲区域战争正式爆发。美国却在9月5日发表《中立宣言》，明显有坐山观虎斗之意，这进一步助长了德国法西斯气焰。德国法西斯在1940年4月9日攻占丹麦、挪威，5月10日攻占荷兰、比利时、卢森堡，随后进攻法国，6月10日法国战败投降。1940年6月10日，意大利也加入德国法西斯阵营，公开向英、法宣战，战火烧到了地中海和非洲。1940年7月16日，德国希特勒发出执行《海狮计划》入侵英国的命令。8月开始，德国航空兵对英国主要城市进行密集航空火力打击。由于英吉利海峡阻挡住了德国登陆作战步伐，遂改将战略目标指向苏联。1941年6月22日，德国撕毁《苏德互不侵犯条约》入侵苏联，苏德战争正式爆发。德国在这一年多的时间里，基本上所向无敌，一举占领了大半个欧洲国家。苏联斯大林由于对德国发动战争的时间和进攻方向判断错误，导致对德国发动的闪电战猝不及防，损失惨重。战前，苏联建立的“东方战线”被德军坦克一碾而过，大片国土丧失，白俄罗斯首府明斯克、乌克兰首府基辅等大城市相继被德军占领，仅基辅保卫战，苏军西南方面军被围歼，德军俘虏的苏军人数就超过60万人，苏联西南防线全面崩溃。1941年10月，德军大部队已推进至莫斯科城下，苏联政府部门、外国使馆被迫迁至莫斯科以东800公里的古雪夫（今萨马拉）。苏联处于非常困难、非常危险的境地。可是，美国这时还是袖手旁观，靠卖军火发战争财，还未正式对德宣战。直至1941年12月7日，日本偷袭珍珠港，击沉、击伤美国太平洋舰队各种战舰40余艘，飞机265架，阵亡2403人，战伤1778人，整个舰队几乎全军覆没。美国受此奇耻大辱后才正式对日宣战。紧跟美国之后的还有20多个国家也正式对日宣战。12月11日，德、意也作出反应，对美宣战，美国也同样对德、意宣战。至此，第二次世界大战全面爆发。美国虽然已经放弃了“孤立主义”的策略，公开与反对德、日、意的国家共同结成同盟国向轴心国宣战，但总统罗斯福还是不愿多作牺牲，因此对苏联斯大林多次建议美、英在欧洲开辟第二战场一直迟迟未行动。而英国的丘吉尔首相，既仇视德国纳粹的侵略，也仇视苏联的社会主义制度。苏、德爆发大规模战争以来，丘吉尔表面上发表声明支持苏联反对德国法西斯，但从心底里希望苏、德互相厮杀，两败俱伤，让英国“隔岸观火”坐收渔翁之利，借以恢复大英帝国战前在北非和南欧的传统势力。因而丘吉尔面对德国法西斯疯狂进攻苏联，斯大林多次要求英国开辟第二战场牵制德国法西斯军队，以减轻苏联战场压力，丘吉尔一直态度消极，以条件不成熟为借口，故意拖延开辟欧洲反法西斯第二战场战略决策的落实。即使在1942年6月，苏、美和苏、英发表联合公报，达成在欧洲开辟第二战场的充分谅解与共识，但英国在备忘录中对承担的义务仍然作了一些保留。此时，苏、德战场形势处于关键转折阶段，德军将沿列宁格勒、莫斯科、基辅三个方向大举全面进攻，转变为对斯大林格勒的重点进攻，妄图占据斯大林格勒这一苏联东南部的政治、经济、文化中心，控制水陆交通枢纽，扼住亚欧两洲咽喉，进而北取莫斯科，南出波斯湾。德国下了最大赌注，集中了最精锐部队。1942年夏季，苏联对抗德国重点进攻战局中失利。7月中旬，苏联在斯大林格勒方向形成了十分复杂的局势。斯大林更加渴望美、英在欧洲大陆尽快开辟第二战场，减轻苏联抗德的压力，但是美、英还是按兵不动。1942年7月17日，苏联统帅部只得针对德国企图，调整了兵力部署，组建了斯大林格勒方面军，开始了艰苦卓绝的斯大林格勒保卫战，历时125天，终于反败为胜，挡住了德国侵略军攻城夺地的进攻步伐，消灭了德军在苏、德战场兵力的1/4约150万人，彻底扭转了苏、德战场的局势。苏军开始从战略防御转入战略反攻，掌握了战略主动权。会战的胜利也坚定了全世界人民反法西斯斗争的必胜信心，巩固和扩大了国际反法西斯统一战线，动摇了德国法西斯阵营。1942年11月19日，苏军开始大规模战略反攻。1943年2月，苏军合围歼灭了德军精锐部队鲍罗斯兵团；4月初，又解放了北高索大部分地区，苏联红军开始节节胜利，德军溃败已成定局。美、英在苏联红军抗击德军最困难的时候没有开辟欧洲第二战场，而在苏军开始战略反攻节节胜利时，于1944年6月6日在法国诺曼底实施大规模登陆，对德国法西斯军队形成了首尾夹击之势。德国疲于应付，军力大损，很难如战争初期那样的气势汹汹进行战略进攻，也难于组织有效抵抗。8月25日，盟军解放巴黎；10月初，英军突破德军防线，向纵深推进80公里，把战场推向德国本土。不久，东西对进的苏、美军队在德国易北河会师。1945年5月9日凌晨，纳粹德国正式向盟军投降。美、英两国在“二战”中，由于采用“隔岸观火”的策略，没有及时开辟欧洲第二战场，期间使苏联经历了两年多最困难最危险的卫国战争，2000多万苏联人死在德意法西斯军队的铁蹄之下。丘吉尔所作所为，其用意正如L·杰烈比在《丘吉尔秘密》一书所述，“丘吉尔希望苏联在战争中流血牺牲，希望苏联在胜利时已完全筋疲力尽，无法在欧洲和世界起首要作用……丘吉尔企图通过战争削弱苏联，他希望苏联人孤立地同德国人斗，这样，不论战争的结局如何，双方都将财尽力竭。”丘吉尔使用“隔岸观火”之计，使苏联在第二次世界大战中加剧了战争带来的损失，而对英国来说所受的战争损失相对苏联来说要少得多。

中国是钢铁生产大国，有钢铁企业700多家，2009年钢铁产能已达6.6亿吨。由于我国国产的铁矿石品位较低，我国生产优质钢铁的铁矿石绝大部分依靠进口解决。我国铁矿石进口占世界铁矿石贸易量半壁江山，排名铁矿石进口第一。直至2009年上半年，我国具有铁矿石进口资质的企业有112家。令人不可思议的是作为世界铁矿石第一进口大国，但一直以来对铁矿石价格没有话语权。而铁矿石定价权却集中在澳大利亚力拓、必和必拓以及巴西的淡水河谷这三家供应商与日本等国少数几个进口商的手里。2008年在屈指可数的铁矿石供应商的裹挟下，2008年铁矿石块矿价格比2007年上涨96%多，粉矿上涨80%，达到每吨140美元以上。2009年在世界金融危机的冲击下，钢价大跌，中国的钢铁企业也出现大面积亏损，年初滞留在码头的铁矿石最低价格跌到每吨30美元。本来中国钢铁企业要求铁矿石出口的巨头降价到2007年水平无可非议，以后又退步要求在2008年基础上降价40%，但是谈判了半年多，三大铁矿石巨头就是死不松口。究其深层次原因，关键是中国钢铁企业里有内奸，被铁矿石垄断集团小恩小惠所收买，出卖了中国钢铁企业的商业秘密，让对方掌握了我们铁矿石谈判的策略与谈判底线，加上我们有进口资质企业太多，互相之间无序竞争，你不买他买，互相倾轧，哄抬进口价格。世界那几个铁矿石巨头坐在那里，静观鹬蚌相争，渔翁得利，坐享"隔岸观火"之成。世界铁矿石巨头从我们国家身上不知巧取豪夺了多少"隔岸观火"的效益！有的经济学家估计，仅2008年就使我们国家钢铁企业损失7200亿元。

股市中，一旦大盘进入熊市或者某一个股在一定时间段进入下降通道，对于中小散户的股民来说，由于仓位较低，进出便捷，船小掉头快，有可能赶在庄家之前顺势而为，减轻仓位，甚至是果断割肉断臂，退出股市，与熊市之"火"进行隔离，防止引火烧身。而对于庄家或大机构来说，由于仓位沉重，在市场都认知熊市来了后实现全身而退，不被熊市"火"星所溅，其可能性相反微乎其微；庄家机构要实现全身成功而退，除非其对市场脉搏掌握精准，先知之明，预作准备，提前行动，否则是不可能的。在2007年10月16日上证指数达到峰值6124.04点，滑至2008年10月28日上证指数谷底1664.93点的一年多的熊市中，被套机构、基金的比例绝不是一个少数。这些被套的机构、基金等实力雄厚的投资人，被熊市的大火包围之时，为了自身利益，必然不顾一切地进行减少损失的挣扎，以致引起股市中产生多杀多的惨烈博弈，股价也会应声而持续下滑。中小散户对于多杀多的熊市行情，没有必要为了谋取一点蝇头小利加入到多杀多的股市争斗中去，而应该远离这种争斗，绝不能图一时技术反抽的机会，参与火中取栗的冒险操作。只有在股市基本面转暖后，那些在熊市中被深套其中的投资人心衰力竭，资金难以为继，再也无力互相搏杀，股价缺乏向下动力，普遍采取就地卧倒之时，原先"隔岸观火"的投资者，静观底部特征越来越明显后，才宜选择介入逐步建仓，以求在熊市中抄底，其投资安全性以及最终投资收益显然要优于待在股市参与争斗的投资人。

## 7.4 李代桃僵

“李代桃僵”列为《三十六计》的第十一计，归类为敌战计。计语原文为：“势必有损，损阴以益阳。”其意为，当局势发展必然有所损失的时候，要舍得局部的损失，以换取全局的优势与胜利。

该计解语：“我敌之情，各有长短。战争之事，难得全胜。而胜负之决，即在长短之相较。而长短之相较，乃有以短胜长之秘诀。如以下驷敌上驷，以上驷敌中驷，以中驷敌下驷这类。则诚兵家独具之诡谋，非常理之可推测者也。”将解语今译，敌我双方的情况，是互有长短的，在战争中，各方面都胜过对方是难以做到的。战争的胜负，决定于双方各方面力量的较量。通常，占优秀的一方会胜利；但是，劣势一方运用巧妙方法战胜优势一方也是存在的。比如，用下等马对上等马，用上等马对中等马，用中等马对下等马一类的事例，就是军事家独特具有的谋略，不是正常思维可以推测判断的。

本计“李”轻“桃”重，以“李”为牺牲一方，以“桃”为被保全一方，其主旨在于弃小得大，弃卒保车，以牺牲局部利益、确保换取全局的胜利。“李代桃僵”，不一定作为既定的策略，往往作为应变之计。南宋·郭茂倩《乐府诗集·鸡鸣》的诗中说：“桃出露井上，李树生桃旁。虫来啮桃根，李树代桃僵。树木身相代，兄弟还相忘?”此诗的本意是比喻兄弟休戚与共的情谊。至于以“李”代“桃”是否合适有价值，这就需要决策者审时度势，随机应变。因为敌我双方交战中，战局千变万化，在力量处于劣势的一方，若能巧妙地运用“李代桃僵”之策，也有可能战胜优势的一方。解语中所举赛马例子，选自《史记·孙子吴起列传》的记述：战国时期，齐国的将军田忌常和王族们赛马。孙膑看到他们的马力相差无几，都是上、中、下三等马，于是向田忌献策，用下等马应对上等马，用上等马应对中等马，用中等马应对下等马。比赛结果，田忌只输了一次，而胜了两次。这次赛马的策略就是以牺牲一匹下等马的代价，换取了一匹上等马与一匹中等马两次的胜利。以局部的损失换得了全局的胜利。“李代桃僵”之计，也是“舍车保帅”、舍小换大之计。

在春秋末期，齐国的大夫田成子因上台“名分不正”，加上其内部怨气冲天，外部诸侯不服，处于内外交困的局面。正在这时，越国借口说他篡权，出兵攻打齐国，田成子慌了手脚，赶紧与幕僚商量对策。有的说：“越国欺人太甚，动员全国兵员迎敌。”有的说：“时下国内人心浮动，臣民未曾享受大王恩惠，若倾城出动，难得民心，难以服众。”有的建议：“效仿他国，割让城池，免动干戈。”田成子听来听去，总觉得这些人建议都不是破敌良策。正在这时，田成子的哥哥完子向他献计说：“我请求大王恩准我率领一批贤良之臣出城迎敌，且以真打，又被战败，全部战死。如此，即可让越退兵，保全国家。”此言一出，满座皆惊。田成子也不解其意，追问何故？完子从容回答：“王弟现在占据齐国，百姓不了解你治国本领，不知你政绩，私下谓你为窃国大盗，不一定能舍身为你打仗。而我带领贤良之士，出兵迎敌，战而败，败而死，以身殉道。而越国出兵攻齐，其意在各诸侯面前扬威盗名，而侵吞我国，现在恐怕还实力不及，若其杀死了大王兄长，目的已酬，估计不会进一步行动。国内民众看到我率贤良之臣为国尽孝，亦可安抚民心，国内就会稳定，这是唯一的救国之道。”田成子含泪听完兄长的建议，哭着为他送别。果然，完子以身殉道，救了齐国。在这里，完子在权衡各方面利弊后，“李代桃僵”，舍身保国。

另在战国时，秦国与赵国的长平一战，赵国大败，赵国以割让六座城池为条件，使秦国撤兵回营，从而获得了整顿军备的喘息时间。赵国孝成王接受虞卿的建议，一方面对内采取强国方略，整顿军队，修筑城防，奖励耕种；另一方面对外，则采取用六座城池去贿赂齐、魏、楚，积极推行“合纵连横，联合抗秦”的策略。过了一些时候，秦王派使臣去赵国接受割地，但赵国巧妙一拖再拖。秦王等得不耐烦了，急要发兵讨伐，秦将白起告诫秦王：“赵国国情已变，臣民一心，上下通力，现出兵已晚矣！”秦王仗着兵强马壮，还是于公元前258年9月又一次发兵伐赵。面对秦军的攻势，赵军避开秦军的锋芒，实行大步后退，让出大片土地，将兵力收缩集中。秦军一直打到赵都邯郸城下。由于秦军贪心占领城池土地，兵力不断分散。而赵军采取集中兵力防御，避免与秦军决战，其后劲尚存。加上魏国王兄信陵君魏无忌的姐姐是赵国的平原君的夫人，魏、赵两国存在唇亡齿寒的关系，当接到赵国求援后，信陵君设计偷来了调兵的虎符，率领8万魏军杀向包围邯郸的秦军。这时应赵国求援的楚兵也赶到了邯郸，守城的赵国平原君看到魏、楚援兵已到，率领3000敢死队从城内杀出。秦军由于长期围城，兵困马乏，经不起内外夹击，大败而逃。秦将郑安平率2万多秦兵投降赵国，其余落荒而逃，被困一年多的邯郸之战以秦军失败而告终。赵军不计一城一池得失，"李代桃僵"，以小的代价换取了全局的胜利。

在第二次世界大战中，英国首相丘吉尔就是成功使用"李代桃僵"之计，确保了英国反法西斯战争的胜利。该战例发生在1939年8月，英国成功破译了德国最高等级的密电码，英国对德国的军事行动尽在掌握之中，英国的皇家空军总是在关键时刻、最有利的空域对德空军作战，屡屡挫败了德国空军对英的进攻。这引起了德国的警惕。希特勒开始怀疑"超级机密"是否存在泄密，决定进行一次代号为"月亮奏鸣曲"的空袭英国名城考文垂的测验。英国首相丘吉尔从破译"超级机密"后获悉，德国要进行一次验证"超级机密"的空袭，顿时陷入了两难的抉择。若通知考文垂市做好防空袭的准备，那么完全可以避免或减少德国空袭带来的损失，但是这样一来，无异于告诉德国，"超级机密"的确已被英国破译，届时德国就会放弃使用"超级机密"，从此以后再也不能掌握德国的军事行动，有可能带来不是一个考文垂这样的损失。丘吉尔经过反复权衡后认为，"超级机密"是英国战胜德国的法宝，它的安全价值比一个城市的安全价值更为重要。为了全局的利益，为保证反法西斯的胜利，只能以牺牲考文垂城市来保住"超级机密"。两天后，德国空军的"月亮奏鸣曲"作战计划如期实施，未加任何防范的考文垂市承受了德国飞机长达16个小时的狂轰滥炸，5000多枚重磅炸弹使考文垂市变成了一片废墟，600多人在空袭中丧生。德国看到考文垂城不曾设防受到了惨重的损失，由此判断，"超级机密"没有遭到英国人破译，德国从此继续在关键时刻放心地使用"超级机密"指挥军事行动。在1942

年10月底至11月初进行的北非埃及的阿拉曼战役中，英国全部破译了希特勒与隆美尔之间的来往电报，对德国兵力部署、作战意图一清二楚，为赢得阿拉曼战役的胜利创造了极其重要的条件。英军阿拉曼战役的胜利成了北非反法西斯战争的转折点，为将德、意法西斯军队彻底逐出北非战场奠定了坚实的基础。因此，丘吉尔首相使用舍考文垂一城的局部利益，换取北非反法西斯战争全面的胜利的“李代桃僵”之计，是非常明智、有意义之举。

在军事上，以失地保存兵力，是“李代桃僵”策略主要运用方式。在解放战争初期，人民解放军与国民党的军队力量之比，尚处于劣势，若是采取硬打硬拼的战法，无疑是鸡蛋碰石头，因此在解放战争初期，中国人民解放军各个部队坚决执行毛泽东关于“战胜蒋介石的作战方法，一般地是运动战。因此，若干地方若干城市的暂时放弃，不但是不可避免的，而且是必要的。暂时放弃若干地方若干城市，是为了取得最后的胜利，否则就不能取得最后胜利”的指示。如中原解放区是由新四军第五师与八路军王震率领的南下支队在抗日战争中用鲜血所创建。日军投降前夕，中原军区部队已发展到2个纵队、3个独立旅及3个军区共6万余人，根据地也扩展到60多个县，对武汉已造成包围之势。但抗战胜利后，蒋介石为了抢夺胜利果实和部署内战需要，调集军队，加紧蚕食和包围中原解放区，并先后占领了鄂中、襄西、鄂东、鄂南、豫南、豫中、豫西等地，企图消灭中原军区共产党的部队，然后打通国民党军队向华东、华北进军的通道。至6月26日，蒋介石公然撕毁1946年5月国共双方代表签订的停战协定，由郑州“绥靖”公署主任刘峙指挥10个整编师（相当于军）约30万兵力，对中原解放区发动了大规模全面进攻。面对强敌的进攻，中原军区司令员李先念、政委郑位三，采取“李代桃僵”之计，以失地换取有生力量的保存，主动放弃了鄂、豫、皖的根据地。于6月底分两路向西突围，右路部队在李、郑率领下，穿过平汉路，7月下旬进入陕南，与当地游击队会合，8月3日组成豫、陕、鄂军区。左路在中原军区副司令王树声的率领下，越过平汉路向西突进，7月25日到达鄂西北房县地区，8月27日组成鄂西北军区。担任掩护主力突围的第一旅7000余人，当时向东突围吸引敌人，于7月下旬进入苏皖解放区，后编入华东野战军序列。中原军区虽然丢失了60多个县的根据地，但打破了国民党军苦心经营的封锁包围，粉碎了蒋介石消灭中原军区部队的企图，胜利完成了战略转移的任务，牵制了国民党军30多个旅的兵力，有力地配合了其他解放区的作战，从全局来说，“李代桃僵”意义重大。

在企业经营管理上，“李代桃僵”主要体现在企业为了生存与发展，要根据市场实际需要，当机立断，及时调整产品结构，及时优化组织机构，进行精兵简政，增强企业活力，提高企业经济效益。以局部利益的牺牲换取全局的胜利。不少中外的大企业都曾使用过这一经营策略，如意大利菲亚特汽车集团在六七十年代，由于美、日汽车工业的蓬勃发展，加之后来石油价格猛涨，以及受老企业管理体制老化困扰，工人越来越老，工资越来越高，冗员越来越多，生产效率越来越低，经济效益越来越差，企业集团年年亏损，一度陷入困境。菲亚特集团采取了“李代桃僵”的策略，弃车保帅，首先砍掉了南非的分厂与设在南美的绝大多数经营机构，停止在北美的汽车销售，接着关闭了国内7个效益不好的工厂，精简了5000名推销员和1万名职工，取消了汽车经销人员由公司垫付货款的不合理惯例，并将节省下来的开支进行技术改造，全面使用计算机进行产品设计、企业管理以及推广用机器人自动化生产。经过这样一场大刀阔斧彻底的改革，公司不仅起死回生，而且成为西欧著名的工业集团，“菲亚特”几乎成为意大利企业的代名词。可想而知，菲亚特若不是进行“李代桃僵”的大手术，不实行精简机构，不进行技术改造，就不能有菲亚特集团今天的兴旺。

企业在产品营销上，“李代桃僵”之计还体现在买卖时先作出一些必要的让步、牺牲，待消费者接受了产品，对产品有共性认知后，再把损失补回来，进而还会狠赚一把。比如世界有名的生产剃须刀的吉利公司，其创始人吉利本来是一个推销员，他不甘心为别人做嫁衣裳，从耙子得到启发，发明了安全的刮须工具。开始并没有引起人们的注意，并不被市场看好。后来，他为了开拓市场，一方面加强广告宣传攻势，另一方面采用免费赠送刮须刀具。消息一经传出，赠品很快被索取一空。获得免费刀具的消费者，一经使用真切感受到使用吉利牌刮须刀既方便又安全。刀片用钝了，刀架却舍不得丢弃，逼得又去商店买新刀片，形势的发展真如吉利所预料的，市场很快启动。加上当时处于第二次世界大战时期，大量军人奔波的战争生活需要这种轻便的刮须用具，吉利的生意更是如日中天。吉利的小刀具，成就了大事业。其发展过程的秘诀，就是使用吃小亏，占大便宜，即“李代桃僵”之计拓展市场。

再说在我国推广有线数字电视的过程。从21世纪开始，广电主管部门一直以推广数字电视作为重要的战略任务，但一直步履艰难，阻力很大，与原定的发展规划差距甚远。后来，各地有线电视台采用免费赠送数字机顶盒、不增加收视费的引导消费办法，结果有线电视用户很乐意接受，纷纷领取了机顶盒。经过一阶段试看，亲身体会到数字电视节目丰富，图像清晰，还可以将节目录下来合适时候看，还能根据喜好点播节目，慢慢对数字电视有了认同感，习惯成自然。此时，有线电视台将模拟电视节目减少到了六套，逼得电视用户接受数字有线电视新生事物。数字有线电视公司又不断推出新的有偿服务项目，诸如电影节目、财经信息、资讯服务、询医问药、名师施教等等，很快就将原来投入的资金收回去了。从长远计，数字电视公司由于占有了数字电视用户群的资源，就能财源滚滚而来。企业小的投入换来了大的收益，短暂的负债换来了永久的利润。从社会效益来说，推进了技术进步，提高了先进生产力的水平。使用“李代桃僵”之计，轻而易举地解决了消费者接受新事物的障碍，使数字电视的普及的步伐大大加快。

在股市中博弈，每个投资者总是希望投资能够成功，希望每一只股票投入都能赚钱。但股市有买有卖，才能捉对成交。若所交易的股票价格上涨，对买者就是胜利，对卖者就是失败；若所交易的股票价格下跌，对买者就是被套，对卖者就是逃离成功。一个指挥员在战场上不可能永远是常胜将军，在股市中也不可能永远是赢家。在股市中运用“李代桃僵”的策略，正如兵法所曰：“势必有损，损阴以益阳。”意思是，不得不遭受损失，就损失次要利益，获取重要利益。两利相权从其重，两害相衡趋其轻。一旦股指向下运行发生被套的情况时，要及时止损，出局旁观，以保全投资资本，等待股市下行风险解除回暖之时，在底部价位重新介入潜力股，以后期搏回的收益弥补前期止损的损失。在此，涉及止损出局以及重新介入时机的判断与掌握的难点。进入跌势，从基本面来说，比如所持中国股票大小非解禁上市，经营不善利润下降，宏观政策面实行财政从紧政策，提高银行准备金，减少流动性，提高贷款利息，降低出口退税等等，均会加速股票下跌；技术形态上若进入下跌通道，主力出逃，高位成交量激增，就预示着跌势确立，就应该出局止损。涨势的确立，一般要伴随着基本面弱势因素的改观，表现在银根松动，降息，存款准备金率减少，平准基金出台，新股发行节奏放缓，鼓励企业回购、增持本公司股票等利好。在技术形态上，要看股价趋势通道，凡是通道形态向上，有对应的成本和筹码配以支持的，可以视为上涨的开始；另外还要看主力的动态，若底部密集成交，主力介入建仓，也可视为价格上涨启动的端倪。如此以下跌止损的小损失，投石问路，换取上涨行情的大收获，可以视作“李代桃僵”计策的成功运用。

再则，有的实力雄厚的投资者，在两个处于相同板块的股票中，为了使自己投资在市值大的股票中获利，故意以较小的损失换取数倍的收益。在2008年10月份，在股票市场的证券板块中有一只中信证券的股票，其股本66.3亿股，流通股也有65.7亿，基本上全流通，市值很大。而另一只海通证券股票股本82亿多股，但流通股仅2.3亿多股，某投资机构凭借不多的资金仅以每天总成交量30多万手就轻而易举地让海通股价从2008年9月18日的14.02元拉到9月26日21.63元；而此期间，中信证券也从16.25元拉到24.92元的价位，成交量却在250万手以上，是海通证券8倍多。投资主力利用中信证券巨量成交掩护，在高价位完成了套现，获利丰厚。即使在海通证券股票中未能全身撤退，但在海通证券股票套住的数量与中信证券股票高位出逃获利，简直微不足道，这是股市上比较典型的“李代桃僵”操作案例。

## 7.5 金蝉脱壳

“金蝉脱壳”这一谋略，系三十六计混战计中第二十一计。其计原文为：

“存其形，完其势，友不疑，敌不动。巽而止，蛊。”其意为，保持原来的阵地形态，形成原来与友军协同作战的态势，使友军不怀疑，敌军不敢轻举妄动，这是从蛊卦《象辞》“巽而止，蛊”一语中悟出的道理。

该计原来有解语，原文为：“共友击敌，坐观其势。倘另有一敌，则需去而存势。则金蝉脱壳者，非徒走也，盖为分身之法也。故我大军转动，而旌旗金鼓，全然原阵，使敌不敢动，友不生疑。待续已催他敌，而友故始知，或犹且不知。然则金蝉脱壳者，在对敌之际，而抽精锐以袭别阵也。如，檀道济被围，乃命军士悉甲，身白服乘舆徐出外围，魏惧有伏，不敢逼，乃归。”其意为，联合友军对敌作战，要仔细察明敌人的态势，如果发现别处还有敌人，必须保持原来的阵地形态而分兵迎击。“金蝉脱壳”并不是一走了事，而是采用分身脱离被动的谋略。所以，在我军转移阵地后，应仍然保持旌旗飘扬、锣鼓声喧，逼真地保持原来的阵势，这让敌人不敢轻举妄动，使友军也不产生怀疑。只有策划摧毁别的地方敌军返回时，才让友军与敌军明白，或者还是不让明白是怎么回事。这就是“金蝉脱壳”，用于对敌作战的时候，暗中调走精锐部队去袭击敌人的计谋。例如，南朝宋将檀道济被敌围困，于是命士兵都披上作战甲胄，他却穿上白色的衣服，坐在车子上慢慢地向外围转移。魏军害怕檀道济另有伏兵，不敢接近他。檀道济就这样安然地走出包围回国了！

“金蝉脱壳”说起来也是“走为上计”的一种方式，指的是在形势危急，本身处于不利状况，拼不得、退不得，面临生死存亡关头，不得不行险设谋以逃脱虎口的决策。该计名除《三十六计》外，可完整查到的公认以元朝的《元曲选·朱砂担》为先。但在元代之前，“金蝉脱壳”的语意其实早已有之。如《史记·屈原贾生列传》一文中记述，“濯淖污泥之中，蝉蜕于浊秽，以浮游尘埃之外，不获世之滋垢，白爵然泥而不滓者也。”佛家、道家也常将亡故喻为：得道者之死，乃弃尸登仙，有如蝉之脱壳。而元代惠施《幽闺记·文武同盟》中写有“曾记得兵书上有个金蝉脱壳之计”。可见“金蝉脱壳”一词用于计谋会比《元曲选·朱砂担》的时间更早。从古代战例来看，也可印证古代使用“金蝉脱壳”之计早已有之。

在三国时，诸葛亮六出祁山，不幸病倒在五丈原军中。诸葛亮一向谨慎处事，凡事考虑周到，面对自己病危，生怕死后被魏军司马懿知道给蜀军带来不利的局面，在临终前特向杨仪授以密计，要求在其死后，秘不发丧，对外严密封锁消息，请一工匠雕塑一座如诸葛亮形神兼备的木雕，仍然羽扇纶巾，端坐在行军车中，随军而行。同时，在撤军转移前，以一部分军力对魏军发动一次佯攻，让魏军深信，诸葛亮仍然活在世上对蜀军运筹帷幄，讹诈魏军不敢轻举妄动。杨仪、姜维遵从诸葛亮临终前遗嘱，在诸葛亮病死后，坚决依计而行。由栩栩如生的诸葛亮木雕稳坐车中临阵指挥，又将部分兵力对魏军发动一次装模作样的进攻，紧接着投入战斗的部队阵容整齐，有序撤出。魏军看到蜀军秩序井然，疑为诸葛亮设伏诱兵之计，不敢追击，遂使杨仪、姜维率领蜀军全师回归。这是诸葛亮临终前遗留的又一次成功使用“金蝉脱壳”的谋略。

五代时期，梁军刘鄩与晋军李存勖战于魏县。刘鄩得知晋军主力调往魏县，晋阳（今山西太原）大本营已经空虚，便决策派兵偷袭晋阳，捣晋军老窝。为了避开晋军视线，防止震动晋军，刘鄩使用了“金蝉脱壳”的妙计。刘鄩所率梁军，平日驻守城内，士兵总是打着旗子在城内巡逻。晋军官兵只要远远望见城墙上有梁军的旗帜晃动，就能判断刘鄩的军队还驻扎在城内。刘鄩摸透了晋军习惯成自然的固定思维模式，令士兵用稻草扎成草人绑在驴背上，又在草人身上插上军中旗帜，任由毛驴驮着草人在城墙上来回走动。晋军远远看见魏县的城墙上仍然旗帜穿梭不断，对刘鄩仍然率兵固守魏县城内深信不疑，但此时刘鄩使用“金蝉脱壳”之计，趁着晋军没有发现破绽之机，悄然将全部人马撤出魏县解除了被晋军围困之危，又为偷袭大本营晋阳要地争取到了时间。

在国民党军阀混战的年代，阎锡山就是利用“金蝉脱壳”之计，在郑州逃脱了蒋介石对他的诱捕。在1929年，冯玉祥、李宗仁、张发奎、俞作柏、唐生智、石友三等部，曾先后发起反对蒋介石独裁统治的战争，却都被蒋介石使用集中兵力各个击破的战术，逐个打败了。但时为国民党中央政治会议太原分会主席、北平分会代理主席兼第三集团军司令、平津卫戍总司令的阎锡山，一直蜿若游蛇，周旋于各派军阀势力之间，不但未受打击，相反所掌晋军还在军阀的混战中得到巩固发展。蒋介石对阎锡山麾下聚集的反蒋势力，依然占据中国北方半壁江山，意欲与其平分天下的意图十分明白，蒋介石还掌握了唐生智在1929年12月底发动反蒋战争时，曾与阎锡山有过反蒋密谋的情况。1930年元旦，蒋介石借新年之际，在《中央日报》上发表了《以气节廉耻为立国之本》的贺词，杀气腾腾地教训尚存实力的反蒋派是“以投机取巧为智，以叛乱反复为勇”的人，要求反蒋派认清形势改邪归正。时在河南督师的阎锡山，看了蒋介石说的一席话，好似专门针对他说的一样，有大祸来临的感觉，揣测蒋介石下一个打击目标就是他和他率领的晋军。阎锡山毕竟透彻了解蒋介石的性格，他对蒋介石意图判断十分精准。蒋介石的确下了收拾阎锡山的决心。蒋介石使用“调虎离山”与“缓兵之计”，以讨伐唐生智反蒋活动为名，命令阎锡山率晋军主力7个军开往河南，并命令阎锡山由太原亲赴郑州督师。同时，密电国民政府军长何成浚以在郑州召开军事会议为名，借机捉拿阎锡山，押送南京问罪。为此，何成浚先期抵达郑州，会同河南省政府主席韩复榘共商捉阎事宜。此时，阎锡山率部已经抵达河南新乡。何成浚从郑州专程赴新乡迎接阎锡山同往郑州，并由韩复榘在郑州东站举行盛大的欢迎仪式。当晚，河南省政府又为阎锡山接风洗尘，何成浚在宴会上还代表蒋介石致词，极力吹捧了阎锡山一番。可是，阎锡山生性多疑，本能地感觉到郑州气氛不对，他暗中找来了安插在河南省电讯局的密探张象乾和郑州行营办公处处长梁航标等人，要他们注意情况。1月13日，张象乾窃听到何成浚与韩复榘准备在14日捉拿阎锡山的密令。阎锡山得到确切情报后，立即采取“金蝉脱壳”之计，以身体不适为名，谢绝一切来访人员，并将自己的车停放在官邸大门外，邀请医生不断往来，暗示阎病在府内，不便远行。另一方面，密令驻新乡的冯鹏翥部火速派一连警卫士兵乘火车秘密前来郑州护卫，并派兵进至郑州西郊，控制黄河铁桥、渡口，随时准备阻拦韩复榘部追击。一切安排妥当，当冯鹏翥带兵接应的火车一到，阎锡山微服化装立即从官邸后门溜了出去，登车离开了郑州。此时，何成浚、韩复榘还被蒙在鼓里。第二天，阎锡山给何、韩发了电报，谎称太原人心浮动，部队不稳，需立即回去坐镇，因而不辞而别，尚请谅解！何、韩只好仰天长叹。阎锡山如此

“金蝉脱壳”逃过了一劫。

在1943年秋，第二次世界大战的苏、德德涅伯河大会战中，苏军的统帅朱可夫，也曾使用“金蝉脱壳”之计。会战开始之时，苏联的沃罗涅什方面军攻势凌厉，全军突破德军组织的德涅伯河防御后，一举夺取了基辅东南约140公里的布克林登陆场。德国纳粹的军队也很快重新组织兵力展开拼死的反击。经过多次互为攻防的反复交战，双方损失都较大，且苏军暂时处于被动地位。若是继续与德军纠缠下去，会有失败的危险。苏军前线总指挥朱可夫元帅和方面军司令瓦杜丁大将审时度势，决定将主攻方向转移到德军防御力量较弱的基辅北侧。为了将主力安全转移不被敌人发觉，朱可夫等苏军高级将领，使用了“金蝉脱壳”之计，故意编造了一个暂停进攻、就地进入防御的虚假命令，又从战场上找回一具尸体，换上大尉军服，把假命令放在“大尉”携带的公文包里，特地让德军打扫战场时捡去。德军看到假命令后，信以为真，遂命令其前沿部队对苏军发起攻势。而苏军且战且退，佯败至第二道防线的战壕。苏军又使用各种宣传手段，声称苏军最高统帅部命令，全线处于暂时被动的情况下，部队转入固守，以便在布克林重新发起新的攻势。同时，又让指挥所几部电台日夜不间断工作，好似反空袭的准备工作也在加紧进行，致使纳粹德军深信不疑苏军主力部队仍然坚守在布克林伺机与其决战。为此，纳粹德军始终将兵力集中于布克林战场，并调遣预备兵力增加到布克林作战方向，还对苏军原来屯兵的阵地进行了航空火力准备，狂轰滥炸了一个多星期。其实苏军在制造假象的同时，早已命令近卫军第三集团军等主力装甲部队，悄悄沿着德涅伯河东岸的路线行进，并在基辅以北40公里处重新渡河完成了集结。最后，以迅雷不及掩耳之势，在柳捷日登陆场向德军兵力部署薄弱地区的部队发起进攻，给德涅河的纳粹德军以毁灭性打击。

在军事上俯拾皆是的“金蝉脱壳”之计，说的是在危急关头，巧用诈术，制造假象，迷惑对方，掩盖转移逃脱的意图。说到底“金蝉脱壳”之计，其实质是一种分身之术，一种逃遁之计。在经济活动中，借用“金蝉脱壳”之计，主要体现在投资决策失误或商品销售不畅时所采取的挽救危局的应急措施。诸如去壳存质、以优掩瑕的方法，皆可视作“金蝉脱壳”之计引申。在我国刚刚打开国门之时，我国的外贸企业对商品的包装往往重视不够，有一家向英国出口的18头莲花茶具，使用的是瓦楞纸箱包装，给顾客的感觉就是低档的商品，结果只能是1英镑的价格，且购买者稀少。后来，该产品加制了精美的外包装，又在上面印上实物的彩照，同样的商品经过这样改头换面的包装，身价大增，1英镑售价顷刻增至9英镑，购买者比原来卖1英镑还成倍增加。正是这种去壳存质的“金蝉脱壳”之计妙用，使商品由滞转畅。有的产品本来由于设计先天不足或者随着新技术应用，原来的性能显得落后，或者季节性商品面临错过销售良机等等诸如此类各种原因商品积压。企业为了减少损失，往往采取减价赠送的策略。通过减价促销、买一赠一等手段，提升顾客购买欲。有的厂商还采用有奖销售的办法，利用顾客侥幸获利的心理，促使顾客下决心购买商品。厂商利用这样的手法，将滞销积压商品推销出去，减少了企业的损失。

美国在应对2007年底由次贷危机引发的金融危机，进而蔓延至实体经济危机中，也使用了“金蝉脱壳”之计。从2007年底开始，美国次贷危机引发了金融海啸，使美国华尔街哀鸿遍野，华尔街5家独立投资银行，其中3家寿终正寝，剩下的高盛与摩根士丹利也被迫转型为控股性商业银行。美国最大的房贷公司房地美、房利美坏账高企，摇摇欲坠。美国的地方银行频频遭遇客户大规模挤兑。股市暴跌，花旗银行的股票跌到1美元。制造企业也随金融危机纷纷倒闭，美国最大通用公司也不得不申请破产保护。美国的财政赤字2008年底超万亿元。美国遭遇了百年未遇的金融危机，损害着美国霸主地位的维持巩固。美国为了摆脱金融危机加剧，止住经济崩溃的风险蔓延，依仗“全球央行”的金融地位，极力使用“金蝉脱壳”之计。美国日夜赶印美元，促使美元贬值，又让中国不断购买美国国债，截止2008年底，我国持有美国国债及企业债券总量已是近万亿美元，且于2008年12月16日，将美元储蓄基准利率调至0%—0.25%，揭开美国零利率时代。美国降低基准利率，表面上通过宽松货币政策意欲提振经济，其实是希望通过降低基准利率，以降低发债成本。通过中国为首的认购国认购美国低利率的国债，转嫁美国金融危机的风险，让其他美国国债的债权国为美国金融危机埋单，让全世界人民为美国金融危机埋单。“金蝉脱壳”之计，本是用诡诈之术迷惑对方，以实现自己的真实目的。而美国滥发美元，促使美元贬值，又让债券零利率，是去壳逃债。比如原来我们借给美国100亿美元，相当价值6000万盎司黄金，每年可收取利息相当300万盎司黄金，而美元贬值后，6000万盎司黄金只值5000万盎司黄金了，债券利息也减少了，等于美国要支付的债券本息大幅度减少了，美国即可从金融危机中脱身，美国在这场危机中可谓对“金蝉脱壳”表演得淋漓尽致。

投资人应用“金蝉脱壳”之计与“借尸还魂”的借壳上市的做法正好是相反。“金蝉脱壳”是上市公司经营过程中碰到了麻烦，严重影响声誉，采取的抛弃上市公司的空壳子，宣布其破产，然后抽出其剩余资产另组公司，重谋生路的策略。美国意大利银行的创建者阿马迪欧·彼得·贾尼尼曾经在1928年夏天使用过该计。当时，贾尼尼正在意大利老家休假。他获悉美国的意大利银行股票出现大幅度暴跌，跌幅高达50%。贾尼尼心急火燎跑回美国旧金山的总部，了解暴跌的原因。当他获知这次股价暴跌，是因为意大利银行在收购旧金山自由银行之后，被纽约联邦储备银行怀疑有垄断美国银行业之嫌，而下令意大利银行出让51%股份所引起。贾尼尼决定，为了摆脱困境，在保持意大利银行这个躯壳的同时，成立另一个股份有限公司，将意大利银行的一部分资产注入这家新公司，并表示自己年事已高，辞去意大利银行总裁的职务。此方案开始得不到他身边大多数人的理解。贾尼尼告诉身边的幕僚：“我辞去意大利银行的职务后，可以以私人的身份和立场，更方便去劝说美国总统和美国财政部长，促使他们制定新的法令，实现商业银行全国分行网络合法化。我的辞职不但不会让意大利银行垮台，并且还能创立一个以原始银行为支柱的世界最大的商业银行。”那些幕僚听后转而赞同贾尼尼“金蝉脱壳”的计策。不久，贾尼尼按照自己的战略意图，在德拉瓦州新成立了一家——泛美股份有限公司，该公司的最大股东就是意大利银行，但由于股份分散在大量的小股东手里，因而外人不再对它有行业垄断的嫌疑。意大利银行不仅没有在这次危机中垮下，反而越来越壮大，还兼并了美洲银行，成了美国第一大商业银行——美国商业银行。贾尼尼出任该银行总裁，成为改写美国金融历史的巨人之一。

股民在股市中应用“金蝉脱壳”之计，主要体现在止赢、止损。当股价到达你设定的目标价位后，摒弃贪得无厌的心理，见好就收。像巴菲特2004年以每股1.62元港币，斥资38亿港币，投资中石油23.39亿股，成了中石油第二大股东，3年后，他即从2007年7月12日开始至10月19日以每股平均12.23元的价格全部清仓中石油。在这次投资中，他净赚了277亿港币。虽然，后来中石油股票价格随着世界石油价格上涨而上涨，巴菲特看起来少赚了一些，但与后来中石油跌至每股9.71元，他毕竟心安理得地保住了277亿元利润。况且他止赢获利后又可将这笔资金投入其他股票继续增值。其中，他将中石油赚来的钱，以每股1.03美元收购比亚迪股票2.25亿股，不到一年，比亚迪股票上涨了6倍多，巴菲特手下波克夏公司已经有13亿美元账面获利。对其来说，如此“金蝉脱壳”的止赢很值得。“金蝉脱壳”运用在止损上，更贴近该计的原意。股市一旦出现股价跌穿10日、30日、125日移动平均线，MACD形成死叉出现绿柱状，KDJ随机指标的J值向下穿破100，SAR转向指标开始转向等技术情况，并且基本面又偏淡，此时股票投资人就应该顺应市况发展趋势，及时出局。特别是中国股市是一个新兴的市场，政策调控对股市影响特别直接、特别强烈。历史的经验值得注意，股市有几次大跌都是由政策变化引发的。如1996年12月中旬，上涨指数涨到1258点，《人民日报》发表社论，认为股市市盈率太高，泡沫过多，结果引发股市大跌。1997年5月中旬的阶段性大顶也是政策调控造成的。当时将证券印花税由3‰调整为5‰；接着又公布300亿上市额度，5月22日又出台严禁国企和上市公司炒股的规定。连续的政策调整，预示着一轮上涨行情的终结。若当时在听闻调整印花税政策时就果断“金蝉脱壳”，就可以成功逃顶，减少损失。又如2009年8月3日以来，股票市场各项技术指标均向下行，而基本面央行的主要负责人开始放言要对宽松信贷政策进行微调，并为防止信贷资金流入股市、房市，要求根据贷款人贷款的用途，将贷款直接划转至项目收款单位，堵住了贷非所用的资金流转渠道。这些影响股市资金面的信号的出现，预示着2009年上半年以来，流动资金推动型的股市复苏、上涨，将告一段落，将会不可避免地出现一波调整。作为清醒的投资人就应使用“金蝉脱壳”之计及时清仓。如此，就可以在后来几天大跌下，逃过一劫，保住前期股票价格上涨获得的胜利果实。股谚说得好，“会买股票的是徒弟，会卖股票的才是师傅”。同样，能“金蝉脱壳”逃顶的才是真正的师傅。

## 7.6 借尸还魂

“借尸还魂”系三十六计攻战计中的第十四计。实际上，对“借尸”一方来说是攻战计，而对“还魂”一方来说，也可称为败战计。该计原文为：“有用者，不可借；不能用者，求借。借不能用者而用之。匪我求童蒙，童蒙求我。”其意为，凡有作为的，不求助于人，难人为我借用；凡是没有作为的，要求助于人，因而为我所用。利用那些没有用的或是没有作为的力量，达到我不受别人支配、而我去支配幼稚的蒙昧者的目的。

该计解语原文：“换代之际，纷立亡国之后者，固借尸还魂之意也。凡一切寄兵权于人，而代其攻守者，皆此用也。”其意为，历史上改朝换代，又纷纷扶植亡国君主的后代，这固然属于“借尸还魂”的计谋；而那些借兵给别人，或替别人进行攻战或防御来达到自己的目的，也属于这种计谋的运用。

“借尸还魂”的计谋，作为攻战计时，是指进攻一方凭借己方强大的实力，而对力量较弱的一方，采取不费一刀一枪、只利用对方臣服的办法予以制伏的最佳形式。该计谋作为败战计使用时，指的是已经衰落失败的一方借助另一种形式而出现。引申的意义，即是处于被动或失败的局面时，善于利用一切有利的条件，扭转危局，实现既定目的，也是“借尸还魂”计谋的具体运用。

“借尸还魂”还在元代岳伯川所作杂剧《吕洞宾度铁拐李》中演绎了一则神仙故事。在《元曲选·碧桃花》中“谁想有这一场奇怪的事，那徐碧桃已着她‘借尸还魂’去了”一句，活龙活现地勾勒了“借尸还魂”计谋的形象体现。历史上许多著名政治家、军事家都曾成功地运用“借尸还魂”的计谋，取得了意想不到的效果。特别在改朝换代的政治纷争中，最会发生使用“借尸还魂”的谋略扶植亡国君王后代，打起前朝的旗帜以号令天下，实现政治目的。

公元前221年，秦始皇嬴政统一中国后，建立了中国历史上第一个中央集权的封建国家，在中国历史上写下了不可磨灭的功绩。但他实行苛刑峻法，焚书坑儒，专制暴戾，奢靡荒淫，天下百姓无不怨声载道。特别是秦国灭楚后，对楚人压迫最深，以至他死后的第二年（公元前209年），便爆发了以楚人为主的大规模的农民起义。开始高举义旗的是陈胜、吴广，继而项梁、项羽两叔侄积极响应。项梁、项羽叔侄杀了会稽郡守殷通，率领江东精兵8000人西渡长江，转战于江淮之间，屡战屡胜，队伍也不断壮大。正在这时，陈胜起义军被秦将章邯打败。项梁听说后召集部属商议应变之策，有的部属借口项梁是楚国名将项燕的后裔，怂恿项梁自立为楚王，而前来献计的范增却提出：“我本是一老朽，但听闻上柱国礼贤下士，从谏如流，所以前来献上陋见。依我看，陈胜的失败在于不是出身名门大族，声望不高，又无大的才干，却据地称王而不立楚国王室后裔为王，致楚地豪杰将士少有趋附，其败必然。上柱国如能体察百姓，不忘辱楚之耻的深仇大恨，顺应民心，扶植楚国后裔，楚地百姓出于对楚王的怀念，必会闻风而至，聚集于麾下，天下便一举可定了。”项梁很高兴地采纳了范增的建议，便派人四处寻访楚国王室的后裔。事有凑巧，正好寻访到一个名叫熊心的牧童，查问起来，确实是90年前客死于秦国的楚怀王的孙子，遂将其迎入薛城，奉为楚怀王。定盱眙为国都。项梁自称武信君。这“借尸还魂”之计增加了反秦斗争号召力，帮了项梁不少忙，楚项部迅速扩大到数十万人。公元前207年，项羽在巨鹿击溃秦军主力章邯部队40多万人，与刘邦一起共同推翻了秦王朝的残暴统治。

在近代，日本帝国主义也曾施用“借尸还魂”之计，利用清朝末代皇帝溥仪，在我国东北策划建立伪满洲国，以图对我国东北实行殖民统治。1931年9月22日，关东军参谋长三宅少将根据关东军司令官的意图，在沈阳召开了高级将领会议，制定了《满蒙问题解决方案》，确定“建立以宣统皇帝为元首，包括东北四省及蒙古区域，得到日本国支持的新政权。”这一方案很快获得日本政府的批准。1931年11月11日，日本关东军策划了从天津日租界宫岛街张园劫持溥仪到东北做满洲国的皇帝。另一方面，又加紧策动东北的汉奸建立地方政权。关东军之所以看重被辛亥革命推翻的清朝末位皇帝溥仪，其实就是利用溥仪曾是皇帝的身份，挖掘这一政治僵尸的潜能，以实现"以华制华"的狡诈目的；而溥仪在1924年被冯玉祥驱逐出宫后也一直野心不死，从心底里希望依靠日本的列强势力实现他复辟清朝的皇帝梦。终于在日本军国主义导演下，1932年2月16日，溥仪召开了"建国会议"，成立东北行政委员会，宣布脱离国民政府，实行东北独立。3月1日，伪满洲国正式在长春宣布成立。日本政府发表声明正式予以承认"满洲国"。1934年3月1日，在日本的策划下，又将"满洲国"改称为"满洲帝国"，由执政共和制变为君主立宪制，执政者溥仪也被改称为皇帝。这就是日本侵略者与溥仪凭着"借尸还魂"计，让溥仪演绎了一场皇帝梦；也使日本帝国主义通过豢养的傀儡政权，实现了对东北十多年残酷的殖民统治。当然，历史毕竟是公正的，尽管日本帝国主义利用"借尸还魂"之计策划建立了"满洲国"的阴谋能够得逞一时，但最后还是难逃失败的厄运。随着1945年8月日本的战败，溥仪成了苏联红军的俘虏。"满洲国"也顷刻间灰飞烟灭。

苏联一直以来十分重视邻国阿富汗的战略地位，从未放松对阿富汗政治、经济、军事各方面的影响。在1979年，原苏联为了保证南下印度洋的海上必经通道的顺畅，发动了武装入侵阿富汗战争，该役就运用了借尸还魂的谋略。在1979年9月，塔拉基政府的第二号人物，身为总理兼国防部长的阿明发动政变，火并了亲苏色彩浓厚政府首脑塔拉基。对此，苏联极为恼火，认为阿明掌权动摇了其控制阿富汗的根基，阻碍了其进一步南下的战略需要。于是，决定剪除阿明，以便恢复对阿富汗的牢固控制。考虑到悍然出兵对一个主权国家进行军事干涉会招致国际舆论的谴责，为了做到师出有名，1979年12月28日清晨，苏联凭借已不存在的阿富汗原政府的名义，在位于苏联中亚境内的一家电台，发表了一项子虚乌有的阿富汗政府声明，以阿政府的名义"迫切请求"苏联出兵援助，以帮助阿富汗稳定国内形势。其实，苏联在发表这一子虚乌有的声明之前的几个小时，苏联的空降兵已经突然袭击并占领了阿富汗的电报大楼、广播电台、政府办公楼，并且心急火燎地处决了那个令苏联不满的阿富汗新政府首脑阿明。苏联集结在苏阿边境地区的地面装甲部队也即刻从西、北两个方向越过边界，快速向阿富汗首都喀布尔大规模推进。仅一周时间，入侵阿富汗的苏军就全面控制了阿富汗的主要城市和交通干线，并扶植了新的亲苏派首领卡尔迈勒上台，堂而皇之地对阿富汗实行了全面军事控制。本战例中，前苏联入侵阿富汗，借的实际已不存在的阿富汗政府的“请求帮助”的声明，要达到的是恢复亲苏政治力量对阿富汗的统治，以便苏联名正言顺地对阿富汗全面的军事控制，保证苏联陆上南下印度洋的战略通道的顺畅，这是一件典型的“借尸还魂”谋略在现代战争中的应用。

在商业活动中，也有借助“借尸还魂”之计，成为大资本家的例子。美国有一个投资人名叫保罗·道弥尔的人，他根据美国的法律，对于宣布破产的企业，作为债权人的银行有权要求将企业拍卖偿还债务的规定，总是一遍又一遍委托银行的经理，要求及时告诉他有哪一个企业破产，银行经理问其需要购买哪一类的破产企业？他回答：“不论什么类型的企业都行。只要是银行拍卖的破产企业都要买。”银行经理问他：“你总是买那些破产的企业，是否是出于对失败者的同情与施舍？”道弥尔回答：“开始是为了他们，而最后却是为了自己赚钱。”银行经理又追问他：“难道买下破产企业有很高利润吗？”道弥尔告诉他：“我这个人又笨又懒，不是从头创业的料子，接手别人的现成生意，省力多了！况且对别人经营的生意，很容易发现其毛病，能够很方便找出企业破产原因，要是把别人经营不善的原因找出来加以解决了，我们不是就赚钱了吗？”当然，要救活一个破产的企业并不像道弥尔嘴上说得那样轻巧，他每买下一个破产企业，总是一丝不苟地全面分析研究这个企业各方面情况，详细制订重整计划，取长补短落实补救措施，严密规范管理制度，一个个拍卖取得的很便宜的破产企业，经过道弥尔“借尸还魂”，精心运作，充分发挥破产企业原有品牌及知名度，一个个获得了新生，道弥尔也获得了巨大的利润，成就了大资本家事业。

在股票市场上“借尸还魂”之计的运用，最典型的是体现在借壳上市中。上市公司与一般企业相比，最大的优势在于能够利用证券市场进行大规模的筹集资金，扩大公司及公司产品的知名度，以此促进公司规模化快速增长。因此，上市公司的资格就成了一种“稀有资源”。但也有上市公司因不善于经营管理或受外部因素的影响，业绩下滑，失去了证券市场融资的能力，已空有上市公司其名。而非上市公司要取得上市资格，则受制于国内政策限制以及IPO门槛较高，难以达到直接上市条件，许多企业将目光投向了借壳上市方式。非上市公司对壳公司资源进行多角度了解，综合评估，全面分析，经权衡利弊后，若认为借壳成本比直接上市合算，买壳的公司即可作为收购方，通过协议方式或二级市场收购方式，取得原有上市的壳公司的控股权，然后对壳公司的人员、资产、债务进行重组整合，通过整体资产出售、配股、收购、定向增发、合并等方式向壳公司注入买壳公司自己拥有的优质资产与业务，间接实现自身的资产与业务上市，以实现上市壳公司的资源进行重新配置，恢复壳公司的市场活力，实现双赢。我国的长江证券就是借壳S石炼化实现上市的。S石炼化首先向第一大股东——中国石化出售全部资产，同时回购并注销中国石化所持公司的非流通股；中国石化以承担石炼化全部负债的形式，购买石炼化全部资产；同时石炼化在2006年9月30日为基准日以1元人民币现金回购并注销中国石化持有的石炼化920444333股非流通股，占公司总股本的79.73%。紧接着S石炼化以新增股份吸收合并长江证券，新增股份价格为7.15元/股，而长江证券整体作价103.0172亿元。据此，石炼化向长江证券全体股东支付14.408亿股，占合并后公司股本的86.03%，由长江证券股东按照各自的股权比例分享。吸收合并后公司总股本增加到16.748亿股。然后由长江证券的原股东向石炼化流通股股东执行对价安排，由原长江证券的全体股东按其持股比例向原石炼化的流通股股东每10股送1.2股，总计送上2808万股股改对价。最后石炼化修改公司章程、变更经营范围、变更注册地并更名为“长江证券股份有限公司”。由此，石炼化的控股股东——中国石化，获得了全部资产和人员，对价转让石炼化79.73%的股份，并承担石炼化全部债务；石炼化的流通股股东获得了10：1.2股的对价支付，并获得存续上市公司长江证券的15.63%股权；而长江证券各股东累计获得存续上市公司的86.03%的股权，对价是向原石炼化流通股东支付2808万股股改对价。最终，长江证券实现了借壳上市的目的。

作为普通投资者来说，除了少数借助于原在收购方企业已有股权可通过借壳上市分得一杯羹外，其他投资者可以收集证券市场企业重组，借壳上市有关信息，及时介入，也可分享控股股东“借尸还魂”策略获得的利益。例如，2006年4月份广发证券借壳上市传闻出现，陆续有七喜控股、G成大、G敖东、延边公路等与借壳传闻“沾边”的公司股票的价格出现不同程度的暴涨。凡是及时介入者，都获益匪浅。特别是在股市中亏本损失、资金折羽短缺的股民，只要找对了一只被收购方相中的成仙股的被遗弃的壳资源，股价几十个涨停板并不是不可能的事。届时就可借助收购方的公司使用“借尸还魂”之计，挽回自己的损失。

# 八、防御

## 8.1 以逸待劳

“以逸待劳”最早出自《孙子·军事篇》：“故三军可夺气，将军可夺心。是故朝气锐，昼气精，蓄气归。故善用兵者，避其锐气，击其惰归，此治气者也。以治待乱，以静待哗，此治心者也。以近待远，以佚待劳，以饱待饥，此治力者也。”其意为，对于敌人的军队，可以挫败它的士气，对于敌人的将帅，可以动摇他的决心。(敌人三种士气状态)，当其旺盛的时候，有如朝气那么锐利；当其倦怠的时候，有如昼气那么衰弱；当其疲劳的时候，有如暮气那么消沉。善于用兵的人，要避开敌人的锐气，而在敌人懈怠疲累时去进攻它，这是掌握士气的方法。以我军的严整对抗敌人的混乱，以我军的镇静对抗敌人的喧哗，这是控制军心的方法，使我军就近占据阵地以待敌人的长途跋涉，使我军能够以逸待劳，用我军的饱食对待敌人的饥饿，这是发挥战斗力的方法，不要对抗部署严密的敌人，不要进攻阵营严整的敌军，这是灵活机动的作战方法。孙子在这里提出了以静制动、“以逸待劳”、寻觅战机、克敌制胜的谋略。后人将该计收录整理为三十六计的第四计。该计原文为：“困敌之势，不以战；损刚益柔。”其意为，让敌人处于困顿境地，不一定采用进攻的办法；先消耗敌人有生力量，使它由强变弱，而我方则由被动为主动，实现克敌制胜。

该计解语的原文为：“此即致敌之法也。兵书云：‘凡先处战地而待敌者逸；

后处战地而趋战者劳，故善战者，致人而不致于人。’兵书论敌，此为论势，则其旨非择地以待敌；而在以简驭繁；以不变应变；以小变应大变；以不动应动；以小动变大动；以枢应环也。如管促寓军令于内政，实而备之（《史记·管晏列传》）。孙膑于马陵道伏击庞涓（《史记·孙子吴起列传》）。李牧守雁门，久战不决，而实备之，战而不破匈奴（《史记·廉颇、蔺相如列传》）。”解语意为，这就是调动敌人的方法。兵书上说：“凡先到战地等待敌人的安逸；后到战地而应战的疲劳。所以，善于作战的人，能调动敌人而不被敌人调动。”兵书讲的敌我劳逸的形势，在这里讲的是掌握战争主动权的艺术。目的不在于选好地形来等待敌人，而在于：用少的控制多的；用不变的对待变化的；用小变化的对待大变化的；用静的对待动的；用小量活动的对待大量活动的；用关键性的东西对待非关键性的东西。例如，春秋时，管仲在管理齐国内政时，就实行军事训练，实际上是在备战。战国时，齐国军师孙膑，率军进入魏境后，用递减炉灶的计谋，诱使庞涓率魏军紧追不放。孙膑在马陵道设下埋伏，庞涓中计兵败自杀。战国时，赵国将领李牧镇守雁门关，长期不与匈奴作战，而暗中却在积极备战，后来一举大破匈奴。

“以逸待劳”与“守株待兔”两个谋略均是以静制动的军事策略，两者相近，但还是有所区别的。“以逸待劳”主要是指通过对兵员的休养达到养精蓄锐，提高士气、战斗力来战胜劳累、疲困、战斗力低下的敌军的一种从内在提高战斗力胜敌的谋略。“守株待兔”则侧重于占据有利地形，预设有利的战场，借以打败敌人的一种从外在战场选择战胜敌人的谋略。因而说“以逸待劳”与“守株待兔”两个谋略既相近又有区别。

其实在孙子之前，我国优秀军事家虽然并未直截了当提出“以逸待劳”的谋略，但“以逸待劳”的战术思想实际上却早已开始应用。在公元前684年，鲁庄公拜请的大将——曹刿，与齐兵长勺所战，已经蕴涵了以逸待劳的战术思想。据《左传》曹刿论战一文记载：“公与之乘，战于长勺。公将鼓之。刿曰：‘未可。’齐人三鼓，刿曰：‘可矣。’齐师败绩，公将驰之，刿曰：‘未可。’下视其辙，登轼而望之，刿曰：‘可矣。’遂逐齐师。既克，公问其故，对曰：‘夫战，勇气也。一鼓作气，再而衰，三而竭。彼竭我盈，故克之。夫大国难测也，惧有伏焉；吾视其辙乱，望其旗靡，故逐之。'”这一战例说的就是鲁庄公与曹刿一起带领大军奔赴长勺迎战齐国军队。当时齐军一路胜利，士气高昂，齐将鲍叔牙命令击鼓进军，向鲁国军队发起进攻。鲁庄公听到齐兵击鼓进军，也准备让所辖部队击鼓迎战，却被曹刿拦住了，曹刿认为，“齐兵刚打了胜仗，士气正旺，如若马上交战，正中其下怀，不如暂缓交战，等待适当时机。”齐军向鲁军发起冲击，可是鲁军按兵不动，避而不战，使鲁军无功而返。稍后，齐军又一次击鼓冲锋，而鲁军还是固守不出，阵地纹丝不动，逼使齐兵再次进攻无效，重回军营。齐军将领鲍叔牙认为鲁军势弱，不敢交战。第三次击鼓进军，以图一举取胜。这时，齐军有点轻敌懈怠，可是养精蓄锐的鲁军，犹如猛虎下山，把齐军打得溃不成军。正当鲁庄公下令追击，却被曹刿挡住，而曹刿下车看了看齐军车辙，发现车辙大乱，旌帜也倒地，然后下令追击，鲁军大获全胜。战后，曹刿向鲁庄公解释两次为什么不急于出兵迎战的道理，说：“打仗全凭士气，一鼓作气，再鼓就打折扣，三鼓就鼓不起劲了，我们养精蓄锐，趁其松懈，哪有不胜道理！”至于敌方逃窜为什么不急于立即追赶，曹刿解释说：“虽然敌人逃跑，但唯恐有埋伏，察看到敌方车辙乱了，军旗倒地，说明真的溃不成军，才放心命令部队追击。”齐鲁长勺之击，是曹刿“以逸待劳”战术成功的范例。

历史上又有黄忠“以逸待劳”占领定军山的成功战例。黄忠与魏国曹将夏侯渊在定军山战了一回得胜后，夏侯渊坚守山寨再也不出来交战。与黄忠一起的法正四面察看了定军山的地形后，对黄忠说：“在定军山的西面，有一座巍然耸立的高山，四面道路崎岖艰难。若能战领这一高山，夏侯渊定军山军营虚实尽收眼底，攻打定军山就易如反掌了。”黄忠对法正提的建议点头称是。一天夜里，黄忠亲率军士，趁着敌军杜袭防范松懈，突然击鼓鸣锣，杀上山顶。守军杜袭忽见黄忠大批人马一拥而上，声势骇人，弃寨而逃。黄忠轻松地占领了山顶。法正又献计说：“将军可以驻守在半山腰，我守山顶。在防备夏侯渊进攻时，我以白旗为信号，将军按兵不动。待夏侯渊每天处于紧张状态，我高举红旗时，将军迅速组织兵力冲击曹营。如此以逸待劳，一定胜利！”黄忠听后连说："妙计！妙计！"而夏侯渊被黄忠占领了山顶非常恼怒，急于出战征讨，被张郃再三劝阻说："将军只宜坚守，不能出战，以防中计。"最后，夏侯渊还是忍不下这口气，命令兵士围住黄忠占领的大山。法正由于居高临下，对夏侯渊一举一动看得透切，在夏侯渊所率部队士气高涨之时，法正垂着白旗信号，黄忠任凭夏侯渊百般谩骂就是按兵不动。等到中午后，法正见曹兵疲惫，心不在焉，大多下马倚石休息，有的竟昏昏欲睡，见时机已到举起了红旗。顷刻，战鼓齐鸣，红旗招展，杀声震天，黄忠率领"以逸待劳"休整的兵马冲下山来，夏侯渊措手不及，还没有反应过来，就被黄忠宝刀砍成两段。曹兵见主帅被斩，溃不成军。黄忠乘胜追击，占领了定军山。

在近代，斯大林也成功地运用了"以逸待劳"的谋略。1944年，美、苏、英各国军队在抗击法西斯 德国的战场上，取得重大战果，法西斯德国的败局已定，日本法西斯也是处于穷途末路。为了研究如何处理战后一系列遗留问题，美、英、苏三国决定再次举行最高首脑会议。对于会议时间、地点、议程，各方均有自己的打算。美国总统罗斯福身体不佳，提议在1945年春暖时候举行。而老谋深算的斯大林了解到罗斯福的病情后，深知一个疲惫不堪、精力不支的首脑在谈判中是无法与一个体格健壮、意志坚强的对手较量的。于是，斯大林电告罗斯福："由于形势发展急速，一系列问题迫切待解，最高首脑会议不宜再拖，最好定在1945年2月前举行。"罗斯福无奈只好同意斯大林定下的日期。罗斯福鉴于自己健康原因，要求将会议地点定在乘船可以到达、航程较短、气候温暖一些的地方。但斯大林拒绝去苏联控制以外的任何地方，坚持会议必须在黑海周边城市举行，建议放在黑海边上的克罗米亚半岛的雅尔塔小城举行。这样，斯大林可以占尽天时、地利、人和的优势，既可以随时与莫斯科总部保持联系，又可以"以逸待劳"。罗斯福拗不过斯大林，只好硬着头皮、拖着病躯，历经10多天途中劳顿前往冰天雪地的雅尔塔。经过这样折腾，到了雅尔塔后，罗斯福已是面色憔悴，精疲力竭。加上雅尔塔会议议程繁多，20多次会议，另外还有外交礼仪的应酬宴会、酒会、晚会。罗斯福更是体力严重透支，即使强打起精神，仍难应对斯大林的讨价还价的争辩。最后，不得不草草结束会谈，按苏联方面的意见签订了协议。罗斯福回美国没有几周就逝世了。美国很多人也强烈批评罗斯福与斯大林的《雅尔塔协定》，背叛了美国的利益。斯大林之所以在雅尔塔谈判中占到便宜，就是利用了“以逸待劳”的强势地位，让对方败下阵来。

在1991年1月爆发的海湾战争中，美国军队为适时结束战争，进而为外交政治斗争创造条件，也采用了上述谋略。当以美国为首的多国部队在地面发起进攻后，位于科威特边境东部的美国海军陆战队第1师、第2师在一天的时间内，便突破了伊拉克军队设置的两道防线，并在美军空降82师的部分兵力配合下，第二天便推进到科威特城附近。这时，美军开始围而不打，“以逸待劳”等待阿拉伯部队前来攻城。而美军第7军、第18空降师从沙特伊拉克边境发起进攻后，也迅速向前推进，直逼巴士拉近郊，切断了伊拉克军队向西或西北方向的退路，形成了对科威特战区中对伊军包围的态势。然而在这时，美军却宣布了暂时中止地面行动，停止对巴士拉的压缩包围。美军又实施了“围而不打”的谋略，以求在舆论上赢得“人道”、“正义”的形象，防止国际上及国内日益高涨的反战情绪。在军事上又可避免因围歼伊军主力而造成自己的损失，可谓一举两得。

在商战中，曾经发生过美国的公司与日本公司贸易谈判时，日本人“以逸待劳”一举达到目的的故事。一位美国客商前往日本参加一次为期14天的谈判，他怀着美国人特有的自信心，抱定必能大获全胜。当其飞机落地后，立即受到日本方面热情的接待、周到的服务，还被安排到处观光赏胜。如此一直花费了美国人11天的时间，直至第12天才开始真正安排商业谈判，直到最后一天，才开始进入实质性谈判，如此一来，美商已经没有进行讨价还价的时间余地了，只好在日本早已拟好的协议上乖乖签了字。这次日本公司与美国公司谈判，成功地使用了“以逸待劳”谋略，让日本人占尽了便宜。

在股市中，怎样运用“以逸待劳”获取利润呢？股市中有一句名言，叫做“学会在空仓中赚钱”，说的就是这个道理。股市中牛熊交换、涨跌互见是正常现象。如果不管股市冷暖，像勤劳的蜜蜂那样永远不知疲倦地奋战，为蝇头小利而忙碌，不但会劳而无功，把赚的钱又重新吐出去，进一点吐一点，如乘坐电梯一样上上下下，最后不一定得益丰厚，可能还导致亏损。如2007年牛市行情中，沪市股指从2006年底（12月29日）2675.47点至2007年5月17日升至4048.29点，5月29日升至4334.92点，短短5个月时间，股指升幅达62%，股市大部分在前几年熊市中被套的投资者纷纷解套，获益不菲。由此，引发了社会上炒股热剧烈升温。不论是补鞋匠、扫地清洁工均纷纷涌入股市，股票交易所前人头攒动，门庭若市。股市新增开户数每日暴增38.5万户，颇有全民皆股的味道。由于股市投资者需求的激增，而当时股市的市值又偏小，在需求大于供给的作用力推动下，股价飞涨，逼得管理层多次发出警示信号。在我国还存在“政策市”的情况下，对于明智、理性的投资者，应该对出台偏空政策有所提防。若在此时实行落袋为安、“以逸待劳”的策略，无疑会保住胜利果实。可是对已经头脑发热的广大股民来说，大部分听信股指有可能上10000点的股评家的鼓噪，仍然痴迷于股票会继续大幅上涨的判断。结果，2007年5月30日管理层突然发布将印花税进出都提高到0.3%的幅度，当日股票跌281.84点，跌幅达-6.5%之多，第二天反弹56.57点，涨1.4%，许多股民希冀增加印花税的负面消息对股指打压，造成前日大跌是一种反应过度，今日反弹是对大跌的矫正，从此会延续反弹行情。但市场运行是不以人的意志为转移的，这种美好愿望并未出现。结果6月1日又跌108.91点，跌幅-2.65%；6月2日跌得更惨，跌了330.24点，跌幅达-8.26%。股票连续大跌，许多股民数月的赢利顷刻化为乌有，还引致原来八二行情转为二八行情，许多持有小型绩差股的股民直到2007年11月份还未解套，损失惨重，欲哭无泪。而嗅觉灵敏的股民在股市泡沫增加的情况下，适时逃顶退出股市，实行“以逸待劳”，寻求再战，却赚了个盆满钵满。因此，在股市中学会“以逸待劳”谋略，善于空仓赚钱也是值得重视的股市谋略。

## 8.2 以退为进

“以退为进”一语出自汉·扬雄《法言·君子》：“昔乎颜渊以退为进，天下鲜俪焉。”其意为，过去的颜渊以谦让取得德行的进步，天下少有华美呀！“以退为进”本指以谦让取得德行的进步，后指以退让的姿态作为进取的手段。而作为军事上一种计谋，说的是表面上故作姿态退却，实际上是准备进攻。其实“以退为进”的策略，最早见于老子所述：“夫唯不争，故天下莫能与之争。”其意是，正因为不与人相争，所以天下没能与他相争。在老子这句话里，已经揭示了以退为进的哲理。孙子对老子哲学在论兵方面予以承续，《孙子兵法·军争篇》中说：“军争之难者，以迂为直，以患为利。故迂其途，而诱之以利，后人发，先人至，此知迂直之计也。”意为，两军争夺制胜最困难的地方，是要把迂回的弯路变为直路，把不利变为有利。所以用迂回绕道的佯动，并用小利引诱敌人，这样就能比敌人后出动而先到达所要争夺的要地，这就是懂得以迂为直的方法了。

“以退为进”与以迂为直，其中含义很相近，可谓异曲同工。另外，“以退为进”与“走为上计”二计谋也很相近，都以“退”、“走”为手段，以达到反攻为目的，但“以退为进”与“走为上计”的差异在于在敌我力量对比上，“以退为进”的应用并非一定处于劣势，而走为上计是不得已而为之的战略大转移。“以退为进”是有利条件或不利条件均可使用之谋略。“以退为进”之退出范围相对于“走为上计”所走范围要小一些；“以退为进”之退的时间相对于“走为上计”所经历走的时间要短一点。换言之，“走为上计”是处于绝对劣势时，为保存有生力量实行战略退却的策略。“以退为进”则更侧重于战术、战役更好的进攻上的谋略。“以退为进”内中的退是为了麻痹敌人，使敌防范松懈，丧失警惕，削弱战斗力，属于缓兵之计。经过积极主动的退却，待战场形势发生改观，抓住一切有利时机主动出击，以夺取战争的胜利。这是一个有利条件与不利条件均可使用的谋略，相对来说，不利条件下会更多地使用“以退为进”的谋略。

“以退为进”的战例可以追溯到春秋时期。晋文公自从即位国君以后，重视整顿内政，发展生产，使晋国实力逐渐强大起来，渐生霸主的欲望。而此时齐国国势开始衰退，南方的楚国趁机把黄河以南的中原地方变成了自己的地盘，楚国有代替齐桓公成为霸主之势。晋楚两国都想成为霸主，难免发生利害冲突。公元前632年，晋文公采纳中军元帅先轸的计谋，使用离间计，使楚国与齐、秦、曹、卫产生隔阂。楚成王知悉后，怒不可遏，立即令成得臣北上讨伐晋国。面对楚国的进攻，晋文公命令全军将士退避三舍。其部属大惑不解，认为晋军统帅是国君，而对方楚军带兵的是臣子，哪有国君让臣子的道理！晋国的谋臣狐偃明白晋文公的用意，向其他人解释说："楚王曾经有恩于国王，他这样做，是为了信守'要是晋楚两国交战，晋国情愿退避三舍'的诺言，表明晋国是诚信的国家。"依此，晋国一口气后退了90里，直到城濮才停下，摆好应战阵势。楚国有些将军见晋军讲究诚信后撤，欲停止进攻。可是，领军成得臣却不答应，步步紧逼，一直追到城濮与晋军遥遥相对，仍不依不饶，以十分傲慢的言辞向晋文公下达战书。而晋文公却很得体地修书回答道："我们从来不敢忘记楚国的恩惠，一直不愿与贵国交战，故一退再退；如你们仍然不肯宽恕，坚持与我们交恶，我们只得被迫在战场上一争高低了！"届时楚、晋两军开战，晋军统帅又指挥军队佯退，且在战车的后面挂上树枝，故意让马路尘土飞扬，显出败军如山倒之势。楚军见状忘乎所以，毫不防备，结果不知不觉进了晋军埋伏圈。晋军眼见楚军中计，一声呐喊，中军精锐向楚军拦腰冲杀，把麻痹大意的楚军战阵冲得七零八落，杀得丢盔弃甲，死伤惨重。成得臣见势不妙，急忙收兵回撤，好不容易逃出重围，但自觉战败没法向楚王交代，知趣地自杀了。楚国战败后，大伤元气，晋文公借此机会会合各诸侯，订立盟约，实现了霸主的追求。晋文公退避三舍，看似信守诺言，其实还是出于军事上的需要。晋军"以退为进"，避敌锋芒，疲惫敌军，实现反击的胜利。

在近代，军事家毛泽东，对"以退为进"的战术，研究得最深透，运用得最自如、最成功。他曾经在《中国革命战争的战略问题》一文中，对"以退为进"的策略作过形象而生动的比喻，他说："谁人不知，两个拳师相对，聪明的拳师往往退让一步，而蠢人则其势汹汹，劈头就使出全副本领，结果却往往被退让者打倒。《水浒传》上的洪教头，在柴进家中要打林冲，连唤几个'来''来''来'，结果是退让的林冲看出洪教头的破绽，一脚踢翻了洪教头。"毛泽东还列举了春秋时期齐鲁之战、楚汉成皋之战、新汉昆阳之战、袁曹官渡之战、吴魏赤壁之战、吴蜀彝陵之战、秦晋淝水之战等等有名的大战，都是双方强弱不同，弱者先让一步，后发制人，因而战胜的战例。他又列举了我国从1927年秋天开始的革命战争的历程，谈到了南昌起义、广州起义失败了，秋收起义也失败了，都转移到井冈山地区。从1928年5月开始，贯彻了“敌进我退、敌驻我扰、敌疲我打、敌退我追”的游击战争十六字诀，结果取得了第一、二、三次反围剿的胜利。然而从1931年1月开始，党内争取一省、数省首先胜利“左”倾机会主义路线占据了统治地位，主张“御敌于国门之外”、“先发制人”、“不丧失寸土”，实行短促突击、堡垒战、消耗战，结果导致第五次反围剿的失败，逼得红军大搬家。直到1935年1月的遵义会议，彻底宣告了“左”倾机会主义路线的破产，重新确立了毛泽东为代表的正确路线。毛泽东在书中深情地写道：“这是费了何等大的代价才得来的呵！”因此，毛泽东还总结说：“战略退却的目的是为了保存军力，准备反攻。退却之所以必要，是因为处于在强敌的进攻面前，若不退让一步，则必危及军力的保存。”从中国工农红军革命战争正反两方面的经验教训告诉我们，善于在强敌进攻之时，实行战略退却，诱敌深入，把敌军“肥的拖瘦，瘦的拖死”，工农红军虽弱，但避其锐气，却能养精蓄锐，以逸待劳，使敌我力量发生变化，就可“击其惰归”，取得战斗的胜利。中国工农红军由小变大，由弱变强，其发展壮大的历程，包含了很多很多应用“以退为进”策略夺取战斗胜利的战争。

在商战的谈判中，故意做作，表面退却，实际上是进行进攻，这种“以退为进”的策略，往往能取得奇效。2004年，我国高速铁路动车组与外商谈判，铁道部在国内选择了长春轨道客车股份有限公司与青岛四方机车车辆股份公司两家，由铁道部牵头组织厂家一起谈判。对国外厂家锁定合作对象为德国西门子公司、法国的阿斯通公司、加拿大在欧洲的庞马迪，还有日本川琦为主的联合体。这样二对四的谈判，集中了中国铁路市场的整体优势，掌握了博弈的主动权。而国外这四家公司为了自己的利益，竞相角逐，各自亮出优势，反复游说，都志在必得。特别是德国西门子公司，它仰仗高铁动车组制造上的优势，谈判中将每列动车组的原型车开价3.5亿元，将技术转让费开价报至3.9亿欧元，比我们提出的技术转让费1.5亿欧元，整整高出了20多亿人民币。在开标前一天晚上，我方谈判代表，特地在酒店里约见西门子谈判代表，再次告诫他：若你们坚持这个价格，将面临出局的风险。但是西门子谈判代表过于自信地认为：中国要发展高速铁道，并且要时速达到350公里，非与西门子公司合作莫属，坚持3.9亿欧元的技术转让费不松口。结果第二天开标，德国西门子公司一无所获，首先被淘汰出局。德国国内闻讯，西门子股票暴跌，谈判代表全部下岗。此举起到敲山震虎的作用，给技术也占优势的法国阿斯通公司谈判代表也上了一课。接下来与法国阿斯通公司谈判，我方谈判代表认为，法国的技术转让费有15亿元人民币的水分，要减掉15亿元。但法国的代表借着总统快要访华，内定这个技术转让合同要作为访华成果签约的筹码，软磨硬泡，死死不肯将转让价格减下来，双方谈判完全陷入了僵局。这时，中方的谈判代表决定"以退为进"，实行"釜底抽薪"。在即将签约的前一天，双方谈判代表集中在签约室里，中方代表不慌不忙从公文包里拿出一个书面文件，非常严肃地宣读：尊敬的法国同行，经过慎重考虑，我们决定退出与贵方谈判，不再签约。然后，全体中方谈判代表坦然离身谈判桌。中方谈判代表这一退出的申明将法国阿斯通公司谈判代表搞懵了，他们满脸愕然，搞不清中国代表团葫芦里卖的什么药，生怕遭到德国西门子公司出局的同样命运，一个个坐立不安，焦急万分。随后，他们不停地拨打中国谈判代表的手机，但中方全体人员全部关机，仿佛一夜之间消失了。法方谈判代表在揣测不透中方意图的情况下，只得百般无奈地认可了中方提出降价15亿元的条件。中方从而达到了谈判预定的目标价位，圆满完成了技术转让谈判。有了上次教训，德国西门子公司2005年再次来华谈判时，不仅将关键技术悉数打包进入标书，技术转让费也降到了8000万欧元。从此，其他国家的高铁装备制造公司参与中国高铁项目报价，再也不敢漫天要价了！高铁谈判的成功战术，被誉为当代国际商业谈判的经典，成为美国斯坦福大学经济学课程的教案。

在企业市场竞争中，为击败对手也有使用"以退为进"策略的案例。日本的三井和三菱都是在日本排得上号的大财团。在一次业务竞争中，三井遭到毁灭性打击，产品积压，资金周转困难，扩大生产更是无从谈起。三井董事长益田寿面对忘乎所以不可一世的三菱公司的挑战，主动退让，宣布三井公司停业整顿大量裁员，只留1/10人员处理公司善后事宜。三菱集团自以为三井集团已经垮台，自己在竞争中取得了彻底胜利，可以放心独家经营，进而大大提高产品的销售价格。殊不知，三井公司痛定思痛，裁员后留下的全部是精兵强将，都是企业研发的骨干人员，很快将企业原来储备的新产品安排试产，仅过两个多月，新产品试生产成功，马上量产推向市场。日本消费者看到三井的商品比三菱的商品还要价廉物美，纷纷转向购买三井的产品，三菱公司的产品成了滞销货。三菱在竞争中最后败下阵来，三井公司以退为进在竞争中笑到最后。

在股市投资理财中，“以退为进”也是常有的事。布袋和尚有首诗曰：“手把青秧插满田，低头望见水中天。六根清静方为道，退步原来是向前。”细品之下，其中蕴涵的哲理跟投资理财有相通之处。投资理财也需要掌握“以退为进”的策略，方能在风云多变的市场行情里立于不败之地。投入资金买入股票既要看到该股可能上涨一面，也要准备可能下跌时亏空的退路。有了退步准备，就能避免因下跌而造成饭也吃不香、觉也睡不着的恐慌性危局。有了“以退为进”的理念就能冷静分析股市出现的下跌的动态，作出退留应对措施。例如2007年10月以来，我国股市开始下跌，当时市场上莫衷一是。有的分析家说：这属于技术性调整，下跌是在夯实上升的基础，使上升基础更巩固；股市是国民经济晴雨表，中国经济正处于高速发展时期，上证指数6124点的高点将是新一轮行情的起点，上证指数8000点、10000点正向我们招手；还说，中国将迎来10年的牛市行情，鼓励股民们坚守阵地，决不后退。而有的股票分析人士，则觉察到了美国次贷危机蔓延的势头，预言会引发世界金融市场动荡，中国也难独善其身；加上中国2008年初严重冰雪灾害与特大地震灾害对经济的影响；以及中国股票市场分置改革形成限售股有4621.04亿股的大小非待解禁，其中2008年有1900多亿股，市值11000多亿元，对于现有股市资金面造成巨大压力，随着大、小非解禁期接踵而至，中国股市不可避免要步入下降通道，内外因素叠加，中国股票市场牛市将结束，新一波熊市将要开始。两种截然不同的观点，听起来都有几分依据，后来的事实证明：中国股市2007年10月开始步入熊市的市道的观点是正确的。若在2007年9月的6124点高位至2008年10月的1664点低位，下跌幅度达72.8%运行过程中，以理性的态度进行操作，秉持“留得青山在，不怕没柴烧”，适时作出止损的决策，“以退为进”，其损失就会大幅度降低。“失”会很快从“得”补偿。“退”的具体操作，根据炒股高手的经验，止损位置一般按照一次赚的够赔三次来掌握。实际应用时，还应对止损位置的设置具体情况具体分析，不能一概而论。如果一只股票具有明显向上的基本面，在运行过程中，庄家故意进行震仓，短时间出现无量的急跌，甚至于跌停板，止损可能会正中庄家下怀，这时就没必要忌讳亏损超出利润1/3点位紧急进行止损。当股价在低位成交密集区箱形震荡，只要不跌破箱底，或熊市末期指数在底部运行，下跌空间有限，无须止损。而无量高位横盘较久，或缓慢上升运行已久，累计涨幅已大，上档并无套牢盘，一旦逆转，不管是否放量，坚决止损。从技术形态来说，当数值指标发出明确的卖出信号时，当股价跌破某一重要均线时，当随机指标的J值向下穿破100时，当MACD形成死叉时，+DM自上而下跌破-DM时，均要考虑使用止损退出的策略。我们暂时退出是为了更好地进攻。那么在什么条件下可以判断入市再战呢？一般来说，股指进入政策底部，如2008年底跌到1600多点了，政策面暖风频吹，管理层降低信贷利率、银行准备金率、降低股票交易税赋，放缓发行新股速率、鼓励上市公司回购股票等等活跃股票市场的救市举措，应视为熊市接近结束，新一轮上涨行情即将开始，从基本面来说，入市的机遇又将来临。从技术面来说，反映市场股民心态的成交量温和放大，股民开户数明显增加，机构、基金的资金净流入，MACD上穿零轴，均为买入信号；DMI动向指标当+DM自下而上突破-DM时为买入信号；若此时ADX也向上攀升的话，则表示上涨势头比较强劲；以移动平均线为基础的SAR转向点指标，在收盘价位于SAR上方，可以买进做多。再则BIAS乘离率指标值为正值时，表明股价处于上升趋势。随机KDJ指标，当K、D值都在50以内时，表明行情处于多头市场，当K值在20左右，并从D线右侧自下而上突破D线时

（即所谓“右侧金叉”），为短线买入信号。只要综合各种分析，还是能够从纷繁难于捉摸的行情中寻得入市进攻的时机，真正在贯彻“以退为进”的策略中得益。

## 8.3 守株待兔

“守株待兔”的成语出自《韩非子·五蠹》。文中曰：“宋人有耕者。田中有株。兔走触株，折颈而死。因释其耒而守株，冀复得兔。兔不可复得，而身为宋国笑。”说的是战国时的宋国有一农民，日出而作，日入而息，遇到好年景，刚刚吃饱穿暖，一遇灾荒，就要忍饥挨饿了。他想改善生活，但又太懒，胆子又小，干什么都是又懒又怕，总是希望碰到送上门来的意外之财。奇迹终于发生了，正当他在田里干活，周围有人在打猎，吆喝之声四处起伏，受惊的小野兽没命地奔跑。突然，一只兔子慌不择路，不偏不倚撞死在他田边的一棵大树的树根上。当天，他捡到这一意外之物后，美美地饱餐了一顿。有了这次意外收获，从此，他不再种地，一天到晚守着那神奇的树根，等待着奇迹的再次出现。该成语本义是死守狭隘经验，不知变通，不劳而获。但在军事上作为一种策略，并非完全消极的，而是具有积极进攻的意义。该战术系指善于发现敌人的活动规律，隐蔽埋伏在敌人必经之路，当敌人钻进口袋后，伺机集中兵力发起猛烈攻击，歼灭敌人。

这种战法，在《草庐经略·守险》中叙及，“倘若交锋，不宜浪战，须乘高居险，出奇匿伏。”意指如果双方交战，不可随意交战；而应当选择居高临下险要的地形，引诱敌人进入埋伏圈，突然袭击敌人。揭暄在《兵经百篇》中也提出：“制人于危难，扼人于深绝，诱人于伏内，张机设阱，必度其不可脱而后发。”其意也是，制伏敌人在危险困难的时候，扼守敌人在极度绝境，引诱敌人在埋伏圈内，布设机关，设置陷阱，估计敌人不能逃脱了，然后发起攻击。设伏是军事家经常使用的战法，特别是军力处于弱势的一方，借助于有利地形埋伏隐蔽，等待敌人进入埋伏圈，然后收紧袋口，对敌人出其不意发起攻击，往往可以取得以弱胜强、以少胜多的奇效。

在历史上，军事家使用“守株待兔”战术，使用伏击取胜的事例不胜枚举。晋、秦争霸战中，晋襄王崤山隘道之战、齐魏马陵之战等著名战例在使用其他计谋的同时也使用了“守株待兔”的伏击战。另外，唐朝李尽忠也曾多次使用“守株待兔”之计。在唐高宗后期，武则天擅政，激起唐宗室李冲、李贞等举兵反叛，也引起熟悉唐朝内情的契丹松漠都督李尽忠与归诚州刺史孙万荣等，于万岁通天元年五月公开举兵反唐。李尽忠自称元尚可汗，令其妻兄孙万荣为大将，领兵出掠，所向皆下，10天内兵至数万，号称10万大军。武则天为安定边疆，即于左鹰杨卫将军曹仁师、右金吾卫大将军张玄遇、左威卫大将李多许、司农少卿麻仁节等28将，率军进讨。七月十一日，又增派春官尚书、梁王武三思为榆关道安抚大使，纳言姚踌为其副，出镇渝关（今河北山海关）以备策应。唐官兵于八月进攻李尽忠部队。李尽忠预设伏兵于西峡石谷，然后通过释放俘虏之口，传出契丹难以自存，待军官到后就会前去投降的情报，又派老弱士兵佯装迎降，还故意将老牛瘦马弃于路旁。进攻李尽忠的官兵信以为真，放松了戒备，舍弃步兵，督促骑兵轻进。八月二十八日，官兵进入李尽忠在西峡石谷的预设伏击区，突然鼓号齐鸣，喊声震天，张玄遇、曹仁师率兵顿时慌了手脚，毫无抵抗之力，玄遇、仁师同时被俘。李尽忠又用缴获的军印，诈作谍书逼张玄遇署名，送与唐后军总管燕匪石、宋怀昌等，促其昼夜兼程急进，前来救援。后军总管燕匪石等不知是计，遵令速速赶来。李尽忠又将途中设下伏兵。正当燕匪石兵马疲惫不堪、途经李尽忠的埋伏圈时，李尽忠部又以战胜张玄遇之法再次将后军总管燕匪石一网打尽。李尽忠以“守株待兔”的战法，巧施欺诈之术，诱敌深入，多次以小胜多，接连大败唐军，创造了历史上“守株待兔”取胜的典型战例。

在公元前73年，罗马元老院执法官普布列·瓦伦涅率领两个军团1万多人，包围了斯巴达克的起义部队。斯巴达克率领英勇善战的起义军，采用金蝉脱壳之计，利用暗夜将死尸绑在营前伪装成哨兵，再点燃熊熊篝火，又留下几个号兵定时吹号，伪装军营毫无异常，麻痹了瓦伦涅率领的军队。实际上斯巴达克利用半夜夜深人静时，已经率领义军突破了瓦伦涅军团的重围。并且在突围后，马上休整部队，迅速占据了有利的地形，反过来伺机伏击瓦伦涅的部队。瓦伦涅的部队发现斯巴达克的部队已成功突围，气急败坏，立即组织大军寻踪追击。结果正好中了“守株待兔”的斯巴达克指挥的部队之计，待瓦伦涅部队进了斯巴达克埋伏的布袋里后，神勇的斯巴达克义军全线出击，瓦伦涅遭到突如其来的打击，丢盔弃甲，连他的战马与卫队悉数被俘。斯巴达克运用“守株待兔”战术获得了重大胜利。

在近代我军的历史上，也有不少指挥员在作战中成功地运用过守株待兔的战术。其中，抗日战争初期，刘伯承指挥的七瓦村重叠伏击战可称是其中精彩的一例。1937年10月26日，日寇向我山西境内的娘子关方向进犯，在河北与山西交界的七瓦村被刘伯承指挥的129师打了一个伏击战，敌死伤300多人，落荒而逃。第一次伏击战后，刘伯承考虑再三，按照“用兵不复”的中国古代兵法的基本原则，军事指挥员不会在相同的地方重复使用同一种战术对付相同的敌人。据此，谙熟此法的日军指挥员也会陷入“八路军不会再在七瓦村打伏击”的惯性思维。于是，刘伯承决定反兵法之常道，又一次在七瓦村“守株待兔”，布下重兵再打一次伏击。果不出所料，10月28日，日军又进入七瓦村地带，就在他们大摇大摆地走过上一次挨打的地方100米远，又一次被我军痛击，损失惨重，伤亡100多人后狼狈逃窜。战后，国民党将领杜聿名称赞此役是“用兵的典范”。

在现代战争中，“守株待兔”战术又有了新的发展，既有“料敌于先”的“善料”智谋，又有“敢于一搏”的勇气。现代战争波诡云谲，需要善于分析，找出敌人行动规律，预设战场，预设伏击敌人阵地，精心伪装，欺骗迷惑敌人，以静制动，使敢于来犯之敌钻进圈套，实行突然打击，不给敌人以任何喘息的机会。在20世纪60年代，驻军在台湾桃园的美国U-2高空侦察机依仗飞行高度在24000米以上，比我国当时最先进的歼击机升限还高出6000米左右，而导弹部队又不能全面设防，且该型号飞机续航时间特别长，可达8小时以上，电子设备又十分先进，能全天候拍摄地面军事目标，故U－2飞机经常肆无忌惮地深入我国国土直至罗布泊战略要地侦察照相。后来，中国人民解放军组建了地对空代号为543的导弹部队，利用掌握的U－2侦察机规律，采用“守株待兔”的战术。首先在敌机去罗布泊核武器试验基地侦察经过的航路上，预设埋伏防空导弹部队。1962年9月9日，一个平常的星期天，早上6时，美制U－2飞机从台湾桃园机场起飞，以2万米的高度进入大陆上空，像往常一样，如入无人之境，以江西向塘为检查点，大摇大摆向内陆飞去。但这一次令U－2飞行员始料不及的是等待它的却是埋伏已久的地面导弹部队，当敌机钻进圈套后，我543部队突然发射3枚导弹攻击，打得敌机凌空爆炸。从此之后，到1967年9月止，中国人民解放军防空导弹部队又分别在不同地点，采用机动埋伏的守株待兔战术，每每见效，共5次击落U－2飞机。随着中国人民解放军防空导弹部队实力的增加，大陆国土上布满了对付U－2飞机的天罗地网，美国U－2高空侦察飞机闻风丧胆，再也不敢入侵大陆纵深领空从事侦察任务。

在商战中，“守株待兔”也不乏其例。1928年民族资本家李锐在汉口创办了义端商行，主要经营桐油出口业务。当时，有一个竞争对手来自美国的其来洋行，利用其拥有的万吨桐油提炼和存储设备，成了油市老大。义端商行为了与其竞争，根据长江航运冬季水枯、运输条件困难、运输成本增加、托运费用较高、不便外运的特点，采取在桐油主产地重庆、万县购置存储、提炼设备，每当桐油果实秋冬上市时节，就地大量收购，而其来洋行由于在重庆、万县产地没有存储加工设备，每年的枯水期外运至武汉又不方便，只好眼睁睁地看着义端商行廉价收购，守株待兔，囤货待沽，获得了大量的利润。最终义端商行击败了美商的其来洋行，基本垄断了国内桐油市场。时至1937年，义端商行出口美国桐油已占我国出口美国桐油的50%总量。义端商行应用“守株待兔”、囤货待沽的策略获取商战胜利。

在股市博弈，选准入市时机，选准投资对象是一件说起来容易、做起来非常困难的事。即使那些说起投资理论头头是道的投资专家，也少不了马失前蹄的教训。特别是散户与机构大户股市博弈，二者资金不对称，信息不对称，散户无疑处于弱者地位，稍有不慎，散户就成了机构的抬轿人。散户为了避免投资损失，也如兵战、商战一样可以采取以静制动、守株待兔的策略。采用这种策略，投资者可对股票进行全面分析，挑选几只净资产高、动态市盈率低、成长性好、股性比较活跃等基本面优良的股票作为投资候选对象，然后对候选的股票进行充分比较，挑选有上涨潜质，但行情尚未起动的股票，或者刚刚开始上涨而上涨不多的股票，即与同档次其他股票相比，寻找比价相对较低的股票进行投资。坚信是金子总会发光的真理。只要是优质的股票，总有一天会涨上去的。我们不妨在股价比价相对低位时提前一些时间购入，采取打提前量、“守株待兔”、持股待涨的方法。因为，“守株待兔”的办法，我们损失的是时间，赚来的是金钱。相反，若采取跟风炒作，追随机构大户，抢购那些正在疯涨的热门股票，跟得适时，还有所斩获，若把握不住机会，进入强弩之末的股票，就会成了机构的抬轿人，就会掉进机构大户构造的陷阱，进退维谷，就会追悔莫及。股票投资的高手，被誉为股神的沃伦·巴菲特、彼得·林奇、李兆基都是对认定有投资价值的股票在未涨之前提前介入，采取中长线投资，一旦该股启动发力上涨，即能获取巨大效益。对有作为的投资大户尚且崇尚“守株待兔”持股上涨的中长线投资策略，作为处于弱势地位的散户更应秉承选 好个股，“守株待兔”，长期持有，等候上涨，获取厚报。

在股市操作战术上，“守株待兔”也是常用之道。最常用的是见诸股票买入卖出时采用的挂单买卖方法。当投资者准备卖出所持股票时，股票价格少不了上下波动。投资者根据该股票波动幅度，结合自己心理价位，在股票波动区间的上部设定卖出的价格，预先在交易系统挂单，一旦价格波动触及挂单的价格，即可获得高价的成交。在买入股票时，则在股票波动区间的下部设定买入的价格，预先挂单在交易系统，一旦价格波动触及买单预先埋伏的价位，即可获得低价的股票买入。如此预先价格设伏的方法，可以降低持仓成本提高卖出价格，增加投资收益，亦不失为一种投资操作策略。

## 8.4 欲取先与

《老子》三十六章中说："将欲歙之，必固张之，将欲弱之，必固强之，将欲废之，必固与之，将欲夺之，必固予之。是谓微明。"老子的意思是说：想要收敛它，必须暂且扩张它，想要削弱它，必须暂且增强它，想要废弃它，必须暂且振兴它，想要夺取它，必须暂且给予它，这叫做微妙的明智。老子是我国古代朴素辩证法的大家，《老子》一书中许多论述，充满朴素辩证法的哲理，对后世影响很深。其哲理也常被后人运用于政治和军事领域中。"欲取先与"，是古代军事上一种短暂让步、待机索取的兵战策略，被历代军事家广泛应用于战争中，成为克敌制胜的谋略之一，在先秦典籍中多有表述。如《战国策》第二十二卷中说："将欲败之，必故辅之。将欲取之，必故与之。"其意是，"想要战胜敌人，必须采取骄纵敌人。想要得到它，必须采取给点利益引诱它。"后来的《三十六计》第十六"欲擒故纵"也有"欲取先与"的含义，但二者毕竟有所区别。"欲擒故纵"一般是强势状况下故意放纵对手，以使对手彻底认输、服败的谋略；而"欲取先与"是在敌我力量对比偏弱或势均力敌的情况下，因为不可能一口吃掉它，而故意给敌方一点利益，使敌方产生麻痹情绪，然后战胜它的一种谋略。从文字上来说，"欲取先与"是为了实现某种目的而故意给予敌方一点利益；"欲擒故纵"是为了实现某种目的故意对敌方进行骄纵。二者对敌方采取措施上也有差别。

在《韩非子·说林》中，也记录了"欲取先与"的战例。在春秋末期的晋国，以国君皇室为代表的贵族势力与新兴的地主阶级之间的斗争非常激烈。当时，晋国存在着赵、魏、韩、智、范、中行六个卿大夫。他们都在各自国家拥有自己的武装力量，实力强大的士大夫连国君都不放在眼里。国君成了傀儡。但是，这六个卿大夫，也不是铁板一块，而是钩心斗角，争权夺利，矛盾十分尖锐。范、中行两家势力相对较弱，首先被赵、魏、韩、智四家并吞瓜分。留下来的四家，又是尔虞我诈，不得安分。当时的智伯士大夫在瓜分了范、中行后，又向魏宣子士大夫伸手，提出割让领地的要求。魏宣子的谋士任章向魏宣子献计说："请不要正面拒绝智伯的要求，甚至可以先满足他的要求。待他得到甜头后，必然会扬扬自得，自认为力量强大，会更加贪得无厌，四处伸手。到那时，其他士大夫都会痛恨他，共同的利益会促使大家联合起来与他作斗争。试想，几家集合兵力难道打败不了孤立的智伯吗？他的性命一定难保。"魏宣子听了任章的计谋，称赞此计甚妙，立即照办，划出了一些土地归智伯士大夫所有。智伯从魏宣子那里夺得土地后，果然又向赵、韩提出并吞土地的要求，激起了公愤。他们联合起来消灭了智伯。魏宣子不但收回了划给智伯那部分土地，并且还分得了更多的土地。这就是"欲取先与"获得的结果。

苏联十月革命胜利后，国内经济濒临破产，旧军队处于瓦解，而新的红军尚未完整建立，可是在国际上又面临着与德国、奥地利处于战争状态。在这种内外交困的情况下，当时列宁审时度势，为了保护新生的苏维埃政权，尽快恢复国民经济，主张不惜代价，与德国签订和约，以局部的损失保护全局的利益，以暂时的痛苦换取最后的胜利，也就是使用"欲取先与"的策略。以小的局部、暂时的损失，实现缓兵之计，以图东山再起。在1917年12月3日，苏俄政府与德国在布列斯特—利托夫斯克开始了停战协定谈判，苏方提出两国缔结不割地、不赔款的公正体面和约，而德方却提出苏俄割地15万平方公里、赔款30亿卢布再缔约的条件。对德方的苛刻要求，苏联布尔什维克党内也存在很大的分歧，以布哈林为首的"左派共产主义者"则反对向德国妥协，主张拒签和约，继续进行战争。苏方的谈判代表托洛茨基采取"不战不和"的态度，和约迟迟未签。结果，德国以此为由，发动新的攻势，一举侵入乌克兰、白俄罗斯，并威胁到彼得格勒。苏俄政府虽然紧急动员人民进行了抵抗，终因力量悬殊，难于阻止德军的进攻。在残酷事实面前，苏联布尔什维克中央大多数同志理解了列宁的主张。而1918年3月3日德军却更加骄横，对不平等协议的条件更是层层加码，俄国最后丧失了126.7万平方公里的土地，6200万人口，32%耕地，26%铁路，33%工厂，75%煤矿，还要支付60亿马克的战争赔偿。布列斯特的和约对苏维埃俄国来说是一个不幸的和约。但是由于这个和约的签订，使苏维埃俄国摆脱了战争，赢得了暂时的和平，争取到一个喘息的机会。苏维埃政府正是利用这一时机，加紧国民经济的恢复，建立和扩大了红军的队伍，为后来粉碎帝国主义的武装干涉和国内的白匪叛乱，巩固新生的政权，创造了有利条件。随着1918年11月，德国在第一次世界大战中的失败，苏维埃政府马上宣布废除布列斯特不平等和约。苏维埃政府使用“欲取先与”的韬晦之计，以短暂的屈辱换来了最后的胜利。

在近代，军事家毛泽东在粉碎蒋介石的进攻时，在战略上就多次成功地运用了“欲取先与”的谋略。在第一次国内革命战争时期，毛泽东在《中国革命战争与战略问题》一文中指出：“关于丧失土地的问题，常有这样的情形，就是只有丧失才能不丧失，这是‘欲将取之必先与之’的原则。如果我们丧失的是土地，而取得是战胜敌人，加恢复土地，再加扩大土地，这是赚钱生意。”毛泽东还以“睡眠和休息丧失了时间，却取得了明天工作的精力”的比喻，通俗、生动地诠释了“欲将取之，必先与之”的道理。结果，全党全军在毛泽东这一谋略指导下，夺取了多次反围剿的胜利。在1946年6月，国共全面内战爆发时，当时国民党有430万总兵力，统治着3亿以上的人口的地区，控制着全国所有大城市和绝大部分铁路交通线，加上接收了侵华日军100万兵力的装备及美国大量军援；而共产党领导的人民解放军只有127万人，解放区人口只有1亿多，装备远不及国民党军队，加上解放区大部分地区还未进行土地改革，反动封建势力远未肃清，后方也不很巩固，敌我双方力量悬殊显而易见。毛泽东面对敌强我弱的不利局面，在1946年7月20日为党中央起草了《以自卫战争粉碎蒋介石的进攻》的指示，提出：“战胜蒋介石的作战方法，一般地是运动战。因此，若干地方若干城市的暂时放弃，不但是不可避免的，而且是必要的。暂时放弃若干地方若干城市，是为了取得最后的胜利，否则就不能取得最后胜利。”人民解放军遵照毛泽东“欲取先与”的谋略，主动放弃了一些城市，在战争头4个月，国民党部队占领了解放区150余座城市，表面上看人民解放军把一些城镇让给了敌人，但实际上却给敌方背上了沉重的包袱，分散、削弱了敌军的机动兵力，使我军更能在大踏步运动中集中优势兵力歼灭敌人的有生力量。又经4个月的作战，至1947年2月，人民解放军就歼灭了国民党部队的有生力量41万余人。国民党军队随着有生力量被歼与战线延长，深感兵力捉襟见肘，已经丧失了全面进攻的能力，只能被迫采用重点进攻的策略。随着时间的推移，蒋介石统率的国民党军队更是损兵折将，节节败退，直至被毛泽东领导的人民解放军的红旗插遍全中国。刘亚楼大将对毛泽东“欲取先与”的谋略运用赞为伟大的第一步，认为毛泽东的“欲将取之，必先与之”作战方针被大家认识和接受，保证了反“围剿”战争的胜算。足见“欲取先与”在军事家心目中的地位。

在商战中，为了赢取市场，被市场接纳，不少商战也巧施“欲取先与”的策略。先给予一定的投入，花费一定代价，等待时机，创造条件，最终达到自己的目的。美国约翰·D.洛克菲勒于1872年创建了美孚石油公司，在19世纪90年代，美孚石油公司把目光瞄准了中国数亿人口的巨大消费市场。为了打入中国市场，让中国数亿人口将原来使用菜油灯的习惯改为使用煤油灯，美孚石油公司也用起了“欲取先与”的营销策略。美孚石油公司定制了大批精美的美孚煤油灯，然后在中国城乡开展一项免费赠送“美孚煤油灯”连带少量煤油的大规模促销活动。许多城乡百姓家里都无偿得到一盏精致的美孚煤油灯和少量煤油。许多百姓拿去试用后，古老的菜油灯与美孚油灯的亮度不可同日而语，深深被美孚煤油灯的亮度吸引住了。当壶中煤油耗尽后，欲罢不能。为了追求光亮，即使多花点钱，也愿意再去煤油零售店购买煤油。长此以往，使用煤油灯照明成了广大百姓日常消费，美孚煤油成了日常生活必需品。从此，美孚煤油在中国市场站稳了脚跟。美孚石油公司以付出很少的代价，就改变了中国人民照明的习惯，保证了煤油在中国消费大行其道。美孚石油公司从此也在中国大把大把地赚钱，这是美国美孚石油公司“欲取先与”的营销策略运用成功的范例。

说到股市，又是怎样运用欲取先与的策略呢？我们常说，股市风云变幻，阴晴莫测。股票市场没有只涨不跌的行情，也没有只跌不涨的市道。涨跌互见，波浪式向前，永远是股市运行规律。即便是老谋深算的投资者也有马失前蹄被套的时候。作为投资者不可能每次都抄到底部入市，也不可能每次在顶部卖出。

我们期望的是能够做到相对低点入市，相对高点卖出，也就是许多人所说抛开甘蔗头尾，只找中间那段最好吃的吃。以这样理念操作，当你在相对低点入市时，行情可能还要向下再探底，这就需要付出一点代价，投资人的资金在一定时间内还会缩水，但是，这样短暂付出却是为了下一上升浪股票价格升高获取丰厚利润。在2008年的股市行情中，上证指数一年时间狂跌近70%，从2007年10月16日高点6124点至2008年10月15日跌破2000点关口，收盘报1994点。号称亚洲最赚钱公司的中国股市第一权重股——中石油，从2007年11月5日开市当天最高每股48.62元，跌至2008年11月4日每股仅10.22元，一年跌去3/4，跌破了每股16.70元发行价。股市中又一次出现了跌破净资产的个股。破发、破净的局面在扩展。中国股市下跌的幅度已经超过了引起全球股市下跌的美国次贷危机的发源地——美国股市下跌幅度的3倍。股市已失理智，市场为此而震惊，投资者显得愕然，小股民更显得急躁无奈。面对此情此景，主流媒体也开始坐立不安。各大证券报、财经类报刊，甚至国家级电视台均在呼吁管理部门出手救市。在这种人心思变的环境下，若是头脑冷静下来稍作分析，凭着相信监管部门不会冷漠人民利益损失的信念，及时抓住机会，即使在2000点左右投入不是底，但下跌空间已是很有限，而上升空间却是远远大于下跌空间，此乃胜算的概率很大。不出所料，随着国家宏观政策调整为积极宽松的货币政策的到位，2008年11月初开始，我国的股市逐渐回暖，上证指数从最低点1680点，不断上升，至2009年上半年，股指收复3000点位置，半年的时间，让秉承“欲取先与”策略抄底的投资者，获益匪浅。

## 8.5 韬光养晦

“韬光养晦”，源自中国道家的思想文化。韬光是收敛自己光芒之意。养晦是指注重内心世界的修炼，将自己处于不显眼的低调位置。在《晋诗·慕容垂载记》中有“但时来之运未至，故韬光俟奋耳”的语句。其意为：“因为时局的发展机会还没有到，所以隐蔽起来等待机会奋出。”《左传·成公十四年》中“有志晦”的词句。其意为：“越是志向远大就越要深藏不露。”此也可理解为谦卑的优良品质。来自《旧唐书·宣宗记》，原文为：“历太和会昌期，愈事韬晦，群居游处，未尝有言。”其意也是：隐藏才能，不使之外露。将“韬光养晦”演绎成计谋后，则特指将自己真实战略意图隐藏起来，伺机而起的一种战略战术。这是弱势一方为了保护自己，向强势群体示弱，而图谋奋起的谋略。

据史料记载，春秋时，吴国夫差“韬光养晦”，励精图治，打败越国勾践，报了杀父之仇；越王勾践被吴王夫差打败遭受羞辱，反过来“韬光养晦”，卧薪尝胆，灭了吴国。公元前496年，吴王阖闾打败了楚国，成了南方的霸主，又趁着越国国丧、勾践刚继位之时，出兵攻打越国。可是，越国国难之时，反而人心齐整，全国上下同仇敌忾抗击吴国的入侵。战中，吴王阖闾中箭受伤，率兵败退，不料年事已高，经不起折腾，竟一命呜呼！临死时，他向继位的夫差反复嘱咐：“不要忘记越国杀父之仇！”夫差对父王的嘱咐不敢有丝毫懈怠，每天让人站在宫门两边提醒：“夫差！你忘了越王杀你父亲之仇吗？”夫差应答：“不敢忘！”如此经过两年多，吴王夫差在伍子胥与伯嚭的辅佐下，国力大幅提升。夫差眼看时机成熟，亲率兵马去攻打越国。越国的范蠡大夫与文种大臣面对杀气腾腾的夫差率兵攻城向勾践建议：“避其锐气，守城不出。”但勾践仍然陶醉于两年前战胜吴国的兴奋中，不听劝阻，坚持出兵与吴国拼个死活。结果吴越两军在太湖一带交锋，越军大败，勾践带了5000残兵败将逃回会稽，又被追来的吴军团团围住。勾践在危急之中向范蠡讨计，范蠡告诉他，“事到如此，只有赶快派文种去吴王营内求和。”文种探得吴国占据要职的伯嚭是个贪财好色之徒，特准备了美女和珍宝，私下送给伯嚭，请伯嚭在吴王面前美言。伯嚭收了巨礼后，果真劝说吴王接受越国投降求和。而吴王夫差一心想羞辱勾践，不顾伍子胥反对，竟答应了越国求和，但要勾践亲自到吴国做一个贱民。勾践忍气吞声应允，被迫住在吴国已故阖闾坟墓旁边的一间石屋里，从事喂马的奴仆工作，每当夫差坐车外出，就帮夫差牵马。一天夫差生病了，勾践为了取得吴王信任，毛遂自荐要为他治病，但夫差不让他接近。勾践不放过这个机会，通过品尝夫差的屎来诊断他的病，再开药治好其病。此事让夫差心生感激，认为勾践已经真心归顺，就放勾践回越国。勾践回越后，唯恐安逸生活消磨了志气，每天饭前必尝一口挂在门口的猪胆，还自问一句："你忘了会稽的耻辱了吗？"又撤去席子睡在柴草上，自己亲自耕种，让夫人带头织布。并让范蠡主管训练兵马，文种主管国家其他事务。自己还经常深入民众，访贫济苦，听取民声，立志改变弱国地位。但在与各国交往上，始终摆出一副唯唯诺诺的战败国样子，不断进贡珠宝贿赂吴王，麻痹其警惕性；赠送西施美女，消磨夫差精力，让其不问正事；赠送木料，供吴国兴建宫殿，耗费其财力、人力；还散布谣言，离间吴国君臣，借吴王之手杀害了吴王重臣伍子胥。勾践经过卧薪尝胆，艰苦奋斗，越国国力不断增强，而吴国夫差却沉湎于酒色，国力不断衰弱。公元前482年，越王勾践趁夫差去黄池会盟，偷袭吴国成功，后越国又再次发兵攻吴，夫差每战皆败，自杀身亡，吴国被越国吞并。这则春秋史料，既记述了吴王夫差"韬光养晦"，报了勾践杀父之仇；也记述了越王勾践"韬光养晦"，甘愿受辱、卧薪尝胆，反过来又将吴国灭亡，报了亡 国之耻。"韬光养晦"无疑是弱势一方图谋反击的良策。

三国时也有一则"韬光养晦"的典故。据《三国演义》书中曹操煮酒论英雄，关公赚城斩车胄章节记述：曹操生性多疑，总认为周围有人要向他夺权，要暗杀他，就连平日料理他生活起居的侍卫也成了他的怀疑对象，被曹操杀了！曹操对刘备更是防范有加。一日曹操摆下筵席宴请刘备。席间，曹操询问刘备当今天下有哪些英雄？试探刘备有无与他争夺权力的野心。刘备列举了当时叱咤风云的一些名人，就是不提自己。而曹操却用手指着刘备后又指着自己说："今天下英雄，惟使君与操耳。"刘备闻言，大吃一惊，把手中拿着的匙箸都惊落在地上了。好在当时雷声大作，天将大雨，刘备从容弯下身体将箸重新拾起来，口里说："一震之威，乃至于此。"曹操亦笑道："丈夫亦畏雷乎？"刘备说："圣人迅雷风烈必变，安得不畏。"刘备将听到曹操把他也称为英雄而落箸这件事巧妙地掩饰过去了。自从有了曹操这句话后，刘备为了避免曹操起疑，防止曹操设计对他谋害，就在自己下榻之处的后园种菜耕耘，还亲自浇灌，一副胸无大志的样子。当时关羽、张飞对刘备的行为也很不理解，曾经责怪刘备，“兄不留天下大事，而学小人之事，何也?”刘备对关、张回答：“此非二弟所知也。”刘备就是以“韬光养晦”之计麻痹了曹操对他的警惕，终与曹操分庭抗礼，成就了三国鼎立之势。

14世纪末期，奥斯曼土耳其帝国侵占了包括阿尔巴尼亚在内的整个巴尔干半岛。1923年，奥斯曼土耳其帝国的苏丹还将阿尔巴尼亚贵族后裔乔治·卡斯特里奥蒂掳至该国京城亚得里亚堡作为人质。奥斯曼土耳其苏丹看到乔治表现顺从，为了将乔治·卡斯特里奥彻底变成他们的忠实奴仆，又给他更名为土耳其种族斯坎德的名字，还给他优厚待遇，将其送到军事院校学习。在斯坎德毕业后，苏丹又赐以“培”（该国的封建军衔）的称号。后来，人们就将乔治·卡斯特里奥蒂称为斯坎德培。对此，斯坎德培在土耳其苏丹面前一直谨言慎行，在表面上装出对土耳其苏丹感激不尽，总是信誓旦旦毕生要为土耳其苏丹效力。时至1438年，斯坎德培也已在奥斯曼土耳其度过了15年，斯坎德培在苏丹面前从来没有丝毫不忠的表现，因而也渐渐取得了苏丹的信任。苏丹为了更好地控制阿尔巴尼亚，决定派斯坎德培回阿尔巴尼亚担任克鲁亚城的苏巴什（军事行政长官）。斯坎德培到任后，以公开官职为掩护，秘密派出心腹到全国各地串联，准备力量，等待时机，赶走土耳其侵略军。1443年秋天，土耳其军队入侵匈牙利战争失利，多瑙河前线战事吃紧，苏丹连忙派出增援部队，并命令斯坎德培率骑兵同去增援，克鲁亚城的防务交由土耳其其他的部队。斯坎德培当机立断，于1443年11月3日夜，趁着土耳其主力部队入侵匈牙利时后方空虚，发动反抗土耳其侵略军的起义，歼灭了接管克鲁亚城防务的土耳其军队，宣布阿尔巴尼亚国家光复、独立。土耳其苏丹穆拉德二世闻讯，坐卧不宁，深为震惊，万万没有想到，一直在身边15年表现驯服的斯坎德培，原来所有的忠诚的表现，都是“韬光养晦”的计策。他为自己失察而懊悔，急忙派出阿里巴夏率领2.5万军队前去镇压，却不料又被斯坎德培设计的伏兵痛击，2.5万名官兵全部被歼。苏丹穆拉德二世不肯罢休，一直记恨有朝一日要让斯坎德培偿还血债。1450年5月，土耳其苏丹亲率10万大军，再次扑向克鲁亚城。斯坎德培虽然手中只有1.8万人，但凭着反抗侵略战争深得民心，又仗着占据克鲁亚城易守难攻的有利地形，采取大部队坚守要塞，小分队夜间奇袭骚扰，把围攻4个月的土耳其侵略军搞得筋疲力尽，久围无功，死伤2万多兵员，最后只得撤退回营。本案中的斯坎德培在土耳其“韬光养晦”15年，换来了土耳其苏丹的信任，获得被派回阿尔巴尼亚国内的机会，最终领导阿尔巴尼亚人民取得了抗土救国的民族解放斗争的彻底胜利，并阻止了奥斯曼土耳其帝国继续向中欧的侵略扩张。

在近代，埃及前总统萨达特，也使用了“韬光养晦”的谋略，终于成功地实现了自己的梦想与抱负。埃及前总统萨达特是埃及纳赛尔领导的反政府“自由军官团”的其中一位核心成员。在1952年7月23日，纳赛尔领导推翻法鲁克王朝，废除君主立宪的7·23革命成功后，“自由军官团”的领导人之间为胜利后的权力分配发生了激烈的纷争。此时，只有萨达特深知“木秀于林，风必摧之”的道理，他隐其锋芒，去其锐气，表现恬淡自若，不伸手要官要权，不介入各派系的争斗。对于已经大权在握的纳赛尔，他非常尊重；凡是纳赛尔所提的各项建议，他从来不提相反的意见，总是唯唯诺诺表示支持。即使对于重大内政和外交大事，他也从不拿主见，偶尔公开表示的态度与纳赛尔的观点有丁点差异，他也会立刻纠正过来，保持与纳赛尔及其一批信徒的意见一致。为此，纳赛尔称萨达特为毕克巴希萨萨（意为“是是上校”），甚至有点不满意地嗔怪他：“只要萨达特不老说‘是’，而用别的话来表示他的赞成意见时，我就会觉得舒服些。”在平常工作中，萨达特与身边共事的同人也始终保持谦卑低调，维持和谐的人际关系，大家也乐于与他共事。在1967年第三次中东战争后，纳赛尔心生退意，欲将扎克里亚·毛希丁提名为继承者。但是，历经3年观察，纳赛尔为了调和领导集团内部矛盾，减少发生分裂的危险性，经权衡再三，纳赛尔出人意料改变了接班人选择，而将萨达特选为继承者，安排萨达特为埃及副总统。埃及军方也出于萨达特为人谦和，与军界关系良好，表示了对萨达特作为接班人的支持。1970年9月纳赛尔去世，埃及各实力派的政治人物，凭着各自潜在的政治势力与掌握的大权，展开了激烈的权力争斗。但最终基于政治妥协，一致同意将平日锋芒不露的萨达特捧上了总统宝座。萨达特自担任总统职位后，待权力相对巩固，一扫原来唯唯诺诺的平庸的形象，尽显富有政治抱负、敢作敢为的政治家本色，大刀阔斧地进行了政治、经济、外交全方位的改革。在政治上，他主张民主，并对上层领导机构中的异己以及构成潜在权力威胁的政治人物一个个给予革职或降职。在经济上实行宽松开放政策，千方百计增强国力。在外交上，反对霸权主义，谋求中东和平。推行中立不结盟政策。1972年7月，他还下令驱逐了2万名在埃及的苏联专家；1973年10月，主动向以色列发起了“十月战争”，打破了中东“不战不和”的局面；1974年6月又与美国恢复了外交关系；1977年11月又亲自访问以色列，打破埃以关系的僵局；1978年又与美国、以色列签订戴维营协议。萨达特敢作敢为的一系列的惊人之举，使他一跃成为70年代世界政治舞台上叱咤风云的人物，成了阿拉伯世界的杰出政治家，还由此获得“诺贝尔和平奖”。萨达特在出任总统前后两种截然不同的行事风格，可以看出，萨达特出任总统前，之所以显得平庸，其实是施用“韬光养晦”策略，是为了取得争斗各方共同信任、达成各方共同拥戴，以实现其伟大政治抱负。

我国在20世纪80年代末90年代初，经历了东欧剧变易帜的复杂国际关系。原来共产党掌权的社会主义国家，一夜之间改变了颜色，执掌大权的共产党领袖人物有的被处决，有的成了阶下囚，苏联也分崩离析成了独联体。世界两极时代的冷战模式从此不复存在，世界共产主义意识形态受到空前挑战，中国共产党的执政地位也受到威胁。面对世界风云变幻，中国改革开放总设计师邓小平，为中国的安全发展制定了“冷静观察、沉着应付、稳住阵脚、韬光养晦、决不当头、有所作为”的方针，坚持将主要精力放在国内经济发展上，对外近睦远和，避免冲突，特别是对美关系上，坚持忍让防守的姿态。即使1993年遭到美国强登中国“银河号”货船检查、遭到阻挠中国主办奥运会打击、1999年遭到美国轰炸中国驻南斯拉夫大使馆、2001年又遭到美国侦察机撞落中国军机，以及忍受着美国经常性霸权行径、对中国人权指责、对台独的纵容等等，但中国只停留在口诛笔伐上，并且事后见好就收，避免与美国长期正面冲突。中国“韬光养晦”的策略，缓和了国际矛盾，营造了有利于国内经济建设的外部环境，确保了中国经济每年GDP的快速增长，提升了中国在世界经济的影响力，成为世界第三贸易国、第二大外汇储备国、第三大经济体。这些业绩的取得，与我国正确运用"韬光养晦"策略分不开。在国力相对弱势的情况下，采用"韬光养晦"的国策可以较小代价获得国力较快的提升。

在企业经营中，也不乏使用"韬光养晦"策略促进企业生存发展的范例。比如EBAY在早年曾非常担心当时网络巨头"美国在线"进入网上拍卖市场。为了防止"美国在线"染指网上拍卖市场，EBAY公司只得放下身段，俯首为臣，一而再，再而三主动上门与"美国在线"公司接触沟通，要求将EBAY拍卖的网络挂到"美国在线"的网络系统，成为"美国在线"网络系统的唯一拍卖商。并且表示不惜每年支付"美国在线"上千万美元的使用费。"美国在线"不知是计，觉得自己直接从事网上拍卖活动也不一定能赚到上千万美元，现在可以白捡上千万的利润，何乐而不为，故欣然许诺同意与EBAY公司合作。"美国在线"保证在两年内不进入网上拍卖市场。EBAY公司在"美国在线"做了两年俯首为臣的买卖后，利用"美国在线"的影响力，羽翼渐丰，失去了再利用"美国在线"的价值，终将"美国在线"抛弃。EBAY巧妙利用"韬光养晦"之计，成了网络拍卖市场最有影响力的业主，而"美国在线"在网络经营拍卖市场再也成不了气候。

股市风云变幻莫测，股价涨跌家常便饭。一旦投资者对大盘判断失误，无奈被深套其中的时候，若综合判断：此时退出股市踏空的风险大于继续留在股市做多的风险的时候，那么选择忍受、"韬光养晦"，等待随时可能爆发的反转，是一项看起来不得已的选 择，但实际上也是一项以守为攻的策略。投资者不必怨天尤人，应静下心来注重内功的修养，总结被套的经验教训。不能消极等待大盘反转，而应积极利用各种渠道捕捉个股的信息。在疲弱行情中，寻找行情率先起动的行业板块，适时换股应对，做到无为中有为。若在熊市中已经止损空仓的投资者，更可以轻装上阵做到离市不离心，继续关注行情发展趋势，瞄准基本面转多的征兆，及时发掘技术面超卖的个股，适时逐步建仓，仍然可以在新一轮行情中掌握投资主动权。如2008年股市上证指数最多惨跌70%多，股市哀鸿遍野，股民深套其中不在少数。有的股民在逆境中"韬光养晦"，积极探索下一轮优势板块。当其发现，世界金融危机对实体经济带来深远影响，而对煤炭行业来说，我国电煤化工需要量有增无减，特别是整顿小煤窑后，煤炭产量有所压缩，煤炭行业的优秀企业如兰花科创的资金利润率保持在30%以上，每股业绩又在2.40元多，市盈率不到5倍，远远低于成熟的资本市场的股票正常市盈率。若能在“韬光养晦”中及时调整持股结构，将没有业绩支撑、前途难卜的手中股票，及时转换成安全边际相对较高的煤炭资源类股票，如换成兰花科创股票。该股2008年11月20日跌至最低10.35元，直至年底时，该股还随大盘在12元左右徘徊。可是，在大盘开始转暖后，该股就优先于大盘发力上攻，至2009年7月24日，已涨至45.60元，差不多比原来涨了4倍多。而该时段的大盘，不过只是涨了不到2倍。可见，在股市不利的情况下，不要抛头露面继续追涨杀跌，而是静下心来，“韬光养晦”，多做个股分析研判案头工作，定会有所作为，定能将损失补回来。

## 8.6 走为上计

“走为上计”是三十六计中最后一计。该计名曾出自《南齐书·王敬则传》：“檀公三十六计，走为上。”檀公指南朝名将檀公道济，相传有《檀公三十六计》，据传考古发现已见其刊本。《三十六计》的计语原文为：“全师避敌。左次无咎，未失常也。”意为，全军退却，避开强敌。根据情况主动撤退，并不违背正常的用兵之法。

该计解语原文为：“敌势全胜，我不能战，则必降、必和、必走。降则全败，和则半败，走则未败。未败者，胜之转机也。”“如宋毕再遇与金人对垒，一夕拔营去，留旗帜于营，豫缚生羊悬之，置前二只于鼓上。羊不堪倒悬，则足击鼓有声。金人不觉，相持数日。始觉之，则已远矣。可谓善走者矣。”解语意为，当敌人占优势，我方无法进取时，只有投降、求和、退却三条路。求降是彻底失败；求和是一半失败；退却未必是失败，正是为了争取胜利的转机。

例如，宋朝的将领毕再遇率军与金军对抗，因敌众我寡，他在一个夜里把军队撤走了，却把旗帜留在营地上，把羊倒挂起来，用羊前脚放在鼓上，羊被倒挂着难受，两脚不停地跳动把鼓击响。金军听到鼓声，望见旗帜，不知道宋军已经撤走了。等了几天，金军才发觉，毕再遇早已经走远了。这是善于退却的战例。

该计是指敌强我弱处于绝对劣势的情况下，为保存实力而主动退却的策略。这个策略在不同的军事文献中有多种描述。如在《孙子·谋攻篇》中提出，“少则能逃之，不若则能避之。”在《兵法圆机·利》中也是，“避而有的全，则避也。”《吴子·料敌》同样强调，“凡此不如敌人，避之勿疑；所谓见可而进，知难而退也。”可见，在敌强我弱的绝对劣势情况下，历代兵家都赞成为保全力量，主动实行战略退却。其原因在于，在兵力处于绝对劣势的情况下，指挥者面临着四种抉择：“其一是，不战而屈的求和；其二是战而不胜的投降；其三是鱼死网破的死拼；其四是保存实力的撤退。”媾和、投降、死拼其结局都离不开彻底失败，而只有保存实力的战略退却，却能够卷土重来反败为胜。无疑，在处于绝对劣势的情况下，实行战略退却，是最为英明的决策，故称为“走为上计”。

“走为上计”是兵家常用的计策，相传公元前206年，楚汉争霸，西楚霸王项羽听说沛公刘邦攻取咸阳后欲在关中称王，十分恼怒。在谋臣范增的建议下，项羽在鸿门设宴招待刘邦，准备在席间寻机将刘邦刺死。刘邦也深知鸿门赴宴凶多吉少，但此时的项羽兵强马壮，若不去就有不打自招独占咸阳王之嫌，为项羽对刘邦开战提供借口。在全面权衡利弊关系后，刘邦带着谋士张良、武将樊哙及少量卫士，硬着头皮前往鸿门赴宴。席间，刘邦先发制人，态度恭敬，言辞恳切，抢先向项羽解释说：“自己先攻陷咸阳并无抢功之意，乃实属意料之外，我只等项王到来便于撤出，请项王勿信谗言对我误解。”项羽听了刘邦解释，心中释疑，动摇了刺刘主意。范增见项王变卦，便唤来武将项庄舞剑，想借机杀掉刘邦。此举却被张良好友项伯看穿。他也跟着起身舞剑，用身体掩护着刘邦，让项庄始终找不了机会下手。为使沛公彻底脱离险境，张良安排樊哙进帐。只见樊哙怒发冲冠，怒指项羽忠奸不分，对劳苦功高、忠心耿耿的刘邦欲予加害。项羽一时语塞。刘邦找机会借口上厕所，与张良、樊哙一同出帐。

张良命樊哙护刘邦抄小路速速回营，估计二人远走后，却不慌不忙回到帐中向项羽辞别，借口刘邦不胜酒力，与樊哙先行回营。范增听说刘邦已跑，气急败坏地摔碎刘邦送的玉斗，愤愤地说："以后夺取项王天下者，非刘邦莫属，我们都会成为他的俘虏！"在鸿门宴上，刘邦借机脱身，确属明智之举。否则，刘邦就有杀身之祸，那样的话，历史肯定会重写。

在第二次世界大战的1939年10月9日，希特勒签发了准备对西欧各国发动进攻的黄色方案。从1940年4月9日至5月14日，德国法西斯先后占领了丹麦、荷兰、比利时、卢森堡，并越过法国的马其诺防线一举攻入法国，将英、法联军压缩包围在敦刻尔克海滨一块很小的三角地带，40万英、法联军岌岌可危。英国首相丘吉尔深知在德国咄咄逼人的攻势下，死守硬拼是不能阻止德军进攻的，果断下令驻守在法国敦刻尔克的英、法联军，向英国本土撤退。从5月27日起，征集了全国870多艘各种船只，经过9昼夜苦战，将33.8万名盟军部队，全部运过英吉利海峡。而担任掩护任务的4万多名法国士兵却全部成了俘虏。由于丘吉尔作出撤退的英明决策，保存了盟军的生力军。在1944年6月欧洲开辟反法西斯第二战场时，此保存下来的30多万兵力成了诺曼底登陆的主力，为扭转战局，取得反法西斯战争胜利作出了重大贡献。因而，丘吉尔事后曾不无自豪地说："敦刻尔克的撤退，将是明天胜利的开始。"

伟大的军事家毛泽东，对"走为上"的战术运用更是得心应手。他的"打得赢就打，打不赢就走"更是对"走为上计"战策的生动总结。毛泽东不仅指挥了古今中外军事史上，最成功的"走为上计"的长征，而且又于1947年3月中旬，亲自率领中共中央主动撤离延安，粉碎了蒋介石集中兵力重点进攻消灭陕北解放区人民解放军的战略方针。当时，在陕北战场上的人民解放军只有7个旅，全部兵力约3万人，与进攻陕北的胡宗南兵团20多万人相比，兵力上、装备上都处于绝对劣势，形势十分严峻。到了3月中旬，胡宗南的大军已经逼近延安城的外围，延安的形式非常危急。是守还是撤？一个极其严峻的问题摆在了毛泽东面前。3月11日，毛泽东主持召开了中共中央书记处会议，第一次郑重地讨论延安弃守的问题。在这次会上，毛泽东明确提出了"在当前应诱敌深入，必要时主动放弃延安”的主张。决定采取“走为上”的战略，主动撤离延安，驻延安的党政机关及人民群众立即紧急疏散。但是对于放弃延安，有的人感情上很难接受，甚至提出与延安共存亡。为此，毛泽东说服说：“与延安共存亡这个想法要不得。存人失地，人地皆存；存地失人，人地皆失。蒋介石今天可以打到延安来，我们将来也可以打到南京去。今天我们离开延安就是为了将来再回到延安。这就叫‘走为上’。”3月12日，驻延安的美军观察组人员乘坐飞机撤离延安后，国民党空军即对延安开始狂轰滥炸。3月13日，胡宗南率部从洛川、宜川一线开始向延安发起进攻。为了抗击敌人的进攻，掩护中共中央机关和广大军民安全撤离延安，彭德怀指挥陕甘宁野战军进行了艰苦的延安保卫战。3月16日，敌人突破了陕甘宁野战军防御部队的第一线阵地。3月18日下午，胡宗南的主力部队已经从南泥湾插到七里铺，接近延安宝塔山，毛泽东对再三催促他早一点撤离延安的彭德怀说：“你催我走这么早干什么？我还想在这里看看胡宗南究竟是个什么样子呢？明天胡宗南占领延安，也挽救不了蒋介石灭亡的命运。少则一年，多则两年我们还是再回到延安来的。我们要用一个延安换取全中国。”随后，毛泽东不慌不忙走出窑洞，并指示彭德怀命令阻击部队立即撤出防御阵地。3月19日，胡宗南进占了延安，但他得到的只是一座空城。历史的发展完全证明了毛泽东在撤离延安前的英明预见。仅仅过了一年零一个月，延安又重新回到人民的怀抱。又过了两年，人民解放军彻底摧毁了蒋家王朝，实现了毛泽东“少则一年，多则两年，我们还要回延安来的，我们要以一个延安换取全中国”的预言。也应验了毛泽东说的“存人失地，人地皆存；存地失人，人地皆失”这一富于哲理的论断。毛泽东又一次成功地使用了“走为上计”。

经商上，在经营环境十分恶劣的情况下，若漠视恶劣环境，不采取果断措施，黏黏糊糊，犹豫不决，就会烂田翻稻臼，越翻越深，最后不能自拔，以破产告终。而明智的商人在恶劣的环境下则会断臂割肉，“走为上计”，保住胜利果实，保住积累的财产，以图东山再起。如美国容器公司董事长兼首席执行官蔡志勇，这位美籍华人，他在商场上、证券市场上闯荡30多年，稳扎稳打，步步为营，多次使用“走为上”的策略，创下了令人惊羡的业绩，被人尊称为

“华尔街的金融大王”，“点石成金的魔术师”。他曾经因为公司发展不如意，果断出卖了“波士顿忠诚管理和研究”投资公司的股份，用所得的220万美元重新成立了自己的公司——蔡氏管理与研究公司，从事互惠基金的经营和投资咨询服务。公司成立后，幸遇美国证券市场比较火暴，他精心策划的曼哈顿互惠基金股票一上市便购者如云，7500万美元的额度被抢购一空。他又不失时机决定追加发行2.7亿美元。而天有不测风云，历经几年火暴的美国证券市场急转直下。1968年，曼哈顿互惠基金股票狂跌不止，蔡氏公司持股者纷纷倒戈前来退股，让他陷入了困境。蔡志勇经过冷静思考和分析，认识到短期内改变不了不利局面，不会出现奇迹，果断将蔡氏公司90%股份以3700万美元卖给了芝加哥CAN财务公司，保住了自己的财产。1978年，他凭着保存的实力，通过收购别的企业发展自己。蔡志勇又成了“联合麦迪逊”财务控股公司的董事长。不久又控制了一家人寿保险公司，蔡氏王国也有了显赫的名声。1982年4月，他又加盟容器公司，以其非凡的经营能力，使容器公司迅速发展，公司声誉大增，1987年2月他坐上了美国容器公司第一把交椅。

在中国的股市中拼搏，不可避免会遇到熊市，聪明者会在熊市初露端倪时见好就收，“走为上计”。而大量股民却看不清时势，在跌势中，指望着会有一波反弹。可是，换来的是一次又一次的失望，结果是被钝刀割肉，越陷越深，损失越来越大。在2007年与2008年之交的中国股市牛熊交替中，又一次验证了“走为上计”的必要性。这一波熊市的前身是2006年初开始的大牛市。当时上证指数从1100点附近向上抬头，义无反顾一路顺风，直上不下，截至2006年11月20日，大盘成功突破2000点整数关，2006年12月14日，上证综指一口气成功站上历史最高纪录，刷新了2001年6月14日创下2245点历史纪录，在一年内上涨了100%。2007年，中国股市又一路高歌猛进，冲关夺隘，仅用10个月时间相继攻克3000点、4000点、5000点、6000点整数点位，直至2007年10月16日，上证综指创出6124点新高。就在我国股市泡沫越吹越大之时，美国的次贷危机已经在酝酿，贝尔期登、美林证券、花旗银行、汇丰银行等国际金融机构接连对外宣布数百亿美元次贷危机损失。2007年8月，美国的次贷危机已造成金融业损失

5030亿美元，且随着危机的弥漫，银行业最终亏损和减值高达1.6万亿美元以上，导致美国经济濒临崩溃边缘。由于世界经济已处于全球化，美国金融危机牵一发而震世界，倾巢之下，安有完卵？美国的金融危机也带来了全球股市大跌不止。

特别是我国2008年1月10日以来的冰雪天气，致使湖南电网、华中电网多条50万伏电力线路瘫痪，湘南地区大面积停电、停水，湖南省有92个县市相继出现冰冻，其中27个县市连续冰冻日数打破了当地最长连续冰冻日数的纪录，冰冻直径超过20毫米的17个县市，冰冻强度已超过有气象纪录以来的历史极值。2008年初，是我国1954年以来冰冻范围最广、持续时间最长、影响程度最严重的一年。造成了南北交通动脉的大堵塞，使铁路、公路、航空运输在短时间内陷入瘫痪状态。在湖南、河南、湖北、安徽、江西、浙江等14个南方省市共有上亿人口受灾。据粗略估计，这次突发性自然灾害的直接经济损失将会达到1200亿元以上。从大面积冰雪灾害损害程度上来看，不亚于1998年洪水灾害造成的经济损失，也超过2003年SRAS瘟疫给我国造成的经济损失。年初的冰雪灾害过去不久，紧接着5月12日，四川汶川遭受新中国成立以来破坏性最大的8.0级强烈大地震，断层长度达300公里，释放的能量相当于5600颗广岛原子弹产生的能量。地震波及北至北京，南至曼谷，东至台湾岛，以震中为中心的2000公里的范围，造成四川50多个县市4571万人受灾，死亡失踪8.7多万人，近4万人受伤，650多万间房屋倒塌，2300多万间房屋破坏，直接经济损失8451亿元之巨。仅中央企业在这次大地震中就造成人员伤亡3586人，造成直接经济损失达到414亿元，间接损失在401亿元，重建需要400多亿元。在如此险恶的内外经济环境中，中国的股市哪能独善其身？在2008年9月18日，上证指数最低跌至1802点。2008年10月28日，上证指数甚至跌至1664.9点。上证指数从2007年10月16日的6124点跌至2008年10月28日的1664.9点，期间去了4459点，跌幅达72%多，深陷其中的投资人资产大幅缩水，100元的投资变成20多元！真是惨不忍睹，让人痛心。在这期间，若是投资者对世界金融形势有一清醒认识，对我国经济走向与管理者意图有一清醒认识，即使在6000点未能见好就收，在跌去20%的

5000点大盘进入下降通道后，能够金盆洗手，也可保全成果，就是股指跌去1/3成为4000点后，能够忍痛出局，对于2007年初已涉股市者来说，可能还能保本。只有那些坚守阵地，不愿使用“走为上计”的计策的股民受害最深。回首往事，有谁不感叹当时怎么没有采取“走为上计”呢？

# 主要参考书目

1. 邓乾德主编:《四书五经》，青海人民出版社，2003年11月第1版。

2. 安书主编:《战策》，内蒙古人民出版社，2006年8月第1版。

3. 银雀山汉墓竹简整编小组编:《孙膑兵法》，北京文物出版社，1975年2月第1版。

4. 陈云金、陆保生编著:《孙子兵法鉴赏》，武汉大学出版社，2006年2月第1版。

5. 陈才俊主编:《三十六计全集》，北京海潮出版社，2006年12月第1版。

6. 陈国庆主编:《三十六计智谋三百》，安徽人民出版社，2005年12月第2版。

7. 黄茵主编:《八大著名军事专家深度评点战争中的三十六计》，京华出版社，2008年第1版。

8. 木子、夏鸿编著:《大谋108》，上海大学出版社，2007年11月第1版。

9. 谷山亭主编:《兵家大诡谋》，哈尔滨出版社，2006年8月第2版。

10. 丁通编著:《兵家经典智慧故事全集》，北京地震出版社，2006年4月第1版。

11. 王彤编著:《孙武智慧》，沈阳出版社，2005年10月第1版。

12. 宣村、傅静著:《战场博弈》，中央文献出版社，2007年4月第1版。

13. 王定烈、林虎主编:《当代中国空军》，中国社会科学出版社，1989年10月第1版。

14. 古越、张阳著:《粟裕兵法》，上海东方出版社，2007年10月第1版。

15. 吴春秋主编:《世界战争通鉴》，国际文化出版公司，1995年1月第1版。

16. 周树群等编著:《经营谋略100法》，河南人民出版社，1999年10月第1版。
17. 邹进文、赵玉勤主编:《儒家法典》，湖北人民出版社，1999年9月第1版。
18. 金股研究室编著:《做股市赢家》，北京中国宇航出版社，2008年1月第1版。
19. 程世永编著:《股市实战技巧》，北京经济日报出版社，2007年5月第1版。
20. 李晓枫著:《股市赚钱的锦囊妙计》，北京中国经济出版社，2006年8月第1版。
21. 戴永良编著:《股神——沃伦·巴菲特的股票投资忠告》，北京企业管理出版社，2007年7月第1版。

**图书在版编目（CIP）数据**

博弈兵法/李椒良著. －北京：作家出版社，2011.9
ISBN 978－7－5063－5821－7

Ⅰ.①博… Ⅱ.①李… Ⅲ.①随笔－作品集－中国－当代
Ⅳ.①I267.1

中国版本图书馆 CIP 数据核字（2011）第 056023 号

**博弈兵法**

---

**作　　者：**李椒良
**责任编辑：**王宝生　田小爽
**封面题字：**苏士澍
**装帧设计：**曹全弘
**出版发行：**作家出版社
**社址：**北京农展馆南里 10 号　　　**邮编：**100125
**电话传真：**86－10－65930756（出版发行部）
86－10－65004079（总编室）
86－10－65015116（邮购部）
**E－mail：zuojia@ zuojia. net. cn**
**http://www. haozuojia. com**（作家在线）
**印刷：**北京汇林印务有限公司
**成品尺寸：**170×240
**印张：**18.75
**版次：**2011 年 9 月第 1 版
**印次：**2011 年 9 月第 1 次印刷
**ISBN**　978－7－5063－5821－7
**定价：**45.00 元

---